# 金融工程 理论与实务

Financial Engineering: Theory and Practice

林苍祥 郑振龙
蔡蒂铨 邱文昌 著

### 图书在版编目(CIP)数据

金融工程:理论与实务/林苍祥等著. —北京:北京大学出版社,2012.5
(21世纪经济与管理规划教材·金融学系列)
ISBN 978-7-301-20544-0

Ⅰ.①金… Ⅱ.①林… Ⅲ.①金融学-高等学校-教材 Ⅳ.①F830

中国版本图书馆CIP数据核字(2012)第070268号

书　　　　名:金融工程:理论与实务
著作责任者:林苍祥　郑振龙　蔡蒔铨　邱文昌　著
策 划 编 辑:张　燕
责 任 编 辑:谢　超
标 准 书 号:ISBN 978-7-301-20544-0/F·3155
出 版 发 行:北京大学出版社
地　　　　址:北京市海淀区成府路205号　100871
网　　　　址:http://www.pup.cn
电　　　　话:邮购部 62752015　发行部 62750672　编辑部 62752926　出版部 62754962
电 子 邮 箱:em@pup.cn
印　　刷　者:三河市博文印刷厂
经 　销　 者:新华书店
　　　　　　787毫米×1092毫米　16开本　18.25印张　411千字
　　　　　　2012年5月第1版　2012年5月第1次印刷
印　　　　数:0001—4000册
定　　　　价:36.00元

未经许可,不得以任何方式复制或抄袭本书之部分或全部内容。
**版权所有,侵权必究**
举报电话:010-62752024　电子邮箱:fd@pup.pku.edu.cn

# 丛书出版前言

作为一家综合性的大学出版社，北京大学出版社始终坚持为教学科研服务，为人才培养服务。呈现在您面前的这套《21世纪经济与管理规划教材》是由我国经济与管理领域颇具影响力和潜力的专家学者编写而成，力求结合中国实际，反映当前学科发展的前沿水平。

《21世纪经济与管理规划教材》面向各高等院校经济与管理专业的本科生，不仅涵盖了经济与管理类传统课程的教材，还包括根据学科发展不断开发的新兴课程教材；在注重系统性和综合性的同时，注重与研究生教育接轨、与国际接轨，培养学生的综合素质，帮助学生打下扎实的专业基础和掌握最新的学科前沿知识，以满足高等院校培养精英人才的需要。

针对目前国内本科层次教材质量参差不齐、国外教材适用性不强的问题，本系列教材在保持相对一致的风格和体例的基础上，力求吸收国内外同类教材的优点，增加支持先进教学手段和多元化教学方法的内容，如增加课堂讨论素材以适应启发式教学，增加本土化案例及相关知识链接，在增强教材可读性的同时给学生进一步学习提供指引。

为帮助教师取得更好的教学效果，本系列教材以精品课程建设标准严格要求各教材的编写，努力配备丰富、多元的教辅材料，如电子课件、习题答案、案例分析要点等。

为了使本系列教材具有持续的生命力，我们将积极与作者沟通，争取三年左右对教材不断进行修订。无论您是教师还是学生，您在使用本系列教材的过程中，如果发现任何问题或者有任何意见或者建议，欢迎及时与我们联系（发送邮件至 em@pup.cn）。我们会将您的宝贵意见或者建议及时反馈给作者，以便修订再版时进一步完善教材内容，更好地满足教师教学和学生学习的需要。

最后，感谢所有参与编写和为我们出谋划策提供帮助的专家学者，以及广大使用本系列教材的师生，希望本系列教材能够为我国高等院校经管专业教育贡献绵薄之力。

北京大学出版社
经济与管理图书事业部
2012年1月

# 前 言

《金融工程:理论与实务》是金融工程的本科教科书,是有志成为现代证券、期货高手之人的必修兵法,也可作为期货分析师资格考试及英国国际证券分析师(CIIA)资格考试的工具书。以英国国际证券分析师资格考试为例,其各科试题大量涉及期货、期权、股票、债券等组合形成的避险与套利交易策略,有时比重甚至超过该科分数的四成,可见在21世纪新的金融竞技场中,只懂现货市场的知识已无招架之力。财富管理市场中的很多结构型商品都是期货、期权及固定收益证券的组合。例如股价指数连动债,从它的到期收益便可看出它是一种买权,它提供给投资人的收益参与率可用Black-Scholes公式求得。本书尝试将金融工程理论的经济含义以易懂文字阐述,并结合实务应用,努力使艰涩理论走出象牙塔,成为现代金融高手可勤习的基本功夫,使本书成为金融机构解读现代专业技术的基础读本。

本书共分为三篇十三章。第一篇主要介绍衍生性金融商品及其市场的基本知识和概况,同时对衍生品分析需要用到的利率换算基础知识加以介绍。值得一提的是,在这一篇当中,读者可以详细地了解到全球(包括中国内地和台湾地区)期货期权市场的发展概况,以及产品合约设计、最后结算价计算方式、结算保证金计算模型"整户风险保证金计收系统(SPAN)"等期货市场的微结构问题。第二篇的主题是期货期权定价模型和基本交易策略。在这一篇中,我们对金融期货与期权的定价理论与经济意义进行了深入浅出的剖析,并佐以大量范例说明理论模型在交易策略、套保避险及新金融产品设计上的应用。第三篇则专门讲解固定收益及其衍生产品的相关知识,包括收益率曲线、久期、凸性等基础知识和互换、利率期权等利率衍生产品的内容。

为降低读者的进入障碍,本书尽量将假设、定理与公式背后的财务金融含义进行深入浅出的剖析。在各理论公式导引后,都紧接以范例解说,以使读者能了解公式的理论与实务应用。例如,在第二篇中介绍股价变动模型所具的马尔科夫特性时,其本质的经济含义就是假设效率市场假说成立,从数学角度来说,则以独立事件加以看待和处理;欧式买权的公式拆开来看,就是为消除买权价格风险所应持有的标的资产价值减去该买权履约成本的期望值,同时我们举出保本型股价指数连动债作为欧式买权的范例,帮助读者深入理解。此外,本书也会告诉您,常出现的重要假设(如无套利机会等)的金融理论意义是什么,进一步在金融实务的操作中,无套利则对应着衍生性商品的现金流可被其标的资产复制。在理论介绍和范例解说的基础上,为进一步提升教学效果,本书的各章都附有大量习题,以使读者熟能生巧,事半功倍。

我们自忖所学有限,但仍鼓起勇气互勉"三个臭皮匠胜过一个诸葛亮",合力撰写此书,希望能为培养金融工程理论或现代财务金融实务人才略尽绵薄之力。在此书付梓之际,我们要感谢台湾期货交易所的苏咏智与黄定容、台湾银行的张文祥、大连商品交易所的刘琛和淡江大学财金所的黄钰清、姚馨婷、陈念帆与龙培尧的鼎力协助,还要感谢北京大学出版社的大力支持和张燕编辑的细致工作。

林苍祥　淡江大学  
郑振龙　厦门大学  
蔡蒔铨　台湾师范大学  
邱文昌　台湾期货交易所  
2012 年 4 月

# 目 录

## 第一篇 衍生品市场概览与准备知识

### 第一章 衍生性金融商品概论 …… 3
第一节 衍生性金融商品的意义、概念与风险 …… 3
第二节 期货与期权交易的历史 …… 6
第三节 衍生性金融商品的种类 …… 7
本章习题 …… 22

### 第二章 期货与期权市场 …… 23
第一节 全球期货与期权市场概况 …… 23
第二节 全球期货交易所概览 …… 25
第三节 中国内地期货市场概论 …… 37
第四节 中国台湾地区期货市场概况 …… 50
附录 …… 68
本章习题 …… 72

### 第三章 利率换算与现值 …… 76
第一节 利率的种类与报价 …… 76
第二节 利率的衡量 …… 78
第三节 现值 …… 80
本章习题 …… 83

## 第二篇 期权期货定价模型

### 第四章 期货定价理论 …… 87
第一节 衍生性商品的无套利定价原理 …… 87
第二节 期货与现货的价格关系 …… 87
第三节 持有成本模型 …… 91
第四节 持有成本的套利策略 …… 93

| | | |
|---|---|---|
| 第五节 | 股票期货 | 95 |
| 本章习题 | | 99 |

## 第五章 期货避险 102

| | | |
|---|---|---|
| 第一节 | 多头避险与空头避险 | 102 |
| 第二节 | 基差风险 | 103 |
| 第三节 | 避险比例与调整避险 | 104 |
| 第四节 | 最小风险法与避险绩效 | 106 |
| 本章习题 | | 108 |

## 第六章 期货交易策略 111

| | | |
|---|---|---|
| 第一节 | 价差交易 | 111 |
| 第二节 | 期货套利 | 114 |
| 第三节 | 套利技巧分析 | 117 |
| 本章习题 | | 121 |

## 第七章 期权概论 122

| | | |
|---|---|---|
| 第一节 | 期权的基本性质 | 122 |
| 第二节 | 期权价值的上下限 | 127 |
| 第三节 | 裸持仓与平价关系 | 128 |
| 第四节 | 价差交易策略 | 133 |
| 第五节 | 混合持仓 | 139 |
| 本章习题 | | 142 |

## 第八章 期权定价 146

| | | |
|---|---|---|
| 第一节 | 马尔科夫随机过程 | 146 |
| 第二节 | 几何布朗运动 | 146 |
| 第三节 | 伊藤定理 | 148 |
| 第四节 | 衍生性金融产品定价 | 150 |
| 第五节 | 期权定价模型 | 154 |
| 第六节 | 欧式与美式期权 | 159 |
| 第七节 | 外汇、商品与期货期权 | 161 |
| 第八节 | 股利效应与个股期权近似解 | 162 |
| 本章习题 | | 164 |

## 第九章 期权风险参数与避险 167

| | | |
|---|---|---|
| 第一节 | 期权的风险参数 | 167 |
| 第二节 | 期权的应用及其避险 | 173 |
| 本章习题 | | 181 |

## 第十章　期权价格近似求解法 ················································· 185
### 第一节　二项式期权定价模型 ················································ 185
### 第二节　蒙特卡罗模拟 ······················································ 191
### 本章习题 ································································ 196

# 第三篇　利率衍生品

## 第十一章　利率及利率期货 ···················································· 201
### 第一节　债券评价 ·························································· 201
### 第二节　收益率曲线 ························································ 202
### 第三节　久期及凸性 ························································ 204
### 第四节　欧洲美元期货 ······················································ 209
### 第五节　债券期货 ·························································· 213
### 第六节　远期利率协定 ······················································ 219
### 本章习题 ································································ 221

## 第十二章　互换 ······························································ 225
### 第一节　互换合约简介 ······················································ 225
### 第二节　利率互换 ·························································· 226
### 第三节　货币互换 ·························································· 236
### 第四节　权益互换 ·························································· 239
### 第五节　商品互换 ·························································· 243
### 第六节　其他形态的互换合约 ················································ 244
### 本章习题 ································································ 246

## 第十三章　利率期权 ·························································· 250
### 第一节　利率期权近似公式解之布莱克近似法 ·································· 250
### 第二节　利率衍生性商品 ···················································· 251
### 本章习题 ································································ 256

**习题解答** ···································································· 258

# 第一篇

21世纪经济与管理规划教材
金融学系列

# 衍生品市场概览与准备知识

第一章　衍生性金融商品概论
第二章　期货与期权市场
第三章　利率换算与现值

# 第一章 衍生性金融商品概论

衍生性商品(Derivatives)是由标的资产(Underling assets)加以延伸而创造出来的新商品,其主要功能是规避现货标的资产市场价格波动的风险,以便在复杂多变的经济活动中,能降低不利状况对标的资产市场价格的影响,并使生产活动及金融活动能在趋近经济学的均衡状况下有效率地运作。借由衍生性商品市场与现货市场的互动,及其间所衍生的套利(Arbitrage)、投机(Speculation)功能,能有效提高衍生性商品及标的资产的跨商品定价效率,使跨市场或跨月份间的商品价格在无套利机会下能维持一定的均衡关系。衍生性金融商品的种类包括远期合约(Forwards)、期货(Futures)、期权(Options)、互换(Swaps)及固定收益或信用结构型等商品。自20世纪70年代以来,由于金融工程(Financial Engineering)的进步,金融创新(Financial Innovation)日新月异,促使衍生性金融商品不断推陈出新,故衍生性金融商品的相关研究及实务运作已成为金融交易中的显学,而由于其多样化与复杂性,有别于传统金融市场商品,故有人将其称为金融市场的高科技产业。本章将介绍衍生性商品的意义与基本概念。

## 第一节 衍生性金融商品的意义、概念与风险

### 一、衍生性金融商品的概念和意义

所谓衍生性商品,是指依附于现有资产标的如股票、债券、货币、商品、股票指数等所延伸而创造的商品,其以合约方式存在,其种类、形态随着金融工程的发展而呈现多样与繁复的面貌。法律属性上,交易人受合约内容的规范,有其权利与义务。用数学语言来说,衍生性金融商品的价格是标的资产价格的函数。该现有资产,即为此衍生性商品的标的资产(Underlying Assets),这不同于资产负债表(Balance Sheet)所定义的资产(Assets),在其履约交割取得实物资产前,并无所有权的移转(而绝大比例的衍生性商品都在到期前冲销,未进行履约交割)。衍生性商品的定义,可以1994年5月14日发表在《经济学人》中的文章所作的定义说明:

> 衍生性商品是给予交易对手的一方,在未来的某个时间点,对某种标的资产(或者对某项基础资产的现金值)拥有一定债权和对应义务的合约。合约载明一定金额的货币、债券或实物,抑或对应的支付条款及市场指数。它可能是买卖双方义务对等,或是提供给一方履行与否的权利;可能是为资产和负债提供对应的转换;也可能是多种因素的组合。而许多衍生性商品之间是可以相互转换的。从合约交易完成后,衍生性商品的价格在某种程度上将依附于标的资产价格的变动而变动。

衍生性商品经过长期发展及金融工程的开创,其种类日益繁多,依其所依附的标的

资产类别进行划分,对于衍生自金融市场商品如股票、债券、货币等的衍生性商品,特别称为衍生性金融商品,有别于农牧产品、能源、金属等市场的衍生性商品。由于衍生性金融商品占所有衍生性商品的绝大比例,因金融市场之诡谲多变,不仅已有许多划时代的创新,未来亦有很大创新空间,本书所将着重讨论衍生性金融商品。衍生性商品与其现货标的资产的关系如表1-1及图1-1所示。

表1-1 基本衍生性商品与其现货标的资产的关系

| 衍生性商品<br>现货市场 | 远期合约 | 期货合约 | 互换 | 期权 | |
|---|---|---|---|---|---|
| | | | | 场外市场 | 交易所 |
| 利率 | 远期利率合约 | 利率期货 | 利率互换<br>利率货币互换 | 利率上限<br>利率下限<br>利率上下限 | 利率期权 |
| 外汇 | 远期外汇 | 外汇期货 | 货币互换<br>利率货币互换 | 外汇期权 | |
| 股权 | — | 股票期货<br>股价指数期货 | 股权/债权互换 | 股票期权<br>股价指数期权 | |
| 商品 | 远期商品合约 | 商品期货<br>商品指数期货 | 商品互换 | 商品期权<br>商品指数期权 | |
| 信用 | — | — | 信用违约互换 | — | |

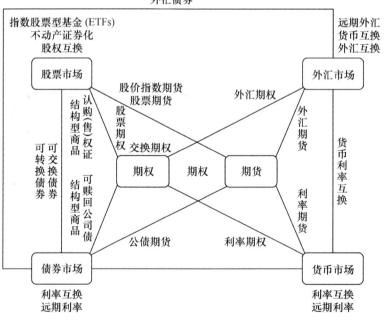

图1-1 金融现货市场与金融衍生性商品关联图

由于衍生性商品的到期价值受到标的资产在合约中的条件,以及标的资产在合约到期时的价格的影响,因此想要了解衍生性金融商品,必须对其标的资产性质及该资产在合约中的条件具有相当的认识。衍生性金融商品原系为交易者转移价格波动等风险的一种双边合约,然而随着市场运作机制与商品创新,有着多样性的发展,目前市场上的各种衍生性金融商品,除了远期合约、期货、期权、互换及信用衍生性商品、结构型商品等基本类型外,甚至存在衍生性商品本身的组合,如期货期权合约(Options on Futures Contract)即期货与期权合约的组合,互换期权(Swaptions)即互换与期权的组合。近年来,由于金融工程的快速进展,加上市场变化日益复杂,促使衍生性商品市场蓬勃发展,各种复杂的结构型商品不断推陈出新,但这种结构复杂的衍生性商品,如果进一步拆解、分割,其不过是远期合约、期货、期权或互换此四种基本类型衍生性商品的组合,故此四种商品被称为基本积木(Building Blocks)或基本种类,如同堆积木块,几种形状的木块即可堆积架构出各种复杂的造型。

依据发展出期权定价理论的著名学者 Fisher Black 的研究,各种衍生性商品皆系在"一天期远期合约"基本架构上增添条件,再加以组合建构而成。细究之,期货系在远期交易的基本类型上,加上可自由转让、可提前冲销(Offset)、结算机构担保履约责任、每日结算(Mark to Market)以及标的资产数量、质量及到期日、交易方式、结算交割等合约规格标准化的合约条件组合的合约。期权则在期货前述组合条件上,进一步以"权利"作为交易标的,将期货合约中"买卖双方皆有履约之权利与义务"此项条件,修正为"买方有履约之权利,卖方有应买方要求而履约之义务",并导入"买权"(Call)、"卖权"(Put)及可提前履约(美式期权)与预先设定执行价格或称履约价格(Strike Price or Exercise Price)等条件组合而成。互换则可视为一连串现金流量或资产互换的远期交易的组合。

期货由于发展历史较早且合约内容较简单,因此被用来作为其他衍生商品之标的及发展基础。期权自20世纪70年代正式上市交易后,在金融商品市场上,引发了革命性的变化。除了交易金额的巨幅成长外,以各种不同商品或请求权作为标的的期权合约,或是以期权作为部分组合的特定商品,亦陆续出现在世界各国金融市场上。20世纪80年代之后,资产互换交易兴起,以及其与期权的结合,更使得金融工程进一步发展,全面影响了金融市场的面貌。20世纪90年代之后,由于企业对金融风险的重视,配合风险理论的演进,具有风险移转功能的衍生性金融商品,其理论与实务运用亦有创新的突破性进展。因为新兴衍生性商品合约在结构上日趋复杂,加上其中使用的标的商品在定价上的难度,这些发展对于金融商品的定价与操作带来了前所未有的挑战。金融工程理论与实务应势而生且受到企业、政府与学界的高度重视。

期货及期权是两种基本的衍生性商品,除了作为商品本身在市场上交易外,还隐含于其他衍生性商品之中,如各种结构型商品以及互换期权。以债券、票券为基础的利率衍生性商品,在近二十年来的资本市场上发挥了强大的功能,对国际市场的利率水平以及资本流动有着深远的影响。结构型商品在资产配置的功能上,延伸并加强了传统证券市场如股票、债券的地位,使得传统证券商品得以继续发展。资产互换在建构新兴衍生性商品时,亦占有重要的地位,使传统证券与期权结合而成为特殊的新型商品,这些新商品具有过去其他金融工具所无法达到的功能,如企业风险的定价与转移等。信用衍生性商品自2000年来飞速成长,即是因为此类商品对过去无法有效在市场上交易的企业风险,提供了新兴的交易与避险途径。

### 二、衍生性金融商品的风险

衍生性金融商品具有许多特性与功能,只是其操作及管理上亦有与其他金融商品相同的风险。但因其具有高杠杆风险且较传统金融商品复杂,因此对于衍生性金融商品更应注意其风险控管。衍生性金融商品的风险包括如下五类:

1. 信用风险

即违约风险,指交易之一方在交割时或交割前因无法履行合约规定而导致另一方损失的可能性。场外市场的信用风险大于集中市场交易。

2. 市场风险

即价格风险,指衍生性金融商品标的物如利率、汇率、股价、指数等的价格发生与预期方向相反变动,而导致亏损的可能性。衍生性金融商品的价格风险具零和游戏(Zero-sum Game)的性质,且因其杠杆倍数作用,故其市场风险远比现货商品大。

3. 流动性风险

指交易者无法将衍生性商品持仓冲销或无法以合理的价格与时间完成交易而导致损失的可能性。流动性包括流通性与变现性。集中市场交易的衍生性金融商品因合约标准化,投机者与套利者之参与及在集中市场公开竞价,故其流动性风险较场外市场为小。

4. 操作风险

指制度程序、内部控制设计不当、监督管理缺失、人为舞弊等因素所导致发生损失的可能性。衍生性商品由于复杂程度高、杆杠倍数大、控管上与传统产品亦有差异,故操作风险亦随之提高。

5. 法律风险

指合约本身不具法律效力、越权行为、条款疏漏、规范不周等致使合约无效,而造成损失的可能性。衍生性商品因创新快速使监管法令不及规范或规范不明确,亦包括由于交易双方专业知识与经验不足及可能的越权行为致产生法律纠纷等的风险。

## 第二节 期货与期权交易的历史

诺贝尔经济学奖得主米勒(Merton H. Miller)曾说:"期货是人类在20世纪最伟大的金融创举。"期货交易的雏形可溯至13世纪,欧洲地区已出现预先约定质量标准、日后另行交货的远期合约。而16世纪后期的比利时Van Den Burges地区商人间的交易亦有类似合约。1570年成立于英国伦敦的皇家交易所(The Royal Exchange),其交易方式便是一种期货交易的原始形态。17世纪30年代荷兰的商业及股票交易所就有以郁金香球茎为交易标的的远期合约。1697年日本的稻谷期货交易是有历史记载的最早进行与期货合约相近的交易。1730年大阪的稻米交易中心获得法律承认,而进行"远期合约"(Forward Contracts)的交易。

1848年在美国芝加哥,81位来自各行业的人士组成芝加哥交易所(Chicago Board of Trade,CBOT),以管理芝加哥谷物市场的交易。该交易所不但受理现货买卖,也受理期货交易,先后推出面粉 To-arrive 合约及玉米远期合约,1860 年芝加哥交易市场正式出现了"期货订单"的交易。1865 年 10 月,芝加哥交易所颁布了交易通则,明订期货交易所的交易规则并制定保证金交易机制。将远期合约(Forwards)予以标准化为期货合约并于谷类商品开始实施,至此,期货交易方才进入轨道。期货交易标的种类由早期的农产品逐渐适应市场需求及环境转变而扩充至畜牧产品、林业产品、软性农产品(Soft Commodity)、金属及能源产品。金融期货发展的背景始于 1971 年美国宣布脱离布雷顿森林(Bretton Woods)协议。由于该协议系维持美元与国际主要通货间汇率稳定的基础,各国为适应美国这一措施,而改采用浮动汇率制度。美国芝加哥商业交易所(Chicago Merchamtile Exchange,CME)在经济学家 Milton Friedman 的推动下,于 1972 年设立国际货币市场(Internation Money Market,IMM)部门,推出外汇期货,是史上第一个金融期货商品。1975 年 CBOT 推出以政府国民抵押贷款协会(Government National Mortgage Association,GNMA)房屋抵押凭证(Mortgage-backed securities,MBS)为标的物的第一个利率期货商品,并于 1976 年上市三个月期国库券期货,于 1977 年推出公债期货。1981 年 CME 首创现金交割方式并推出欧洲美元定期存款期货(Eurodollar Futures)。1982 年美国堪萨斯期货交易所(Kansas City Board of Trade,KCBT)推出第一个股价指数期货——价值线指数期货合约(Value Line Composite Index Futures),开启了股价指数期货的新纪元。目前股价指数期货成为发展最快的金融期货。股票期货则在 20 世纪 80 年代后期上市。

期权方面,远在古希腊罗马时代就有期权形态的交易,即以少许金钱买入"借用橄榄压榨机的权利",如果收成不佳则放弃此权利,但若丰收,则可执行权利借得机器使用,或转售他人获利。在 18 世纪时,场外市场交易的农产品期权就很活跃。在交易所上市的期权交易则迟至 1973 年芝加哥期权交易所(Chicago Board Option Exchange,CBOE)成立后才开始。CBOE 成立初期仅推出买入标的资产的买权(Call Options),1977 年才推出卖权(Put Options)。1973 年 Black-Scholes 期权定价理论(Black-Scholes Option Pricing Model)论文发表,提出期权的评价模式,促进期权市场的进一步发展。至于期货期权,则是在 1982 年 10 月正式上市,其标的物是美国长期公债和糖的期货合约。从此以后,期货期权和其他期权交易如雨后春笋般纷纷在国际上各个主要市场上市交易。

## 第三节 衍生性金融商品的种类

### 一、远期合约与期货合约的意义与特征

远期合约(Forward Contracts)为买卖双方约定在未来某一时点,以约定价格买卖约定数量、约定标的物的合约,合约的内容包括标的物等级、质量、数量、价格、交割时间、交割地点、交割方式。这些合约内容都可以根据买卖双方的需求而协商议定,并无一定的标准,是颇具弹性的交易方式,属"非标准化"合约。远期合约系属场外市场(OTC)交易的衍生性商品。常见的远期合约有远期外汇合约(FRC)、远期利率协定(FRA)、无本金交割的远期外汇(NDF)等。

虽然远期合约的应用范围很广，市场交易也颇为活跃，但远期合约具有下列缺点：

（1）远期合约为非标准化合约，系依买方或卖方需求而量身订做，故较不容易找到合适的交易对手（Counterparty）。

（2）到期前无法经由反向冲销而解除合约义务，故欠缺流动性。

（3）合约期间必须承担交易对手的信用风险，此种交易对方违约的风险会影响交易的意愿。

（4）到期大多以实物进行交割，影响无实物需求的投机者、套利者的参与。

为解决上述问题，期货合约应运而生。期货交易既具有远期合约所具有的功能，同时又消除了远期合约的缺点，使得较晚发展的期货交易反而后来居上。

期货（Futures）合约是买卖双方约定在未来的某一特定时点，以约定的价格和数量，买卖特定商品的合约，其合约内容系由期货交易所统一制定的"标准化"合约。所谓"标准化"是指交易标的资产之质量、数量、交割或结算方式、交割或结算日期、地点皆用采单一标准，故其为一种特殊的远期合约。其价格系经由公开竞价方式决定，成交后由期货结算机构（Clearing House）负责担保结算交割义务的履行。

标准化可使交易的买卖双方对同一商品的竞价基础相同，增加交易的明确性、便利性与效率性，而结算机构的履约担保能提升交易的安全性，此乃造就期货市场活跃的主因。以下将说明标准化的期货合约要素：

1. 标的资产

标的资产是指交易的商品，每一个期货合约皆有其标的资产。例如外汇市场以日元为标的的期货合约，农产品市场以黄豆为标的的黄豆期货合约，金融市场以台湾加权股价指数为标的的台湾股价指数期货。

2. 数量或合约价值

即合约规模大小，表示每一个合约所表示的基本交易单位（1个合约，通常称为1手）所包含该商品的数量或价值。例如芝加哥商品交易所（CME）中，1手日元期货的合约数量是12 500 000日元，而1手台湾期货交易所的台湾股价指数期货的合约价值，则是指数乘以新台币200元。

3. 交易月份

指交易商品的到期月份。合约月份所代表的是其存续期间，当期货合约将至该合约的最后交易日时，该合约自次日起下市。例如台湾股价指数期货的交易月份是最近两个月，加上3、6、9、12月中三个接续的月份，总计有五个月份的合约可供交易，故在6月份合约到期日（为该月份第三个星期三）前，在交易所上市交易之合约为6月、7月、9月、12月与次年3月。

4. 交割方式

期货交割方式可区分成实物交割与现金交割两种。实物交割为"买方交钱，卖方交货"，一般大宗物资期货合约大都采用实物交割方式。但如合约标的资产无实体可供交割或采用实物交割有其不便与困难，合约设计上，乃以现金结算的方式进行交割。例如，股价指数期货标的资产为指数系无实体，如拟以所构成指数成份股进行交割股票，有其执行之困难不便，故皆以现金结算方式进行结算。

期货合约交易虽然在设计上实行由结算机构担保履约,但为确保买卖双方之履约责任与能力,进行交易时,期货保证金可以分成原始保证金(Initial Margin)与维持保证金(Maintenance Margin)两种。通常在计算股价指数的原始保证金与维持保证金时,会先确定结算保证金作为基准,再以该基准依照一定比例加成计算原始保证金与维持保证金,并规定买卖双方在建立持仓时需要向期货商缴存原始保证金,作为期货交易人履约的保证。期货结算会员再向期货交易所独立的结算部门或独立的结算公司缴纳结算保证金。当期货价格变化导致投资者的持仓出现亏损,且一旦亏损使交易人所拥有的资金低于维持保证金时,则需补缴保证金至原始保证金的水平,否则期货商便会对交易人的期货持仓执行砍仓,前述三种保证金比例因各期货交易所对风险控管与国际市场竞争因素而不同。2010年5月10日台湾期货交易所、香港交易所与新加坡交易所保证金数据如表1-2所示。

表1-2 台湾期货交易所、香港交易所与新加坡交易所的保证金比较

| 交易所 | 商品名称 | 结算保证金 | 维持保证金 | 原始保证金 |
| --- | --- | --- | --- | --- |
| 台湾期货交易所 | 台指期货 | 台币57 000元 | 台币59 000元 | 台币77 000元 |
| 香港交易所 | 恒生指数期货 | 港币53 750元 | 港币53 750元 | 港币67 150元 |
| 新加坡交易所 | MSCI台指期货 | 美金1 100元 | 美金1 100元 | 美金1 375元 |

期货合约与远期合约的主要差别在期货合约具有下列特性与优点:

(1) 合约的标准化:由于买卖双方对交易条件的要求都不同,为了避免撮合成交的困难,故将商品的合约规格统一固定,以提高成交的可能性而增进市场的流动性。

(2) 保证金交易:投资人只需缴交合约价值一定比例的保证金,就可以买卖一手合约。譬如在指数7 500时,一手台指期货的价值是150万元,可是投资人只要付约8万元就可以进行交易,约为合约价值的5.3%。远期合约则视交易对手的信用状况,一般而言属于信用交易(Credit Transaction),不需缴交保证金。

(3) 每日结算(Mark to Market):由于期货交易属于高财务杠杆的操作,为控管投资人的持仓风险,期货商必须随时依市价计算客户持仓之损益,当客户之持仓发生损失而使其账上金额低于维持保证金时,期货商即会发出保证金补缴通知(Margin Call),而每日结算后,损益立即在客户账户上体现。

(4) 买卖双方对结算机构负责:期货成交后,买方相对卖方、卖方相对买方都是结算机构,这样的机制设计降低了期货交易对手违约的信用风险。远期合约则由双方各自承担对方的违约风险。

(5) 到期现金结算或实物交割:所有期货合约皆有一定到期日,在该到期日前期货交易人可以进行反向冲销或通称平仓,若到期日时,交易人仍持有该合约,则必须根据该期货合约规定以现金进行差额结算或以实物进行交割。

(6) 集中交易公开竞价:期货交易必须将委托单下至期货交易所,由期货交易所以集中交易方式进行公开竞价与撮合,此与远期合约交易系在场外市场交易以议价方式成交不同。期货、现货与远期交易三者的异同,详见表1-3。

表 1-3　期货、现货与远期交易的比较

| 市场<br>项目 | 期货交易 | 远期交易 | 现货交易 |
| --- | --- | --- | --- |
| 1. 给付时间 | 依交易所规定之将来特定时点给付 | 约定未来某一时期给付 | 现在给付 |
| 2. 当事人 | 结算机构与卖方或结算机构与买方 | 买卖双方 | 买卖双方 |
| 3. 合约内容 | 交易所规定合约之基本内容,系一标准化合约 | 买卖双方自行约定,无固定内容及式样 | 买卖双方自行约定,无固定内容及式样 |
| 4. 订约之难易 | 有集中之市场及固定之合约,合约容易成立 | 较难 | 较难 |
| 5. 交易场所 | 在交易所进行集中交易 | 场外市场 | 无固定场所 |
| 6. 中介机构 | 通过经纪商下单,另有期货信托、顾问事业 | 通常无中介者 | 通常无中介者 |
| 7. 价格决定方式 | 在交易所公开竞价 | 双方协议 | 双方协议 |
| 8. 保证金 | 依交易所之规定,买卖双方均需缴交 | 无保证机制 | 双方协议 |
| 9. 流动性 | 具高度流动性,可随时在交易所转售 | 流动性低,难转售 | 流动性低,难转售 |
| 10. 履约时间 | 依期货合约所订日期,到期方可履约 | 合约载明将来履约日期 | 通常实时履约 |
| 11. 结算方式 | 每日结算(Mark to Market)调整保证金,确认履约风险 | 无每日结算 | 交易完成即进行结算 |
| 12. 履约交割结算 | 可在到期前结清或届期进行结算交割 | 通常必须持有至到期进行交割 | 原则上在交易完成即进行交割 |
| 13. 违约风险 | 客户或经纪商必须履约,违约事件甚少 | 买卖双方均可能违约,违约风险自行承担 | 买卖双方均可能违约,违约风险自行承担 |
| 14. 结算制度 | 有结算机构进行结算作业 | 双方自行结算 | 双方自行结算 |
| 15. 管理规范 | 由主管机关及交易所确定规定严格管理 | 重合约自由,涉及金融市场者仍有适度管理规范 | 重合约自由,较少管理规范 |

另外,期货交易与股票投资的差别说明如下:

(1) 交易标的物不同:期货的交易标的除有价证券以外,尚及于其他金融资产及一般商品等;而证券投资的标的物包括股票、债券或其他有价证券。

(2) 财务杠杆效果不同:期货为保证金交易方式,具有高杠杆效果,其获利能力相对提高许多,但损失的程度也相对增加;股票投资则除融资和融券交易外,必须以全额现金买卖。

(3) 功能不同:期货交易的功能除避险、投机获利之外,尚有价格发现等功能;股票交易的功能则在于投资获利及促成活跃交易市场,达到企业资金筹措、促进资本形成和产业发展的目的。

(4) 风险程度不同:期货交易人负有补缴保证金的义务,在市场对其不利时,有可能损失大于其原始投入金额；而股票投资除信用交易外，其最大损失仅限于所投入的原始金额。

（5）结算时间不同：期货交易必须每日根据收盘后的每日结算价计算未实现损益并进行保证金补缴作业，而在平仓冲销持仓时或到期履约时才有已实现损益；股票投资不需逐日结算是否需补缴保证金，其最终损益则是在反向买卖后才实现。

（6）时限不同：期货有一定的有效期间，到期前必须反向冲销平仓或到期时进行履约，股票投资则除订有存续期限者外，一般无一定的期限限制。

（7）保证金追缴不同：期货商必须随行情的波动，将客户的持仓依市价作结算，并对保证金不足的客户发出追缴通知，而一般股票投资则除信用交易外，无此种情形。

（8）放空限制不同：期货交易原则上无放空限制，股票投资则需开立信用交易账户，且有融券配额的限制。

**表 1-4　期货与股票的比较**

| | 期货 | 股票 |
|---|---|---|
| 1. 创设目的 | 规避风险 | 提供企业筹措资金途径，促进资本形成，经济发展 |
| 2. 衍生功能 | 价格发现、投机、套利 | 投资、投机、套利 |
| 3. 发行量 | 无一定的限制 | 有一定的数量 |
| 4. 股利 | 无 | 有 |
| 5. 投资资金 | 不宜全部使用于期货保证金之上，需预防保证金追缴 | 可全部使用于购买股票 |
| 6. 到期期限 | 有特定到期期限，交易人须注意期货合约的到期日，持有至到期时，有履约交割的义务 | 无特定到期期限，投资人购买股票后可长期持有 |
| 7. 放空交易及当日冲销 | 跟多头交易一样，无任何限制，可进行多空头交易及当日冲销 | 现股只能先买，不能先卖，如欲放空及当日冲销，交易人须另开立信用交易账户，且经常受融券配额限制 |
| 8. 保证金（财务杠杆） | 保证金属于履约保证金性质，金额占期货合约市场价值约低于10%。交易人不必支付任何差额融资利息给期货商，财务杠杆作用甚高 | 在融资交易情况下，保证金（属于自备款性质）达股票市值40%，交易人要支付差额融资利息给证券经纪商，财务杠杆作用较低。若为现金交易，则无任何财务杠杆作用 |
| 9. 价格变动方式 | 各种期货商品市场各有独立分开，有涨有跌 | 有一齐变动的倾向 |
| 10. 持有持仓限制 | 为防止操纵，交易所对某些期货商品设有交易人持有持仓的限制，或设有未平仓持仓的总额限制权利 | 一般而言，无持有股份比例之限制 |
| 11. 交易标的物所有权之移转（交割） | 在买卖期货合约时，商品所有权并未移转。只有在交割现货时，商品所有权才移转 | 买卖股票时，须在第二天办理交割，股票所有权随即移转 |

(续表)

|  | 期货 | 股票 |
|---|---|---|
| 12. 市场损益总和 | 零和游戏(Zero-sum Game) | 非零和游戏 |
| 13. 损益实现方式 | 每日结算(Mark to Market)，损益立即实现 | 反向冲销方实现损益 |
| 14. 投资风险 | 由于杠杆倍数大，有可能损失大于其原始投入金额 | 除信用交易外，其最大损失仅限于原始投入金额 |
| 15. 管理规范 | 期货重风险管理，主管机关有严格管理规范 | 股票市场涉及发行市场、上市公司管理及交易市场管理，主管机关有严格管理规范 |

（一）期货的功能

期货的功能随着交易人及金融市场的发展而有不同，大致而言，有下列重要功能：

1. 避险功能

期货交易最原始的目的，即在于提供交易标的商品的持有者或使用者移转其可能遭受到的价格变动风险，避险者预先以相对于现货市场中的立场，在期货市场中买进或卖出，以达到规避风险(Hedge)的目的，生产者、中间商、用户在移转价格风险后，使其成本与利润得到保障。避险者在无后顾之忧的情况下，可专心于本身的经济活动，以创造出更大的经济效益。期货在金融活动与经济活动方面的功能，详见图1-2，有关避险决策与避险效果的分析，详见图1-3。

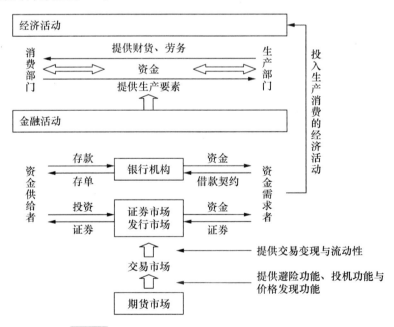

**图1-2** 期货在金融活动与经济活动方面的功能

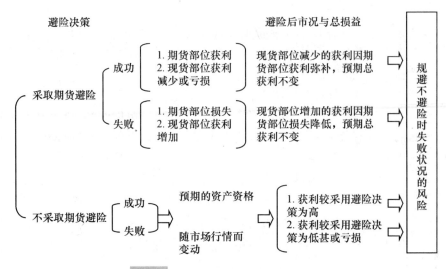

**图 1-3** 避险决策与避险效果的分析

**2. 价格发现功能**

期货市场系在交易所提供的集中交易市场以公开喊价或计算机撮合方式进行交易,并且在交易完成时立即将成交价格通过电信媒体输到各地,得以随时向社会大众公布。各种标的商品在期货市场的交易结果即可反映供给与需求情况,因此,期货市场成为决定商品价格的场所,成交价格也就成为各相关市场买卖的重要考参信息。期货交易价格可引领目前的现货市场价格,由于价格信息的充分揭露,使得社会资源得以达到有效率的运用,对促进经济发展有积极贡献。

**3. 投机功能**

期货市场系由避险者与投机者所组成,避险者不愿承担价格变动的风险,投机者却是有能力而且愿意承担风险者,若无投机者参与,避险交易行为即不能顺利进行,也就无法产生具有经济功能的期货市场。

另外,自其他层面观之,期货尚具有下列功能:

**1. 提升期货市场国际化程度**

期货合约的推出对提升本国期货市场国际化的贡献,主要来自扩大吸引外资以及增加本国市场与国际期货市场的联结程度。交易人除进行跨市场、跨商品价差交易外,亦可能因市场国际化程度提高,以及推出与国外市场类似商品,增加国际间市场与本国市场进行跨市场商品合作机会。

**2. 多元化金融市场商品种类**

在引进期货商品后,可提升国人对衍生性商品的了解程度,进而使金融机构开发出其他以此为基础的多元化衍生性商品,能促进金融市场的多元化程度。

**3. 降低交易人交易成本及资金运用效率**

合法的期货交易市场,由于保证金制度,能有效降低交易成本及增加资金运用的灵活性,能扩大产出的经济效益。

**4. 提升现货市场运作效率**

借由投资人跨市场操作以及期货价格发现的功能,期货市场能有效提升现货市场定价效率。具有充分效率的期货市场将加深交易人对相关的标的现货市场的参与,从而促进现货市场的活跃与效率。

**5. 便利现货投资者进行避险**

对股票发行者、承销商或外国证券投资者而言,可利用期货商品,作为其发行或认购内地企业发行的海外有价证券(例如海外存托凭证)避险的有效工具,有助于强化现货市场的广度与深度。

**6. 促进公共利益及经济效益**

期货商品具有提供避险、提供多元化理财途径及提升资金运用效率等功能,期货市场的健全发展,除可促进现货市场的发展,更可提高金融市场的运作效率,增进经济效益及社会大众的福祉。

(二) 期货的种类

期货的种类繁多,一般而言,可分为商品期货(Commodity Futures)及金融期货(Financial Futures)。

1. 商品期货

商品期货是期货市场最早发展的合约,以传统的大宗物资如农、林、畜牧产品为主。依各国生产环境条件,各国此类产品有所差异,其发展出的商品期货亦有差别。

(1) 农、林、牧产品及其他类

农产品期货包括玉米、小麦、稻米、燕麦、小米等谷物,黄豆、豆粉、豆油、葵花油等油炸物,棉花等纺织品类,主要交易市场为美国芝加哥期货交易所(CBOT)。林木产品期货包括木材、合板、天然橡胶等。牲畜产品期货首先由芝加哥商业交易所(CME)在1960年推出活猪和活牛等期货,后又发展出牛腩、鸡肉、猪腩、猪肉、牛奶、奶油等期货。此外,还有食品类期货如咖啡、可可、糖等,又称为软性期货(Soft Commodity),主要交易所为美国咖啡、糖及可可交易所(CSCE)。

(2) 能源期货(Energy Futures)

此类期货以石油为主,又逐渐扩充至石油提炼之相关产品,如燃油、轻原油、汽油及天然气、电力等期货合约。主要交易所为美国纽约商业交易所(NYMEX)及英国国际石油交易所(IPE)。

(3) 金属期货(Metal Futures)

可分为贵金属(Precious Metals),如黄金、白银、白金等,及基本金属(Base Metals)如铜、铝、锌等,主要交易市场包括纽约商业交易所(NYMEX)及英国伦敦金属交易所(LME)。

2. 金融期货

自20世纪70年代的外汇期货合约上市后,金融期货发展至为迅速,已成为当前期货市场的主流产品,其主要类别如下:

(1) 外汇期货(Currency Futures)

外汇期货系以外币为交易标的,较活跃者有美元、欧元、日元、英镑、加拿大币等,外汇期货采用"间接报价",即每单位外币的相对美元价格。

(2) 利率期货(Interest Rate Futures)

可分为短期利率期货(Short-term Interest Rate Futures),包括欧洲美元期货(Eurodollar Futures)、美国国库券期货(T-Bill Futures);长期利率期货(Long-term Interest Rate Futures),包括美国中期公债期货(T-Note Futures)及长期政府公债(T-Bond futures)。台湾期货交易所于2004年1月及5月分别推出10年期政府公债期货与30天期商业本票利率期货合约。

(3) 股价指数期货(Stock Index Futures)

自1982年美国期货市场推出股价指数期货后,世界各国(地区)纷纷推出此类型期货,目前较知名的股价数期货包括韩国KOSPI 200、欧洲Euro STOXX50、台湾TAIEX股价指数、美国S&P500、日经NIKKEI 225、英国金融时报100等股价指数期货。大多数国家皆推出当地的股价指数期货,甚至推出外国的股价数期货,如新加坡交易所SGX即上市日经NIKKEI 225及台湾摩根斯坦利台股指数期货。股价指数期货的特色在于,其标的物为无形的指数,如采用实物交割则欲交割的成份股票有实际上执行的困难与不便,故采以现金方式结算,其合约价值根据指数一点为多少金额计算。

(4) 其他金融期货

股票类相关期货还有股票期货,其系以单一股票为标的,近年来亦大为兴盛,其中尤以印度国家证券交易所(NSE)的交易居世界第一。

## 二、期权的意义及特性

运用隐含期权概念的使用权,早在古希腊与罗马时期即已存在。在17世纪荷兰的郁金香交易中,期权曾一度被广泛地使用。尔后至18、19世纪时,欧美相继出现比较有组织的期权交易,交易标的物仍然以农产品为主。在20世纪初期,期权的交易被视为赌博性很高的交易行为。1934年美国证管会(SEC)在证券法实施之后,才将期权的交易纳入管理。20世纪70年代,关于期权的理论逐渐发展成形。自1973年以来,期权市场以相当快的速度在成长,不但各期货交易所陆续推出各种交易标的物的期权交易,而且各国也纷纷建立了期权的交易市场。

期权(Options)为一种权利合约,买方为取得此权利则须付出代价,而卖方承担履约的义务则要收取一定代价,此代价即为权利金(Premium),表示此期权的价值。期权的种类依其权利性质为买入还是卖出标的资产,可分为买权(Call Options)与卖权(Put Options),前者是指买方具有依合约条件执行买入标的资产的权利,后者则指买方具有依合约条件执行卖出标的资产的权利。而交易单一期权为最常用的期权投资策略,包括买入买权、买入卖权、卖出买权与卖出卖权四种,其特性如表1-5所示。

表 1-5　单一期权之特性汇总

| 种类 | 买卖 | 对标的资产的预期 | 权利金 | 保证金 | 权利或义务 | 最大获利 | 最大损失 |
|---|---|---|---|---|---|---|---|
| 买权<br>(Call) | 买方 | 预期大幅上涨 | 支付 | 不需缴交 | 具有要求卖方履约的权利,无义务 | 无限 | 所付权利金 |
| | 卖方 | 预期小幅下跌 | 收取 | 缴交 | 有应买方要求履约的义务,无权利 | 所收权利金 | 无限 |
| 卖权<br>(Put) | 买方 | 预期大幅下跌 | 支付 | 不需缴交 | 具有要求卖方履约的权利,无义务 | 执行价格减权利金 | 所付权利金 |
| | 卖方 | 预期小幅上涨 | 收取 | 缴交 | 有应买方要求履约的义务,无权利 | 所收权利金 | 执行价格减权利金 |

就期权的市场而言,期权可分成非标准化及标准化两种。第一种是非标准化期权,又称场外市场(OTC)形式期权,多半为各金融机构提供之期权,由买卖双方自行决定金额、期间、价格等合约内容,交易由交易双方自行议定,不通过任何的中介机构。例如,台湾"中央银行"核准的金融机构承做之外币期权(Currency Options)及利率期权(Interest Rate Options)等在场外市场交易;中国内地和台湾地区的认购(售)权证也是一种具有期权性质的商品。第二种是标准化期权,标准化是指期权的到期月份、最后交易日、最后结算日及执行价格间距等皆由期货交易所制订有一定的规格,并在期货交易所挂牌交易,保证金的计算与结算均由交易所规定。

期权具有下列特性:

1. 买卖双方权利义务不对称

依据前述说明,期权的买方于付出权利金后拥有要求履约的权利而无义务,卖方则在买方要求履约时,有必须履约的义务,这种买卖双方权利义务不对等的关系,是期权商品所特有,而与其他现货商品及远期合约、期货、互换等买卖双方权利义务对等者最大的不同。由于其权利与义务的不对称,期权的报酬形态无法轻易由现货商品加以复制。

2. 买卖双方风险不对称

从表 1-5 可知,期权的买权买方最大获利理论上可为无限大,但最大损失则为所付的权利金;而买权卖方的最大获利为所收权利金,最大损失理论上可为无限大。此种买卖双方风险不对称,亦为期权与其他现货及衍生性商品的差异。

3. 具有强大组合创新形态商品及交易策略的能力

每一选择有数个不同的执行价格,及数种不同的到期月份。例如,2006 年 5 月份到期的台指期权即有自 5 900 点至 7 800 点的 20 个执行价格,而 6 月份到期的合约更有多达 27 个执行价格;而其到期月份则为 5、6、7 连续三个月份,再加上 3 月、6 月、9 月及 12 月中两个接续的月份,共有五个月份的合约在市场交易。故如果有五个不同执行价格及五个不同月份,则计有 25 种不同买权及卖权,合计有 50 种期权合约,再加上各种复杂的组合,则可能组合数千种合约,故其组合新形态商品及交易策略的能力相当强而远非其他商品可比拟。

4．提供多样的避险功能

期权不仅可用以规避标的资产变动的风险，还可用来规避标的资产价格波动性（Volatility）改变的风险，或利率、股利变动的风险。

5．极大的财务杠杆倍数与风险

期权是以权利金购买权利，此权利金金额相较于标的资产价值比例甚小，故其财务杠杆倍数大于其他现货及衍生性商品，亦即期权有极高的报酬，相应地亦隐含极高的风险，买方的风险可有效地锁定在权利金。期货与期权的比较详见表1-6。

**表1-6 期货与期权的比较**

| | 项目 | 期货 | 期权 |
|---|---|---|---|
| 1 | 标的资产 | 现货 | 现货、期货 |
| 2 | 合约序列 | 有数个不同到期月份的合约 | 由不同执行价格及到期月份组成的多个序列合约 |
| 3 | 权利金 | 无 | 买方必须支付 |
| 4 | 保证金 | 买方、卖方均必须缴纳保证金 | 仅卖方必须缴纳保证金 |
| 5 | 买卖方的权利与义务 | 对称（买卖双方有权利及义务） | 不对称（买方有要求履约的权利，卖方仅有履约的义务） |
| 6 | 买卖双方的风险 | 对称（双方的损失都无限） | 不对称（买方最大损失为权利金，但卖方的可能损失却是无限的） |
| 7 | 交易场所 | 交易所之集中市场 | 场外市场及交易所 |
| 8 | 执行价格 | 由市场买卖双方竞价决定 | 由交易所或买卖双方预先决定，市场交易决定权利之价格 |
| 9 | 买卖价格的意义 | 买卖价格是标的资产未来的价格 | 系对未来买卖标的资产权利的价值的评价 |

（一）期权的功能

期权以其独有的特性，具有下列功能：

1．规避风险及促进市场发展

持有现货的交易人为规避价格下跌的风险，可以借由买进卖权（Long Put）进行避险。一旦现货价格下跌，则其卖权部分可以获利而弥补其现货的损失，或到卖权到期时执行权利而将现货以卖权所定的执行价格售出，确保现货以预定的价格出售，而不致受市场下跌的影响。且期权不仅能规避价格风险，也能规避价格波动性的风险，亦可作为期货等其他衍生性商品的避险工具。此避险功能所需的成本仅为小额的权利金，能节省避险成本。而避险的功能可促进现货市场的参与及金融与市场经济的发展。

2．价格发现及促进资源有效配置

现货期权为对标的资产于未来特定期间以特定价格买卖的权利，故期权的价格（即权利金）反映未来市场对该标的资产供需状况的预期。尤其是在集中市场交易的期权，将所有未来对该标的资产的需求者及供给者集合在一起，而以竞价方式交易，并将交易的价格等信息对外公布，故能提供有价值的信息，可作为投资者投资决策或相关的资源拥有者作资源分配决策的参考。

3. 组合与策略多样化能满足不同风险偏好者的需求

如前所述，期权有买权、卖权及不同的执行价格、到期月份，能组合出无数的期权合约，而各有其不同的报酬形态，可满足不同风险偏好者的需求。故如能结合金融工程的运用，可适应不同市场状况，在任何价格波动中仍可找出合适的交易策略而达到特殊的目的，相较于其他金融工具，期权最具操作的灵活性与弹性。

4. 提供投机及套利的机会并提高避险效率

投机及套利者可利用期权商品进行各种投机及套利策略。期权的多样化，及其所能发掘的投机与套利机会较其他金融商品为多，故能吸引投机者及套利者的参与，而此又能提供流动性，促进期权市场的活跃并提高避险效率。

5. 具有递延投资或交易决策的效果

期权本质上为向买方提供一项未来一定期间决定买卖某标的资产的权利，故交易人如因投资状况不确定或信息不足而无法实时作出决策，则可利用买入期权将决策递延至未来，其他金融工具无此项功能，为期权所特有。

6. 促进资本市场完整性

完整市场（Complete Market）是指证券的种类和未来可能的经济状况（State of Nature）种类一样多，完整市场中，投资者可利用各种证券创造出任何形态的报酬给付，而促使资本市场达到帕累托最优（Pareto Optimum）。而期权的组合多样化，可以达到增加证券种类的目的，而使资本市场更趋完整。

（二）期权的种类

期权依标的资产分类，可分为现货期权、期货期权及其他衍生性商品期权。期权的标的资产种类繁多，可以为现货资产，也可以是期货资产。若期权的标的资产是现货市场的股票、股价指数、债票券、外汇等现货，此期权称为现货期权（Options on Physical）；若期权的标的资产是股票期货、股价指数期货、利率期货（债票券期货）、外汇期货或商品期货等，此期权称为期货期权（Options on Futures）。具体说明如下。

1. 现货期权

（1）股票期权

股票期权的标的资产是上市或上柜公司的股票。股票期权合约的买方有权利在未来一定期间内或特定到期日（视其为美式期权还是欧式期权而定），以约定价格向卖方买进或卖出一定数量的股票。以股票期权买权来说，买方若执行其权利，则卖方必须交付一定数量的标的股票，而买方只需支付其相对以执行价格计算的价格给卖方，故一般而言，会采用实物交割方式。

（2）指数期权

指数期权的标的资产是某种指数，通常是股价指数，例如 S&P500 指数、日经 225 指数、台股指数等。股价指数期权合约的买方有权利在未来一定期间内（或特定到期日），来买进或卖出约定指数乘以一定乘数的合约金额，其交割方式大都采用现金结算。例如，一个执行价格为 6 500 点的台股指数买权，买方于指数 6 400 点时执行其权利，则卖方必须支付买方现金（6 500 - 6 400）× \$50（指数每点价值）= \$5 000。采用现金结算差价方式。

（3）利率期权

利率期权的标的物是债券、票券或存款等资产。利率期权合约的买方有权利在未来一定期间内（或特定到期日），以约定价格向卖方买进或卖出一定数量的债券、票券或存款。以债券期权买权来说，买方若执行其权利，则卖方必须交付一定数量标的债券，买方则支付相应的价款，采用实物交割方式。

（4）外汇期权

外汇期权的标的资产是外国货币。外汇期权合约的买方有权利在未来一定期间内（或特定到期日），以约定价格向卖方买进或卖出一定数量外国货币。

2. 期货期权

期货期权的标的资产是某一期货合约。期货期权合约的买方有权利在未来一定期间内（或特定到期日），以约定价格向卖方买进或卖出一定数量的期货合约，而取得期货持仓。以期货买权来说，买方若执行其权利，则会从卖方取得一个多头期货合约，并收到期货结算价格减去执行价格的现金；以期货卖权来说，买方若执行其权利，则会从卖方取得一个空头期货合约，并收到执行价格减去期货结算价格的现金。

3. 其他衍生性商品期权

例如互换期权（Swaption），买方支付权利金后取得一个可执行互换合约的权利（Options on Swap），执行后可取得互换合约。

## 三、互换

在国际间利率波动频繁的现代，一方面资产管理者欲确保资产收益率，另一方面负债管理者亦须维持利息负担于某一水平之下。了解与利率有关的各项衍生性金融商品操作，成为一位优良资产负债管理者、投资者或投机者必备的条件之一。各种利率工具如利率互换、远期利率协议、利率期货、利率期权及利率互换期权等，均为关注的焦点。

互换（Swaps）是指交易双方现金流量的互换，亦即交易双方约定在未来一定期间内，互换依据某些指标所计算的一连串不同的现金流量的协议。互换合约依标的资产的类别，大致上可分为货币互换、利率互换、权益互换、商品互换及其他形态的互换合约等。20 世纪 70 年代初期，因为业者为规避当时英国采取的外汇管制，而陆续发展出平行贷款（Parallel Loans）、背对背贷款（Back-to-back Loans），而货币互换因同时具有此两者的优点而大受欢迎，尤以 1983 年时由 IBM 与世界银行签订的以美元与瑞士法郎进行的货币互换最为著名。然而货币互换涉及庞大本金的互换，使得银行用以避险操作有一定难度，而仅需就不同计息方式的利息差额进行交换的利率互换则顺势兴起。

（一）互换的功能

金融互换能达成，基本原因是各互换参与者皆能因互换而获利。换言之，互换的结果能使互换参与者均获得部分利益。在金融方面，所谓利益，是指借贷成本较低，资产的收益较高或是财务的风险较小等。其原因与利益（即互换的功能）有下列几项：

（1）以互换方式取得资金可使资金的成本降低；

（2）互换可作为一种避险工具；

(3) 增加资金取得的途径及分散资金的来源；

(4) 调整财务结构及使资产负债搭配更为合理；

(5) 增加资产运用的收益或增加资金调度的弹性；

(6) 对中介者而言，可增加手续费收入、增加操作技巧、建立信用与知名度等。

### （二）互换的种类

金融互换的种类主要包括下列各项（详细释例说明参见第八章）：

1. 货币互换①（Currency Swap，CS）

不同货币交换使用权。

2. 利率互换（Interest Rate Swap，IRS）

不同计息方式现金流量的交换，例如固定利率计息方式与浮动利率计息方式交换。

3. 货币利率互换（Cross-Currency Swap，CCS）

货币种类与计息方式皆不同的现金流量的互换，但不同币别本金在合约开始时不交换，只用作计算各期的现金流量。例如，以美元固定利率交换欧元浮动利率。

4. 其他

包括权益互换、商品互换及互换期权等。

(1) 权益互换（Equity Swap）

是指某种计息方式（如LIBOR）与某种股价指数间的互换，以使资金的成本或收益与股票市场收益率联结。

(2) 商品互换（Commodity Swap）

是指某种商品（例如原油、金属或谷类等）的市场价格与固定（合约）价格间的互换，用来移转该种商品的价格风险。

(3) 互换期权（Swaption）

为期权的一种，即买方支付权利金后可获得一个执行互换合约之固定利率（Swap Rate）的权利。

以上前三种互换形态在互换市场上最普遍，就是通常所谓的金融互换（Financial Swap，FS）。

## 四、利率及其他衍生性商品

利率衍生性商品，指其价值由利率所衍生之远期合约、期权合约、期货合约、互换合约及前述商品组合而成的复合式合约。其中利率互换是一种合约协议，由交易双方约定在未来一段时间内，每隔一段时间交换不同利率计息方式的债务利息，期初期末都不交换本金。虽然不交换本金，但双方仍需约定一定金额的名义本金，以作为利息计算的基础。一般最基本的利率互换形式，名义本金通常是固定的，而以固定利率互换浮动利率，此固定利率称为互换利率。

远期利率协议是指交易双方约定适用于未来一段期间内的固定利率与名义本金的

---

① 请读者注意货币互换与外汇掉期的区别。外汇掉期（Foreign Exchange Swap，FX Swap）是指在外汇市场同时买又卖（Buy and Sell）或者卖又买（Sell and Buy）一笔金额相等但交割日不同之外汇的交易。

合约,通过此合约,买方可锁定未来的借款利率,但是买卖双方并不交换名义本金,仅针对利息差额做结算。远期利率协议是用来管理利率风险的有效工具:买方用以规避利率上涨的风险,而卖方可免于利率下跌的风险。

所谓利率期货合约,是指买卖双方同意以约定的价格,于未来特定时点,买卖一定数量的利率相关商品,为标准化合约。利率期货为避险工具的一种,主要是为了管理利率风险。所谓利率期货,是指买卖双方在集中性的交易市场,以公开喊价或电子撮合的方式所进行的利率期货合约的交易。

利率期权是用来对冲或规避利率的波动为主,可用来对抗某一利率的上限、下限或特定区间,因此可以达到锁定资金成本或投资收益的目标。利率互换期权,则是用来对冲或规避互换利率的波动为主。

结构型商品兴起,除了基于对于投资报酬的追求外,主要是因为金融工程的发展,使得承做结构型商品的金融机构得以掌握定价与避险等相关作业,因而金融机构乐于提供结构型商品。因为其产品灵活的特性,遂取代传统的投资模式,成为投资人趋之若鹜的投资工具。2000年以来全球股市下跌,投资人对于具有衍生性金融商品概念的结构型商品的接受度日益提高,结构型商品填补了传统投资工具投资意愿低落的缺口。最新的金融工程技术对产品设计上的提升,减少了投资人对未来报酬的不确定因素。结构型商品合约的弹性,通过日益发达的专业设计,更可针对市场行情与投资人属性量身订做合约。

结构型商品系固定收益商品与标的资产期权的组合,相关市场如股权、利率、汇率及信用交易渐趋活跃的发展,均有助于相关衍生性商品的运用。投资人也能通过结构型商品,以更加灵活的方式进行资产配置,有效分散投资风险。以我国的金融环境而言,仍以与股权链接的结构型债券最受投资人青睐。结构型商品因能量身订做,发行商可依据个别客户不同资金需求,在某一确定期间内依据客户需求的条件及金额发行结构型债券。

信用衍生性商品,主要目的为移转放款或其他资产的风险。信用衍生性金融商品具有多种形式,可依用户的需要量身订做。信用风险移转的期间、占总风险的比例,均可灵活地确定。标的资产通常为放款债权或公司债、票据等固定收益工具。但移转的范围限于信用风险发生的部分,不包括市场波动引起的汇率或利率风险。交易方式或为场外市场合约,或与票据链接。金融机构面对借款人的信用风险,包括借款人逾期无法支付本息的违约风险,以及借款人信用恶化的风险。传统上,金融机构是以加强征信、分散授信、限制个别授信额度和联合贷款等方式做事前控管。20世纪90年代以后,金融界逐渐使用衍生性金融商品移转借款人或交易对手的信用风险。信用衍生性金融商品原为债权证券化的辅助工具,随后迅速发展成为固定收益避险的主要工具。1997年亚洲金融危机时,信用衍生性商品的表现远优于债券市场。金融机构对内部风险控管的重视,使得信用衍生性商品预期成为金融机构广泛风险管理的重要工具,信用衍生性商品所采用的衍生性工具,基本上不外乎期权、远期合约及互换合约。目前在市场上较常见的信用衍生性商品,有信用违约互换、总报酬互换、信用互换期权及信用链接票据等。

## 本章习题

1. 下列哪个不是期货具有的功能？
(A) 现货价格指针　　(B) 投机　　(C) 避险　　(D) 价值储存

2. 下列哪个不是期货合约标准化的要素？
(A) 标的资产数量　　　　　　　(B) 交割日
(C) 标的资产质量　　　　　　　(D) 期货价格

3. 下列哪个并非期货市场的起源？
(A) 芝加哥农产品交易　　　　　(B) 纽约原油交易
(C) 利物浦棉花交易　　　　　　(D) 日本稻米交易

4. 期货交易的信用风险要比远期交易为低，下列哪个不是降低期货交易信用风险的主要原因？
(A) 期货交易有保证金要求　　　(B) 期货交易需每日结算
(C) 期货交易有结算机构制度　　(D) 期货交易使用标准化的合约

5. 下列何种投资策略可在标的股票上涨时获利？
i. 买进买权　　ii. 卖出买权　　iii. 买进卖权　　iv. 卖出卖权
(A) 仅 i　　　　(B) 仅 iii　　　(C) ii 及 iii　　(D) i 及 iv

6. 下列何种投资策略可在标的股票下跌时获利？
i. 买进买权　　ii. 卖出买权　　iii. 买进卖权　　iv. 卖出卖权
(A) 仅 ii　　　(B) 仅 iii　　　(C) ii 及 iii　　(D) i 及 iv

7. 下列哪个属于衍生性金融商品？
i. 期货　　ii. 认购权证　　iii. 特别股　　iv. 远期合约
(A) i 及 ii　　　(B) ii、iii 及 iv　(C) i、ii 及 iv　(D) 全部

8. 下列哪个不是利率衍生性商品？
(A) 远期利率协议　　　　　　　(B) 利率期权
(C) 信用违约互换　　　　　　　(D) 利率期货

# 第二章 期货与期权市场

期货与期权市场乃是全球金融市场相当重要的一环,其功能在于提供规避风险(Risk Hedge)的途径,同时亦提供投机交易者(Speculator)投资获利与套利的机会。近年来,全球期货市场无论在交易所数量、合约种类还是交易量上皆迅速成长,2005年交易量已近99亿手,而中国台湾期货市场亦成长迅速,同年度交易量9 300万手,名列全球第18。自从台湾期货交易所于1998年7月21日顺利推出第一个商品——台股期货,至2010年1月已有21项期货及期权商品,商品类别包括股价指数、个股、利率、黄金等市场,成绩斐然,台湾期货市场持续快速成长,已成为国际期货市场之深具潜力及重要新兴市场。本章将先介绍全球期货市场及主要交易所概况,并描述我国内地及台湾地区期货市场的商品及市场参与现况。

## 第一节 全球期货与期权市场概况

1999年美国的期货与期权交易量下跌了7%,然而,同期间美国以外的交易量却增长了11%,当年度全球的期货与期权交易量增长了10.16%至24亿手。至2008年,全球期货与期权年交易量,除2004年(8.96%)外,均以二位数增长(见表2-1)。2008年9月,雷曼兄弟投资银行破产,全球货币市场急速紧缩,形成信贷危机,进而演变成为全球金融海啸。2008年全球交易量仍高达176.53亿手,年增长率13.69%,2009年全球交易量为177亿手,年增长率仅0.1%,交易量仍集中于股价指数类(36.06%)、个股类(31.38%)以及利率类(13.94%)等商品。倘以年增长率来看,则以其他类(154.9%)、贵重金属类(132.8%)以及农产品类(64.8%)商品最为出色(见表2-2)。

表2-1 全球期货及期权交易量　　　　单位:百万手

| 年度 \ 项目 | 交易量 | 增长率 |
|---|---|---|
| 1999 | 2 397.3 | 10.16% |
| 2000 | 2 989.5 | 25.00% |
| 2001 | 4 382.44 | 46.60% |
| 2002 | 5 993.71 | 36.77% |
| 2003 | 8 137.63 | 35.76% |
| 2004 | 8 886.51 | 8.96% |
| 2005 | 9 899.78 | 11.68% |
| 2006 | 11 862.21 | 18.9% |
| 2007 | 15 526.63 | 28.03% |
| 2008 | 17 678.78 | 13.7% |
| 2009 | 17 700.03 | 0.1% |

资料来源:美国期货业协会(FIA)。

表 2-2　全球各期货及期权商品类别交易量　　　　　　　　　单位：百万手

| 年度<br>类别 | 2009 交易量 | 2009 比重 | 2008 交易量 | 2008 比重 | 增长率 |
|---|---|---|---|---|---|
| 股价指数(Equity Index) | 6 381.98 | 36.06% | 6 488.62 | 36.76% | -1.6% |
| 个股(Individual Equity) | 5 554.01 | 31.38% | 5 511.19 | 31.22% | 0.8% |
| 利率(Interest Rate) | 2 467.76 | 13.94% | 3 204.84 | 18.15% | -23% |
| 汇率(Currency) | 984.48 | 5.56% | 597.48 | 5.04% | 64.8% |
| 农产品(Agricultural) | 927.60 | 5.24% | 894.63 | 3.29% | 3.7% |
| 能源(Energy) | 655.93 | 3.71% | 580.95 | 3.27% | 12.9% |
| 非贵重金属(Non-Precious Metals) | 462.54 | 2.61% | 198.72 | 1.02% | 132.8% |
| 贵重金属(Precious Metals) | 151.26 | 0.85% | 175.44 | 1.00% | -3.9% |
| 其他(Other) | 11.43 | 0.65% | 44.90 | 0.26% | 154.9% |
| 合计 | 17 700.03 | 100.00% | 17 678.78 | 100.00% | 0.1% |

资料来源：美国期货业协会(FIA)。

2009 年仍以金融衍生性商品居主导地位，交易量为 153.88 亿手，占全球衍生性商品总交易量的 86.94%，但年增长率为 -2.62%，非金融衍生性商品的年增长率为 23.19%（见表 2-3）。

表 2-3　全球金融及非金融衍生性商品　　　　　　　　　单位：百万手

| 年度<br>类别 | 2009 交易量 | 2009 比重 | 2008 交易量 | 2008 比重 | 增长率 |
|---|---|---|---|---|---|
| 金融(Financials) | 15 388.25 | 86.94% | 15 802.14 | 89.38% | -2.62% |
| 非金融(Non-Financials) | 2 311.77 | 13.06% | 1 876.41 | 10.62% | 23.19% |
| 合计 | 17 700.03 | 100.00% | 17 678.78 | 100.00% | 0.1% |

资料来源：美国期货业协会(FIA)。

按地区分类观察全球前 52 大交易所，交易量前三大之地区（见表 2-4），分别为北美地区(35.90%)、亚太地区(35.06%)、欧洲地区(21.48%)。

表 2-4　2009 年全球前 52 大交易所交易量——按地区分类　　　　　　　　　单位：百万手

| 地区 | 2009 交易量 | 2009 比重 | 2008 交易量 | 2008 比重 | 增长率 |
|---|---|---|---|---|---|
| 北美(North America) | 6 353.46 | 35.90% | 6 995.44 | 39.57% | -9.18% |
| 亚太(Asia-Pacific) | 6 206.05 | 35.06% | 5 000.86 | 28.29% | 24.10% |
| 欧洲(Europe) | 3 802.21 | 21.48% | 4 167.12 | 23.57% | -8.76% |
| 拉丁美洲(Latin America) | 1 020.82 | 5.77% | 854.41 | 4.83% | 19.48% |
| 其他(Other)* | 317.49 | 1.79% | 660.96 | 3.74% | -51.97% |
| 合计 | 17 700.03 | 100.00% | 17 678.78 | 100.00% | 0.1% |

资料来源：美国期货业协会(FIA)。

* 其他地区涵盖南非、土耳其、以色列及迪拜等。

2009 年全球前五大交易所分别为韩国交易所(KRX)、欧洲期货交易所(Eurex)、芝加哥商业交易所集团(CME Group)、泛欧交易所(NYSE Euronext)及芝加哥期权交易所

（CBOE），其合计交易量占全球期货与期权交易量的 69.03%。依增长率来看，印度多种商品交易所（Multi Commodity Exchange of India）增长最快，年成长率居冠，达 273.3%，芝加哥气候交易所（Chicago Cliamte Exchange）次之，年增长率为 183.5%。上海期货交易所 2009 年的交易量达到 4.35 亿手，排名全球第 10 名。台湾期货交易所 2009 年的交易量达到 1.37 亿手，排名全球第 18 名，其台指期权交易量为全球股价指数期货暨期权合约第 17 名（见表 2-5）。

表 2-5　2008—2009 年全球期货及期权交易量　　　　　　　　　　单位：百万手

| 2009 排名 | 2008 排名 | 交易所 | 2009 交易量 | 2008 交易量 |
| --- | --- | --- | --- | --- |
| 1 | 1 | Korea Exchange | 3 102.89 | 2 865.48 |
| 2 | 3 | Eurex (includes ISE) | 2 647.41 | 3 172.70 |
| 3 | 2 | CME Group (includes CBOT and Nymex) | 2 589.55 | 3 277.65 |
| 4 | 4 | NYSE Euronext (includes all EU and US markets) | 1 729.97 | 1 675.79 |
| 5 | 5 | Chicago Board Options Exchange (includes CFE) | 1 135.92 | 1 194.52 |
| 6 | 6 | BM&F Bovespa | 920.38 | 741.89 |
| 7 | 7 | National Stock Exchange of India | 918.51 | 601.60 |
| 8 | 8 | Nasdaq OMX Group (includes all EU and US markets) | 814.64 | 722.11 |
| 9 | 9 | Russian Trading Systems Stock Exchange | 474.44 | 238.22 |
| 10 | 12 | Shanghai Futures Exchange | 434.86 | 140.26 |
| 11 | 13 | Dalian Commodity Exchange | 416.78 | 319.16 |
| 12 | 11 | Multi Commodity Exchange of India (includes MCX-SX) | 384.73 | 103.05 |
| 13 | 19 | IntercontinentalExchange (includes US, UK and Canada markets) | 257.12 | 234.41 |
| 14 | 14 | Zhengzhou Commodity Exchange | 227.11 | 222.56 |
| 15 | 17 | JSE South Africa | 166.60 | 513.58 |
| 16 | 22 | Osaka Securities Exchange | 166.09 | 163.69 |
| 17 | 16 | Boston Options Exchange | 137.78 | 136.72 |
| 18 | 23 | Taiwan Futures Exchange | 135.13 | 131.91 |
| 19 | 20 | London Metal Exchange | 111.93 | 113.22 |
| 20 | 21 | Hong Kong Exchanges & Clearing | 98.54 | 105.01 |

资料来源：美国期货业协会（FIA）。

## 第二节　全球期货交易所概览

### 一、美国

美国期货交易市场主要系以期货交易所为主，市场监督机构以商品期货管理委员会（Commodity Futures Trade Commission，CFTC）为主体，其他如全国期货公会（National Futures Association，NFA）等自律组织，亦负责指导期货业者。

美国证券及期货分属不同的机关管理。期货属 CFTC 所管辖，证券则属证券管理委员会（Securities and Exchange Commission，SEC）管辖。由于新兴投资工具的推陈出新，对于同时可被定义为证券与期货的合约等混合型投资工具(如股价指数期货),属 CFTC 还是 SEC 管辖的疑义,也已经由新制定的《2000 年商品期货现代化法》重新规范,此种混合型投资工具依新法可于期货交易所或证券交易所交易,因此 CFTC 及 SEC 均有管辖权。美国主要期货交易所原有 8 个,其名称及主要交易商品如表 2-6 所示,后续由于并购,数家交易所成为芝加哥商业交易所集团、NYSE Euronext、Nasdaq Omx 等交易集团所辖下一员。

表 2-6　美国主要期货交易所

| 交易所名称 | 简称 | 主要交易商品 |
| --- | --- | --- |
| 芝加哥期货交易所① (Chicago Board of Trade) | CBOT | 谷类(玉米、大豆、豆油、豆粉、燕麦、小麦)、玉米收成保险、美国联邦长期公债、美国中长期债券、白银、黄金 |
| 芝加哥商业交易所 (Chicago Mercantile Exchange) | CME | 畜产品(活牛、活猪、肥育牛、猪腩、奶油、牛奶)、外汇期货(瑞士法郎、法郎、马克、墨西哥比索、加币、日元)、利率期货(三个月欧洲美元等)、主要市场股价指数(S&P、NASDAQ 等) |
| 芝加哥期权交易所 (Chicago Board Options Exchange) | CBOE | 股票期权、指数期权 |
| 纽约商业交易所② (New York Mercantile Exchange) | NYMEX | 金属、石油产品、黄金、白银、铜、锌 |
| 纽约期货交易所③ (New York Board of Trade) | NYBOT | 咖啡、糖、可可、消费者物价指数、棉花、橘子汁、石油产品、美元指数、纽约证券市场股价指数 |
| 美中商品交易所 (Mid America Commodity Exchange) | MCE | 谷物(玉米、大豆、燕麦、小麦)、畜产品(活牛、活猪)、黄金、美国公债、外汇 |
| 堪萨斯市交易所 (Kansas City Board of Trade) | KCBT | 价值线股价指数、小麦 |
| 明市谷物交易所④ (Minneapolis Grain Exchange) | MGE | 春小麦期货与期权、农业指数期货与期权 |
| 纳斯达克 OMX 交易所⑤ (NASDAQ OMX) | NASDAQ OMX | 外汇期货、股票、指数期权 |

(一)芝加哥期货交易所(CBOT)

大约于 19 世纪 50 年代左右,谷物市场的失序情况促成了芝加哥期货交易所(CBOT)的诞生。当时,农夫将收成的谷物运到芝加哥和美国各地销售。然而,由于缺乏

---

① 芝加哥期货交易所(CBOT)与芝加哥商业交易所(CME)于 2007 年 7 月合并为"CME 集团"(CME Group)。
② 纽约商业交易所(NYMEX)于 2008 年 8 月为 CME 收购。
③ 纽约期货交易所(NYBOT)于 2006 年为洲际交易所(IntercontinentalExchange, ICE)收购,成为 ICE 版图之一部分,亦即 ICE Futures U.S.,ICE 目前尚有欧洲(ICE Futures Europe)及加拿大(ICE Futures Canada)市场。
④ 全名为明尼阿波利斯谷物交易所(MGE),于 1881 年成立。
⑤ 纽约纳斯达克市场与瑞典 OM 集团合并为 NASDAQ OMX 集团后,积极布局美国期货交易市场,2008 年 7 月并购费城证券交易所(Philadelphia Stock Exchange, PHLX),PHLX 辖下费城交易所(Philadelphia Board of Trade, PBOT)主要交易商品为瑞士法郎、英镑、马克等外汇。

集中市场的机制,因此铁路和水路挤满了求售无门的农夫,许多无法将谷物脱手的农夫,只好将堆积如山的农作物倾倒在密歇根湖里。这种产销失调的情况,使得人们产生了建立谷物集中市场(Centralized Grain Market)的想法,也就是所谓的交易所(Board of Trade)。在82位芝加哥商人的努力下,CBOT于1848年4月3日成立,为世界上历史最悠久的期货交易所。

CBOT自成立以来,一直是以非营利为目的的会员制组织进行运作,直到2005年4月,CBOT会员大会通过公司公司化决议,过去具有150年历史的会员制体制,终于成为历史。在全球交易所公司化浪潮下,2005年4月14日在获得99%会员压倒性同意下,开始推动CBOT组织重整方案,该方案重点包括将原有非营利性质的会员制交易所,调整为以获利为导向的股票上市公司,并以该股份化的股票另设会员制的控股公司(CBOT Holding Inc.),该控股公司拥有公司化交易所子公司。4月28日,该控股公司宣布将其A级股票(Class A)于2005年下半年进行对外股票承销。6月22日,控股公司股东针对是否授予公司董事会可对外募集资金权利进行第二次投票(The second approval),获得98%股东同意,该项决议实质上等同于CBOT挂牌上市同意案。同年10月19日,CBOT股票于美国纽约证交所NYSE挂牌上市。

CBOT在1883年9月成立结算部门,负责处理会员间净额收付,而后为控制违约风险,于1925年10月将其结算部门独立,成立芝加哥期货交易所结算公司(BOTCC,Board of Trade Clearing Corporation),自1926年1月起成为CBOT及美中商品交易所(MidAmerica Commodity Exchange)的独立结算机构。

CBOT与芝加哥商业交易所(CME)自1996年起即共同研议如何降低成本与提升效率,并由CBOT提出成立共同结算(CCL,Common Clearing Link)平台计划。至2003年4月,两家交易所会同期货业协会(FIA)正式签署同意书,将成立由期货商会员持股51%、两家交易所持股49%的共同结算机构,并采用CME现行的CLEARING 21结算系统,以建立CBOT与CME的共同结算平台。在双方共同结算协议下,CBOT的结算业务将与CME联机,并由CME代为执行结算业务。2007年7月,芝加哥期货交易所(CBOT)与芝加哥商业交易所(CME)正式合并为"CME集团"(CME Group),成为全世界规模最大、商品最多元化的金融交易市场。

根据美国期货业协会(FIA)的统计,CBOT 2008年交易量达9亿6077万手,CBOT推出约50余档期货与期权商品,依交易量排序分别为利率类、农产品类、道琼股价指数类、贵金属类。CBOT自1977年起陆续推出的各年期美国公债期货位居全球长期利率期货翘楚,此种金融期货的推出改变了传统金融市场,其利率类商品2005年交易量达5亿5405万手,而以玉米为标的资产的期货与期权则为主要农产品类商品。

CBOT自成立以来一直采用人工喊价的交易方式。至1994年10月开始,CBOT推出Project A电子交易系统。而2000年8月,CBOT与欧洲期货交易所(EUREX)合作建立电子交易平台,名为a/c/e(alliance/cbot/eurex),并取代原有的Project A系统,使CBOT的衍生性商品得以全天候供应全球各地的交易人进行交易,进一步扩大了客源基础。2004年1月5日,由于与EUREX结束电子交易平台的合作,CBOT改采用泛欧交易所集团(EURONEXT)的LIFFE CONNECT电子交易平台,发展新一代eCBOT交易系统,提供更大的交易弹性与更高的传输效率,在结算系统方面则委由芝加哥商业交易所(CME)代为执行。合并后,CME 为所有 CBOT 商品进行结算。

(二) 芝加哥商业交易所(CME)

由于芝加哥地处交通枢纽,是美国中西部最大的农产品集散中心,来自各地的农夫都将农产品运送至芝加哥贩卖。芝加哥农产品交易所(Chicago Produce Exchange)于 1874 年成立,主要交易产品为奶油、蛋、家禽等农产品,而后拜冷冻技术发明之赐,农产品得以保存较长的时间而较不易受季节性因素影响,更精确的报价制度亦符合生产者所需,1898 年时,芝加哥农产品交易所成立非营利性的奶油与蛋交易所(Butter and Egg Board),此即为芝加哥商业交易所(CME)的前身。

为了适应日益激烈的竞争及电子交易的威胁,CME 董事会遂于 1999 年通过组织变革(Demutualization)计划,于 2000 年 6 月间分别经会员代表大会通过以及 CFTC 核准,变更已实行 102 年的会员制组织形态,成为美国第一家以营利为目的的公司制交易所。CME 于 2001 年 12 月另成立 CME 控股公司,以 100% 持有原有的 CME,该控股公司 Class A 股票于 2002 年 12 月 6 日在美国纽约证交所挂牌交易,成为美国第一家上市的金融交易所。2007 年 7 月,芝加哥期货交易所(CBOT)与 CME 正式合并为"CME 集团"(CME Group)。

根据 FIA 统计资料,2009 年,CME Group 在全球期货与期权交易所中排名第三位。2009 年交易量为 26 亿 4740 万手,期货与期权商品可分为利率类、股价指数类、汇率类、商品类及环境类。目前 CME 商品中,利率类商品以 3 个月期欧洲美元期货(Eurodollar Futures)最为热门,2009 年交易量达 4 亿 3759 万手;股价指数类商品则以 E-mini S&P 500 及 E-Mini Nasdaq 最为热门,2009 年交易量分别为 6 亿 3388 万手及 1 亿 873 万手,而始于 1972 年国际货币市场(International Monetary Market,IMM)部门推出的汇率期货,亦扩充为 19 种币别的外汇期货,以欧元、日元期货交易最热络。

CME 的平日交易采用公开喊价,至正常交易时段结束后数分钟(因产品而异)开始进行电子交易 GLOBEX,GLOBEX 系为跨国自动化下单与撮合系统,网络横跨全球十二个金融中心,已联机的终端机超过 680 台。为适应时代潮流,自 2002 年起 CME 新上市的产品全部改为电子交易,但仍保留交易场,以防范 GLOBEX 系统异常致交易中断。

在结算制度方面,CME 是由交易所内部门进行结算,主要为每日交易进行结算与追缴保证金的作业。其保证金计算方式名为 SPAN(Standard Portfolio Analysis of Risk),用以衡量所辖结算会员整体持仓的总风险,由 CME 于 1998 年开发启用。目前在 CFTC 管辖之下的衍生性商品交易所及全球多家知名交易所皆已采用 SPAN。其计算方式系考虑市场变动所产生的影响,运用期权定价模型(Options Pricing Model)计算每一会员整体持仓或投资组合的盈亏,且可以不同币别转换。此外,CME 在 2003 年年初与 CBOT 完成了共同结算联机(Common Clearing Link)机制,允许 CBOT 于 BOTCC(CBOT 所属之结算机构)的持仓全部移转至 CME 的结算部门,此联机涵盖了 85% 的美国期货及期权的结算作业,可谓 CME 发展的重要里程碑。

(三) 芝加哥期权交易所(CBOE)

美国有许多交易所推出期权或期货期权,包括芝加哥期货交易所(CBOT)、芝加哥商业交易所(CME)、芝加哥期权交易所(CBOE)等衍生性商品交易所,亦有部分证券交易所推出股权类期权商品,包括美国证券交易所(AMEX)、太平洋证券交易所(PSE)、费城证券交易所(PHLX)以及国际证券交易所(ISE)等,其中以 CBOE 为最著名且为全球首家期权交易所。

CBOE 是由芝加哥期货交易所(CBOT)会员于 1973 年组成,将美国的期权市场由原先的少数交易商间柜台买卖形式(Over-the-counter)转变为标准化合约的集中交易形式。CBOE 于成立时仅先推出 16 只股票的买权(Call Options),为避免推出卖权使市场产生空头的负面联想,直到 1977 年才推出卖权(Put Options)。CBOE 董事会由 23 位董事组成,其中 11 位来自会员,由全体会员推举,另外 11 位则为非会员董事以及 1 位董事长,其下设有 30 个委员会,提供业务咨询与决策制定的功能。CBOE 董事会于 2005 年 9 月通过 CBOE 业务模型项目小组(Business Model Task Force)决议,规划将 CBOE 的导向由传统的非营利转变为营利,2007 年 CBOE 向 SEC 提出 S-4 注册以进行公司化(Demutualization),经 SEC 核准及会员投票通过后,CBOE 成为新控股公司(CBOE Holdings Inc.)100%控股的子公司。此外,为拓展期货商品市场,CBOE 于 2004 年 3 月以 100%持股转投资 CBOE 期货交易所(CBOE Futures Exchange,CFE),专门推出期货商品。

根据 FIA 统计的 2009 年全球期货与期权交易所排名,CBOE 列第五名,交易量达 11 亿 3 592 万手,CBOE 商品包括股票期权、指数期权与利率期权等三大类,目前约有 1 500 档采用实物交割的股票期权、52 种指数期权,除综合股价指数外,还包括以道琼斯(Dow Jones)、罗素(Russell)、高盛科技股(Goldman Sachs Technology)以及摩根斯丹利(Morgan Stanley)等指数为标的的指数期权。CBOE 在期权商品开发方面不遗余力,历年来推出了长期期权(Long-Term Equity Anticipation Securities,LEAPS)、弹性期权(FLEX Options)、ETF 以及特定类股存托凭证(Holding Company Depositary Receipts,HOLDRs)。

CBOE 于 2003 年 6 月 12 日正式启用新一代交易系统,名为 CBOE direct HyTS(Hybrid Trading System),融合电子交易系统以及场内交易系统的功能,对于价格发现与揭示的透明度有重大突破及改善。2005 年 7 月,CBOE 在 HyTS 系统下,引进远程做市商(Remote Market Maker)制度。CBOE 还于 2003 年完成了与美国其他期权交易所的跨市场链接计划(Intermarket linkage program)。

CBOE 结算作业委由期权结算公司(Option Clearing Corporation,OCC)负责。OCC 于 1973 年由 CBOE 成立,现今结算产品已涵盖证券、债券、股价指数、外币、利率等,目前约有 140 位结算会员,为所有美国期权商品进行结算,并担任期权合约的保证,以确保买方与卖方结算会员都能履行其义务。OCC 更为全球首家获得美国标准普尔公司(Standard & Poor's Corporation)给予"AAA"信用评级的结算机构,可见 OCC 具有足够能力担负结算业务。

(四) 纽约商业交易所(NYMEX)

纽约商业交易所(NYMEX),成立达 130 年以上,原先交易商品为农产品相关商品,前身为 1872 年成立的奶油与芝士交易所(the Butter and Cheese Exchange),但自 1978 年成功推出燃油期货之后,即专注于能源及金属等交易,目前已无农产品相关商品。NYMEX 在 1994 年时与商品交易所(Commodity Exchange, Inc.)合并,仍分为 NYMEX 及 COMEX

两部门,2000年改制为以营利为目的的会员制交易所,2008年8月并入CME交易所集团(CME Group)。

合并后,NYMEX集中交易商品已移转至Globex系统,原先使用的Access系统已停用,但仍持续维护ClearPort系统,作为Globex系统的备援方案,仅部分期权合约仍有人工交易。此外,NYMEX的结算作业是由内部结算部门负责,惟自商品移转至Globex平台交易后,集中市场结算作业逐渐移转至CME Clearing House,OTC结算业务亦逐步移转至CME。

(五)纽约期货交易所(NYBOT)

纽约期货交易所(NYBOT)与NYMEX并称为纽约两大衍生性商品交易所,是1998年成立的会员制交易所,由纽约棉花交易所(New York Cotton Exchange,NYCE)与咖啡糖及可可交易所(Coffee,Sugar & Cocoa Exchange,CSCE)合并而来,目前亦包括纽约期货交易所(New York Futures Exchange,NYFE)等子公司。NYBOT于2007年并入洲际交易所(IntercontinentalExchange,ICE),亦即ICE Futures U.S.。

NYBOT的期货与期权商品可分为软性作物类(如棉花、砂糖、冷冻浓缩橙汁等)、汇率类(如美元与17种币别)、指数类(如CRB指数、罗素指数)等。由于合并之故,NYBOT交易种类由棉花等传统软性(Soft)作物类商品,拓展至汇率、指数类,但仍以软性作物类最为重要。此外,NYBOT目前为全球唯一交易棉花期货和期权的交易所,其报价更成为国际市场上权威的棉花价格指针之一,成为各国政府制定棉花政策和各国涉棉制造业的主要经营参考指标。

## 二、欧洲

1570年伊丽莎白女皇批准设立皇家交易所,以进行玉米、咖啡、糖、可可及橡胶等现货交易,后来重组为伦敦商品交易所,以从事远期合约交易,为英国及欧洲期货市场之起源。欧洲的期货交易可追溯至18世纪英国利物浦的棉花期货交易。至19世纪中期,工业颇为发达的英国对锡、铜的需求很大,需由南美洲、非洲及远东地区进口至伦敦。在航运过程中,常有延迟或海难事故发生,此类不可预知的航运风险导致锡、铜价格不稳定,故商人常聚会磋商到岸价格,促使伦敦金属交易所于1877年成立。而英国的金融期货则至1982年成立伦敦国际金融期货暨期权交易所(London International Financial Futures and Options Exchange,Liffe)后才兴起,Liffe于2002年并入泛欧交易所集团(Euronext)。

德国在1930年间曾发展期货交易,而后因故中断,直到1970年7月才又重新发展期货交易,交易商品以股票期权为主,交易并不活跃。为了给流通市场奠定较佳的基础,1986年4月1日开始,将到期日、履约方式等予以有效地标准化,同时开始债券期权的交易,因德国政府对期货及期权交易并不十分重视,以致市场的交易量仍不十分活跃。在各方要求改革下,德国政府于1988年起研订或修订有关的法规制度,并为成立电子交易期权及金融期货交易所提供法源。1990年时,德国期货交易所(DTB)正式开始营运,为欧洲期货交易所(EUREX)的前身。

(一)欧洲期货交易所(EUREX)

EUREX是由德国期货交易所(DTB)与瑞士期权暨金融期货交易所(SOFFEX)合并

设立。1990 年开业的 DTB 于 1994 年 1 月并入德国交易所集团（Deutsche Borse AG/Deutsche Borse Group，DBAG），而 DBAG 于 1998 年决定与瑞士交易所（Swiss Exchange，SWX）共同投资于瑞士苏黎士的欧洲期货交易所（EUREX Zurich AG），EUREX Zurich AG 再 100% 转投资设立在法兰克福的欧洲期货交易所德国子公司（EUREX Frankfurt AG）。2007 年 12 月，Eurex 并购了 U.S. Exchange Holdings, Inc. 旗下的 International Securities Exchange Holdings, Inc.（ISE），ISE 因此也成为 Eurex 100% 拥有的子公司。

根据 FIA 2009 年全球期货与期权交易所排名，EUREX 列名第 2，交易量达 26 亿 4740 万手，为欧洲最大的衍生性商品交易所。EUREX 的主要商品有利率类、股价指数类、股票期权等三类，股价指数类产品以道琼斯欧洲 50 指数（DJ Euro-STOXX 50）期货及期权最为突出，2009 年交易量分别为 3 亿 3341 万手及 3 亿 20 万手，居全球股价指数类期货与期权商品交易量第四及第六名；利率类主要商品为长期欧元债券（Euro-BUND）期货，2009 年交易量达 1 亿 8075 万手，居全球利率类期货与期权商品交易量第四名，短期欧元债券（Euro-SCHATZ）期货与中期欧元债券（Euro-BOBL）则分居第六及第九名。

目前 EUREX 已全面电子化，沿用原 DTB 交易与结算系统，除整合欧洲区交易之外，还增加了美国、亚太区的海外联机，EUREX 的标准化、分权式交易系统，使其市场参与者在全球各地都能下单交易。EUREX 现行做市商制度提供交易流动性，目前有超过 30% 会员具有做市商身份。在结算制度方面，EUREX 的结算作业交割系由其 100% 拥有的结算子公司 EUREX Clearing AG 专责办理。

（二）泛欧交易所（NYSE EURONEXT. LIFFE）

适应自 1990 年年初以来交易所间合并、金融市场全球化及交易系统技术创新时代的来临，泛欧交易所集团（Euronext）于 2000 年应运而生，整合了法国巴黎（Paris Bourse，SBF）、荷兰阿姆斯特丹（Amsterdam Exchanges）、比利时布鲁塞尔（Brussels Exchanges）三个交易所，成为全球第一个跨国性交易所，并在同年 9 月成立了控股公司 Euronext N.V.。为符合立法需求，特别是证券上市标准的认定及适应各国不同企业文化，确保实务运作的有效性，Euronext N.V. 采用分布式管理架构，针对旗下各交易所的现货及衍生性商品，制订共同业务管理规则，但不同地区的交易所仍继续适用当地法规。Euronext 内部设有四个策略事业单位（SBU）及三个委员会（Committee），以维持集团营运。

伦敦国际金融期货暨期权交易所（LIFFE）1982 年 9 月成立于英国伦敦，在 1992 年 3 月与伦敦期权交易所（London Traded Options Exchange）合并。2002 年年初，Euronext 集团收购 Liffe，随后合并位于里斯本的葡萄牙交易所（the Portuguese Exchange，BVLP），成为泛欧地区具领导性的交易所，并更名为 Euronext.liffe；2007 年 4 月，Euronext 与纽约证券交易所（New York Stock Exchange，NYSE）合并，成为 NYSE Euronext. Liffe（以下简称 NYSE EURONEXT）。

根据 FIA 2009 年全球期货与期权交易所排名，NYSE EURONEXT 列第四名，交易量达 17 亿 2996 万手，最主要的期货与期权为利率类商品（主要为 3 个月期欧元拆款利率期货），2009 年交易量达 1 亿 9285 万手。

NYSE EURONEXT 集团于 2001—2002 年间完成旗下各交易所的交易、结算系统整合，衍生性商品的交易皆通过 LIFFE CONNECT® 电子交易系统，衍生性商品的结算交割则通过 Clearing 21 系统,而现货交易则通过 NSC 电子交易平台,所有证券或金融商品皆使用单一委托簿进行交易,而由单一结算所、单一结算交割平台操作系统扮演的中央结算角色,降低了违约风险,确保所有市场交易付款交割作业的顺利完成。

### 三、新加坡交易所(SGX)

新加坡的正式期货交易始于 1920 年的橡胶期货。1978 年新加坡黄金交易所成立。然而,当时期货交易欠缺法令规范,地下期货交易及对赌诈欺情形多有发生,致使期货交易环境恶化。新加坡政府遂于 1983 年起制定法规以整顿期货市场,解散黄金期货交易所,并于 1984 年 9 月 7 日更名为新加坡国际金融期货交易所(Singapore International Monetary Exchange,SIMEX)。为达成使新加坡成为首要资本市场的目标,SIMEX 与新加坡证券交易所(The Stock Exchange of Singapore,SES)于 1999 年 12 月合并为新加坡交易所(Singapore Exchange,SGX),成为亚太区第一家整合证券与衍生性商品的公司制交易所,并成立 5 个子公司,负责证券交易、结算及保管、衍生性商品交易、结算等业务,SGX 董事会由 12 位董事组成,并设有 7 个委员会。

依据 FIA 2009 年全球期货与期权交易所排名,SGX 为第 26 名,交易量 5 311 万手。SIMEX 发展初期的商品多半为新加坡以外的标的资产,例如 1986 年推出的日经 225 指数期货为全球首创,2009 年交易量 2 535 万手,为 SGX 最主要商品。1997 年 1 月推出 MSCI 台股指数期货,直到 1998 年 9 月 7 日才推出当地商品——MSCI 新加坡指数期货,而后于 1999 年、2001 年分别推出 3 个月期新加坡货币利率期货、5 年期新加坡公债期货、股票期货,但交易皆未见活跃。

SIMEX 成立初期获得美国 CME 协助甚多,沿袭其组织架构、交易制度、风险管理等,两交易所间有着深厚的合作关系,并于 1984 年 9 月同步发表相互冲销制度(Mutual Offset System,MOS)。SGX 提供 CME 式的公开喊价制度(通过交易所内交易池中利用手势公开竞价完成)以及电子系统两种交易方式,SGX 原先采用 NSC 电子交易系统,2004 年 8 月整合证券现货及衍生性商品的 SGX QUEST(SGX Quotation and Execution System)电子交易系统上线。

自 2000 年 3 月 31 日起,SIMEX 的全资子公司——新加坡衍生品交易所(简称 SGX-DT)加入 GLOBEX 联盟,可利用后者的交易系统平台与链接,实现 24 小时、跨时区、跨市场等交易方式。自 1999 年 12 月合并以来,SGX 约有 80% 以上交易来自美国、欧洲、日本等市场。SGX 的衍生性商品结算由 SGX-DC 子公司(Singapore Exchange Derivatives Clearing Limited)负责,亦采用 SPAN 保证金计算系统。2008 年以来着重于 SGX AsiaClear OTC 结算平台的发展。

### 四、东京工业品交易所(TOCOM)

日本期货市场起源于德川幕府时代,大阪商人组成"堂岛米会所"从事稻米交易,之后历经提货单、远期交易的演进过程,于 1730 年正式发展为期货交易,并于 1876 年制定"米商会所条例"规范。尔后在战争期间,各交易所因政府加强经济管制,导致机能丧失的情形下纷纷解散。第二次世界大战过后,日本期货市场始复活,1985 年第一个金融期货合约于东京证券交易所上市,1989年第一个金融期货暨期权交易所成立。

日本的期货市场并非由期货交易所专营,证券交易所亦可推出以其股价指数为标的的期货合约供交易人交易。原经主管机关注册的期货交易所有11家(如表2-6所示),近年来日本期货交易所盛行合并,合并后为8家。其中,东京金融交易所(TFX)有欧洲日元相关期货,东京证券交易所(TSE)推出东京股价指数(TOPIX)期货、日本10年期公债期货,大阪证券交易所(OSE)则以日经225股价指数期货为代表;而在非金融商品部分,贵金属、能源与原物料期货在东京商品交易所(TOCOM)交易,农产品期货则挂牌于东京谷物商品交易所(TGE)。

**表2-6　日本主要期货交易所**

| 交易所名称 | 主管机关 | 主要交易产品 |
| --- | --- | --- |
| 东京金融交易所(TFX) | 金融厅 | 欧洲日元利率、欧洲美元利率、日元通货 |
| 东京证券交易所(TSE) | 金融厅 | 日本国债、T-Bond、TOPIX股价指数 |
| 大阪证券交易所(OSE) | 金融厅 | 日经225股价指数 |
| 名古屋证券交易所(NSE) | 金融厅 | OPTION 25股价指数 |
| 东京商品交易所(TOCOM) | 经济产业省 | 贵金属、橡胶、棉纱 |
| 大阪商品交易所(OME)* | 经济产业省 | 纤维、橡胶 |
| 东京谷物商品交易所(TGE) | 农林水产省 | 农产品、砂糖 |
| 福冈商品交易所(FFE)* | 农林水产省 | 大豆、小豆、粗糖 |
| 关西农产品交易所(KEX) | 农林水产省 | 大豆、砂糖、生丝 |
| 横滨商品交易所(YCE)* | 农林水产省 | 干茧、生丝 |
| 中部大阪商品交易所(C-COM) | 农林水产省 | 农产品、干茧、纤维、砂糖 |

\* 大阪商品交易所于2007年并入中部大阪商品交易所;福冈商品交易所于2006年12月并入关西交易所;横滨商品交易所于2006年4月并入东京谷物交易所。

东京商品交易所(TOCOM)系于1984年11月基于强化经营及经济效益的目的,由东京黄金交易所、东京纺织品交易所及东京橡胶交易所合并设立,为非营利性的会员制交易所,依据1950年制定的日本商品交易所法(Commodity Exchange Law of Japan,CEL),属于经济产业省管辖。

TOCOM除了延续东京黄金交易所的黄金期货外,陆续推出白金、橡胶期货,1999年起推出汽油、煤油、原油等能源类期货,2007年推出迷你黄金期货,由于迷你黄金期货相当成功,2008年再推出迷你白金期货。此外,2006年推出以商品最热络月份合约价格编制的TOCOM Index及以商品近月合约编制的TOCOM Sub Index,2008年再推出新的Sub Index。目前TOCOM商品皆采用电子交易,逐笔撮合电子交易自1991年4月起采用,原有定盘制人工喊价交易方式,随着天然橡胶期货于2005年起停止使用,进入全面电子化时代。根据FIA的2009年全球期货与期权交易所排名,TOCOM为第32名,交易量2 888万手,主要商品为贵金属类以及能源类。从2011年1月起,TOCOM的结算也采用SPAN系统。

### 五、韩国交易所(KRX)

韩国于1995年12月通过《期货交易法》(Futures Trading Act),规定所有衍生性商品仅能在期货交易所挂牌交易,当时韩国尚未设立期货交易所,故主管机关修订证券交易法,将期货与期权视为证券,因此由韩国证券交易所(KSE)率先于1996年5月推出 KOSPI 200股价指数期货,开启了韩国的期货交易。至韩国期货交易所(KOFEX)于1999年2月1日成立后,又于同年4月23日正式推出期货合约。于此阶段,韩国两大期货交易市场在商品种类上各有分工,KSE商品为股票指数期货及期权,KOFEX则推出股价指数以外的期货(例如黄金期货、美元汇率期货、可转换定期存单利率期货及国库券利率期货)及期权商品(例如美元汇率期权)。后因韩国于2000年12月重新修订期货交易所相关法规,规定证券衍生性商品自2004年起仅能在期货交易所交易,因此,KOSPI 200期货与期权于2004年1月2日由KSE正式移转至KOFEX交易。2004年,为适应金融监理一元化的需求以及国际竞争的压力,韩国通过法案批准证券交易所与韩国期货交易所合并,更名为韩国证券暨期货交易所(The Korea Securities and Futures Exchange),并将主营业所设于釜山(Busan Metropolitan City)。除继续原有的证券交易与期货交易业务外,证券期货交易所还负责KOSDAQ场外市场的管理与营运。2005年1月27日,韩国交易所(Korea Exchange,简称KRX)整合现货交易所、期货交易所与Kosdaq等3个市场,合并后使得原本仅属于地区性质的交易所,一跃成为国际主要金融交易所。

根据FIA 2009年全球期货与期权交易所排名,KRX为第一名,交易量达31亿289万手,KRX商品可分为股价指数类、利率类、外汇类,其中KOSPI 200指数期权交易量为29亿2 099万手,此外,KRX于1999年4月推出黄金期货,但由于韩国政府仍对黄金课征进口税与增值税,致使交易量未能提升。

目前KRX的交易与结算系统皆已计算机化,主要为负责KOSPI 200商品的KOSCOM系统,其他商品则由瑞典OM的CLICK and SECUR系统负责。

## 六、中国香港地区期货交易所(HKEX)

相较于美、英等国,1970年以前香港期货市场不受政府管制。随着商品交易事务监察委员会设立,香港期货交易所有限公司(Hong Kong Futures Exchange,HKFE)于1976年成立,其前身为香港商品交易所(Hong Kong Commodity Exchange),以交易棉花、糖以及大豆等商品期货为主。随着金融环境的变迁,发展重点逐渐转为金融期货,于1980年中期更名为香港期货交易所。至2000年3月时,香港期货交易所、香港联合交易所及香港中央结算有限公司合并成立香港交易及结算所有限公司(Hong Kong Exchanges and Clearing Limited,HKEC),其股票于2000年6月挂牌上市。合并后的香港期货交易所仍维持公司制,为香港交易及结算所有限公司的100%持股子公司,所有权与交易权已完全分离,不再具有会员制精神。

根据FIA 2009年全球期货与期权交易所排名,HKEX名列第20位,交易量约9 853万手,绝大多数交易商品为股价指数类,其中以恒生股价指数期货与期权最为活跃,后续虽推出个股期货及个股期权,但交易始终未见活跃。

HKEX原采用人工喊价及电子交易并行,其电子交易系统名为Hong Kong Futures Automatic Trading System(HKATS),自2000年6月5日恒生股价指数期货及期权转入HKATS系统后,HKEX已全面电子化,市场参与者可以通过终端机直接下单、实时接收市场信息及从事其他增值服务。HKATS 系统亦有大额交易机制,使公开竞价市场以外的大额买卖得享交易价格与成交保证、结算保障、增加市场流通量等好处。目前 HKEX 的结算业务由另一子公司负责,亦即香港期交所结算公司(HKCC),但实际运作则视为一个部门,负责现货及衍生性商品的结算交割作业。

### 七、中国内地的期货交易所

中国内地共有 4 家期货交易所,分别为大连商品交易所、上海期货交易所、郑州商品交易所与中国金融期货交易所,其中中国金融期货交易所于 2010 年 4 月 16 日正式交易第一个指数期货商品。从 2009 年中国各交易所的交易量比重来看,上海期货交易所、大连商品交易所、郑州商品交易所分别占 40.31%、38.64% 及 21.05%(如表 2-7 所示)。

**表 2-7　中国三个商品期货交易所交易量**

| 交易所 | 2009 年交易量(手) | 比重 |
| --- | --- | --- |
| 上海期货交易所 | 434 864 068 | 40.31% |
| 大连商品交易所 | 416 782 261 | 38.64% |
| 郑州商品交易所 | 227 112 521 | 21.05% |
| 总计 | 1 078 758 850 | 100.00% |

资料来源:Futues Industry Associaton (FIA)。

#### (一)上海期货交易所(Shanghai Futures Exchange, SHFE)

上海期货交易所的前身为上海金属交易所,于 1999 年 5 月合并上海商品交易所及上海谷物油品交易所后,成立上海期货交易所。上海期货交易所为中国国务院批准的四家期货交易所之一,是受中国证监会集中统一监督管理,并按照其章程实行自律管理的法人。上海期货交易所采用会员制,以会员大会为交易所的主要权力机构,由全体会员组成。目前上海期货交易所有 207 家会员,皆为结算会员,其中经纪会员 167 家、自营会员 40 家,在全国各地开通远程交易终端 300 多个。理事会为会员大会的常设机构,下设监察、交易、交割、会员资格审查、调解、财务、技术、产品等 8 个专门委员会。

上海期货交易所目前挂牌交易的商品皆为期货合约,包括黄金期货、铜期货、铝期货、锌期货、燃料油期货与天然橡胶期货共 6 档商品,均以人民币计价,交易时间分为早午盘,分别为早上 9:00—11:30 及下午 1:30—3:00,采电子交易撮合及到期实物交割。前述商品中又以天然橡胶期货、铜期货与燃料油期货的交易量较高。依据 FIA 统计,上海期货交易所 2008 年交易量为 1 亿 4026 万手,国际排名第 16 名,2009 年交易量为 4 亿 3486 万手,增长率 210%,国际排名第 10 名。全球前十大金属期货及期权合约中,上海期货交易所的钢材期货、铜期货、锌期货及铝期货分别排第 1、2、5 及 7 名。

上海期货交易所无期货结算机构组织,亦未采用结算会员制度,其交易会员(经纪会员及非经纪会员)需设立结算部门,经纪会员结算部门负责会员与交易所、会员与投资者之间的结算工作;非经纪会员结算部门负责会员与交易所之间的结算工作。结算银行由交易所指定,负责协助交易所办理期货交易结算业务,目前中国 4 家交易所的结算银行,包括中国银行、交通银行、建设银行、农业银行及工商银行等 5 家。

上海期货交易所实施每日无负债结算制度（又称逐日盯市），即每日交易结束后，交易所按当日结算价结算所有合约的盈亏，交易保证金及手续费、税金等费用，对应收应付的款项实行净额一次拨转，相应增加或减少会员的结算准备金。交易所根据会员当日成交合约数量按合约规定的标准计收交易手续费。

（二）大连商品交易所（Dalian Commodity Exchange，DCE）

大连商品交易所成立于1993年2月28日，目前为中国最大的农产品期货交易所，采用会员制，目前共有会员186家，全为结算会员，其中经纪会员171家，自营会员15家。会员遍布中国26个省、自治区、直辖市，其中以广东、上海、北京、辽宁、浙江、江苏、山东等地区的会员较为集中。

大连商品交易所最早推出的商品为豆粕期货，于2000年7月17日上市挂牌，目前该交易所推出的衍生性商品皆为期货合约，分为农产品与其他两类，商品包括玉米期货、黄大豆1号期货、黄大豆2号期货、豆粕期货、豆油期货、棕榈油期货与线型低密度聚乙烯期货，共7档，皆以人民币计价，交易时间及交割方式同其他两家商品交易所。

依据FIA统计，2009年大连商品交易所交易量为4亿1678万手，国际排名为第11名，增长率为30.6%。全球前十大农产品期货及期权合约中，大连商品交易所豆油期货、豆粕期货、棕榈油期货、黄大豆1号、玉米期货，即占了5档，分居第2、3、4、6及第7名。

大连商品交易所每日涨跌幅限制随合约交割日期的接近和价格变化而有不同。以大商所黄豆期货为例，每日价格涨跌限制为前一日结算价的4%；新月份上市首日涨跌幅为规定幅度的2倍；进入交割月份的每日涨跌限制为前一日结算价的6%。若连续3天出现同方向涨跌停时，第4天休市1天，并由交易所决定第5天开市后实行下列措施之一：放宽涨跌幅并加收保证金，或实施强制减仓制度。

大连商品交易所在结算制度及作业方面，与上海期货交易所及郑州商品交易所相同。大连商品交易所实施每日无负债结算制度，每日交易结束后，交易所按当日结算价结算所有合约的盈亏、交易保证金及手续费等费用，对应收应付的款项实行净额一次划转，相对增加或减少会员的结算准备金。大连商品交易所实施有价证券抵缴保证金制度，但期货交易的相关亏损、费用、货款和税金等款项，仍应当以现金支付，不得以有价证券充抵的金额支付。可抵缴的有价证券包括标准仓单、可流通的国债、中国证监会认定的其他有价证券。充抵期限不得超过该有价证券的有效期限，且每次充抵保证金的金额不得低于10万元。

（三）郑州商品交易所（Zhengzhou Commodity Exchange，ZCE）

郑州商品交易所成立于1990年10月12日，为中国国务院批准的首家期货市场试点单位，在现货远期交易成功运行两年以后，于1993年5月28日正式推出期货交易。1998年8月，郑州商品交易所被中国国务院确定为全国三家期货交易所之一，由中国证券监督管理委员会垂直管理。会员大会是交易所的权力机构，由全体会员组成。理事会是会员大会的常设机构，设理事长1人，由17名理事组成，其中会员理事10名、非会员理事7名。理事会下设监察、小麦交易、交割、财务、调解、会员资格审查、技术委员会等7个专门委员会，理事会办公室是理事会的常设办事机构。目前交易会员计184家。

依据 FIA 统计,2009 年总成交量为 2 亿 2711 万手,国际排名第 14 名,增长率为 2%。郑州交易所上市商品为小麦、菜籽油、棉花、白砂糖、PTA(精对苯二甲酸)以及经中国证监会批准的其他期货商品,其中白糖期货于 2009 年交易量达 1 亿 4606 万手,居该年度全球农产品期货及期权合约交易量之冠。

郑州商品交易所在结算制度及作业方面与上海期货交易所及大连商品交易所相同。由于采用每日无负债结算制度,每日交易结束后,交易所按当日结算价结算所有合约的盈亏、交易保证金及手续费等费用,对应收应付的款项实行净额一次划转,相对增加或减少会员的结算准备金。

(四)中国金融期货交易所(China Financial Futures Exchange, CFFE)

中国金融期货交易所系上海期货交易所、郑州商品交易所、大连商品交易所、上海证券交易所和深圳证券交易所共同发起设立的金融期货交易所,2006 年 9 月 8 日于上海成立,注册资本为 5 亿元人民币。由于中国其他三家期货交易所皆为商品期货交易所,中国金融期货交易所系以金融期货商品为主,对于完善金融市场体系,发挥金融市场功能,有相当重要的意义。

中国金融期货交易所为股份有限公司,股东大会是交易所的主要权力机构,公司设有董事会,对股东大会负责,并行使股东大会授予的权力。董事会设执行委员会,作为董事会日常决策、管理、执行机构。董事会下设交易、结算、薪酬、风险控制、监察调解等专门委员会。部门组织方面,目前设有市场部、交易部、结算部、监查部、技术部、信息部、研发部、财务部、人力资源部、总经理办公室、行政部等 11 个部门。

中国金融期货交易所采用电子化交易方式,金融期货合约交易均通过交易所计算机系统进行竞价。开盘前集合竞价于开盘前 5 分钟内进行,前 4 分钟为下单时间,后 1 分钟进行集合竞价撮合,以最大成交量为原则;开盘后的竞价交易则以按照价格优先、时间优先的原则自动撮合成交。

结算制度部分,中国金融期货交易所实行会员制度,会员分为结算会员和非结算会员,结算会员按照业务范围分为交易结算会员、全面结算会员和特别结算会员。目前会员计 84 家,其中全面结算会员 14 家、交易结算会员 45 家、交易会员 25 家。

中国金融期货交易所推出的第一个期货商品为沪深 300 指数期货,为中国第一档金融期货合约(见本章附录)。2010 年 1 月 8 日中国国务院同意中国证监会开办股指期货业务,同年 1 月 12 日证监会核准中国金融期货交易所沪深 300 股价指数期货上市申请,2 月 22 日股价指数开始接受交易人开户,4 月 16 日正式上市,4 月份成交量为 1 429 588 手,5 月上半个月成交量为 2 012 989 手。沪深 300 指数的成份股为上海和深圳证券市场中选取 300 档 A 股,大约涵盖了沪深市场六成的市值,相当具市场代表性。

## 第三节 中国内地期货市场概论

以 1990 年郑州粮食批发市场引入期货交易机制为起点,中国内地期货市场经历了创立之初的探索发展、两次清理整顿和 2001 年以来的规范发展三个阶段。近年,内地期货市场规模发展迅速,经济功能日益显现。

## (一) 市场规模

进入新世纪以来,中国经济的持续发展扩大了对期货市场的需求,期货市场的规范运行增强了投资者进入市场的信心,市场参与的深度和广度不断拓展。2001年,内地期货市场规模在经历了连续5年的萎缩后开始复苏,当年市场成交量0.6亿手[①],成交额1.5万亿元,同比分别增长120.5%和87.4%。据FIA的统计,2009年内地商品期货成交量10.79亿手,占全球商品期货交易量的43%,跃居世界第一;2010年内地商品期货共成交合约15.21亿手,113.49万亿元,分别是2001年的25倍和75倍,其成交量约占全球商品期货成交总量的51%,稳居世界首位。沪深300股指期货自2010年4月15日上市以来,2010年全年累计成交0.46亿手,成交额40.84万亿元,分别占内地期货市场成交总量和成交金额的2.91%和26.47%。图2-1显示了1993—2010年中国内地期货市场的交易规模情况。

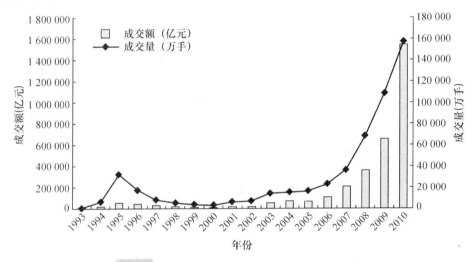

**图2-1** 1993—2010年内地期货市场交易规模

资料来源:中国期货业协会。

从参与者情况看,至2010年年底,内地期货市场投资者累计开户数约121万户,较2002年年底的约7万户增长了约17倍;全年法人客户交易量和持仓量分别占市场总量的约17%和45%。

## (二) 上市品种

期货市场试点初期,内地期货市场曾经有70余个上市品种,经过清理整顿,到2000年,实际上市交易的只有铜、铝、天然橡胶、硬麦、绿豆、大豆、豆粕7个品种。2004年后,棉花、燃料油、玉米、精对苯二甲酸、豆油等品种相继上市。2006年9月,中国金融交易所成立,至2011年5月,内地商品期货品种已达26个,覆盖了农产品、金属、能源和化工等领域。2010年4月15日,沪深300股指期货合约在中国金融期货交易所(简称"中金所")正式挂牌交易,成为清理整顿后内地市场上市交易的首个金融期货合约。

---

① 单边统计,下同。

表 2-9　内地期货市场上市品种(2011 年 5 月)

| 农产品 | 金属 | 能源化工 | 金融 |
| --- | --- | --- | --- |
| 玉米<br>黄大豆 1 号<br>黄大豆 2 号<br>豆粕<br>豆油<br>棕榈油<br>天然橡胶<br>棉花<br>白糖<br>早籼稻<br>强麦<br>硬麦<br>菜籽油 | 铜<br>铝<br>锌<br>黄金<br>螺纹钢<br>线材<br>铅 | 聚乙烯<br>聚氯乙烯<br>燃料油<br>PTA<br>焦炭 | 沪深 300 股指 |

### (三) 法规制度

1999 年 9 月,国务院发布实施《期货交易管理暂行条例》,确立了中国证监会对期货市场的集中统一监管体制。中国证监会整合优化了系统监管资源,建立了包括证监会机关、各派出机构、保证金监控中心、期货交易所、期货业协会的"五位一体"的监管工作机制。

基于我国新兴加转轨的特定市场环境,中国证监会在借鉴国际成熟市场经验的基础上,结合中国实际,扎实推进期货市场各项基础性制度建设。一是为防止挪用客户资金、保护客户资金安全,成立了期货保证金监控中心,推行保证金存管监控制度;二是为防止客户违规开户、违规交易,建立了严格的期货开户实名制和统一开户制度;三是为防范期货公司风险、促进期货公司规范运作,实施了以净资本为核心的风险监管制度和期货公司分类监管制度。

经过多年的探索实践,如今期货市场已建立了包括保证金制度、当日无负债结算制度、持仓限额制度、大户报告制度、强行平仓制度、强制减仓制度的风险控制体系。

## 四、内地期货市场发展历程

### (一) 清理整顿时期

20 世纪 80 年代,随着中国经济体制改革的推进,市场机制逐步在各个领域发挥作用,也引发了对期货市场的理论和实际运用的研究。1988 年 3 月,七届人大一次会议《政府工作报告》中提出"加快商业体制改革,积极发展各类批发贸易市场,探索期货交易",从而确立了在中国开展期货市场研究和试点。1990 年 10 月,郑州粮食批发市场以现货为基础,引入期货交易机制,迈出了中国内地期货市场发展的第一步。随后期货交易所逐渐在全国范围内建立起来,一些关系国计民生的生产资料和农产品成为期货交易品种。1992 年,第一家期货经纪公司广东万通期货经纪公司成立。

但是在期货市场的发展初期,由于多头批设、交叉监管和恶性竞争,加之法规不完善、监管不健全,期货市场出现了盲目发展的混乱局面。到1993年下半年,各类期货交易所达50余家,期货经纪公司近千家,期货品种设置重复,期货合约设计不合理,市场运作不规范,市场违规行为和风险事件屡屡发生。

针对期货市场盲目发展的局面,1993年11月4日国务院下发《国务院关于坚决制止期货市场盲目发展的通知》(国发【1993】77号),要求期货市场试点工作中必须坚持"规范起步,加强立法,一切经过试验和严格控制"的原则,加强宏观管理,实行统一指导和监管,不得各行其是。该通知明确了我国期货市场仍处于试点阶段,并决定,对期货市场试点工作的指导、规划和协调工作由国务院证券委负责,具体工作由中国证监会执行。随后开展了第一次清理整顿。

这一阶段的主要任务是清理、整顿交易所和期货经纪公司,加强对交易所和经纪公司的管理,特别是严格控制境外期货和金融期货交易,从严控制国有企、事业单位参与期货交易,坚决打击各类非法期货交易活动。期货交易和经纪机构重新审批与注册登记,15家交易所被确定为试点交易所。至1995年年底,330家期货公司获《期货经纪业务许可证》。在随后3年的年检中,中国证监会又陆续注销了一批违法违规和财务状况差、潜在风险大的期货经纪公司的期货经纪业务许可证,一些期货品种被暂停交易:1994年暂停了期货外盘交易,同年4月暂停了钢材、煤炭和食糖期货交易,10月暂停了粳米、菜籽油期货交易;1995年2月发生了"327"国债期货严重违规事件,5月暂停了国债期货交易;1996年1月暂停了红小豆期货交易。

1998年8月1日,国务院下发《关于进一步整顿和规范期货市场的通知》,确定了"继续试点,加强监管,依法规范,防范风险"的16字原则,开始了第二次清理整顿。15家试点期货交易所减少至3家,交易品种也相应减少,由中国证监会牵头,各期货交易所先后对期货合约和业务规则作了重新修订,三家期货交易所的业务规则趋于一致。1999年将期货公司最低注册资本金提高到3 000万元人民币,关闭了一大批不合格的期货经纪公司,取缔了非法期货经纪机构和地下期货经纪机构,处罚严重违规经纪机构,一些机构和人员被列为市场禁入者。各期货交易所也结合各自的具体情况建立"市场禁入制度"。经过两次全面清理整顿,期货市场盲目发展的局面得到彻底扭转,市场秩序明显改观。

(二)规范发展时期

2000年年底,时任中国证监会主席的周小川在中国期货业协会成立大会上宣布,对期货市场清理整顿的任务基本完成,期货市场要为健全社会主义市场经济体系、促进国民经济发展发挥其应有的作用。2001年3月,国家"十五"规划第一次提出"稳步发展期货市场"。2003年10月《中共中央关于完善社会主义市场经济体制若干问题的决定》和2004年2月《国务院关于推进资本市场改革开放和稳定发展的若干意见》(以下简称《意见》)再次提出"稳步发展期货市场"的战略思想。《意见》提出"在严格控制风险的前提下,逐步推出为大宗商品生产者和消费者提供发现价格和套期保值功能的商品期货品种。建立以市场为主导的品种创新机制。研究开发与股票和债券相关的新品种及其衍生产品"。同时提出,要"把证券、期货公司建设成为具有竞争力的现代金融业"。《意见》首次明确将期货市场正式纳入整个资本市场体系,是我国资本市场和期货市场改革开放、稳步发展的纲领性文件,对于期货市场发展具有深远意义。

2006年2月,中国证监会成立了"金融期货筹备领导小组",开始推进股指期货上市的准备工作。2007年8月,中国证券登记结算公司、期货保证金监控中心、上海证券交易所、深圳证券交易所、中国金融交易所五家单位联合签署了《股票市场与股指期货市场跨市场监管备忘录》和相关系列文件,跨市场监管协作体系正式确立。2010年4月16日,沪深300股指期货合约在中金所正式挂盘交易,标志着我国资本市场改革发展迈出了一大步。

### 五、内地期货市场主体

**(一)期货交易所**

期货市场试点初期,内地期货市场曾经有50余家期货交易所,经过清理整顿,到2000年,内地期货交易所减少为三家,分别是上海期货交易所、郑州商品交易所和大连商品交易所。2006年9月,上海期货交易所、郑州商品交易所、大连商品交易所、上海证券交易所和深圳证券交易所共同发起设立了中国金融期货交易所,内地期货交易所增为四家。期货交易所是经中国证监会审批,在国家工商行政管理局登记注册的自律性法人。交易所接受中国证监会的监督管理,遵循公开、公平、公正和诚实信用的原则组织期货交易。

期货交易所履行如下职能:
(1)提供期货交易的场所、设施及相关服务;
(2)制定并实施交易所的业务规则;
(3)设计期货合约、安排期货合约上市;
(4)组织、监督期货交易、结算和交割;
(5)制定并实施风险管理制度,控制市场风险;
(6)保证期货合约的履行;
(7)发布市场信息;
(8)监管会员期货业务,查处会员违规行为;
(9)指定交割仓库并监管其期货业务;
(10)指定结算银行并监督其与本所有关的期货结算业务;
(11)中国证监会规定的其他职能。

**(二)财务管理**

交易所财务实行独立核算、自负盈亏,按照国家有关规定,每一年度结束后三个月内向中国证监会和有关部门报送经具有证券、期货相关业务资格的会计师事务所审计的财务报告。经理事会批准,交易所以其收入抵补各项费用开支,实现的税后净利润,根据有关财务规定转作盈余公积金,用于弥补以后年度亏损。为保证交易所正常运行,交易所按规定提取风险准备金,并按国家有关规定管理和使用。

**(三)期货交易所组织机构**

内地的三个商品期货交易所为会员制法人,会员大会是其权力机构,由全体会员组成;理事会是会员大会的常设机构,对会员大会负责,下设专门委员会。理事会办公室是理事会的常设办事机构。各交易所下设的专门委员会和职能部门相似,但不完全相同。基本包括监察、交易、结算、会员资格审查、调解、财务、技术等专门委员会,办公室、交易、结算、监察、研究、技术、新闻信息、市场、法律、人力、财务、审计等职能部门。图2-2是大连商品交易所的组织结构。

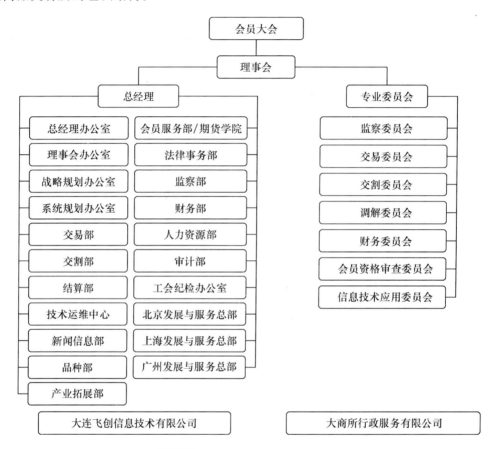

图2-2　大连商品交易所组织结构

资料来源:大商所网站。

中金所是公司制法人,股东大会是其权力机构,设有董事会,对股东大会负责,并行使股东大会授予的权力。董事会设执行委员会,作为董事会日常决策、管理、执行机构。董事会下设交易、结算、薪酬、风险控制、监察调解等专门委员会。图2-3是中国金融期货交易所的组织结构。

交易所设总经理1人,副总经理若干人。总经理和副总经理由中国证监会任免。

(四)会员

会员是指根据期货交易有关法律、法规有关规定,经交易所审查批准,在交易所进行期货交易活动的企业法人。会员分为期货经纪公司会员和非期货经纪公司会员。交易所可以根据交易、结算业务的需要设立特别会员。

随着期货市场规范化程度不断提高,期货公司合规经营能力不断增强,期货公司客

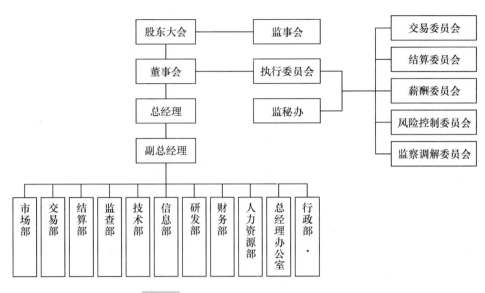

**图 2-3** 中国金融期货交易所组织结构

资料来源:中金所网站。

户开户数量与保证金规模快速增长,代理交易额不断扩大,资本实力、盈利能力也进一步增强。2010年年底,期货公司注册资本与净资产分别为214.23亿元与270.12亿元,分别是2002年的3.33倍与4.16倍;期货公司净资本251.26亿元,是2006年年底45.48亿元的5.52倍。2010年全国期货公司实现利润总额34.19亿元,净利润25.47亿元,而2002年该数字均为负数。

经过多年发展,期货公司结构不断优化。一是期货公司数量逐步减少,股东结构逐步优化。针对过去期货公司数量多、质量不高等问题,中国证监会通过年检等措施,依法注销了一批违规违法和财务状况差、潜在风险大的公司。2007年《期货交易管理条例》颁布以来,通过兼并重组和风险处置,期货公司数量由2006年的183家减少到2010年年底的163家,期货营业部1 036家,有57家证券公司获得为期货公司提供中间介绍业务资格。同时,越来越多运作较规范、资本实力较强的证券公司、上市公司和信托公司等机构参股控股期货公司,期货公司股东结构逐步优化。二是优质公司能力不断增强。在政策引导和市场竞争中,期货公司已分出层次,一批资本实力强、抗风险能力强、有特色的期货公司脱颖而出。三是对外开放不断推进。随着国家经济及资本市场对外开放的扩大,目前有3家香港服务提供者参股境内期货公司,建立了合资期货公司,有6家国内期货公司在香港设立子公司。

(五)期货保证金监控中心

长期以来,期货业面临着与证券业同样的客户保证金安全问题,特别是从2003年起,期货市场发生了多起期货公司挪用客户保证金事件。为此,中国证监会决定成立专门机构负责期货保证金安全存管。2006年3月16日,上海期货交易所、郑州商品交易所、大连商品交易所共同出资设立了中国期货保证金监控中心有限责任公司(简称"监控中心"),2009年1月成立中国期货保证金监控中心上海总部。监控中心主管部门是中国证监会,其业务接受中国证监会领导、监督和管理。

监控中心的主要职能有:

(1) 期货保证金监控。监控中心收集结算银行、期货交易所和期货公司的资金和交易数据,逐日逐笔核查验证期货公司资金、交易等结算资金的真实性,逐日检查期货公司是否存在保证金缺口、是否存在透支等危害保证金安全的违规行为。如果发现问题及时向监管部门预警,督促期货公司及时整改,保障期货市场保证金的安全。

(2) 期货投资者交易结算信息查询服务。监控中心建立投资者查询系统,向期货市场全体投资者提供当日查询自身交易结算报告等专业信息服务。该项工作兼具市场服务与市场监控双重职能,既解决了长期困扰期货公司的结算单送达举证的司法难题,又可以借助投资者查询的监督力量再次验证期货公司保证金数据的真实性。

(3) 代理期货投资者保障基金。根据《期货交易管理条例》规定,国家设立期货投资者保障基金,主要用于在期货公司严重违法违规或者风险控制不力导致保证金出现缺口时,补偿投资者保证金的无辜损失,进一步保障期货市场平稳运行和社会稳定。2007年6月,中国证监会、财政部联合指定监控中心作为保障基金的代管机构,负责基金的筹集、管理和使用。

(4) 期货市场运行监测监控。2008年6月23日,中国证监会印发《关于进一步充实中国期货保证金监控中心职能的通知》,授权监控中心负责期货市场运行监测监控系统建设,并承担期货市场运行的监测、监控及分析研究等工作职能。2009年1月7日,中国期货保证金监控中心上海总部正式注册成立,专职负责监测监控和研究分析工作。截至2009年1月,上海期货交易所、郑州商品交易所、大连商品交易所、中金所的风控系统全部接入上海总部监控室,期货市场运行监测监控工作全面展开。2010年6月,中国中国证券登记结算公司将与股指期货相关的现货市场数据接入上海总部监控室,股指期货跨市场监控平台初步建立。

(5) 期货市场统一开户。监控中心建立期货市场统一开户系统,该系统联网全国公民身份信息查询服务系统、全国组织机构代码中心系统和四家期货交易所系统。期货公司通过该系统按照标准化、规范化的统一格式为客户向四家期货交易所申请交易编码,监控中心通过事前合规性检查、实名制检查等工作,最终达到落实实名制监管要求和提高市场效率的双重效果。统一开户系统在落实实名制、市场准入制度、股指期货适当性制度,提高期货市场开户效率的基础上,实现了开户流程、开户资料和开户审核标准的"三统一",并初步建立了真实、准确和完整的期货市场客户资料数据库,为期货行业长远发展夯实了基础。

(6) 期货市场信息支持与研究。经过四年多的发展,最新的信息系统已经成为中国期货市场最系统、最全面的数据中心,监控中心充分利用这一优势,开发了期货市场统计分析系统,为中国证监会及其派出机构、期货交易所等提供期货市场信息支持与研究分析,这为监管机构全面了解期货市场、研判市场形势、制定相关政策提供了极大的便利与帮助。

### 六、期货交易所交易规则

（一）上市品种及合约

交易所上市品种需经中国证监会批准，期货合约以人民币计价，计价单位为元，交易单位为"手"，期货交易必须以"一手"的整数倍进行，不同交易品种每手合约的标的物数量不同，在该品种的期货合约中载明。

期货合约的主要条款包括：合约名称、交易品种、交易单位、报价单位、最小变动价位、每日价格最大波动限制（又称涨跌停板）、交割月份、交易时间、最后交易日、交割日期、交割品级、交割地点、最低交易保证金、交易手续费、交割方式、交易代码等。

最小变动价位是指该期货合约的单位价格涨跌变动的最小值。

每日价格最大波动限制是指期货合约在一个交易日中的交易价格不得高于或者低于规定的涨跌幅度，超过该涨跌幅度的报价将被视为无效，不能成交。

期货合约交割月份是指该合约规定进行实物或现金交割的月份。

最后交易日是指某一期货合约在合约交割月份中进行交易的最后一个交易日。

（二）交易业务

期货交易是指在期货交易所内集中买卖某种期货合约的交易活动。期货合约的交易价格是指该期货合约的交割标准品在基准交割仓库交货的含增值税价格。新上市合约的挂盘基准价由交易所确定。

开盘价是指某一期货合约开市前5分钟内经集合竞价产生的成交价格。集合竞价未产生成交价格的，以集合竞价后第一笔成交价为开盘价。收盘价是指某一期货合约当日交易的最后一笔成交价格。当日结算价是指某一期货合约当日成交价格按照成交量的加权平均价。当日无成交价格的，以上一交易日的结算价作为当日结算价。

会员进行期货交易应按规定向交易所交纳交易手续费。会员进行实物交割应按规定向交易所交纳交割手续费。交割手续费标准由交易所另行制定。

交易所实行涨跌停板制度。当某一期货合约在某一交易日收盘前5分钟内出现只有停板价位的买入（卖出）申报、没有停板价位的卖出（买入）申报，或者一有卖出（买入）申报就成交，但未打开停板价位的情况时，交易所确定该合约在该交易日收市时出现涨（跌）停板，并按交易所制定的有关规定处理。

交易所实行保证金制度。保证金是指交易者按照规定标准交纳的资金，用于结算和保证履约。保证金分为结算准备金和交易保证金。结算准备金是指会员为了交易结算在交易所专用结算账户预先准备的资金，是未被合约占用的保证金。结算准备金的最低余额由交易所决定。交易保证金是指会员在交易所专用结算账户中确保合约履行的资金，是已被合约占用的保证金。当买卖双方成交后，交易所按持仓合约价值的一定比率收取交易保证金。交易所可调整交易保证金水平。

会员在交易所指定结算银行开设专用资金账户，会员专用资金账户只能用于会员与投资者、会员与交易所之间期货业务的资金往来结算。经交易所批准，会员可用标准仓单或交易所允许的其他质押物充作交易保证金。

申报指令的撮合以价格优先、时间优先的原则进行。当买入价大于、等于卖出价时则自动撮合成交。撮合成交价等于买入价（bp）、卖出价（sp）和前一成交价（cp）三者中居中的一个价格。即：

$$当\ bp \geq sp \geq cp, 最新成交价 = sp$$
$$bp \geq cp \geq sp, 最新成交价 = cp$$
$$cp \geq bp \geq sp, 最新成交价 = bp$$

当结算准备金低于开仓最低额度时，交易所的交易系统不接受开仓申报。申报买卖的数量如未能一次全部成交，其余量仍存于交易所计算机主机内，继续参加当日竞价交易。

交易所实行套期保值头寸审批制度。交易所对套期保值申请者的经营范围和以前年度经营业绩资料、现货购销合同等能够表明其现货经营情况的资料进行审核，确定其套期保值额度。投资者申请套期保值额度必须委托经纪会员办理。

### （三）结算业务

交易所实行每日无负债结算制度。当日交易结束后，交易所对每一会员的盈亏、交易保证金、税金、交易手续费等款项进行结算。会员可通过会员服务系统获取相关的结算数据。当日盈亏为平仓盈亏与持仓盈亏之和。会员的保证金余额低于交易所规定的结算准备金最低余额的，必须在下一个交易日开市前补足至结算准备金最低余额。未补足的，若结算准备金余额大于零而低于结算准备金最低余额，禁止开新仓；若结算准备金余额小于零，则交易所将对该会员强行平仓。

交易所按有关规定提取、管理和使用风险准备金。风险准备金用于为维护期货市场正常运转提供财务担保和弥补因交易所不可预见风险带来的亏损。

### （四）交割业务

交割是指期货合约到期时，根据交易所的规则和程序，交易双方通过该期货合约所载商品所有权的转移，了结未平仓合约的过程。交易所按照"最少配对数"的原则通过计算机对未平仓合约进行交割配对。交割结算价为该期货合约交割结算的基准价。

各期货合约最后交易日后未平仓合约必须进行交割。到期合约的交割只能以会员的名义进行。投资者交割须通过会员办理。在交易所规定的时间内，卖方会员交出标准仓单和相应的增值税专用发票后，交易所付给卖方会员货款；买方会员补齐交割款项后，交易所付给买方会员标准仓单，一收一付，先收后付。交易所在收到卖方会员标准仓单或买方会员货款后将应清退的保证金部分划转卖方会员或买方会员。买方会员办理交割时，对交割商品如有异议，可在交易所规定的时间内申请复检。

在实物交割时，卖方会员未能在规定时间内如数交付标准仓单的，买方会员未能在规定时间内如数交付货款的，即为交割违约。会员在实物交割中发生违约行为，交易所可采用征购和竞卖的方式处理违约事宜，违约会员应承担由征购和竞卖产生的费用和损失。交易所对违约会员还可处以支付违约金、赔偿金等处罚，具体按交易所制定的有关交割违约处理办法处理。

指定交割仓库是经交易所指定的为期货合约履行实物交割的交割地点。交易所对指定交割仓库实行年审制。

### 七、期货交易所风险管理

(一)保证金制度

各交易所在不同时期、对不同品种设定的保证金标准有所不同,商品期货最低保证金一般为合约价值的3%—5%,沪深300指数期货的最低保证金为合约价值的12%。交易所可以根据市场情况调整各合约交易保证金标准。

合约进入交割月份前一个月第一个交易日起,交易所将分时间段逐步提高该合约的交易保证金。合约在某一交易时间段的交易保证金标准自该交易时间段起始日前一交易日结算时起执行。如对豆粕期货合约,进入交割月份前一个月,交易保证金将上升为合约价值的10%,当进入交割月份后,保证金比例为30%(如表2-10所示)。

**表 2-10　豆粕合约临近交割期时交易保证金收取标准**

| 交易时间段 | 交易保证金(元/手) |
| --- | --- |
| 交割月份前一个月第一个交易日 | 合约价值的10% |
| 交割月份前一个月第六个交易日 | 合约价值的15% |
| 交割月份前一个月第十一个交易日 | 合约价值的20% |
| 交割月份前一个月第十六个交易日 | 合约价值的25% |
| 交割月份第一个交易日 | 合约价值的30% |

随着合约持仓量的增大,交易所将逐步提高该合约交易保证金比例。如豆粕合约在持仓超过200万手时,保证金比例将上升为10%(如表2-11所示)。

**表 2-11　豆粕合约持仓量变化时交易保证金收取标准**

| 合约月份双边持仓总量($N$) | 交易保证金(元/手) |
| --- | --- |
| $N \leq 100$ 万手 | 合约价值的5% |
| 100 万手 $< N \leq 150$ 万手 | 合约价值的8% |
| 150 万手 $< N \leq 200$ 万手 | 合约价值的9% |
| 200 万手 $< N$ | 合约价值的10% |

当某期货合约连续三个交易日按结算价计算的涨(跌)幅之和达到合约规定的最大涨跌幅的2倍,连续四个交易日按结算价计算的涨(跌)幅之和达到合约规定的最大涨跌幅的2.5倍,连续五个交易日按结算价计算的涨(跌)幅之和达到合约规定的最大涨跌幅的3倍时,交易所有权根据市场情况,采取单边或双边、同比例或不同比例、部分会员或全部会员提高交易保证金的措施。

如遇法定节假日休市时间较长,交易所也可以根据市场情况在休市前调整合约交易保证金标准和涨跌停板幅度。

(二)涨跌停板制度

由交易所制定各期货合约的每日最大价格波动幅度。交易所可以根据市场情况调整各合约涨跌停板幅度。如豆粕合约交割月以前的月份涨跌停板幅度为上一交易日结算价的 4%,交割月份的涨跌停板幅度为上一交易日结算价的 6%,对新上市期货合约,其涨跌停板幅度为合约规定涨跌停板幅度的 2 倍。

当某期货合约以涨跌停板价格申报时,成交撮合原则实行平仓优先和时间优先的原则。

当合约在某一交易日出现涨跌停板单边无连续报价的情况时①,当日结算时,该期货合约的交易保证金比例可能会提高,如豆粕合约保证金比例将提高至 6%;若下一个交易日($N+1$)豆粕合约再次出现同方向涨跌停板单边无连续报价的情况,则第 $N+1$ 个交易日结算时起,豆粕合约交易保证金将按合约价值的 7% 收取;若第 $N+2$ 个交易日出现与第 $N+1$ 个交易日同方向涨跌停板单边无连续报价的情况,则在第 $N+2$ 个交易日收市后,交易所将进行强制减仓。若某期货合约在某交易日未出现与上一交易日同方向涨跌停板单边无连续报价的情况,则该交易日结算时交易保证金恢复到正常水平。

强制减仓是指交易所将当日以涨跌停板价申报的未成交平仓报单,以当日涨跌停板价与该合约净持仓盈利客户(或非期货公司会员,下同)按持仓比例自动撮合成交。同一客户持有双向头寸,则其净持仓部分的平仓报单参与强制减仓计算,其余平仓报单与其对锁持仓自动对冲。减仓造成的经济损失由会员及其客户承担。

(三)限仓制度

限仓是指交易所规定会员或客户可以持有的,按单边计算的某一合约投机头寸的最大数额。交易所根据不同期货品种的具体情况,分别确定每一品种、每一月份合约、在交易的不同阶段的限仓数额,进入交割月份的合约限仓数额将从严控制。

同一客户在不同期货公司会员处开有多个交易编码,各交易编码上所有持仓头寸的合计数,不得超出一个客户的限仓数额。对超过持仓限额的会员或客户,交易所将于下一交易日按有关规定执行强行平仓。

套期保值交易头寸实行审批制,其持仓不受限制。

(四)大户报告制度

当会员或客户某品种持仓合约的投机头寸达到交易所对其规定的投机头寸持仓限量 80% 以上(含本数)时,会员或客户应向交易所报告其资金情况、头寸情况,客户须通过期货公司会员报告。交易所可根据市场风险状况,调整改变持仓报告水平。

客户在不同期货公司会员处开有多个交易编码,各交易编码持有头寸合计达到报告界限,由交易所指定并通知有关期货公司会员,负责报送该客户应报告情况的有关材料。

(五)强行平仓制度

强行平仓是指当会员、客户违规时,交易所对有关持仓实行平仓的一种强制措施。当会员、客户出现下列情形之一时,交易所有权对其持仓进行强行平仓:

(1)会员结算准备金余额小于零,并未能在规定时限内补足的;

(2)持仓量超出其限仓规定的;

---

① 涨(跌)停板单边无连续报价是指某一期货合约在某一交易日收市前 5 分钟内出现只有停板价位的买入(卖出)申报、没有停板价位的卖出(买入)申报,或者一有卖出(买入)申报就成交、未打开停板价位的情况。

(3）因违规受到交易所强行平仓处罚的；
(4）根据交易所的紧急措施应予强行平仓的；
(5）其他应予强行平仓的。

强行平仓先由会员自己执行，时限为开市后第一节交易时间内（交易所特别规定除外）。若时限内会员未执行完毕，则由交易所强制执行。因结算准备金小于零而被要求强行平仓的，在保证金补足至最低结算准备金余额前，禁止相关会员的开仓交易。

强行平仓的价格通过市场交易形成。如因价格涨跌停板或其他市场原因而无法在当日完成全部强行平仓的，交易所根据结算结果，对该会员或客户做出相应的处理。由于价格涨跌停板限制或其他市场原因，有关持仓的强行平仓只能延时完成的，因此发生的亏损，仍由直接责任人承担；未能完成平仓的，该持仓持有者须继续对此承担持仓责任或交割义务。

由会员单位执行的强行平仓产生的盈利仍归直接责任人；由交易所执行的强行平仓产生的盈亏相抵后的盈利部分予以罚没；因强行平仓发生的亏损由直接责任人承担。直接责任人是客户的，强行平仓后发生的亏损，由该客户开户所在期货公司会员先行承担后，自行向该客户追索。

当会员或者投资者某品种持仓合约的投机头寸达到交易所对其规定的投机头寸最大持仓限制标准80%时，会员或投资者应向交易所报告其资金情况、头寸情况，投资者须通过经纪会员报告。交易所可根据市场风险状况，调整持仓报告标准。

（六）风险警示制度

当交易所认为必要时，可以分别或同时采取要求报告情况、谈话提醒、发布风险提示函等措施中的一种或多种，以警示和化解风险。出现下列情形之一的，交易所可以要求会员或客户报告情况，或约见指定的会员高管人员或客户谈话提醒风险：

(1）期货价格出现异常变动；
(2）会员或客户交易行为异常；
(3）会员或客户持仓变化较大；
(4）会员资金变化较大；
(5）会员或客户涉嫌违规；
(6）会员或客户被投诉；
(7）会员涉及司法调查或诉讼案件；
(8）交易所认定的其他情形。

发生下列情形之一的，交易所可以向全体或部分会员和客户发出风险提示函：

(1）期货市场交易出现异常变化；
(2）国内外期货或现货市场发生较大变化；
(3）会员或客户涉嫌违规；
(4）会员或客户交易存在较大风险；
(5）交易所认定的其他异常情形。

## 第四节　中国台湾地区期货市场概况

台湾地区期货市场的发展分为两阶段:先开放境外期货交易,再建立台湾期货市场。于1992年与1997年通过"国外期货交易法"与"期货交易法",开启期货交易新纪元,主管机关为台湾"行政院"金融监督管理委员会(简称"金管会")。台湾期货交易所在主管机关指导下,于1998年7月21日上市第一个期货商品——台股期货,其后相继推出多项商品,期货交易量快速成长。2009年名列全球第18大期货市场,总开户数超过100万户,期货商超过1 000个营业点,并已发展期货顾问事业、期货经理事业及期货交易信托,整体期货市场发展日臻完善健全。

### 一、台湾期货交易的历史

(一)第一阶段:境外期货交易时期

1992年6月台湾"立法院"通过"国外期货交易法"。1993年年底,主管机关核准14家台湾及9家境外期货经纪商之筹设许可,1994年4月第一家合法期货经纪商成立,台湾投资者人自此可以经由合法途径,通过在台湾的期货经纪商,交易经台湾"主管机关"公告可交易的境外期货商品,其目的在于使台湾投资者交易境外期货商品合法化,杜绝不法地下期货交易,以有效保障交易人权益,进而促使交易人熟悉期货商品的特性与交易方式、策略,以作为未来开放台湾期货市场的基础。至2010年3月为止,主管机关已开放12国31家期货交易所375种商品。

(二)第二阶段:台湾期货市场茁壮时期

近年来,国际衍生性金融商品市场蓬勃发展,其在经济发展上的地位日益重要。为掌握国际衍生性金融商品市场发展之契机,建构完整的金融体系及建立衍生性金融商品市场,台湾乃积极推动"发展台湾成为亚太区域金融中心"计划。在此环境下,在主管机关以及期货、证券、金融同业的共同努力下,积极筹建台湾期货交易所,以推动建构期货市场及推出符合需求的各项商品。自1994年年初,台湾"证管会"经两年时间的努力完成"期货交易法"草案,于1997年3月4日台湾"立法院"完成三读程序,6月1日台湾"行政院"正式公布实施,"国外期货交易法"同时停止适用,由"期货交易法"取代。同年6月间"证管会"亦扩大组织编制,更名为"证券暨期货管理委员会",简称"证期会"("金管会"成立后,更名为"证券期货局",简称"证期局")。同时,台湾期货交易所于1997年9月正式成立,1998年7月21日顺利完成市场筹建工作,采用电子交易方式,并上市第一个期货商品——台股期货,之后更相继推出各式商品。

此阶段台湾期货交易所上市商品包括:第一个商品——台湾证券交易所加权股价指数期货合约,也就是台股期货。1999年7月再推出两个股价指数期货商品,分别为"台湾证券交易所电子类股价指数期货"与"台湾证券交易所金融保险类股价指数期货",简称金融及电子期货。2001年4月再推出"小型台指期货",其保证金为台股期货的1/4,为资金少的交易人提供交易途径。随着市场自由化与全球化的竞争,现货市场不确定性与波动性的广度与深度加剧,对规避风险或控管风险的需求日益迫切,有鉴于此,台湾期货交易所于同年12月上市"台指期权",使衍生性商品市场的交易及避险途径更趋多元化。

继台股期货、电子期货、金融期货、小型台指期货及台指期权等5项指数期货与期权商品后,2003年1月推出台湾第一项非指数型,采用实物交割,以个股台积电、联电、中钢、南亚、富邦金控5只股票为交易标的,并于2004年8月及9月再推出25档,共计30档的股票期权商品,2003年6月继续推出以固定采样数的台湾50指数为标的的"台湾50指数期货"。

随着债券及票券市场规模不断扩大,利率衍生性商品避险需求迫切,2004年推出"10年期政府公债期货"及"30天期商业本票利率期货",跨足利率期货商品。2005年3月再推出"电子类股价指数期权"及"金融保险类股价指数期权",使期权商品线更趋完整。2006年3月27日台湾期货交易所上市黄金期货、MSCI台指期货及期权等三项美元计价商品,使台湾期货市场商品线自原有股价类期货与利率类期货,一举跨入商品期货与美元计价期货的新领域,其中台股期货及台指期权最为热络,为台湾期货交易所两大主力商品。

为降低交易成本,并有效掌握交易风险,台湾期货交易所施行股票期权合约买权卖方交易人以标的证券缴交保证金作业(Covered Call),以增加股票期权的交易量及流动性。此外,开放外资可以非避险目的及综合账户从事台湾期货交易,希望借由制度的国际化接轨,能吸引外资投入台湾期货市场,以引进经营技术,提升操作水平,使台湾期货市场更国际化。

1998年,台湾期货市场交易量仅为277 909手,至2005年,已达到92 659 768手,显示市场交易规模呈倍数成长。在世界交易所的排名中,根据FIA的统计,台湾期货交易所国际间排名逐年攀升,从2003年排名的第27名晋升至2005年的第18名。2004年国际知名专业杂志——《亚洲风险》(Asia Risk)杂志获颁"2004年度风云衍生性商品交易所"(Derivatives Exchange of the Year 2004),肯定台湾期货交易所为亚太地区在衍生性商品及风险管理方面,提供最佳营运绩效及最具开创性的交易所。

(三) 第三阶段:期货市场制度改革时期

延续第一及第二阶段前后约十年所奠立的良好基础,台湾期货交易所为更有效降低交易成本、提高交易人资金运用效能、简化交易结算程序、提升市场效率,一方面持续致力于研发新商品、新制度,另一方面积极寻求国际间合作之机会,以强化市场竞争力。2007年间先后与芝加哥商业交易所(CME)、德国交易所(DBAG)等各国主要交易所,签署双边合作备忘录(MOU),同年10月推出非金融电子类股价指数期货及期权、柜台买卖中心股价指数期货及期权等四项新商品及五项新制度,包括期货商品做市商制度、期货商品跨月价差委托机制、整户风险保证金制度、期货合约价差交易保证金计收作业以及期货合约当日冲销交易减收保证金作业。2008年适应国际化潮流与市场趋势,持续推出多项新制度及新商品,包括:1月份上市台币计价黄金期货;4月实施期货市场三大法人信息揭露;6月实施保证金结构比调整及多币别保证金制度;10月实施建立法人避险交易账户制度,增加结算会员提领结算保证金次数;11月实施SPAN至交易人端、交易人以有价证券抵缴保证金、指数期货与期权最后结算价,及最后结算日由$T+1$日调整为$T$

日;12月TCP/IP期货网络正式建置完成上线使用等。以上举措不仅带动了交易量的大幅增长，也使得台湾期货市场整体环境更趋于完善健全。

由于2007年10月起陆续推出多项新制度及新商品效益逐渐发挥，加上2008年10月股价指数期货交易税率调降，2008年期货市场日均量549 075手，较2007年日均量466 197手增长17.78%，主要系期货商品的大幅成长，由2007年的16 987 659手增长至2008年的37 724 589手，增长率达122%。2008年1月28日上市的台币黄金期货总交易量达5 314 069手，日均量23 005手，既有主力期货商品，总交易量也大幅增长，以小型台指期货增长幅度最大，达205%，台股期货亦增长67%，金融期货与电子期货分别增长41%与35%。

2009年，台湾期货交易所持续推动各项新制度及新商品，在新制度方面包括调整股票期权合约规格及改采用现金结算、开放证券商兼营期货自营业务者，可自非期货部门拨转有价证券至期货部门抵缴保证金、放宽介绍经纪商得接受期货商委任，从事通知期货交易人缴交追加保证金及代为冲销交易等。持续研议调整做市商制度、修订法人机构申请持仓限制放宽规定、调整综合账户申报制度等措施，并于2010年1月实施。在新商品方面，于2009年1月19日推出"黄金期权"及2010年1月25日推出35只股票期货，涵盖传产、电子及金融股标的股，包括台积电、国泰金、鸿海等产业龙头股。

## 二、台湾期货市场现况

(一) 市场现况

由于全球金融风暴的影响，台湾2009年度市场交易总量为13 500万手以上，较前一年减少1.2%，全球排名为第18名(见表2-12)。在市场参与者方面，2009年年底市场累计开户数达1 260 349户。自然人交易比重从1998年的94%，减少为2009年的56%。在市场国际化方面，至2009年年底，台湾期货交易所与15家国外交易所签署双边合作备忘录(Memorandum of Understanding, MOU)。

在税制方面，自2006年1月1日起，期货商品交易税的税率由0.25‰调降为0.1‰，平均约减征60%；期权商品交易税税率由1.25‰调降为1‰，平均约减征20%；利率类期货商品自原所得税课征方式改采用交易税的课征方式(30天期商业本票利率期货合约改课百万分之0.125的期货交易税，10年期政府债券期货合约改课百万分之1.25的期货交易税)。自2008年10月6日起，股价类期货合约的期货交易税更由原来的0.1‰调降为十万分之4，使得台湾的期货交易税负逐渐与国际接轨，并有助于杜绝地下期货交易、促进期货市场的健全发展、兼顾期货交易商品课税的一致性。

**表 2-12　台湾期货商品历年全球排名一览表**

| 排名 年度 | 市场总成交量 | 国际排名 | 年成长率 | 日均量 | 日均量成长率 |
|---|---|---|---|---|---|
| 1998 | 277 908 | 55 | — | 2 223 | — |
| 1999 | 1 077 672 | 46 | 287.78% | 4 051 | 82.23% |
| 2000 | 1 926 788 | 40 | 78.79% | 7 110 | 75.51% |
| 2001 | 4 351 390 | 34 | 125.84% | 17 834 | 150.83% |
| 2002 | 7 944 254 | 33 | 82.57% | 32 033 | 79.62% |
| 2003 | 31 874 934 | 27 | 301.23% | 128 012 | 299.63% |
| 2004 | 59 146 376 | 20 | 85.56% | 236 586 | 84.82% |
| 2005 | 92 659 768 | 18 | 56.66% | 375 141 | 58.56% |
| 2006 | 114 603 379 | 18 | 23.68% | 462 110 | 23.18% |
| 2007 | 115 150 624 | 21 | 0.48% | 466 197 | 0.88% |
| 2008 | 136 719 777 | 17 | 18.73% | 549 075 | 17.78% |
| 2009 | 135 125 695 | 18 | −1.17% | 538 349 | −1.95% |

资料来源：FIA Futures Industry Magazine(2009 February)；台湾期货交易所。

（二）市场成长情况

1．期货商品多样化

台湾期货交易所 1998 年推出股价类期货，2004 年推出利率类期货，2006 年则跨入商品期货及美元计价商品的领域。截至 2009 年年底，台湾期货市场共计有 20 项期货与期权商品（合约规格详见本章附录），包括 8 项股价指数期货、6 项指数期权、1 项股票期权（30 档）、1 项商品期权、2 项利率期货、2 项商品期货，商品线更趋于完整。2010 年 1 月再推出 34 只股票期货（见表 2-13）。

**表 2-13　台湾期货交易所各项商品**

| 类别 | 股价指数期货 | 期权 | 利率期货 | 商品期货 |
|---|---|---|---|---|
| 商品简称 | 台股期货 | 台指期权 | 30 天期利率期货 | 黄金期货 |
| | 电子期货 | 股票期权（30 档） | 10 年期公债期货 | 台币黄金期货 |
| | 金融期货 | 电子期权 | | |
| | 小型台指期货 | 金融期权 | | |
| | 台湾 50 期货 | MSCI 台指期权 | | |
| | MSCI 台指期货 | 非金电期权 | | |
| | 非金电期货 | 柜买期权 | | |
| | 柜买期货 | 台币黄金期权 | | |
| | 股票期货（35 档） | | | |

资料来源：台湾期货交易所。

2．商品交易量分布情况

台湾期货市场发展初期，1998 年交易量仅有 277 908 手。其后，陆续推出股价相关期货、期权商品及利率期货商品，以及美元计价商品，市场交易量呈倍数成长。2009 年市场总成交量已达 135 125 695 手。其中，期货商品 44 886 570 手，期权商品 90 239 125 手，分别占市场总成交量的33.22%及66.78%。两大主力商品台股期货及台指期权交易量分别为24 625 062手及72 082 548手,各占18.22%及53.43%。

### (三) 市场参与情况

1. 交易人开户情形

至2009年年底,市场开户数累计达1 260 349户,其中自然人开户数为1 260 349户,法人开户数为7 850户,详见图2-4。

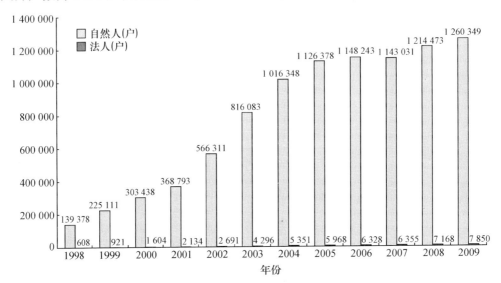

**图2-4 台湾期货市场历年总开户数**

资料来源:台湾期货交易所。

2. 法人结构方面

期货商营业家数,截至2009年年底,合计1 062个营业点,其中,专营期货经纪商有17家(37个营业点),兼营期货经纪商19家(93个营业点),介绍经纪商60家(932个营业点)。另外,期货顾问事业有30家,期货经理事业有12家。

3. 结算业务方面

结算会员33家,其中一般结算会员22家,个别结算会员11家。另有结算银行9家。

4. 法人及自然人市场参与

法人交易比重已从1998年的4.90%,大幅提升至2009年1至7月的57.18%。相对来说,自然人交易比重则从1998年的95.10%,逐步减少为2009年的42.82%。详见表2-14。

5. 外资法人参与比重方面

外资法人参与台湾期货市场的比重,随着市场交易规模扩大而逐年提高,交易比重从1999年的0.07%增加为2009年的5.63%。详见表2-15。

表 2-14　台湾期货市场历年自然人与法人交易比重

| 年度 | 自然人交易比重(%) | 法人交易比重(%) |
| --- | --- | --- |
| 1998 | 95.10 | 4.90 |
| 1999 | 94.47 | 5.53 |
| 2000 | 92.38 | 7.62 |
| 2001 | 90.38 | 9.62 |
| 2002 | 80.74 | 19.26 |
| 2003 | 68.60 | 31.40 |
| 2004 | 64.28 | 35.72 |
| 2005 | 48.82 | 51.18 |
| 2006 | 38.72 | 61.28 |
| 2007 | 37.44 | 62.56 |
| 2008 | 38.88 | 61.12 |
| 2009 | 44.38 | 55.62 |

资料来源：台湾期货交易所。

表 2-15　台湾期货市场历年外资法人交易比重

| 年度 | 交易量(单位:手) | 占市场交易比重(%) |
| --- | --- | --- |
| 1998 | 6 | 0.00 |
| 1999 | 1 588 | 0.07 |
| 2000 | 34 327 | 0.89 |
| 2001 | 88 877 | 1.02 |
| 2002 | 246 115 | 1.55 |
| 2003 | 1 886 042 | 2.96 |
| 2004 | 5 809 751 | 4.91 |
| 2005 | 5 978 493 | 3.23 |
| 2006 | 6 025 323 | 2.63 |
| 2007 | 13 123 009 | 5.70 |
| 2008 | 15 585 609 | 5.70 |
| 2009 | 15 219 863 | 5.63 |

资料来源：台湾期货交易所。

(四) 市场监理业务

在交易监督方面,监督期货商及期货交易人有无违反现行交易制度、市场操纵以及不法行为等,并完成建置期货交易人开户数纳入证券商联合征信系统及每日对外公布期货大额交易人未冲销持仓。

在结算监督方面,积极办理监督结算保证金、权利金之变动、风险控管,以及对结算会员之危机处理等,并对持仓集中度超过限制标准的结算会员及调整后净资本额比例偏高的结算会员,提高保证金额度。

在期货商管理方面,查察期货商的财务、业务。除进行例行查核及项目查核外,并推动期货商公司治理,建立整体风险管理制度。

此外,为使美国境内交易人及法人机构可从事台湾期货交易,台湾期货交易所目前计有台股期货、小型台指、电子期货、金融期货、MSCI台指期货、非金非电指数期货、柜买指数期货等7项商品取得美国商品期货交易委员会(CFTC)核发交易许可函(No-action Letter);2007年3月28日经取得CFTC依Part 30规定的豁免,台湾期货商于美国期货公会(NFA)登录完成注册程序后,可直接对美国境内投资人推介销售取得交易许可(No Action Letter)的期货商品,而无须在美国设立分公司并注册为美国期货商。

### 三、台湾期货市场的组织架构

(一)期货交易所

台湾期货交易所以提供期货集中交易市场为业务,并以促进公共利益及确保期货市场交易公正为宗旨,以期在符合公共利益的前提下,使期货市场参与者有一公正的交易环境,借由期货交易,达到对期货标的物价格发现及风险转移等目的。台湾期货交易所资本额为新台币20亿元,股东成员来自期货、证券、银行暨证券期货相关机构四大行业,为平衡各方的参与,各行业持股比率各约为25%,单一股东持股不得超过5%;因此股东层面相当广泛,包括证券交易所、集保公司、期货商、证券商及金融机构。

台湾期货交易所的角色与功能如下:

1. 交易平台

台湾期货交易所系依期货交易所设立标准第二条规定申请设立,属特殊法人,不完全以营利为目的,只提供平台,撮合交易。

期货或期权有集中与店头二种市场,集中市场是指台湾期货交易所,而场外市场则指台湾各外汇银行,目前台湾场外市场有期权和远期合约,银行业有远期外汇。事实上,台湾的银行外汇部门,每天买卖的外汇远期合约(远期合约与期货相当类似,都是买卖未来才交割的商品)金额很大,远超过集中市场。进出口每月至少超过300亿美元,有300亿美元的外汇要进出,当然有很多制造商、贸易商需要作避险,于是买卖远期外汇进行避险,这是目前台湾期货交易所所不能提供的服务,但是银行的外汇部门可以提供,所以台湾期货交易所是集中市场,它与场外市场共同提供期权及买卖未来交割商品的交易平台。

2. 交易秩序的维护

期货交易所的职责之一在于维护期货市场的交易秩序,查核有无违法交易或弊端。期货交易所会负责维持公平的交易秩序,避免影响价格、内线交易、操纵等不法行为。

3. 提供价格发现的功能

期货市场的主要功能除了避险之外,就是发现价格。期货市场除了有近月份的合约,还有三个月、六个月、九个月的合约。举例来说,今天股票市场可能有7 200点,预期三个月以后的市场是7 400点,表示看涨、看多,因此在买现货时,需了解期货市场,事先判断两个月以后的价格作为现货市场参考,但只是"参考",并不是绝对的,也有可能失误。期货市场有一个月、两个月、三个月、六个月甚至一年期,如最近上市的黄金期货每两个月一档,共有6个到期月份的价格,因此期货市场通常具有一个价格发现的功能。预期因素反映于现货价格与期货价格,因期货系采用保证金交易,资金成本较低,当市场预期因素改变时,市场参与者较喜欢利用期货交易,故期货最能反映预期因素。

4. 期货履约的保障机制

期货采用保证金交易制度,期货交易所充当期货买方的卖方、期货卖方的买方这样的角色。因此,倘若期货交易买方或卖方的任何一方违约,则台湾期货交易所会负责追讨,期货交易人完全无违约的风险。

5. 台湾期货交易所组织

台湾期货交易所采用具会员制精神的股份有限公司形式,以董事会为最高决策单位,并分设交易、结算业务及纪律委员会;交易与结算业务委员会主要是提供业务咨询及协助厘定相关政策;纪律委员会则对市场纪律及法规遵循进行督导并提供咨询。部门职责如下:依业务性质,分设交易部负责交易制度制定、交易秩序的监督与控管及市场倡导等;结算部负责结算制度的制定、结算交割作业的处理与结算会员的风险控管;稽核部负责期货商与结算会员财务、业务的查核,并制定与修正查核相关规章;信息规划部负责信息应用系统的规划、开发及维护,计算机设备的规划、维护及管理,交易信息的规划管理;信息作业部负责计算机设备的运作与管理,资通安全系统的规划、维护及管理,期货交易信息用户的信息服务等事项;企划部负责期货交易合约的研发、国际合作及策略联盟的规划执行、法律咨询等事项;管理部负责人力规划、采购管理、资金运用及字处理;另设有内部稽核,负责稽核公司内部财务与业务的执行与规划。其组织结构图如图2-5所示。

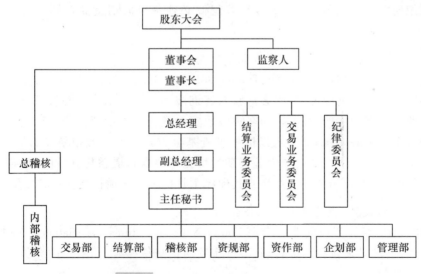

**图 2-5 台湾期货交易所组织结构图**

资料来源:台湾期货交易所。

(二)期货结算机构

在台湾的期货市场,结算机构(Futures Cleaning House)是期货交易所附属的交易结算机构,期货结算机构由具备资格的结算会员所组成,对会员的财力资格要求严格。结算机构介于期货买卖双方之间,扮演中介角色,并对买卖双方的损益逐日结算,以担保交易的顺利履行。若交易的某方(买方或卖方)有背信违约时,由结算机构负起对他方履行的义务。

期货商经期货结算机构核准为结算会员者,方能为其客户办理结算业务。结算会员分以下三类:

（1）个别结算会员:仅为自己期货经纪或自营业务的交易办理结算交割。

（2）一般结算会员:除为自己期货经纪或自营业务的交易办理结算交割外,并可受托其他期货商做办理结算交割。

（3）特别结算会员:为目的事业主管机关许可的金融机构,其仅能受托为期货商办理结算交割。

（三）期货经纪商及介绍经纪商

期货经纪商（Futures Commission Merchants,FCM）必须向"中华民国"期货商业同业公会与主管机关注册登记成为期货经纪商,方能营业。经纪商依据是否为结算会员,区分为结算会员经纪商与非结算会员经纪商,非结算会员经纪商可做经纪业务,但仍必须依靠结算会员经纪商进行结算作业。

介绍经纪商（Introducing Brokers,IB）系为期货经纪商招揽客户,提供客户下单的服务。介绍经纪商不得接受客户的保证金,其必须通过交易所会员经纪商或结算会员经纪商代收客户保证金及代行结算作业。介绍经纪商在接受客户下单后,必须转交委托单给往来的期货经纪商,由经纪商替客户进行买卖经纪作业。与介绍经纪商往来的经纪商称为上手经纪商（Carrying Brokers）。介绍经纪商必须每年向期货商业同业公会重新登记注册。

（四）期货交易投资顾问、期货基金经理人、期货信托公司

期货交易投资顾问（Commodity Trading Advisor,CTA）以发行刊物的方式,向客户提供有关期货交易的咨询服务,并向客户收取咨询服务费用。期货交易投资顾问必须向期货商业同业公会登记注册,并不得向客户吸取资金进行期货投资交易。期货基金经理人（Commodity Pool Operator,CPO）可以信托投资基金方式向客户吸取资金,从事期货投资交易。期货信托公司的主要业务为募集期货信托基金发行受益凭证,并运用期货信托基金从事期货交易、期货相关现货商品或其他经主管机关核准项目之交易或投资。

（五）"中华民国"期货商业同业公会

"中华民国"期货商业同业公会（Chinese National Futures Association,CNFA）系一个自律的组织,会员必须自我约束管理,不得违反期货交易规则。CNFA的会员亦受到主管机关的监督管理。

综上,台湾期货市场的组织架构如图2-6所示。

## 四、期货市场的交易机能

（一）期货交易流程与交易账户

1. 期货交易流程

首先,期货交易人与期货商签约开户并存入保证金后,便可委买或委卖。委买或委卖单经期货商计算机后台检视确认下单手数与保证金充足后,回报计算机前台,下单至台湾期货交易所交易系统进行撮合。经撮合完成的委托单由期交所交易系统成交回报

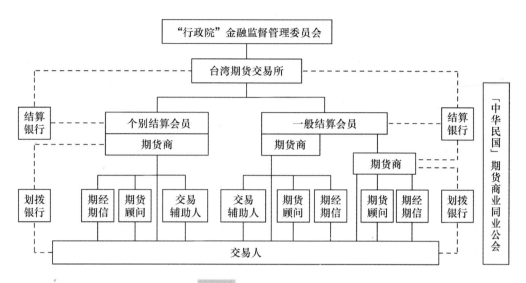

**图 2-6　期货市场架构图**

资料来源：台湾期货交易所。

期货商,同时传输至期交所结算系统,以便期交所结算人员进行结算持仓风险控管事宜。期货交易人得经由期货商端计算机查询得知成交回报数据及结算数据,并获得委托期货商的结算报表。其交易结算流程详见图2-7。期货交易人欲交易美元计价商品时,则应至外汇银行办理外币账户的开立,并存入保证金至经纪商之客户保证金专户,其委买或委卖方式与前同。

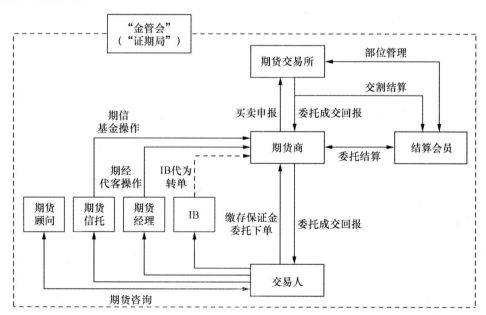

**图 2-7　期货市场交易结算流程**

资料来源：台湾期货交易所。

### 2. 期货交易账户

客户在期货商所开户的账户种类很多，依境内的市场参与者身份划分，期货交易账户可分为本国人个人账户与法人账户，以及外国人个人账户与法人账户。其中，外国法人开设的避险账户称为直接账户。

依境外的市场参与者身份划分，期货交易账户可分为直接账户及综合账户（Omnibus Accounts）。前者系境外法人开设的避险账户，后者则系境外自然人及法人在境外期货商开设期货交易账户，转请台湾期货交易所会员期货商以境外当地期货商名义代为下单至台湾期货交易所撮合者。

### 3. 期货交易单的种类

现行台湾期货市场委托单可概分为单式委托与组合式委托。其中期货商品仅有单式委托，期权商品则除了单式委托外尚有组合式委托。单式委托，顾名思义，是指单一合约的委托，组合式委托则为同时执行两个不同合约的委托。

若依委托单种类来区分，台湾期货交易所提供市价单及限价单，期货商可以自行开发其他委托单种类。

依委托条件区分，期货商品有整日有效单（ROD）。期权商品则除了有整日有效单（ROD）以外，还有立即成交否则取消单（IOC）、立即全数成交否则取消单（FOK）。所有期货商品不需设委托条件均为整日有效单。所有期权商品市价单不论是单式或组合式委托均仅能加注 FOK 或 IOC，期权商品限价单部分：单式委托限价单可加注 ROD、FOK、IOC 三种委托条件其中之一，组合式委托则仅可加注 FOK 或 IOC。

## （二）保证金与结算机制

### 1. 保证金

客户保证金可分为原始保证金（Initial Margin）与维持保证金（Maintenance Margin）。结算保证金为结算机构向结算会员所收取的履约保证金，为维护市场交易安全，台湾期货交易所于盘中以市场实时成交价格进行盘中损益试算，以掌握结算会员盘中实际保证金的状况，若发现结算会员保证金余额低于应有保证金时，即对该结算会员发出盘中保证金追缴，会员于收到此通告时，通常必须在一小时内补足变动保证金。

台湾期货交易所现行于盘中固定时段（每日上午 9 时 30 分至 9 时 40 分、上午 11 时至 11 时 10 分、12 时 30 分至 12 时 40 分）执行结算系统"盘中洗价处理"功能，对结算会员进行盘中损益试算，系以市场实时成交价格进行各结算会员之损益及保证金余额等状况的计算。其损益计算方式区分为成交损益及持仓损益，如遇最后结算日则将到期损益并入计算。

当市场行情波动幅度大时，台湾期货交易所除得多次以市场成交价进行盘中损益试算外，亦可以特定价格进行试算，目的是提前了解结算会员损益状况并实时掌握结算会员持仓风险，以期达到降低市场交易风险的效果。

每日结算保证金净额应为正值，针对超额部分，结算会员有权从指定银行提取此金额。每日应有结算保证金的计算是将当日握有持仓的最新市价总值结清，使各账户在隔日交易开始时得以从零负债出发，这个计算过程每日均进行，故亦称为"逐日结算"。

结算会员的客户违约不补保证金时，结算会员仍有义务向结算机构补足此变动保证金,因此结算机构通常规定结算会员必须向客户收取比结算保证金更高的客户保证金。

### 例 2-1

假设某甲的保证金账户原有 25 万元,并于 5 月 11 日以 7 369 买入 2 手五月台指期货,假设当时原始保证金及维持保证金分别为 105 000 元、81 000 元,不考虑手续费、期交税等交易成本。下表为往后数日行情变动时,某甲的保证金账户权益数变动情形。

| 日期 | 台指期货结算价 | 保证金账户权益数 | 变动计算 |
|---|---|---|---|
| 5/11 | 7 369 | 250 000 | |
| 5/12 | 7 257 | 205 200 | (7 257 - 7 369)×200×2 = -44 800 |
| 5/15 | 7 153 | 163 600 | (7 153 - 7 257)×200×2 = -41 600 |
| 5/16 | 7 022 | 111 200 | (7 022 - 7 153)×200×2 = -52 400 |

在 5 月 16 日时,某甲的保证金账户权益数为 111 200 元,已低于维持保证金 162 000 元(= 81 000 元×2 手),故某甲应于追缴期限前至少补缴 98 800 元,因为应有原始保证金为 21 万元(= 105 000 元×2 手)。

**表 2-16　股价指数类期权保证金计收方式**

**个别持仓**

| 持仓状况 | 保证金计收方式 | 备注 |
|---|---|---|
| 买进看涨期权 | 无 | |
| 买进看跌期权 | | |
| 卖出看涨期权 | 权利金市值 + Max(A 值 - 价外值,B 值) | 1. A 值及 B 值依期货交易所公告的标准计算<br>2. 看涨期权价外值:Max((执行价格 - 标的指数价格)×合约乘数,0)<br>3. 看跌期权价外值:Max((标的指数价格 - 执行价格)×合约乘数,0) |
| 卖出看跌期权 | | |

**价差组合持仓**

| 交易策略 | 持仓状况 | 保证金计收方式 | 备注 |
|---|---|---|---|
| 垂直价差 | 买进低履约价看涨期权,卖出高履约价看涨期权(看涨期权多头价差) | 无 | 买进持仓的到期日必须与卖出持仓的到期日相同,方可适用 |
| | 买进高履约价看跌期权,卖出低履约价看跌期权(看跌期权空头价差) | | |
| | 买进高履约价看涨期权,卖出低履约价看涨期权(看涨期权空头价差) | 买进与卖出持仓之履约价差×合约乘数 | |
| | 买进低履约价看跌期权,卖出高履约价看跌期权(看跌期权多头价差) | | |

(续表)

| 交易策略 | 持仓状况 | 保证金计收方式 | 备注 |
|---|---|---|---|
| 时间价差<br>（水平/对角价差） | 买进看涨期权，卖出看涨期权，履约价相同或不同，买进持仓到期日较远（看涨期权时间价差） | Max（同标的指数期货结算保证金×10%，2×权利金差价点数×合约乘数） | 买进持仓到期日较卖出持仓到期日近者，以单一持仓方式计收保证金 |
| | 买进看跌期权，卖出看跌期权，履约价相同或不同，买进持仓到期日较远（看跌期权时间价差） | | |

买权及卖权混合持仓

| 持仓状况 | 保证金计收方式 | 备注 |
|---|---|---|
| 买进看涨期权，买进看跌期权 | 无 | |
| 卖出看涨期权，卖出看跌期权 | Max（卖出看涨期权之保证金，卖出看跌期权之保证金）+保证金较少方的权利金市值 | 执行价格相同者为跨式持仓<br>执行价格不同者为勒式持仓 |

转换及逆转组合持仓

| 持仓状况 | 保证金计收方式 |
|---|---|
| 转换组合持仓：买进看跌期权，卖出看涨期权 | 买进持仓不需计收保证金<br>卖出持仓之保证金 = 权利金市值 + Max（A 值 − 价外值，B 值） |
| 逆转组合持仓：买进看涨期权，卖出看跌期权 | |

台股期货（TX）、小型台指期货（MTX）与台指期权（TXO）之组合持仓

| 持仓状况 | 保证金计收方式 | 备注 |
|---|---|---|
| 买进 TX（或 MTX），卖出看涨期权 | 期货保证金 + 期权之权利金市值 | 1. 一手 TX 可与一至四手 TXO 形成组合持仓<br>2. 一手 MTX 可与一手 TXO 形成组合持仓 |
| 卖出 TX（或 MTX），卖出看跌期权 | | |

电子期货（TE）与电子期权（TEO）、金融期货（TF）与金融期权（TFO）之组合持仓

| 持仓状况 | 保证金计收方式 | 备注 |
|---|---|---|
| 买进 TF（或 TE），卖出 TFO（或 TEO）看涨期权 | 期货保证金 + 期权之权利金市值 | 1. 一手 TE 可与一至四手 TEO 形成组合持仓<br>2. 一手 TF 可与一手 TFO 形成组合持仓 |

股票期权的序列（Series）众多，不同序列间有不同程度的风险互抵效果，因此保证金的收取需配合此特性。期交所归纳各类交易策略及组合持仓的风险状况，将依四大类持仓状况，确定其保证金计收方式（如表 2-17 所示），其中 $a$、$b$ 值将按期货交易所公告之数值计算。

### 表 2-17 股票期权保证金计收方式

**单一持仓**

| 持仓种类 | 保证金计收方式 |
|---|---|
| 买进看涨期权 | 无 |
| 买进看跌期权 | |
| 卖出看涨期权 | 权利金市值 + Max(标的证券价值 × a% − 价外值,标的证券价值 × b%) |
| 卖出看跌期权 | 权利金市值 + Max(标的证券价值 × a% − 价外值,执行价格 × 执行价格乘数 × b%)<br>标的证券公司因违反证券交易法、台湾证券交易所及柜台买卖中心业务章则等相关规定,致被处以停止买卖期间,其卖出卖权之保证金为:执行价格 × 执行价格乘数 |

**价差组合持仓**

| 持仓状况 | 保证金计收方式 | 备注 |
|---|---|---|
| 买进低履约价看涨期权,卖出高履约价看涨期权(看涨期权多头价差) | 无 | 约定标的物须相同<br>到期日远近必须符合下列规定方可适用:<br>1. 执行价格不同时:买进持仓之到期日必须与卖出持仓的到期日相同或较卖出持仓之到期日远,方可适用<br>2. 执行价格相同时,买进持仓之到期日必须较卖出持仓的到期日远,方可适用<br>3. 到期日远近非依前述持仓状况组合者,以单一持仓方式计算保证金 |
| 买进高履约价看跌期权,卖出低履约价看跌期权(看跌期权空头价差) | | |
| 买进看涨期权,卖出看涨期权,履约价相同,买进持仓到期日较远(看涨期权时间价差) | | |
| 买进看跌期权,卖出看跌期权,履约价相同,买进持仓到期日较远(看跌期权时间价差) | | |
| 买进高履约价看涨期权,卖出低履约价看涨期权(看涨期权空头价差) | 买进与卖出持仓之履约价差 × 执行价格乘数 | |
| 买进低履约价看跌期权,卖出高履约价看跌期权(看跌期权多头价差) | | |

**买权及卖权混合持仓**

| 持仓状况 | 保证金计收方式 | 备注 |
|---|---|---|
| 买进看涨期权,买进看跌期权 | 无 | |
| 卖出看涨期权,卖出看跌期权 | Max(卖出看涨期权之保证金,卖出看跌期权之保证金) + 保证金较少方之权利金市值 | 约定标的物须相同<br>执行价格相同者为跨式持仓<br>执行价格不同者为勒式持仓 |

**转换及逆转组合持仓**

| 持仓状况 | 保证金计收方式 |
|---|---|
| 转换组合持仓:买进看跌期权,卖出看涨期权 | 买进持仓不需计收保证金<br>卖出持仓之保证金依卖出看涨期权或卖出看跌期权的保证金计收方式计算 |
| 逆转组合持仓:买进看涨期权,卖出看跌期权 | |

### 例 2-2

假设某甲以 1.5 点权利金卖出一手执行价格 40 元的南亚股票期权看涨期权,目前南亚股价为 50 元,则应缴交的保证金计算如下(一手之标的股票为 2 000 股,一点权利金为 1 元):

权利金市值 = 1.5 × 2 000 = 3 000 元

价外值 = Max(40 × 2 000 - 50 × 2 000, 0) = 0

应缴交的原始保证金
= 3 000 + Max (50 × 2 000 × 15% - 0, 50 × 2 000 × 8%)
= 3 000 + 15 000 = 18 000 元

期货的买卖双方以及期权卖方皆负担义务(Obligation),必须缴交保证金。期货交易人以现金缴交保证金,而期权空方则视标的资产的持有而在保证金缴交方式上有所差异,以股票期权为例,买权卖方若以现金缴交保证金称为裸卖买权(Sell Naked Call),若以标的股票抵缴保证金则称为卖出保护性买权(Sell Covered Call),而卖权卖方仅能以现金缴交保证金。

**2. 整户保证金计收制度(SPAN)**

整户保证金计收制度的英文全名为 Standard Portfolio Analysis of Risk(标准投资组合风险分析),简称 SPAN,系芝加哥商业交易所于 1988 年发展的保证金计算系统,适用于期货、期权、股票及债券等商品,其特色在于将账户内所有持仓视为一投资组合,通过 16 种风险情境模拟衡量次日商品组合风险变动情况,依相关性分析及风险折抵等原则计算保证金,对于账户整体持仓风险衡量,尤其是对于期权合约而言,较现行以单一商品为基础并采用策略方式(即各类价差组合持仓及期权策略组合)计收保证金的制度更为精准。因此,实行 SPAN 有助于期货商提升对客户持仓风险控管效能,对交易人来说,相同风险下 SPAN 所需保证金较低,可享有较佳的资金运用效能。

SPAN 的计算原理系将商品分类,再以"商品组合"为单位进行情境分析,依下列步骤及公式计算出整户保证金:

整户保证金 = Max(经由情境分析计算出各商品组合之风险侦测值加总 + 各商品组合之跨月风险值 - 不同商品组合间之跨商品风险折抵值,卖出期权最低风险值) - 净期权价值。

(1)经由情境分析计算出各商品组合最大可能损失,称为风险侦测值。

(2)计算各商品组合的跨月风险值,该值为保证金加项。

(3)计算不同商品组合间的跨商品风险折抵值,该值为保证金减项。

(4)加总(1)—(3)的结果得到商品群的应收保证金,并将商品群的应收保证金与卖出期权最低风险值取较大者。

(5)将(4)计算的值减去净期权价值后,即得出账户应有结算保证金,其中净期权价值(此值可正可负)= 买入期权市值 - 卖出期权市值。

**3. 情境分析**

SPAN 系以价格侦测全距及波动度侦测全距作为区分情境的变量,以商品组合为单位,假设明天各种可能发生的状况,逐一分析计算于不同状况下的持仓损益变化。SPAN 计算保证金时所考虑的风险包括:标的指数的变化(行情涨跌)、标的指数波动性的变化(期权专用)、时间变化(期权专用)、不同到期月份合约(如6月与7月)间基差的变化、不同标的指数间(如 TX 与 TE)价格相关性的变化、实物交割(台湾市场不适用)以及极端市场状况(一开盘涨/跌停死锁……)等。SPAN 针对上述各类风险,通过参数予以量化,并以标的物价格为中心,将上涨与下跌之价格侦测全距各分为3个区间,每个区间再分成波动度增加与减少共12个情境,再加入"极端变动"与"价格不变"4个情境,总共16种情境选择,根据这16种风险情境中的最大损失值进行后续计算。表2-18 中两个主要风险参数值为价格侦测全距(Price Scanning Range, PSR)、波动度侦测全距(Volatility Scanning Range, VSR),PSR 在计算持仓次一交易日的最大可能损失,VSR 就是标的资产波动度。

常见的第 $T$ 日 PSR 公式:

$$\text{PSR}_T = 合约价值(T) \times [e^{R_{\max,T}} - 1]$$

$$R_{\max,T} = \text{Min}[涨跌幅上限, \text{Max}(\hat{R}_{30,T+1}, \hat{R}_{60,T+1}, \hat{R}_{90,T+1}, \hat{R}_{180,T+1})]$$

$$\hat{R}_{n,T+1} = \text{Max}\left[\bar{R} + t_{n-1,\alpha/2}\sqrt{1+\frac{1}{n}}, \bar{R} - t_{n-1,\alpha/2}\sqrt{1+\frac{1}{n}}\right)]$$

注:$t_{n-1}$ 是自由度 $n-1$ 的 $t$ 分布值,$\alpha$ 为信赖水平,台湾期货交易所的旧 $\alpha$ 为 99.7%,现行为 99%。

表2-18 SPAN 16 种情境选择

| 情境 | 叙述 | 风险值 | 情境 | 叙述 | 风险值 |
|---|---|---|---|---|---|
| \multicolumn{6}{c}{2009年7月31日实际资料计算卖出1手、到期月份为8月、履约价为7000的买权} |
| 1 | 价格不变 & 波动度增加 | 1 802 | 9 | 价格下跌 2/3 个价格侦测全距 & 波动度增加 | -3 004 |
| 2 | 价格不变 & 波动度减少 | -2 596 | 10 | 价格下跌 2/3 个价格侦测全距 & 波动度减少 | -6 962 |
| 3 | 价格上涨 1/3 个价格侦测全距 & 波动度增加 | 4 746 | 11 | 价格上涨 1 个价格侦测全距 & 波动度增加 | 11 654 |
| 4 | 价格上涨 1/3 个价格侦测全距 & 波动度减少 | 414 | 12 | 价格上涨 1 个价格侦测全距 & 波动度减少 | 7 945 |
| 5 | 价格下跌 1/3 个价格侦测全距 & 波动度增加 | -782 | 13 | 价格下跌 1 个价格侦测全距 & 波动度增加 | -4 870 |
| 6 | 价格下跌 1/3 个价格侦测全距 & 波动度减少 | -5 053 | 14 | 价格下跌 1 个价格侦测全距 & 波动度减少 | -8 366 |
| 7 | 价格上涨 2/3 个价格侦测全距 & 波动度增加 | 8 037 | 15 | 价格上涨 3 个价格侦测全距 & 波动度不变 | 12 080* |
| 8 | 价格上涨 2/3 个价格侦测全距 & 波动度减少 | 3 948 | 16 | 价格下跌 3 个价格侦测全距 & 波动度不变 | -3 374 |

# 金融工程：理论与实务

### 4. 跨月价差风险及跨商品价差折抵

完成情境分析后，SPAN 进一步计算跨月价差风险及跨商品价差折抵，在情境分析中，SPAN 假设相同标的不同月份合约的波动幅度，与标的指数的波动为完全相关，反向持仓风险可以完全互抵，即 SPAN 计算逻辑中，做多一手 8 月大台指期货及做空一手 9 月大台指期货，风险值视为零，有低估风险之虞，因此在 SPAN 的计算中要加回跨月风险值。换言之，跨月价差持仓风险值应属保证金的加项；反之，由于情境分析中 SPAN 假设不同标的指数商品组合的价格变动幅度系完全独立，故将各商品的风险值相加，即 SPAN 计算逻辑中，做多一手 9 月电子期货多单及做空一手 9 月大台指期货空单，风险值为两种商品组合风险值之和，有高估风险之虞，因此跨商品风险值在 SPAN 的计算中需减去不同商品组合间可以折抵的风险值，亦即跨商品价差折抵系属保证金的减项。

无论是跨月还是跨商品的计算，SPAN 在概念上都很类似现在期货价差组合持仓，只是更精细地估算每 1 手合约的 Delta 值，并以 Delta 值计算保证金折抵：

各合约 Delta 值 = 持仓数 × 复合 Delta 值 × Delta 调整因子，其中，期货合约的复合 Delta 值均为 1，例如买进 1 手 FITX，该持仓的 Delta 值 = 1（手）× 1 × 4 = 4；Delta 调整因子系以商品组合内商品间合约乘数确定，如台指期货合约乘数为小型台指期货的 4 倍，故前者调整因子为 4，后者为 1；期权合约的复合 Delta 值则通过统计模型方式计算而得。

### 5. 卖出期权最低风险值与净期权价值

完成情境分析与折抵计算之后，SPAN 尚须就期权卖出持仓进行分析，避免交易人大量卖出深价外期权却没有足够的保证金适应相对的风险。其中，卖出期权最低风险值（Short Option Minimum, SOM）= 每手卖出期权最低保证金 × 期权卖出手数（类似于期权 B 值）；净期权价值（此值可正可负）= 买入期权市值 − 卖出期权市值，正的净期权价值可作为保证金减项，反之则为保证金加项。

台湾期货市场实行的 SPAN 整户风险保证金计收制度，适用的对象包括结算会员、期货商及一般交易人。交易人若想实行整户风险保证金计收方式（SPAN），需要与期货商另行签订"交易人实行整户风险保证金计收方式（SPAN）约定书"，且约定书中应载明强制平仓的处理方式及委托下单时保证金的计收标准。

实行 SPAN 整户风险保证金计收制度不影响保证金提领作业及保证金入金速度；当冲交易委托及持仓则仍依现行各合约保证金的 50% 收取，不纳入 SPAN 计收，故采用 SPAN 整户风险保证金计收制度的交易人从事当冲交易作业及一般委托方式与采现行计收制度者计收保证金的方式相同。在保证金预缴制规定下，采用 SPAN 或策略计收保证金方式的交易人，其委托下单的保证金皆以现行策略基础计收，SPAN 仅用来计算已建立持仓的保证金，倘若交易人持仓可形成跨商品或跨月组合时，则于其中一边的持仓平仓或到期时，应留意可能面临保证金增加而必须追缴的情形。由于 SPAN 计算的交易保证金，系以风险互抵之逻辑对整体持仓进行估算，故不须再申报策略式组合持仓；在某些情况下，采用 SPAN 所计算的保证金会比策略保证金高，此系合理反映风险所致。

6. 结算机制

依"台湾期货交易法"第三章第四十六条规定,期货交易的结算,应由期货结算会员向期货结算机构办理。而依期交所业务规则第七十三条规定,参加期交所市场期货交易的结算交割业务者,应与本公司签订结算交割合约,取得结算会员资格。依业务规则第七十六条规定,结算会员应遵守期交所业务规则、结算交割合约、其他章则及公告的规定,并对期交所负有履约交割的义务及其有关责任等。此外,依业务规则第七十八条规定,结算会员受托从事期货结算交割业务,应与委托期货商订立受托办理结算交割合约。

### 五、期货市场财务安全防卫机制

台湾期货市场财务安全体系建构在台湾期货交易所的完整结算会员制度,由结算会员与期货交易所担负交割履约的责任。而担负此重任须有强大的财力作为后盾,资金的来源包括结算保证金、期交所提存的赔偿准备金、每一家结算会员缴存的交割结算基金,最后为结算会员的共同分担金额。分别说明如下:

(1) 结算保证金:结算会员依据其所拥有或代客户拥有的持仓缴交相对数额的保证金。而目前期交所对结算会员保证金收取,采用总额方式计算,即根据多头及空头持仓相加的总持仓来缴交保证金。

(2) 交割结算基金:结算会员缴交交割结算基金的数额如表2-19所示。

**表2-19　台湾期货市场之交割结算基金**

|  | 个别结算会员 | 一般结算会员 | 特别结算会员 |
| --- | --- | --- | --- |
| 首次提拨 | 按实收资本额或指拨专用营运资金的20%缴存,上限为新台币4 000万元 | | |
| 受托一期货商办理结算交割 | 不适用 | 缴存新台币300万 | |
| 委托期货商每增设一分支机构 | 缴存新台币100万元 | | |
| 每委任一介绍经纪商或交易辅助人每增设一分支机构 | 缴存新台币100万元 | | 不适用 |

(3) 赔偿准备金:期货交易所于开业前提拨新台币3亿元,开业后每季依结算、交割手续费收入的20%继续提存,期货交易所的赔偿准备金提存金额已达资本总额或指拨的专用营运资金,不需再继续提存。

(4) 结算会员的共同分担金额:当上述三种金额无法支应违约所造成的损失时,期货交易所得按每一结算会员的结算手数及未冲销持仓平均余额占所有结算会员的比例,要求未违约结算会员分担剩余的损失。

上述四种资金为违约发生时维持期货交易秩序及保证结算、交割顺利进行的重要后盾。

## 附录

### 一、股价指数期货合约规格

| 项目 | 台湾证券交易所股价指数期货 | 台湾证券交易所电子类股价指数期货 | 台湾证券交易所金融保险类股价指数期货 |
| --- | --- | --- | --- |
| 交易标的 | 台湾证券交易所发行量加权股价指数 | 台湾证券交易所电子类股价指数 | 台湾证券交易所金融保险类股价指数 |
| 中文简称 | 台股期货 | 电子期货 | 金融期货 |
| 英文代码 | TX | TE | TF |
| 上市日期 | 1998/7/21 | 2000/7/21 | 2000/7/21 |
| 交易时间 | 台湾证券交易所正常营业日上午8:45—下午1:45 | | |
| 合约价值 | 台股期货指数乘以新台币200元 | 电子期货指数乘以新台币4 000元 | 金融期货指数乘以新台币1 000元 |
| 合约到期交割月份 | 自交易当月起连续两个月份,另加上3月、6月、9月、12月中三个接续的季月,总共有五个月份的合约在市场交易 | | |
| 每日结算价 | 每日结算价原则上为当日收盘前1分钟内所有交易之成交量加权平均价,若无成交价,则依台湾期货交易所各期货合约交易规则确定 | | |
| 每日涨跌幅 | 最大涨跌幅限制为前一营业日结算价上下7% | | |
| 升降单位 | 指数1点（新台币200元） | 指数0.05点（新台币200元） | 指数0.2点（新台币200元） |
| 最后交易日 | 各合约的最后交易日为各该合约交割月份第三个星期三,其次一营业日为新合约的开始交易日 | | |
| 最后结算日 | 最后结算日同最后交易日 | | |
| 最后结算价 | 以最后结算日台湾证券交易所当日交易时间收盘前30分钟内所提供标的指数的简单算术平均价确定。其计算方式,由本公司另行确定 | | |
| 交割方式 | 以现金交割,交易人于最后结算日依最后结算价的差额,以净额进行现金之交付或收受 | | |
| 持仓限制 | TX持仓数+（MTX持仓数÷4） 合计：自然人:3 500手 法人:7 000手 | 自然人:500手 法人:1 000手 | 自然人:500手 法人:1 000手 |
| 保证金 | 期货商向交易人收取的交易保证金及保证金追缴标准,不得低于本公司公告的原始保证金及维持保证金水平 台湾期货交易所公告的原始保证金及维持保证金,以"台湾期货交易所结算保证金收取方式及标准"计算的结算保证金为基准,按本公司确定的成数加成计算 | | |

## 二、台指期权合约规格

| 项目 | 台湾证券交易所<br>股价指数期权 | 摩根士丹利资本国际公司<br>台湾股价指数期权 |
|---|---|---|
| 交易标的 | 台湾证券交易所<br>发行量加权股价指数 | 摩根士丹利资本国际公司<br>台湾股价指数 |
| 中文简称 | 台指期权<br>（台指买权、台指卖权） | MSCI 台指期权<br>（MSCI 台指买权、MSCI 台指卖权） |
| 英文代码 | TXO | MSO |
| 履约形态 | 欧式（仅能于到期日行使权利） ||
| 合约乘数 | 指数每点新台币 50 元 | 指数每点 20 美元 |
| 上市日期 | 2001/12/24 | 2006/3/27 |
| 到期月份 | 自交易当月起连续三个月份,另加上 3 月、6 月、9 月、12 月中两个接续的季月,总共有五个月份的合约在市场交易 ||
| 执行价格间距 | 履约价格未达 3 000 点:近月合约为 50 点,季月合约为 100 点<br>履约价格 3 000 点以上,未达 10 000 点:近月合约为 100 点,季月合约为 200 点<br>履约价格 10 000 点以上:近月合约为 200 点,季月合约为 400 点<br>执行价格未达 150 点:近月合约为 2.5 点,季月合约为 5 点<br>执行价格 150 点以上,未达 400 点:近月合约为 5 点,季月合约为 10 点<br>执行价格 400 点以上,未达 600 点:近月合约为 10 点,季月合约为 20 点<br>执行价格 600 点以上:近月合约为 20 点,季月合约为 40 点 ||
| 合约序列 | 新到期月份合约挂牌时,以前一营业日标的指数收盘价为基准,向下取最接近的执行价格间距倍数为执行价格推出一个序列,另以此执行价格为基准,依执行价格间距,交易月份起的三个连续近月合约,上下各推出五个不同执行价格的合约;接续的两个季月合约,上下各推出三个不同执行价格的合约。<br>合约存续期间,于到期日五个营业日之前,遇下列情形时,即推出新执行价格合约:<br>1. 当近月合约执行价格高于或低于当日标的指数收盘指数的合约不足五个时,于次一营业日依执行价格间距依序推出新执行价格合约,至执行价格高于或低于前一营业日标的指数收盘指数的合约达五个为止。<br>2. 当季月合约执行价格高于或低于当日标的指数收盘指数的合约不足三个时,于次一营业日即依执行价格间距依序推出新执行价格合约,至执行价格高于或低于前一营业日标的指数收盘指数的合约达三个为止。 ||
| 权利金<br>报价单位 | 报价未满 10 点:0.1 点(5 元)<br>报价 10 点以上,未满 50 点:0.5 点(25 元)<br>报价 50 点以上,未满 500 点:1 点(50 元)<br>报价 500 点以上,未满 1 000 点:5 点(250 元)<br>报价 1 000 点以上:10 点(500 元) | 报价未满 0.5 点:0.005 点(0.1 美元)<br>报价 0.5 点以上,未满 2.5 点:0.025 点(0.5 美元)<br>报价 2.5 点以上,未满 25 点:0.05 点(1 美元)<br>报价 25 点以上,未满 50 点:0.25 点(5 美元)<br>报价 50 点以上:0.50 点(10 美元) |
| 每日涨跌幅 | 权利金每日最大涨跌点数以前一营业日台湾证券交易所发行量加权股价指数收盘价的 7% 为限 | 权利金每日最大涨跌点数以前一交易日收盘的摩根斯坦利资本国际公司台湾股价指数的 7% 为限 |

(续表)

| 项目 | 台湾证券交易所<br>股价指数期权 | 摩根士丹利资本国际公司<br>台湾股价指数期权 |
|---|---|---|
| 持仓限制 | 交易人于任何时间持有本合约的同一方未了结持仓合计数,应符合下列规定:<br>1. 自然人 50 000 合约<br>2. 法人机构 100 000 合约<br>3. 法人机构基于避险需求可向本公司申请放宽持仓限制<br>4. 期货自营商及综合账户的持有持仓不在此限<br>所谓同一方未了结持仓,是指买进买权与卖出卖权的持仓合计数,或卖出买权与买进卖权的持仓合计数 | 1. 自然人 1 000 合约<br>2. 法人机构 2 000 合约 |
| 交易时间 | 台湾证券交易所正常营业日上午 8:45—下午 1:45 | |
| 最后交易日 | 各合约的最后交易日为各该合约交割月份第三个星期三 | |
| 到期日 | 同最后交易日 | |
| 最后结算价 | 以到期日台湾证券交易所当日交易时间收盘前 30 分钟内(MSCI 台指期权:英商路透股份有限公司)所提供标的指数的简单算术平均价确定。其计算方式,由本公司另行确定 | |
| 交割方式 | 符合台湾期货交易所公告范围的未冲销价内持仓,于到期日当天自动履约,以现金交付或收受执行价格与最后结算价的差额 | |

### 三、摩根台湾指数期货

| 交易标的 | 摩根台湾指数(MSCI Taiwan Index) |
|---|---|
| 代码 | TW |
| 合约价金 | 100 美元乘以指数 |
| 升降单位 | 0.1 点(=10 美元) |
| 交割月份 | 两个连续近月及四个季月(3、6、9、12 循环) |
| 每日涨跌幅 | 当涨跌幅达到前一日结算价上下 7% 后,10 分钟内仅能于上下 7% 之范围内交易,之后放大涨跌幅至 10%,若再触及此一限制,则 10 分钟内仅能于 10% 之范围内交易,之后则放大至当日最大涨跌幅到 15%<br>最后交易日无涨跌幅限制 |
| 最后交易日 | 到期月份最后第二个营业日 |
| 最后结算价 | 最后交易日收盘前 30 分钟标的指数的简单算术平均价 |
| 交割方式 | 现金交割 |

### 四、沪深 300 指数期货规格

| 合约标的 | 沪深 300 指数 |
|---|---|
| 合约乘数 | 每点 300 元 |
| 报价单位 | 指数点 |
| 最小变动价位 | 0.2 点 |
| 合约月份 | 当月、下月及随后两个季月 |
| 交易时间 | 上午:9:15—11:30,下午:13:00—15:15 |
| 最后交易日交易时间 | 上午:9:15—11:30,下午:13:00—15:00 |
| 每日价格最大波动限制 | 上一个交易日结算价的 ±10% |
| 最低交易保证金 | 合约价值的 12% |

(续表)

| 合约标的 | 沪深 300 指数 |
|---|---|
| 最后交易日 | 合约到期月份的第三个周五,遇国家法定假日顺延 |
| 最后结算价 | 最后交易日沪深 300 指数最后两小时之算术平均价(小数点后两位) |
| 交割日期 | 同最后交易日 |
| 交割方式 | 现金交割 |
| 交易代码 | IF |
| 上市交易所 | 中国金融期货交易所 |

### 五、S&P 500 股价指数期货

| 交易标的 | S&P 500 股价指数(由 Standard & Poor 公司编制,由资本额前 500 大的上市公司所组成) |
|---|---|
| 合约推出日期 | 1982 年 4 月 |
| 交易时间 芝加哥时间 | 8:30 AM 至 3:15 PM<br>GLOBEX2 之交易时间则为周一至周四,5:00PM 至次营业日 8:15 AM 及 3:30 PM 至 5:00 PM,周日及假日 5:00 PM 至次日 8:15 AM |
| 合约代码 | SP |
| 合约价金 | 250 美金乘以 S&P 股价指数 |
| 升降单位 | 0.1 点或美金 25 元 |
| 合约月份 | 3 月、6 月、9 月及 12 月 |
| 每日涨跌幅 | 90 点(GLOBEX2 则为上下 15 点),且交易随现货市场而终止 |
| 最后交易日 | 最后结算价决定之前一交易日 |
| 最后结算价 | 依据 S&P 股价指数的特别报价(special quotation)而定 |
| 交割 | 现金交割 |
| 投机持仓限制 | 所有月份之多空持仓不得超过 2 万个合约 |

### 六、KOSPI 200 指数期货与期权合约规格

|  | KOSPI 200 指数期货 | KOSPI 200 指数期权 |
|---|---|---|
| 标的指数 | KOSPI 200 指数 | KOSPI 200 指数 |
| 合约月份 | 四个连续季月 | 三个接续近月份,加上 3、6、9、12 季月循环中最靠近的一个月份 |
| 执行价格间距 | — | 近月合约:9 个执行价格(4 个价内、4 个价外、1 个价平),间距为 2.5 点<br>季月合约:5 个执行价格(2 个价内、2 个价外、1 个价平),间距为 5 点 |
| 履约形式 | — | 欧式 |
| 合约乘数 | 500 000 韩元 | 100 000 韩元 |
| 合约规模 | 500 000 韩元 × KOSPI 200 指数 | 100 000 韩元 × KOSPI 200 指数 |
| 最小价格变动 | 0.05 点(25 000 韩元) | 权利金小于 3 点:0.01 点<br>权利金等于或多于 3 点:0.05 点 |
| 每日价格变动限制 | 前日收盘价格的 10% | 无 |

(续表)

| 最后交易日 | 各交割月份的第二个星期四 |
|---|---|
| 起始交易日 | 最后交易日次一交易日 |
| 结算方式 | 现金结算 |
| 交易时间 | 09:00—15:15（周一至周五）<br>09:00—14:50（最后交易日） |
| 交易暂停机制 | 有 |

### 七、Dow Jones Euro STOXX 50 股价指数期货（FESX）

| 合约内容 | The Dow Jones Euro STOXX$^{sm}$ 50 index |
|---|---|
| 合约价值 | Dow Jones Euro STOXX$^{sm}$ 50 期货指数乘以 EUR 10 |
| 交割 | 现金交割 |
| 升降单位 | 指数 1 点（EUR 10） |
| 合约月份 | 三个季月（3、6、9 或 12 月季月循环） |
| 报价 | 期货指数之点数，无小数点 |
| 最后交易日 | 合约交割月份第三个星期五，如该日非交易日，则以该星期五之前一交易日为最后交易日。最后交易日到期合约月份交易时间至欧洲中央标准时间中午 12:00 止 |
| 每日结算价 | 当日最后一笔买入交易之价格。如上述价格已发生超过 15 分钟或显然无法反映实际市场状况，则由交易所决定当日结算价 |
| 最后结算价 | 于最后交易日欧洲中央标准时间中午 12:00 决定。以最后交易日上午 11:50 至中午 12:00 之间之交易为基础，计算其平均价，以作为最后结算价 |
| 交易时间 | 欧洲中央标准时间 8:50AM 至 5:30PM |

## 本章习题

1. 台湾的"期货交易法"于何时正式公布实施？
   （A）1992 年　　（B）1994 年　　（C）1996 年　　（D）1998 年

2. 请问台湾新种期货合约由哪个机构设计推出？
   （A）台湾期货交易所　　　　　（B）"中华民国"期货公会
   （C）期货经纪商　　　　　　　（D）期货顾问公司

3. 请问中国金融期货交易所的组织形态是什么？
   （A）公司制　　（B）会员制　　（C）混合制　　（D）无限公司制

4. 请问台指期权按每次交易权利金课征税率是多少？
   （A）千分之 1　　　　　　　　（B）千分之 0.1
   （C）百万分之 1.25　　　　　　（D）百万分之 0.125

5. 下列哪一个台湾期货交易所商品的最后交易日并不相同？
   （A）台股期货　　　　　　　　（B）电子期货
   （C）MSCI 台股期货　　　　　　（D）十年期公债期货

6. 下列哪一个台湾期货交易所商品采实物交割？
(A) 台湾 50 期货　　　　　　　　(B) 电子期权
(C) 股票期权　　　　　　　　　　(D) MSCI 台指期权

7. 在期货与期权交易中，哪一方不需缴保证金？
(A) 期货买方　　　　　　　　　　(B) 期货卖方
(C) 期权买方　　　　　　　　　　(D) 期权卖方

8. 计算期货交易未平仓持仓的盈亏，是采用那一个价格？
(A) 收盘价　　　　　　　　　　　(B) 结算价
(C) 当日最后一个成交价　　　　　(D) 以上皆是

9. 台湾各股价指数期货的保证金可以何种形式缴存？
(A) 现金　　　　　　　　　　　　(B) 现金、债券
(C) 现金、债券、定存单　　　　　(D) 现金、定存单、股票

10. 假设在 2005 年 11 月 28 日时，基金经理人手中所握有的股票投资组合市值为 3 亿元新台币，而且该投资组合的 $\beta$ 值为 1.5，该基金经理人看差未来一个月的股市行情，而想把投资组合的 $\beta$ 值调降为 1.2，若要使用台股期货避险，可使用的合约到期月份有：
(A) 11 月、12 月、1 月、2 月、3 月　　(B) 3 月、6 月、9 月、12 月
(C) 12 月、1 月、3 月、6 月、9 月　　　(D) 11 月、12 月、3 月、6 月、9 月

11. 下列风险性资产风险的排序哪个正确？
(A) 股票现股 <（股票现股 + 卖出买权）< 股票买权
(B) （股票现股 + 卖出买权）< 股票现股 < 股票买权
(C) 股票现股 < 股票买权 <（股票现股 + 卖出买权）
(D) 股票买权 <（股票现股 + 卖出买权）< 股票现股

12. 同一到期月份之期货合约交易日 $T=1$ 至 $T=5$ 的交易情形如下，请问 $T=5$ 时，未平仓合约量（Open Interests）以及交易者 B、C、D 的净持仓是多少？
$T=1$ 时交易者 A 买 2 手，交易者 B 空 2 手，撮合、成交量为 2 手；
$T=2$ 时交易者 C 买 5 手，交易者 D 空 5 手，撮合、成交量为 5 手；
$T=3$ 时交易者 A 空 2 手，交易者 D 买 2 手，撮合、成交量为 2 手；
$T=4$ 时交易者 C 空 2 手，交易者 E 买 2 手，撮合、成交量为 2 手；
$T=5$ 时交易者 C 空 1 手，交易者 F 买 1 手，撮合、成交量为 1 手。

13. 对于整户风险保证金计收方式（SPAN）的说明，以下哪个错误？
(A) 共有 16 种风险情境，以衡量次一日商品组合风险变动情况
(B) 以标的物价格不变为中心，上涨与下跌的价格侦测全距各分为 4 个情境
(C) 价格侦测全距涨跌的每个情境皆分成波动度增加与减少两种情境
(D) 选择这 16 种风险情境中的最大损失值作为结算保证金基础

14. 有关整户风险保证金计收方式（SPAN）的价格侦测全距参数，下列叙述哪个正确？
(A) 为衡量特定信赖区间内，次一交易日最大可能的价格变动风险
(B) 仅为衡量期货合约的价格风险变动

（C）仅为衡量期权合约的价格风险变动

（D）以上皆错

15．有关整户风险保证金计收方式（SPAN）的波动度侦测全距参数，下列哪个正确？

（A）为衡量波动度变动幅度的参数

（B）期货合约的价格风险，不受波动侦测全距影响

（C）主要用于衡量期权合约的价格风险

（D）以上皆对

16．整户风险保证金计收方式（SPAN）中，有关跨商品价差持仓，下列叙述哪个正确？

（A）为考虑不同商品合约的风险折抵

（B）不同商品须为反向持仓组合

（C）为保证金的减项

（D）以上皆对

17．整户风险保证金计收方式（SPAN），除风险侦测值外，下列何者为保证金需求的加项？

（A）跨月价差持仓风险值　　　　　（B）跨商品价差折抵值

（C）卖出期权最低风险值　　　　　（D）以上皆非

18．整户风险保证金计收方式（SPAN）中，有关跨月价差持仓，下列叙述哪个正确？

（A）为考虑不同到期月份合约的风险

（B）不同月份合约的持仓须为反向持仓

（C）为保证金之加项

（D）以上皆对

19．以下哪个错误？

（A）跨月价差风险值在整户风险保证金计收方式（SPAN）的计算式中是加项

（B）整户风险保证金计收方式（SPAN）假设相同标的不同月份合约的波动幅度，与标的指数之波动为完全相关，反向持仓风险可以完全互抵

（C）整户风险保证金计收方式（SPAN）计算逻辑中，做多一手8月大台指期货及做空一手9月大台指期货，风险值视为零

（D）跨月价差风险值在整户风险保证金计收方式（SPAN）的计算式中是减项

20．下列哪个错误？

（A）SPAN整户风险保证金计收制度是以情境模拟的方式计算保证金

（B）策略基础保证金计收制度是以单一商品为基础并采用策略方式计收保证金

（C）SPAN整户风险保证金计收制度不考虑买卖期权的权利金净市值

（D）在SPAN整户风险保证金计收制度中，期权是以复合Delta作为代表的Delta值

21．SPAN整户风险保证金计收制度可适用的对象是什么？

（A）结算会员　　　　　　　　　　（B）期货商

（C）一般交易人　　　　　　　　　（D）以上皆对

22．交易人若想实行整户风险保证金计收方式（SPAN），须留意事项，下列哪个错误？

（A）须和期货商另行签订"交易人实行整户风险保证金计收方式（SPAN）约定书"

(B) 倘交易人持仓可形成跨商品或跨月组合时，若其中一边的持仓平仓或到期时，仍不影响 SPAN 保证金计收的金额

(C) 交易人实行整户风险保证金计收方式（SPAN）约定书中须载明强制平仓的处理方式

(D) 交易人实行整户风险保证金计收方式（SPAN）约定书中须载明委托下单时保证金的计收标准

# 第三章 利率换算与现值

## 第一节 利率的种类与报价

### 一、利率的种类

每天从报纸上,我们常可看到各式各样的利率报价,例如银行存款利率、放款基准利率、商业本票利率、回购利率、新加坡银行间拆款利率、伦敦银行间拆款利率、债券到期收益率等。对于期货、期权或衍生性金融商品,较常用到的利率有三个:

1. 公债利率

公债为一国政府发行,以本国货币计价的债券。因政府发生违约的概率可以说是零,因此公债筹措资金所付的利率,常被用来作为无风险利率的指标。

2. 伦敦银行间拆款利率(LIBOR)

金融机构平日在资金持仓上,常有短期的多余资金或资金需求。此时有多余资金或有资金需求的双方,就会通过拆借市场来满足彼此间的需要。因国际大型金融机构拆借交易多在伦敦市场,故伦敦市场银行间的拆借利率,通常被当作金融机构短期资金成本的指标。金融机构彼此间的衍生性商品交易,也多以 LIBOR 利率作为指标。

3. 回购利率(Repurchase Agreement, Repo)

企业有资金需求时,可将手中持有的债券名义上卖给另一个交易者,并约定在一定的期间后缴付利息后买回债券。这种短期融通资金的交易称为回购交易,所约定的利率称为回购利率。

### 二、利率的报价方式

货币市场中名义数字看起来相等的利率,因报价方式的不同,造成实际的报酬不同。货币市场的利率报价方式可分为贴现率(Discount Rate)及一般存款利率(Add-on Rate)两种。使用贴现率的有商业本票利率(CP)、国库券利率、银行承兑汇票利率(BA)等,一般存款利率则如定存利率(CD)、回购利率(RP)等。在说明两种利率报价的差异之前,应该首先定义计算天数基础。大陆和台湾常用的计算天数是以 365 天作为基础,这与日本、英国、中国香港地区及大英国协前会员国等相同,但美国则以 360 天作为基础。为方便说明,本节计算天数以 360 天为基础说明两种利率报价。

1. 贴现率

贴现率的计算基础,在于债券的市价等于债券面额扣除利息,公式为:

$$P = F - F \times d \times \frac{n}{360}$$

$$= F\left(1 - \frac{nd}{360}\right) \tag{3-1}$$

其中 $P$ 为市价，$F$ 为面额（未来价格），$d$ 为贴现率，$n$ 为计息天数。

故

$$r = \frac{F - P}{F} \times \frac{360}{n}$$

**2. 一般存款利率**

一般存款利率就是常在市场上接触到的以单利计算的利率，公式为：

$$F = P + P \times R \times \frac{n}{360} = P\left(1 + \frac{nR}{360}\right) \tag{3-2}$$

其中 $P$ 为市价（现值），$F$ 为未来价格，$R$ 为一般存款利率，$n$ 为计息天数。

故

$$R = \frac{F - P}{P} \times \frac{360}{n}$$

然而，若要比较两种不同的利率报价，则要转换成同一基础来比较，通常是将贴现率换成一般存款利率，而转换的乘数即为债券等价收益率（Bond Equivalent Yield；BEY），其运算过程如下：

设转换后的一般存款利率为 $R'$，结合(3-1)式及(3-2)式：

$$P \times \left(1 + \frac{R' \times n}{360}\right) = F$$

$$\left(F - F \times d \times \frac{n}{360}\right)\left(1 + \frac{R' \times n}{360}\right) = F$$

则

$$R' = \frac{360d}{360 - nd}$$

或是将赚的利息设在分子，分母为成本，将贴现率直接转换：

$$R' = \frac{\text{贴现率}}{1 - \frac{\text{计息天数}}{360} \times \text{贴现率}} = \frac{360d}{360 - nd} \tag{3-3}$$

若贴现率的报价基础为 365 天，则要将(3-3)式再乘以 $\frac{365}{360}$，即 360 天报价基础的贴现率转成 365 天报价基础的一般存款利率（设为 $\tilde{y}$）为：

$$\tilde{y} = \frac{365}{360} R'$$

一般将 $\tilde{y}$ 称为债券等价收益率。

## 例 3-1

60 天期的 BA 贴现率为 4%，60 天期的 CD 利率为 4.05%，若有一位投资者想投资两者之一，则他应投资何者较为有利？

解：

$$R' = \frac{360 \times 0.04}{360 - 60 \times 0.04} = 4.027\% \quad < 4.05\%$$

故应投资60天期的CD。

## 第二节　利率的衡量

运用一般存款利率计算终值时,计息的方式常见的有一年计息一次(Compounding Once Per Annum, p.a)、半年计息一次(Semi-Annually Compounding, s.a)、每季计息一次(Quarterly Compounding, q.a)及连续复利(Continuously Compounding, c.c)等。举例如下:

若我们将1 000美元存入银行,在年利率为8%,一年计息一次的情况下,一年后我们可领回的金额是:

$$\$1\,000 \times (1 + 0.08) = \$1\,080$$

若半年计息一次,则半年后可将本利再投资,故一年后可领回的金额是:

$$\$1\,000 \times (1 + 0.04)^2 = \$1\,081.6$$

若每季计息一次,每季后本利再投资,则一年后可领回的金额是:

$$\$1\,000 \times \left(1 + \frac{0.08}{4}\right)^4 = \$1\,082.43$$

因此,当每年付息 $m$ 次时,一年后的本利和为:

$$\$1\,000 \times \left(1 + \frac{0.08}{m}\right)^m$$

接下来我们将计息的次数增加,假设在每天计息一次的情况下,则一年后可领回的金额是:

$$\$1\,000 \times \left(1 + \frac{0.08}{365}\right)^{365} = \$1\,083.28$$

若计息的期间很短,彷佛一年复利无限多次,则一年后可领回的金额是:

$$\lim_{m \to \infty} \$1\,000 \times \left(1 + \frac{0.08}{m}\right)^m = \$1\,000 e^{0.08} = \$1\,083.29$$

从上例我们可以得到两个结论:第一,在一年复利 $m$ 次下,年利率为 $R$ 时,本金1元在一年后的本利和会是 $\left(1 + \frac{R}{m}\right)^m$;第二,在连续复利之下,年利率为 $R$ 时,本金1元在一年后的本利和是 $e^R$。

实践中对投资客户说明利率的大小时,以每年计息一次(p.a)较清楚,但在计算衍生性商品等金融商品的利率时,以连续复利(c.c)较为方便。以下介绍三种计息方式间的转换。

1. 每年复利1次与每年复利 $m$ 次利率间的转换

假设 $R_m$ 是每年复利 $m$ 次的利率,$R_1$ 是每年复利1次的利率。在一年后本利和相同的情况下,则:

$$\left(1 + \frac{R_m}{m}\right)^m = 1 + R_1$$

故
$$R_1 = \left(1 + \frac{R_m}{m}\right)^m - 1$$

2. 每年复利 1 次与连续复利利率间的转换

假设 $R_c$ 是连续复利的利率,在一年后本利和相同的情况下,则:
$$e^{R_c} = 1 + R_1$$

故
$$R_1 = e^{R_c} - 1$$

3. 每年复利 $m$ 次与连续复利利率间的转换
$$e^{R_c t} = \left(1 + \frac{R_m}{m}\right)^{mt}$$

故
$$R_c = m\ln\left(1 + \frac{R_m}{m}\right)$$

或
$$R_m = m\left(e^{\frac{R_c}{m}} - 1\right)$$

**例 3-2**

假设一个贷款机构报价为年利率 8%,每季复利,则连续复利的利率是多少?

**解:**
$$R_c = 4 \times \ln\left(1 + \frac{0.08}{4}\right) = 7.92\%$$

**例 3-3**

请比较 10%(p.a)、10%(s.a)、10%(q.a)及 10%(c.c)四种不同计息方式下,哪种投资效率较大?

**解:** 都换成 p.a 的情况下:
$$10\%(\text{s.a}) = (1 + 0.05)^2 - 1 = 10.25\%(\text{p.a})$$
$$10\%(\text{q.a}) = \left(1 + \frac{0.1}{4}\right)^4 - 1 = 10.38\%(\text{p.a})$$
$$10\%(\text{c.c}) = e^{0.1} - 1 = 10.52\%(\text{p.a})$$

故 c.c > q.a > s.a > p.a,由此可知复利越多次,实质利率越大。

**例 3-4**

某银行推出两年期定存,利率为 2%,请问在以下各种复利条件下,计算一笔 100 000 美元的定存在两年后的终值是多少?(A)每年复利一次;(B)半年复利一次;(C)每季复利一次;(D)连续复利。

**解:**

(A) $\$100\,000 \times 1.02^2 = \$104\,040$

(B) $100\,000 \times 1.01^4 = \$104\,060$

(C) $100\,000 \times 1.005^8 = \$104\,071$

(D) $100\,000 \times e^{0.02 \times 2} = \$104\,081$

### 例 3-5

设在连续复利下,三个月的 LIBOR 利率为 5%,六个月的则为 5.5%。一 FRA 在 3 月底到 6 月底间,本金为 100 万美元,会收到以每季复利衡量的利率 7%,求 FRA 的价值。

**解**:远期利率在连续复利下为

$$e^{\frac{3}{12} \times 0.05} e^{\frac{3}{12} \times f} = e^{\frac{6}{12} \times 0.055}$$

$$f = 0.06$$

即远期利率在连续复利下为 6%。

$$f = 4(e^{\frac{0.06}{4}} - 1) = 6.0452\%$$

在每季复利下为 6.0452%。

故可得 FRA 的价值为

$$\$1\,000\,000 \times (0.07 - 0.060452) \times 0.25 \times e^{-0.055 \times 0.5} = \$2\,322$$

## 第三节 现 值

货币具有时间价值,今日的 1 元和一年后的 1 元价值并不相同。若甲想延迟原本需支付给乙的金额至一年后,甲势必支付比原金额多的金额,以作为补偿。故在乙要求的报酬率下,货币可以在不同时间点的角度,计算出现值或是终值。

由于财务决策常常和金钱的流入和流出有着密切相关,但在不同时期发生的现金,其价值并不相同,使得在运算和比较的过程基础并不一致,故应将时间所造成的差异加以调整,消除货币时间价值的差异,使其成为现值,以便于财务决策的运作。

若未来现金流量为等额定期的支付,称为年金(Annuity)。若每期现金流量皆发生在期末,可计算出年金终值与现值,其公式如下:

普通年金终值:

$$\text{FVA}_n = A \times (\text{FVAFA}_{r,n}) = A \times (1+r)^{n-1} + A \times (1+r)^{n-2} + \cdots + A \times (1+r)^0$$

$$= A \times \left[\frac{(1+r)^n - 1}{r}\right]$$

其中 $\text{FVAFA}_{r,n}$ 代表期间利率(Periodic Rate),为 $r$ 的 $n$ 期年金和的未来值。

普通年金现值:

$$\text{PVA}_n = A \times (\text{PVAFA}_{r,n}) = A \times (1+r)^{-1} + A \times (1+r)^{-2} + \cdots + A \times (1+r)^{-n}$$

$$= A \times \left[\frac{1 - (1+r)^{-n}}{r}\right]$$

若年金给付期限无穷大,则称为永续年金(Perpetuity),是为普通年金的一种特例。其公式为:

$$\text{PVA}_\infty = \frac{A}{r}$$

若 $\text{PVIFA}_{r,n}$ 代表利率为 $r$ 的 $n$ 期年金和的现值,则

$$\text{PVIFA}_{(r,\infty)} = \frac{1-(1+r)^{-\infty}}{r}$$

而因

$$\left[\frac{1}{(1+r)}\right]^\infty = 0$$

$$\text{PVIFA}_{(r,\infty)} = \frac{I}{r}$$

借由计算现值的方法,可以债券的价格为例,对现值作实际应用。在得知债券各期的预期现金流量,即每期的利息收入和到期时的面值,以及投资人要求的收益率后,可借此折现算出债券的价格。其公式如下:

$$P = \frac{C}{(1+r)^1} + \frac{C}{(1+r)^2} + \cdots + \frac{C}{(1+r)^n} + \frac{M}{(1+r)^n}$$

其中 $C$ 为票息付款;$r$ 为期间利率;$n$ 为期数;$M$ 为到期价值,通常等于本金加票息之和。

### 例 3-6

假定某债券还有 20 年到期,面值为 \$1 000,息票利率为 9%。若所需收益率为 12%,求其债券价格。

**解**:现金流量:共有 40 期 \$45 票息付款
第 40 期有面值 \$1 000

40 笔半年期票息付款现值为
$C = \$45$, $n = 40$, $i = 6\%$

$$\$45\left\{\frac{1-\left[\frac{1}{(1.06)^{40}}\right]}{0.06}\right\} = \$45\left\{\frac{1-\frac{1}{10.2857}}{0.06}\right\} = \$45 \times 15.0463 = \$677.08$$

面值的现值为

$M = \$1 000$
$n = 40$
$i = 0.06$

$$\$1 000 \times \left[\frac{1}{(1.06)^{40}}\right] = 1 000 \times \frac{1}{10.2857} = \$97.22$$

加总现金流量的现值即为债券价值

$$P = \$677.08 + \$97.22 = \$744.30$$

市场上短期融通常常使用隔夜拆款利率,如回购交易,其中回购票券常以公债作为

担保。比起理论上债券价值的间断方式计算,孳息速度更为快速。债券价格由于利滚利,每日都会产生不同的债券价格。故在实践中,常常以连续型的计算方式来求得债券的价格。以例 3-7 为例,将其以连续型方式计算,会得到一个不同的债券价格。

**例 3-7**

票息 $C = \$45$,距到期日有 20 年,市场利率 $i = 12\%$(c.c),面值 $M = \$1\,000$,半年付息一次,则此债券价格是多少?

**解**:票息现值为

$$\$45 \times e^{-0.06 \times 1} + \$45 \times e^{-0.06 \times 2} + \cdots + \$45 \times e^{-0.06 \times 39} + \$45 \times e^{-0.06 \times 40} = \$661.7073$$

面值的现值为

$$\$1\,000 \times e^{-0.06 \times 40} = \$90.7179$$

加总现金流量的现值即为债券价值

$$P = \$661.70 + \$90.72 = \$752.42$$

当要计算两个日期间所赚到的利息时,所使用的日数计算有规定,通常以 $X/Y$ 来表示,$X$ 定义为两个日期间的日数,$Y$ 定义为衡量参考期间的总日数,而在美国普遍使用的三种日数计算规定为:

(1) 实际/实际(期间内)
(2) 30/360
(3) 实际/360

美国公债使用实际/实际(期间内),美国公司债和州政府使用 30/360,而美国国库券和其他货币市场工具则用实际/360。以下以两例来说明:

**例 3-8**

设美国公债本金为 \$100,付息日为 3 月 1 日和 9 月 1 日,票面利率为 8%,求 3 月 1 日到 7 月 3 日期间所赚得的利息。

**解**:

参考期间从 3 月 1 日到 9 月 1 日,在此期间有 184(实际)天,在此期间所赚得的利息为 4 美元,在 3 月 1 日到 7 月 3 日间有 124(实际)天,故 3 月 1 日到 7 月 3 日期间可赚得利息

$$\frac{124}{184} \times \$4 = \$2.6957$$

**例 3-9**

承上题,若相同情形,改为公司债和政府债券,则在 3 月 1 日到 7 月 3 日期间,可赚得多少利息?

**解：**

由于公司债与政府债券采用 30/360，故从 3 月 1 日到 9 月 1 日期间的总天数为 180 天，而从 3 月 1 日到 7 月 3 日期间则有 $(30 \times 4) + 2 = 122$ 天，故 3 月 1 日到 7 月 3 日期间可赚得利息

$$\frac{122}{180} \times \$4 = \$2.7111$$

## ❓ 本章习题

1. 银行每年向你索取 10% 的年利率，每季复利一次。问若改为连续复利，则等价利率是多少？若改为每年复利一次，则等价利率又是多少？

2. 某投资者一年内收到 $1 000 的收益，其原投资金额为 $900，请计算在以下四种条件下的年报酬率：

(1) 每年复利一次

(2) 半年复利一次

(3) 每月复利一次

(4) 连续复利

3. 请问什么利率在连续复利下的值等同于年利率 10% 在每月复利下的值？

4. 某存款账户以每年支付 16%、连续复利的方式计息，但实际上是每季支付一次，若存款为 $20 000，每季要支付多少利息？

5. 今为 2001 年 3 月 5 日，公债是在 2009 年 7 月 10 日到期，票面利率为 11%，报价为 $95.5，其为半年付息，求面额 $100 000 债券的现金价是多少？

6. 若 91 天国库券的现金价为 $98，则其报价应是多少？

7. 假定某债券面值为 $1 000，息票利率为 10%。若所需收益率为 12% 且剩 10 年到期，求其债券价格？

第二篇

# 期权期货定价模型

第四章　期货定价理论
第五章　期货避险
第六章　期货交易策略
第七章　期权概论
第八章　期权定价
第九章　期权风险参数与避险
第十章　期权价格近似求解法

# 第四章 期货定价理论

## 第一节 衍生性商品的无套利定价原理

"无套利机会"的概念,是衍生性商品定价的基础。何谓套利机会?如果投资者可以利用适当的交易方式,不需投入资金(投入金额为零),在未来特定时间却可以获得正报酬,这一状况就称为套利机会。当价格相关性高的商品间产生套利机会时,市场交易者可以建构适当的交易策略(买进相对低价格商品,同时卖出相对高价格商品)。许多类似的交易方式促使套利机会消失,此时,交易者可以获利出场,商品价格也回复至公平价格。

上述市场机制为衍生性商品定价的基础,既然衍生性商品是由其标的现货"衍生"[①]而得,二者价格间将存在高度相关现象,依据无套利机会逻辑,可以推导出衍生性商品公平价格。图4-1可说明这一概念:

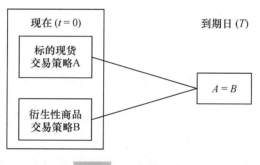

**图 4-1** 无套利机会

投资者经由适当的方式,现在($t=0$)建构标的现货交易($A$)与衍生性商品交易($B$),使得二者在到期日($t=T$)时,$A$与$B$的价值完全相等,试想,如果目前($t=0$)$A$与$B$的价格不相等,则投资者可以买进价格相对低者($A$或$B$),并同时卖出价格相对高者($B$或$A$),待到期日($t=T$),反向交易获取无风险报酬。在此状况下,唯有$A$与$B$现在($t=0$)价格相等才可避免套利机会,由此推导出衍生性商品相对于标的现货的公平价格。

## 第二节 期货与现货的价格关系

期货合约为其标的现货商品的衍生证券,二者价格受同样市场信息影响,因此,期货

---

[①] 衍生性商品的合约规格说明"衍生"方式,其中通常详述目标现货、合约价值、到期月份等。

和现货价格高度相关,也呈现同向移动的倾向。图 4-2 为沪深 300 近月期货与沪深 300 指数(现货)收盘价,明显可见高度相关性。

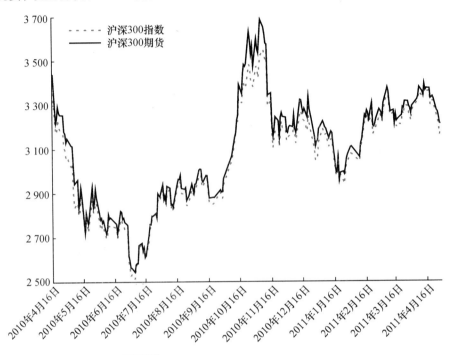

**图 4-2** 沪深 300 期货价格与指数现货

现货价格与期货价格的差距称为基差(Basis),表示如下:

$$基差 = 现货价格 - 期货价格$$

通常基差指现货价格与其最近月份期货合约(Nearby Contract)价格的差异。由于期货价格等于现货价格加上持有成本,持有成本为期货价格与现货价格的差异,此差额亦常被称为基差。倘若标的资产为储存所需要或不支付利息、股利者,持有成本通常为正数,使得期货价格高于现货价格,称为正向市场(Contango),此时基差为负值。但在逆向市场(Backwardation),期货价格会低于现货价格,此时基差为正值,亦称为逆转市场(Inverted Market)。这种情况通常在标的资产有较大便利收益或将支付较多红利的情况下才会出现。

图 4-3 显示了 2011 年 5 月到期的沪深 300 期货的基差。绝大部分时间,沪深 300 期货处于正向市场,期货价格高于现货,因此基差为负值。由图中可见,基差值变动的波动状况明显较为平缓,而现货或期货价格波动状况较剧烈,这反映了两市场同步联动的特性。此外,图 4-3 也显示了基差随到期日逼近而收敛的趋势,当期货愈接近到期日时,基差愈小;在到期日时,基差为零。此现象反应期货合约规格,当到期日时,期货即等于现货,故二者价格应当一致。

基差的变化会影响避险效果。对于持有期货多头持仓的避险者来说,基差变小对其有利,基差变大则对其不利。相反,对于持有期货空头持仓的避险者来说,基差变大对其有利,基差变小则对其不利。

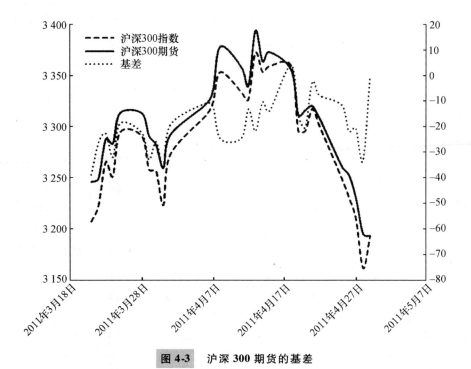

图4-3 沪深300期货的基差

### 例 4-1

以下为6月与8月的现货与期货价格,持有期货多头的避险者在避险期间基差值由 -10 转强为 -7,这将造成多头避险策略中期货合约获利部分,无法完全抵销 S&P 500 指数市场投资组合持有成本的增加额度。

|  | S&P 500 | S&P 500 指数期货 | 基差 |
|---|---|---|---|
| 6月 | 320 | 330 | -10 |
| 8月 | 325 | 332 | -7 |

在现货部分,S&P 500 指数市场投资组合持有成本增加 $(325-320) \times 500$ 元;而在期货部分,买进 S&P 500 指数期货合约仅获利 $(332-330) \times 500$ 元。两者的差距刚好是基差值在避险期间转强的幅度。详细情形如下表:

|  | S&P 500 | S&P 500 指数期货 |
|---|---|---|
| 6月 | 预期在8月有现金收入;<br>S&P 500 指数 = 320 | 买进 S&P 500 指数期货 |
| 8月 | 买进 S&P 500 指数市场投资组合;<br>S&P 500 指数 = 325 | 卖出 S&P 500 指数期货 |
|  | 持有成本增加:5×500 美元 | 获利:2×500 美元 |

在实务上也常利用两个不同市场的基差进行套利,以下通过例 4-2 简单说明利用台指与摩台指两市场基差变动进行套利的过程:

### 例 4-2

| 商品简称 | 成交价 | 涨跌 | 涨跌幅(%) | 期货－现货 $(F-S)$ | 基差比例 (%) |
|---|---|---|---|---|---|
| 台指 | 7 536.05 | 98.07 | 1.30% | | |
| 台指期货 | 7 506 | 114 | 1.54% | −29.95 | −0.40% |
| 摩台指 | 275.24 | 3.88 | 1.43% | | |
| 摩台指期货 | 273.5 | 4.5 | 1.67% | −1.74 | −0.63% |

实务上,在利用基差进行套利时,大多以期货价格扣除现货价格,来评估两者之间的差距,故由上表可知,此时台指期货价格与台指之差为 −29.95,摩台指期货价格与摩台指之差则为 −1.74,两者基差比例分别为 −0.40%(−29.95/7536.05)、−0.63% (−1.74/275.24)。

当台指的基差比例扣除摩台指基差比例之值大于零时,表示台指期货的 $(F-S)$ 未来会转弱,而摩台指期则会转强。此时应买进摩台指期货,同时放空台指期货,反之亦然。若以本题为例,此时台指与摩台指的基差比例相减可得 +0.23% [−0.40% − (−0.63%)],故应买进摩台指期货放空台指期货,当两市场基差比例逐渐收敛时,便可反向出清其持仓,获得套利利润。

Keynes(1930)与 Hicks(1939)两位经济学家,提出期货价格包含风险溢酬之观念。他们认为,如果套保者(Hedgers)持有期货空头持仓而投机者持有期货多头持仓,那么期货价格将会低于预期未来现货价格,此时称为逆向市场(Backwardation)。预期未来现货价格高于期货价格的部分即为风险溢酬。这是因为套保者希望借由卖出期货而得到避险保障,为了吸引市场上有意愿持有期货多头持仓的投机者,故将风险溢酬由套保者移转至期货投机者。反之,假若避险之套保者在标的资产为空头持仓而必须持有期货多头持仓,为了吸引投机者持有期货空头持仓,期货价格将会高于预期未来现货价格,投机者将可通过卖出期货以获得风险溢酬,此时称为正向市场(Contango)。

实际上,套保者既有可能要持有期货空头也有可能要持有期货多头,因此在现实世界中,期货价格与预期未来现货价格之间的关系,主要取决于标的物的系统性风险。如果标的物系统性风险为正,则期货价格通常低于预期未来现货价格,出现正常的逆向市场;相反,如果标的物系统性风险为负,则期货价格通常高于预期未来现货价格,出现正向市场。

值得注意的是,从以上分析可以看出,正向市场与逆向市场的概念既被用于描述期货价格与当前的现货价格之间的关系,还被用于描述期货价格与预期未来现货价格之间的关系,前者主要取决于持有成本,后者主要取决于风险溢酬。读者要注意区分。

## 第三节 持有成本模型

持有成本模型(Cost of Carry Model)是期货定价运用最广的公式,此模型借由评估现货与期货合理的价差,来决定期货的价格。根据持有成本模型,期货公平价格应等于现货的价格,加上持有标的现货至到期日所发生的一切成本(包括机会成本)。[①]

以下延用图 4-1 架构,说明无套利机会在持有成本模型中的应用。假设某投资人希望于 5 月 24 日(到期日)时拥有标的物,以下两种途径皆可达到该目的(见下表):

| | 交易 | 成本 |
|---|---|---|
| 方法 A | 现在以现货价格购买此物,并持有至 5 月 24 日($T$) | 现货价格 + 持有成本(利息、仓储、运输) |
| 方法 B | 买一个 5 月 24 日到期的期货合约 | 期货价格 |

其中方法 A 为标的现货交易策略,方法 B 为衍生性商品交易策略,A 和 B 两种方法皆可使投资人在 5 月 24 日拥有此现货标的物,但二者付出的成本却有所差异。选择 A 必须于当下付出一笔资金购买现货,并将货物妥善保存直到 5 月 24 日,付出的成本除了当时($t=0$)的买价以外,还要再加上时间 $t$ 至 $T$ 期间的"持有成本",包括资金积压的利息成本和仓储运输等费用。选择 B 唯一的成本,就是签约时承诺付出的期货价格,这笔成本并非签约时付出,而是到期(5 月 24 日)才给付,因此没有资金积压成本,亦无仓储费用。在到期日 5 月 24 日时,两种方法皆持有相同现货,因此,两种方法付出的总成本必须相当,否则将存在套利机会。例如,若方法 B 的成本较低,大家都会去购买期货,使得期货价格上涨,直到方法 B 的成本等于方法 A 的成本,最后的结果是两种选择的成本相当。依此架构,持有成本模型可以决定期货合约应有的公平价格,也就是:

方法 A 成本 = 方法 B 成本

期货价格 = 现货价格 + 持有成本

由上述公式可见,期货价格等于现货价格加上持有成本。由于现货价格可以在市场观察得到,持有成本遂成为期货定价的关键,接下来以数学符号表示期货定价公式。

推导持有成本模式常见的假设如下:

(1)期货和现货交易皆无交易成本;

(2)没有融券卖空的限制;

(3)卖空现货与期货的所得金额可以自由运用;

(4)投资人的放款与借款利率均为回购利率。

相关数学符号定义说明如下:

$S(0)$——现在(时间 $t=0$)标的现货价格;

$S(T)$——期货合约到期日(时间 $t=T$)标的现货价格;

---

[①] 在台湾股价期货之交易税率为 0.1%;30 天商业本票期货为 0.125%;10 年公债期货为 0.125%;而对选择权所课的交易税率为权利金的 1%。

$F(0,T)$——现在(时间 $t=0$)期货价格(到期日为 $T$);

$r$——期间$(0,T)$的融资利率(c.c. rate)。

前述方法 A 与方法 B 在不同时间点的现金流量可以表示如下:

| | 现金流量 | |
|---|---|---|
| | $t=0$ | $t=T$ |
| 方法 A: | | |
| 买入标的资产 | $-S(0)$ | $S(T)$ |
| 融资 | $+S(0)$ | $-S(0)e^{r \cdot T}$ |
| 方法 B: | | |
| 卖出期货 | 0 | $-S(T)+F(0,T)$ |
| 净现金流量 | 0 | $F(0,T)-S(0)e^{r \cdot T}$ |

由表中得知现在$(t=0)$净现金流量为 0,在无套利机会机制下,到期日$(t=T)$时,净现金流量也须为 0,可以得出下列结果

$$F(0,T) = S(0)e^{r \cdot T} \tag{4-1}$$

(4-1)式为在无套利机会假设成立时,股息为零的持有成本模型,此时的标的资产持有成本只有融资利率 $r$。

当标的资产有股息或利息时,期货合约定价须随标的资产的商品特性做适当调整。

1. 股价指数期货

股价指数期货的标的物为大盘指数,其净持有成本$(b)$为融资成本扣除现金股利率$(b=r-d)$。以台湾地区为例,大盘加权指数为台指期货合约的标的物,若投资人建构现货市场投资组合来仿真加权指数变动,则净持有成本为融资成本$(r)$减去现金股利率$(d)$,指数期货持有成本模式可写为

$$F(0,T) = S(0)e^{(r-d)(T-t)}$$

**例 4-3**

假设目前台股指数为 7 800 点,融资成本$(r)$为 2.5%,预期市场现金股利率$(d)$为 1.5%,则尚有 90 天到期的台指期货应有公平价格是多少?

**解:**

$$7\,800 \times e^{\left[(2.5\% - 1.5\%) \times \left(\frac{90}{365}\right)\right]} = 7\,819.25$$

2. 外汇期货

外汇期货现货标的物为外币,其净持有成本$(b)$为融资成本扣除持有外币产生的存款利率$(b=r-r_f)$。持有成本模式可写为

$$F(t,T) = S(t)e^{(r-r_f)(T-t)}$$

3. 商品期货

商品期货现货标的为实质商品,如黄金、白银、石油、小麦等,其净持有成本$(b)$,为融

资成本加上仓储成本后,再扣除潜在的方便收益(Convenience Yield, CY)①,亦即

$$b = r + SC - CY$$

特别地,消费商品,如大豆、原油,存在不可替代的方便性,所具有的潜在利益即为方便收益。方便收益在现货市场存货低于某水平时便会产生,在标的现货严重不足或市场预估标的资产未来产量会严重不足时,方便收益都会飙高,使净持有成本为负值。商品期货之持有成本模式可写为

$$F(t,T) = S(t)e^{(r+SC-CY)(T-t)}$$

### 例 4-4

假设西德州原油的现货价格为每桶 58 美元,仓储成本率为 2.5%(已包括仓储、运输、保险等成本),融资成本率为 6%,方便收益率为 1.5%,则依据持有成本模式计算的 1 年后到期的 NYMEX 西德州原油期货公平价格是多少?

**解:**

$$58 \times e^{(2.5\% + 6\% - 1.5\%)} = 62.205$$

由于方便收益的存在,使我们在商品期货的实践中仍可观察到现货价格高于期货价格的现象,亦即存在着负的持有成本。假设某商品期货的标的资产出现短缺,可能因该标的资产的需求高于供给,使得现货价格大幅上涨,投资人不愿意再储存此标的资产。倘若此供需呈现极端不平衡,则期货价格可能低于现货价格,即产生逆向市场。以每年 9 月到 10 月收割的黄豆为例,需待黄豆提炼出黄豆油后方能制造成黄豆粉,因此在收割前的黄豆多半处于供给短缺状态,黄豆粉、黄豆油等相关制品价格会较高。若交易商买入黄豆粉储存,等到黄豆收割后再销售并不明智。因为未来价格将会下跌,故应尽速卖掉黄豆相关制品,以避免产生储存成本。

## 第四节 持有成本的套利策略

### 一、基本原理

期货合约套利交易原理,在于利用期货价格相对于标的现货价格发生不正常的偏离。投资者可以建构买进相对高价者、卖出相对低价者的策略,来获取套利机会。由持有成本模式可知,期货公平价格(模型价格)可经现货价格与持有成本推导出,如果期货市场价格偏离模型价格,且偏离幅度超过策略交易成本,就会产生套利机会。

上述基本原理进一步说明如下。由持有成本模式,可知期货模型价格($\hat{F}$)为

---

① 标的资产为石油、小麦等消费商品,持有该标的商品具有或有收益,此或有收益在市场存货低时明显,存货充沛时为零。例如,面粉制造商以小麦为原料,储存小麦以备不时之需的便利性,当小麦市场之存货水平远低于或预期会远低于安全存量时,CY 会变得很大,此时小麦现货市价会远高于期货价格。

$$\hat{F} = S + 持有成本$$

表示经由上式右边交易方式(买进现货支付持有成本),投资人等于持有上式右边的模型期货合约。如果当时期货市场价格($F$)偏离期货模型价格($\hat{F}$),即

$$|F - \hat{F}| > 交易成本$$

且该幅度高于建构套利策略交易成本,则套利机会存在。持有套利策略期间,$|F-\hat{F}|$有可能维持甚至扩大偏离幅度,因此发生每日结算损失,然而基差值随到期日收敛现象,证明该策略持至到期日存在套利利润。

## 二、无套利区间

根据上述原理与持有成本模式,可明确描述出不存在套利机会的期货价格变化区间。当无套利机会存在时,应是下列关系:

$$|F - \hat{F}| < 交易成本(tc)$$
$$\Rightarrow -tc < F - \hat{F} < tc$$
$$\hat{F} - tc < F < \hat{F} + tc \tag{4-3}$$

代入持有成本模式表示为

$$S(0)e^{bT} - tc < F < S(0)e^{bT} + tc \tag{4-4}$$

其中 $b$ 为净持有成本,$T$ 为到期日。

## 三、套利与准套利

假设标的资产为金融资产,若当时期货市场价格($F$)高于期货模型价格($\hat{F}$),亦即 $F > \hat{F}$,由于期货模型价格为现货价格加上持有成本,此时市场将出现套利者通过"买入现货、卖出期货"进行套利,产生超额套利利润,套利活动的不断进行,将会促使期货市场价格下跌,直到 $F = \hat{F}$,超额套利利润消失。

假设当时期货市场价格($F$)低于期货模型价格($\hat{F}$),即 $F < \hat{F}$,市场的套利者会通过"卖出现货、买入期货"进行套利,倘若套利者已拥有标的资产,此时并不需支付持有成本,更可以用卖现货所得金额赚取利息收入,套利行为将使现货价格下跌、期货市场价格上涨,直到超额套利利润消失为止,此种交易称为准套利(Quasi Arbitrage)。若标的资产的现货价格相当高时,投资人可买入被低估的期货,但若现货持有者不愿意卖出,则市场上进行准套利的数量可能不足以使期货价格回升至合理的期货模型价格,则会产生逆向市场。

## 四、套利策略的执行

实际执行套利策略包括:(1)侦测套利机会;(2)执行套利交易。依据(4-4)式与市场交易成本,估算出期货价格无套利机会区间,由此侦测市场是否存在套利机会。若侦测到套利机会,应即刻执行,套利交易的执行通常可分为下列三个步骤:

1. 建构现货投资组合

如果现货标的物为实体有价资产或证券,可以直接买卖建构现货投资组合。以指数

为标的现货的指数期货较为特别,现货指数仅是人为计算的一个数字,并非实体有价资产或证券,故无法买卖。要交易现货指数,可以根据指数的计算方法,按其比重选择个别成份股来交易。这样的一篮子投资组合,称为指数现货组合。建构现货投资组合的目的,在于以此可交易的投资组合来代替不可交易的现货指数,因此投资组合的报酬率,要能尽量追踪现货指数的报酬。现货投资组合未能100%追踪指数的报酬的部分,称为追踪误差(Tracking Error)。

2. 决定套利规模及交易股数

套利规模指每次套利时交易的总值,通常以期货手数为单位。套利规模可视价格偏离程度以及市场交易量大小来调整。套利规模太小,获利有限;规模太大,则套利交易本身会撼动市场价格,使套利利润缩小,甚至消失。原则上,当价格偏离越大,以及市场流通性越佳时,皆可投入较大的套利规模。

3. 套利交易

执行套利的交易,原则上就是根据先前的估算,买进相对低估的一方,并同时卖出相对高估的一方。

## 第五节 股票期货

### 一、全球股票期货发展概况

股票期货由于具有成本低廉、操作灵活及更具效率等特性,2000年后快速成长,成为发展中国家交易所的明星商品。全球最早发行的五个交易所为澳大利亚悉尼期货交易所(SFE)、匈牙利布达佩斯证券交易所(BSE)、荷兰阿姆斯特丹证券交易所(ASE)、香港交易所(HKEx)及瑞典斯德哥尔摩交易所(OM)。全球目前发达国家的传统交易所及新兴市场的交易所中已有超过22个交易所推出了股票期货,新兴市场中南非、印度及俄罗斯等推出了股票期货,发达国家和地区如德国、美国、西班牙、英国、瑞典、意大利、中国香港地区等亦推出了股票期货。2008年全球股票期货总成交量为11.5亿手,年增长率约60%;南非交易所、印度国家证券交易所及欧洲期货交易所Eurex,其股票期货交易量分别为全球第一大、第二大及第三大,股票期货的主要交易所如表4-1所示。

**表4-1 股票期货的主要交易所**

| 交易所 | 所属国家(地区) | 发达市场 | 新兴市场 |
| --- | --- | --- | --- |
| SAFEX | 南非 | | |
| NSE | 印度 | | |
| EUREX | 德国 | | |
| EURONEXT-Liffe | 英国、葡萄牙 | | |
| RTS | 俄罗斯 | | |
| MEFF | 西班牙 | | |
| EDX | 英国 | | |
| OM | 瑞典 | | |

（续表）

| 交易所 | 所属国家（地区） | 发达市场 | 新兴市场 |
| --- | --- | --- | --- |
| KRX | 韩国 | | |
| IDEM | 意大利 | | |
| ADEX | 希腊 | | |
| ONEC | 美国 | | |
| OB | 挪威 | | |
| BSE | 匈牙利 | | |
| WSE | 波兰 | | |
| HKEX | 中国香港地区 | | |
| WB | 奥地利 | | |
| SEM | 印度 | | |
| TFEX | 泰国 | | |
| MEXDER | 墨西哥 | | |
| ASX | 澳大利亚 | | |

印度国家证券交易所于2001年11月推出股票期货，2008年交易量超过2.3亿手，全球排名第二，与台湾期货交易所同样采取现金结算，背景主因之一为避免因借券制度不发达、不易借得标的股票与借券成本过高所造成的实物交割不便的问题，同时也较易吸引散户加入，有利于散户为主的股市，有利于投资人进行股票期货与股票期权之交易策略的运用。此外，欧洲期货交易所 Eurex 于2001年秋末推出股票期货，也是以现金结算为主要结算方式，背景主因之一是为了使国际投资人能免去有关现股实物交割的不方便。

## 二、台湾股票期货

中国台湾期货交易所于2010年1月正式宣告第一波上市的34只股票期货，标的股票涵盖传产、电子及金融股，每手对应2张标的股票，采取现金结算，最后结算价为最后结算日（第三个星期三）股票市场当日交易时间收盘前60分钟内，标的证券的算术平均价。标的为单一股票，对投资人而言，可使原来需要通过股票期权才可形成的远期股票交易策略（买进一手股票买权并卖出一手股票卖权），改为买进一手股票期货的多头持仓，降低投资成本。交易人可依自身需求选择股票期货或股票期权作为避险途径，甚至通过股票期货及期权进行跨商品策略交易。

台湾期货交易所股票期货合约的规格说明如表4-2所示。

表 4-2 台湾股票期货合约规格

| 项目 | 内容 |
|---|---|
| 交易标的 | • 于台湾证券交易所上市的普通股股票 |
| 中文名称 | • 股票期货 |
| 英文代码 | • 各标的证券依序以英文代码表示 |
| 交易时间 | • 本合约的交易日与台湾证券交易所交易日相同<br>• 台湾证券交易所正常营业日上午 8:45—下午 1:45<br>• 到期月份合约最后交易日的交易时间为上午 8:45—下午 1:30 |
| 合约单位 | • 2 000 股标的证券(但依规定为合约调整者,不在此限) |
| 合约到期交割月份 | • 自交易当月起连续两个月份,另加上 3 月、6 月、9 月、12 月中三个接续的季月,总共有五个月份的合约在市场交易 |
| 每日结算价 | • 每日结算价原则上采当日收盘前 1 分钟内所有交易的成交量加权平均价,若无成交价时,则依台湾期货交易所《股票期货合约交易规则》确定 |
| 每日涨跌幅 | • 最大涨跌幅限制为前一营业日结算价上下 7%(但依规定为合约调整者,另确定) |
| 最小升降单位 | • 价格未满 10 元者:0.01 元;<br>• 10 元至未满 50 元者:0.05 元;<br>• 50 元至未满 100 元者:0.1 元;<br>• 100 元至未满 500 元者:0.5 元;<br>• 500 元至未满 1 000 元者:1 元;<br>• 1 000 元以上者:5 元。 |
| 最后交易日 | • 最后交易日为各该合约交割月份第三个星期三,其次一营业日为新合约的开始交易日 |
| 最后结算日 | • 最后结算日同最后交易日 |
| 最后结算价 | • 股票期货合约的最后结算价,以最后结算日证券市场当日交易时间收盘前 60 分钟内标的证券之算术平均价订<br>• 前项算术平均价的计算方式,由台湾期货交易所另订 |
| 交割方式 | • 以现金交割,交易人于最后结算日依最后结算价的差额,以净额进行现金的交付或收受 |
| 持仓限制 | • 交易人于任何时间持有同一标的证券期货合约同一方向未了结持仓总和,除台湾期货交易所另有规定外,不得逾台湾期货交易所公告的限制标准<br>• 同一标的证券的股票期货及股票期权未了结持仓总股数于任一交易日收盘后逾该标的证券在外流通股数 15%,除另有规定外,台湾期货交易所得自次一交易日起限制该股票期货交易以了结持仓为限<br>• 前项比例低于 12% 时,台湾期货交易所得于次一交易日起解除限制 |
| 保证金 | • 期货商向交易人收取的交易保证金及保证金追缴标准,不得低于台湾期货交易所公告的原始保证金及维持保证金水平<br>• 台湾期货交易所公告的原始保证金及维持保证金,以"台湾期货交易所股份有限公司结算保证金收取方式及标准"计算的结算保证金为基准,按台湾期货交易所确定之成数计算 |

资料来源:台湾期货交易所。

台湾股票期货交易分为一般委托及组合式委托(Combination orders),前者指单纯买进或卖出单一月份的期货合约委托,后者则为同时买进且卖出不同交割月份合约的复合式交易委托,即跨月价差委托。

关于跨月价差委托,其委托价格为较远月份价格减较近月份价格的价差,故可能为正数或负数。买卖分别以较远月份合约为基准,亦即买进跨月价差委托为买进较远月份合约同时卖出较近月份合约的组合式委托,卖出跨月价差委托为卖出较远月份合约同时买进较近月份合约的组合式委托。

跨月价差委托的操作时机有两种:一种为当看好两月份价差将扩大时,则买进跨月价差,认为两月份价差将缩小时,则卖出跨月价差;另一种为避险转仓之用,以控制转仓的期货价差成本,当靠近股票期货到期日时,则卖出跨月价差委托,当到期后,属于卖出跨月价差的当月股票期货多持仓会抵消原持有的当月股票期货空持仓,只留下次月股票期货空持仓。换言之,由于期货不同于股票,具有到期日之限制,若近月合约到期后,交易人仍欲持有避险之期货持仓,可于近月合约到期前3—5天,利用跨月价差委托单执行转仓,将近月份平仓的同时,建立下一月份同方向之持仓部位,不必分平仓近月份与放空次月份两张委托单执行,如此以锁住转仓价差成本,以降低转仓市场风险。

### 例 4-5

2月25日以价格97元融券放空A公司股票10张,3月17股票上涨至120元,A公司3月份期货于3月17日到期,且买进价格为96元,如何以股票期货避险?其损益是多少?

**解:**

融券放空A公司股票可得款项为

$$10 \text{ 张} \times 97 \text{ 元} \times 1\,000 \text{ 股} = 970\,000 \text{ 元}$$

买进A公司3月份股价期货5手,买进合约价值为

$$96 \text{ 元} \times 2\,000 \text{ 股} \times 5 \text{ 手} = 960\,000 \text{ 元}$$

3月17日期货到期,可获利

$$(120 - 96) \text{ 元} \times 2\,000 \text{ 股} \times 5 \text{ 手} = 240\,000 \text{ 元}$$

总损益为期货获益加上融券损益

$$240\,000 \text{ 元} + (970\,000 \text{ 元} - 1\,200\,000 \text{ 元}) = 240\,000 \text{ 元} - 230\,000 \text{ 元} = 10\,000 \text{ 元}$$

通过买进期货避险,可降低融券损失。

### 例 4-6

设一个月后,两相邻月份友达股票期货的价差由原来的 \$5 放大至 \$10,则做多价差交易可获利多少?

**解:**

采取多头价差交易,$+F_{0,T_2} - F_{0,T_1}$

原先 $F_{0,T_1}$ 为 \$30,$F_{0,T_2}$ 为 \$35,有正价差 \$5,预测价差将扩大为 \$10,

(1) 若跌

$F_{0,T_2}$ 由 \$35 一个月后跌至 \$32,赔 \$3;

$F_{0,T_1}$ 由 \$30 一个月后跌至 \$22,赚 \$8。
→共赚得 \$5。
(2) 若涨
$F_{0,T_2}$ 由 \$35 一个月后涨至 \$42,赚 \$7;
$F_{0,T_1}$ 由 \$30 一个月后涨至 \$32,赔 \$2。
→共赚得 \$5。

可知无论涨或跌,皆有 \$5 的利得。此为价差交易策略的市场中性(market-neutral,或称 delta neutral),只要对该价差的走向判断正确,则无论股票涨跌,做多此价差交易策略都可获利。

### 例 4-7

张三持有台积电股票,已放空 8 月份台积电股票期货避险,在 8 月份合约到期前数日,想以台积电股票期货的 \$1.5 跨月价差委托转仓继续持有期货避险持仓,该如何做?

**解:**

放空 2010 年 9 月对 8 月的跨月价差交易,跨月价差委托的委托价格为"较远月份减去较近月份",任何 2010 年 9 月与 8 月期货合约市场价格差异为 \$1.5,都有可能成为撮合的组合。设 9 月期货委托价为 \$61.5,8 月委托价为 \$60.0,符合价差委托价格 \$1.5(\$61.5 减去 \$60.0)。

## ❓ 本章习题

1. 有一六个月期的远期合约,标的物为无股利支付的股票,其价格为 \$40,无风险利率为连续复利,每年 10%,求远期合约的价值。

2. 目前股价指数为 7 700,无风险利率每年为 8%(连续复利),其每年股利率为 3%,求四个月期的期货价格应为多少?

3. 有一年期的远期合约,其标的物为无股利支付的股票,当前股票价格为 \$40,无风险利率为每年 5%(连续复利)。请问:

(1) 远期价格是多少?此远期合约的原始价值是多少?

(2) 若六个月后股价为 \$45,但无风险利率仍为 5%,则远期价格又是多少?而远期合约的价值又是多少?

4. 若预期金融期货与金融指数正价差情况将大幅度变小,投资人可以采取下列何种套利策略?

(A) 买入金融期货,并依权重融券放空一定张数的金融指数成份股票

(B) 卖出金融期货,并依权重融券放空一定张数的金融指数成份股票

(C) 卖出金融期货,并依权重买入一定张数的金融指数成份股票

（D）买入金融期货，并依权重买入一定张数的金融指数成份股票

5. 下列哪个不是套利交易？

（A）同时买进现货和期货

（B）放空期货并买进现货

（C）买进期货并放空现货

（D）卖出现货并放空期货

6. 若无风险利率为每年8%（连续复利下），股价指数的股利收益率在这一年持续变动，在2月、5月、8月和11月股利收益率为每年4%，在其他月份中，股利收益率为每年2%，假设在2010年7月31日指数价值为8 000，请问交割日为2010年12月31日的期货价格是多少？

7. 若无风险利率为每年8%（连续复利下），而股票指数的股利收益率为每年4%，指数为8 000，且三个月期的期货合约价格为\$8 045，请问在这样的情况下，会创造出怎样的套利机会？

**以下五题为题组**

8. 假设投资人林君以\$100买证券A一股，一年后证券价格可能成为\$160或\$80，视经济情况而定；此外，林君可以\$b买证券B一股，一年后证券B价格可能成为\$130或\$70，视经济情况而定。假设无风险利率 $r = 10\%$ p. a.，$\exp(0.10) = 1.1052$，$\exp(-0.10) = 0.9048$，依据财务理论的单一价格法则，\$b之最大数值可为多少？否则将产生套利机会。

（A）80.96　　（B）85.96　　（C）95.96　　（D）90.96

9. 若\$b=98，则投资人李君可通过放空证券B及融资借款，凑足\$100买入证券A，赚取的套利利润至少是多少？

（A）5.79　　（B）6.79　　（C）7.79　　（D）8.79

10. 今有证券C价格为\$c，其一年后证券价格可能成为\$160或\$70，请问\$c应满足：

（A）\$c>100　　（B）\$c<100　　（C）不一定　　（D）以上皆非

11. \$c与\$b之关系应为：

（A）\$c>\$b　　（B）\$c<\$b　　（C）不一定　　（D）以上皆非

12. 今有证券D价格为\$d，其一年后证券价格可能成为\$120或\$60，请问\$d应满足：

（A）\$d>\$b　　（B）\$c<\$d　　（C）\$d=80　　（D）以上皆是

13. 请解释方便收益率（convenience yield）和持有成本（cost of carry）的意义。并解释期货价格、现货价格、方便收益率和持有成本之间的关系。

14. 请问股价指数的期货价格应大于还是小于指数的预期价格？请加以解释。

15. 请简述持有成本模式，针对不同标的资产特性应如何进行适当调整。

16. 瑞士和美国两个月期的年利率分别为3%和8%，皆为连续复利。瑞士法郎的现货价格为\$0.6500，两个月期的期货价格为\$0.6600。请问这种情况下有怎样的套利机会？

17. 目前银的价格为每盎司 $9，仓储成本为每盎司 $0.32，每年预付一季。假设对所有到期合约的年利率为 12%，求 9 个月期的银期货价格。

18. 2010 年 7 月时 A 股票价格为 $90，当时三个月利率为 2%，而此时三个月到期的 A 股票期货交易价格为 $90.5，在 10 月份时 A 股票价格上涨至 $104，则投资者利用合成 A 股票可提供的价值是多少？

19. 目前台指现货点数为 7 900，回购利率为 5%，而年股利率为 2%，9 月份期货合为于 9 月 15 日到期，而 10 月份期货合约则在 10 月 13 日到期。求 9 月和 10 月到期合约的理论价差。

20. 9 月 1 日现货价格为 7 000，9 月 16 日到期的 9 月份台指期货价格为 7 200，10 月 15 日到期的 10 月份期货价格为 7 400，无现金股利，回购利率为 5%，如何利用价差来套利？套利利润是多少？

21. 已知相关市场数据如下：

**市场数据**

| S&P 500 指数 | 220 |
| --- | --- |
| 国库券（T-Bill）收益率 | 9% |
| 股利分派（点数） | 2.2 |
| $(t,T)$ 期间长度 | 95 天 |

S&P 500 指数期货市场交易价格为 225，若采正向买进套利策略，其套利利润是多少？若一年期面值 100 万元零息债券的价格为 95 万元，求准套利利润是多少？

22. 请简述套利与准套利的差异。

# 第五章 期货避险

## 第一节 多头避险与空头避险

空头避险(Short Hedge)与多头避险(Long Hedge)是以持有标的资产的投资人卖出还是买入期货来区分。若此投资人因持有标的资产或预期未来将出售标的资产,而担心未来现货价格下跌,则会考虑卖出期货进行避险。假设现货价格下跌亦使期货价格下跌,则放空期货之获利可弥补现货的损失,称为空头避险。若投资人预期将于未来特定时点购买标的资产,因担心现货价格上涨则可先买入期货进行避险,倘若现货价格果真上涨亦带动期货价格上涨,则其期货多方持仓之获利将可弥补部分标的资产购入成本上涨的损失,称为多头避险。

### 例 5-1

假设某农夫于5月10日预期将在4个月后(9月14日)收成20 000蒲式耳黄豆,如果他担心黄豆价格波动下跌将对其收入产生风险,请问他可以如何运用CBOT黄豆期货合约锁定收入?假设当天之9月到期黄豆期货价格为595美分/蒲式耳,一手CBOT黄豆期货合约单位为5 000蒲式耳。

**解:**

该名农夫可采取空头避险策略,即以595美分/蒲式耳卖出4手( = 20 000蒲式耳/5 000蒲式耳)9月到期CBOT黄豆期货。

假设9月14日时黄豆现货与期货价格有下列变化,分析业者总收入如下:

| | 现货与期货价格<br>均上涨至605美分/蒲式耳 | 现货与期货价格<br>均下跌至585美分/蒲式耳 |
|---|---|---|
| 现货收入 | 收入121 000美元<br>= 605 × 20 000 ÷ 100 | 收入117 000美元<br>= 585 × 20 000 ÷ 100 |
| 期货损益 | 亏损2 000美元<br>= (605 − 595) × 5 000 × ( − 4)手 ÷ 100 | 获利2 000美元<br>= (585 − 595) × 5 000 × ( − 4)手 ÷ 100 |
| 总收入 | 119 000美元 | 119 000美元 |

期货可用来规避现货持仓的风险,所需要的期货合约数量($N^*$)的公式如下:

$$N^* = \frac{A}{F}$$

其中,$A$为现货持仓价值,$F$为期货持仓价值。

当看好市场时,投资人应采用多头避险,即买入期货,从而使原来避险标的持仓的系

统性风险从 $\beta_0$ 提高到至 $\beta_1(\beta_1 > \beta_0)$。而当投资人采取空头避险时,$\beta_1$ 则可能有两种情形:第一种为完全避险,使 $\beta_1$ 降至 0;第二种则为部分避险,降低 $\beta_0$ 至 $\beta_1(\beta_1 \leq \beta_0)$。故根据投资人希望调整的 $\beta$ 幅度,所需要的期货合约数应为:

$$N^* = \frac{A}{F}(\beta_1 - \beta_0)$$

### 例 5-2

(1) 张三持股 5 400 万元,其 $\beta$ 为 1.1,若张三想利用 TX 指数期货合约实现完全避险,目前 TX 为 6 000 点,请问该如何操作?

**解:**

$$\frac{\$5.4 \times 10^7}{\$200 \times 6 \times 10^3}(0 - 1.1) = -49.5$$

为完全避险应放空 49.5 个 TX 合约。

(2) 承上题,张三看好台股后市,想用 TX 提高其持股 $\beta$ 至 1.3,问如何操作?

**解:**

$$\frac{\$5.4 \times 10^7}{\$200 \times 6 \times 10^3}(1.3 - 1.1) = 9$$

可知应买入 9 个 TX 合约来避险。

(3) 若张三为降低 $\beta$ 至 0.7,问该如何操作?

**解:**

$$\frac{\$5.4 \times 10^7}{\$200 \times 6 \times 10^3}(0.7 - 1.1) = -18$$

可知应放空 18 个 TX 合约来避险。

## 第二节 基差风险

由于上一节提到的避险,都假设避险期限与期货到期日相同,但市场上,两个时点常不同,所以从事避险必须考虑基差风险(Basis Risk),而基差风险是由两个部分构成:第一部分称为资产不一致(Asset Mismatch)风险,此风险是来自避险标的和期货之标的不相同所造成;第二部分则称为到期日不一致(Maturity Mismatch)风险,此风险则是由于避险期间与期货到期日的不相同。因为在避险期间之基差变动不确定,以空头避险为例,避险者于标的资产与期货持仓的持有到期避险利润为

$$(S_T - S) - (F_T - F) = (S_T - F_T) - (S - F) = b_T - b$$

其中 $b_T = (S_T - F_T)$ 代表到期日基差;$b = (S - F)$ 代表避险开始时之原始基差。

由于到期日时反向买入期货可立即得到交割的标的资产,因此避险者持有期货持仓到期如同购买标的资产,亦即 $S_T = F_T$,所以避险者之避险利润可简示为 $F - S$。举例来

说,假设避险者原以50元买入标的资产,并以52元卖出期货,而到期日的现货价格与期货价格皆为45元,则避险者卖出标的资产有5元损失,而期货持仓则有7元获利,到期避险利润为2元。由于此避险行为皆将期货持仓与标的资产持有到期,故避险利润为一开始即已知的基差,前面已提过基差等于现货价格减去期货价格。但若避险者可能在到期前了结原有持仓,倘若希望在到期日前之时点$t$即了结原有持仓,则此时避险利润为$b_t - b$,其中$b_t$代表时点$t$的基差。

此避险利润则需考虑基差变动,由于基差的变动小于现货价格的变动,因此避险持仓的价值变动小于未进行避险持仓的价值变动。假设现货价格的上涨幅度大于期货价格的上涨幅度,则基差会增加,称为基差转强(Strengthening Basis),对于空头避险者为有利情况;反之,若现货价格的上涨幅度小于期货价格的上涨幅度,则基差会减少,称为基差转弱(Weakening Basis),不利于空头避险者。

有时候欲进行避险之标的资产与期货合约的标的资产并不相同,此称为交叉避险(Cross Hedge)。举例来说,若内地共同基金经理人欲针对持有的25只股票持仓(以$S$表示)规避股价下跌风险,其可能利用沪深300股指期货(以$F'$表示)进行避险,然而,实际上沪深300股指期货的标的资产不等同于该档共同基金持有的股票持仓,此避险行为将产生资产标的不一致的风险。此外,该经理人所利用的沪深300股指期货有每日结算(Marking to Market)的特性,且有着不同合约到期月份及到期日必须进行到期转仓的操作,从而存在到期日不一致的风险。此空头避险可拆解如下式:

$$S - F' = (S - S') + (S' - F')$$

其中$F'$为沪深300股指期货;$S'$为沪深300股价指数;$(S - S')$为标的资产不一致的风险,以$\beta$来处理;$(S' - F')$为到期日不一致的风险,以调整避险因子(Tailing Factor)来处理。

为消除此两项风险以解决避险效率不佳的问题,可采用避险比例(Hedge Ratio)解决标的资产不一致的风险,另以调整避险(Tailing the Hedge)解决到期日不一致的风险。

## 第三节 避险比例与调整避险

### 一、避险比例(Hedge Ratio)

避险策略的建构精神,在于利用现货与期货价格的变动相关性,使得现货持仓与期货持仓的损益相互抵消,达成降低现货投资组合未来价值不确定变动风险的目的,而现货与期货的组合通常称为避险投资组合(Hedged Portfolio)。

避险投资组合中单位现货持仓所需的期货合约手数称为避险比例(Hedge Ratio),较常见的估计避险比例的模式为最小风险法。

### 二、调整避险(Tailing the Hedge)

当避险持仓平仓的日期不是期货的到期日时,则需作调整避险。举例来说,若今天($T_0$)针对标的资产的多头持仓以卖出期货进行避险,今天期货价格为$F_0$,若今天距离期货到期日($T_2$)还有($T_2 - T_0$)天,假设 $r$ 代表避险期间的无风险利率,则今天避险所卖出期货手数应调整为 $e^{-r(T_2-T_1)}$。

针对到期日不一致风险,下表为其避险策略的现金流量,可导出调整避险因子 $\left(\dfrac{1}{\theta}\right)$ 的公式。

| 投资项目 | $T_0$ | $T_1$ | $T_2$ |
|---|---|---|---|
| 放空期货 | 0 | $+F_{T_0,T_2} - F_{T_1,T_2}$ | |
| 买入现货 | $-\theta * S_{T_0}$ | $+\theta \times S_{T_1} e^{q(T_1-T_0)}$ | |
| 借款 | $+\theta * S_{T_0}$ | $-e^{r(T_1-T_0)} * (S_{T_0} \times \theta)$ | |
| 总和 | 0 | $F_{T_0,T_2} - F_{T_1,T_2} + \theta * S_{T_1} \times e^{q(T_1-T_0)} - e^{r(T_1-T_0)}(S_{T_0}\theta)$ | |

在无套利机会的假设下:
$$F_{T_0,T_2} - F_{T_1,T_2} + \theta S_{T_1} e^{q(T_1-T_0)} - e^{r(T_1-T_0)}(S_{T_0} \times \theta) = 0$$

又有 $F_{T_0,T_2} = S_{T_0} \times e^{b(T_2-T_0)}$,$F_{T_2} = S_{T_1} \times e^{b(T_2-T_1)}$,两式代入上式得:
$$S_{T_0} \times e^{b(T_2-T_0)} - S_{T_1} \times e^{b(T_2-T_1)} + \theta \times S_{T_1} \times e^{q(T_1-T_0)} - e^{r(T_1-T_0)} \times (S_{T_0} \times \theta) = 0$$
$$-S_{T_1} \times e^{b(T_2-T_1)} + \theta \times S_{T_1} \times e^{q(T_1-T_0)} = 0$$

可得
$$\theta = e^{b(T_2-T_1)-q(T_1-T_0)}, \text{其中 } b = r - q$$

验算如下:
$$e^{r(T_1-T_0)}(S_{T_0} \times \theta) = e^{r(T_1-T_0)} \times e^{(r-q)(T_2-T_1)-q(T_1-T_0)} \times S_{T_0}$$
$$= S_{T_0} \times e^{(r-q)(T_2-T_1)+(r-q)(T_1-T_0)} = S_{T_0} e^{b(T_2-T_0)}$$

故调整避险因子 $\dfrac{1}{\theta} = e^{-[b(T_2-T_1)-q(T_1-T_0)]} = e^{-[b(T_2-T_1)+(b-r)(T_1-T_0)]}$

其中 $q$ 为股票股利,若在无股利的情况下,则调整避险因子 $\dfrac{1}{\theta} = e^{-r(T_2-T_1)}$;$T_2$ 为到期日(Expiry Date);$T_1$ 为期货部分平仓日(Closing-out Date)。

由上述的投资组合导证可得调整避险因子:

无股利:$e^{-r(T_2-T_1)}$

有股利:$e^{-[b(T_2-T_1)+(b-r)(T_1-T_0)]}$

综合上述,可知进行交叉避险可能产生的风险有资产标的不一致的风险和到期日不一致的风险。而针对资产标的不一致的风险,用 $\beta$ 来处理;针对到期日不一致的风险,则用调整避险因子来处理。

### 例 5-3

假设今天($T_0$)持有 1 单位标的资产,现货价格为 50,期货价格为 52,无风险利率 $r=$

5%,距离到期日还有 3 天。若进行一般避险将卖出 1 手期货进行避险,若进行调整避险,则避险者应该卖出 0.99973 手期货,亦即 $e^{-0.05(2/365)}$,在 $T_1$ 时应将避险手数调整为 0.99986 手,即 $e^{-0.05(1/365)}$,在 $T_2$ 时应将避险手数调整为 1 手。

避险比例的调整看似不太明显但很重要,但若将上例的避险期间延长至 200 天,则避险开始时应调整的期货手数为 0.97311 手,亦即 $e^{-0.05(199/365)}$,若需进行避险的标的资产有 100 000 单位,则运用的期货手数与原先差异达 2 689 手。此外,避险期间因每日结算则需随着每日增加 1/365 而调整避险手数。在实务操作上,专业避险者多定期调整避险比例,借由对行情的判断以及操作经验代替每日调整。

## 第四节 最小风险法与避险绩效

### 一、最小风险避险比例(Risk Minimizing Hedge Ratio)

由于期货和其标的物的相关系数不一定为 1,两者的波动度也不一定相等,所以无法借由期货将价格变动的风险完全消除,此时期货避险需计入最小方差避险比例。避险成效则决定于现货与期货价格间的相关性,相关性越高,避险的效果自然越佳。以下利用推导求出每一单位的现货需要多少单位期货才可将风险降到最低。

避险投资组合的损益来自现货持仓与期货持仓,可表示为:

$$\tilde{R}_{p,t} = N_S(\tilde{S}(t) - S(t-1)) - N_f(\tilde{F}(t) - F(t-1))$$
$$= \left(\Delta\tilde{S}(t) - \frac{N_f}{N_s}\Delta\tilde{F}(t)\right) \times N_S$$
$$= (\Delta\tilde{S}(t) - h\Delta\tilde{F}) \times N_S \tag{5-1}$$

其中,$\tilde{R}_{p,t}$ 为避险投资组合报酬;

$\tilde{S}(t)$ 为现货在时间 $t$ 的价值;

$\tilde{F}(t)$ 为期货在时间 $t$ 的价值;

$N_s$ 为现货持有单位;

$N_f$ 为期货合约手数;

$h$ 为单位现货持仓所需期货手数 $\left(\frac{N_f}{N_s}\right)$,即避险比例。

避险投资组合风险,即式(5-1)的方差可表示为:

$$\text{Var}(\Delta\tilde{R}_p) = \text{var}(\Delta\tilde{S}) - 2h\text{cov}(\Delta\tilde{S}, \Delta\tilde{F}) + h^2\text{var}(\Delta\tilde{F}) \tag{5-2}$$

由式(5-2)可知,避险投资组合风险来自现货与期货损益风险($\text{var}(\Delta\tilde{S})$ 与 $\text{var}(\Delta\tilde{F})$)及二者的协方差($\text{var}(\Delta\tilde{S}, \Delta\tilde{F})$)。选择适当的避险比例使得式(5-2)最小,满足式(5-2)对于 $h$ 的一阶微分等于零,应是式(5-2)最小化的必要条件。

$$\frac{\partial \mathrm{var}(\tilde{R}_p)}{\partial h} = -2\mathrm{cov}(\Delta\tilde{S}, \Delta\tilde{F}) + 2h\mathrm{var}(\Delta\tilde{F}) = 0$$

则

$$h^* = \frac{\mathrm{cov}(\Delta\tilde{S}, \Delta\tilde{F})}{\mathrm{var}(\Delta\tilde{F})} = \rho \cdot \frac{\sigma_s}{\sigma_F} \qquad (5\text{-}3)$$

式(5-3)的 $h^*$ 称为最小风险避险比例。

另外,可以利用简单线性回归(OLS)来解释最小风险避险比例,以 $\Delta\tilde{S}(t)$ 为因变数而 $\Delta\tilde{F}(t)$ 为自变量,其相对的 OLS 可表示为:

$$\Delta\tilde{S}(t) = \alpha + h\Delta\tilde{F}(t) + \tilde{\varepsilon}_t \qquad (5\text{-}4)$$

其意义为利用期货价格变动来解释现货价格变动。

式(5-4)中的回归系数($\beta$)的估计值为

$$\tilde{h} = \frac{\mathrm{cov}(\Delta\tilde{S}, \Delta\tilde{F})}{\mathrm{var}(\Delta\tilde{F})}$$

和式(5-3)的最小风险避险比例相同,在实际应用上通常以 OLS 方式来估计 $h^*$。

在考虑了资产不一致的风险、到期日不一致的风险以及期货和其标的物的相关性,可得到一避险大全如下:

$$(\beta' - \beta_0) \times \frac{1}{\theta} \times h^*$$

### 例 5-4

若一现货投资组合价格变动百分比的标准差为 0.5,期货合约价格变动百分比的标准差为 0.3,而现货投资组合和期货合约价格变动百分比的相关系数为 0.6,求最小方差避险比率。

**解:**

$$h^* = 0.6 \times \frac{0.5}{0.3} = 1$$

## 二、避险绩效

绩效的评估通常是为相对的观念,取决于绩效评估指标的选取,避险绩效的评估也不例外。在最小风险避险比例的应用上,相对应适合的避险绩效(Hedging Effectiveness, HE)指标需考虑规避现货持仓风险能力,可表示为:

$$\mathrm{HE} = \frac{\mathrm{var}(\Delta\tilde{S}) - \mathrm{var}(\tilde{R}_p)}{\mathrm{var}(\Delta\tilde{S})}$$

$$= 1 - \frac{\mathrm{var}(\tilde{R}_p)}{\mathrm{var}(\Delta\tilde{S})} \tag{5-5}$$

避险绩效(HE)的数学意义即为减少方差所占的百分比。式(5-5)的分子表示实施避险策略剩余无法规避的风险,而分母为未采取避险策略时现货持仓的原始风险。HE衡量可被规避风险的百分比。将式(5-3)代入式(5-2),可得 $\mathrm{var}(R_p)$ 并简化后,可得:

$$HE = \frac{\mathrm{cov}^2(\Delta\tilde{S}, \Delta\tilde{F})}{\mathrm{var}(\Delta\tilde{S})\mathrm{var}(\Delta\tilde{F})} = \rho^2_{\Delta S, \Delta F} \tag{5-6}$$

其中 $\rho_{\Delta S, \Delta F}$ 为现货与期货价格变动相关系数(Correlation coefficient)。在OLS(式(5-4))应用中,HE恰好等于反映回归式解释能力高低的 $R^2$ (Ederington(1999)),$0 \leq R^2 \leq 1$ 而且

$$\rho^2_{\Delta S, \Delta F} = 1 - \frac{\mathrm{var}(\tilde{\varepsilon})}{\mathrm{var}(\Delta\tilde{S})}$$

当随机误差项方差为零($\mathrm{var}(\tilde{\varepsilon})=0$)时,表示现货价格变动可完全被期货价格变动解释,其HE=1,属于完美避险(Perfect Hedge)状况。在实际市场中达成完美避险状况的机会并不多。大部分状况为 $0 < \rho_{\Delta S, \Delta F} < 1$,也就是 $\mathrm{var}(\tilde{\varepsilon}) \neq 0$,表示部分现货价格变动与期货价格变动有关,而其他部分与期货价格变动无关;既然避险策略仅可规避与期货价格变动相关部分的现货价格变动风险,其余剩下无法规避风险反映在 $\mathrm{var}(\tilde{\varepsilon})$。

## 本章习题

1. 请解释什么是空头避险与多头避险。基差变化对它有什么影响?
2. 请简述什么是以期货达成完全避险,以及交叉避险时应考虑什么因素。
3. 请简述运用期货避险时面临的基差风险。应如何应对基差风险?
4. 若商品价格变动的标准差为\$0.67,商品期货价格变动的标准差为\$0.88,且两者的相关系数为0.6。问对三个月期的合约而言,最合适的避险比率是多少?代表什么意义?
5. 一公司持有股票 $\beta$ 为1.2,价值\$20 000 000 的投资组合。公司希望可以利用S&P期货合约来避险。今指数为1 080点,每个合约的交割金额为\$250乘以指数。求最小化风险的避险。假如公司想要降低投资组合的 $\beta$ 至0.6,该如何做?
6. 在芝加哥交易所(CBOT)交易的玉米期货合约,交割月份为3月、5月、7月、9月和12月。当避险到期日是在(a)6月、(b)7月、(c)1月,请说明可用来避险的期货合约。
7. TAIFEX的股价指数期货为每点200元,期货指数为8 000点,某共同基金的规模为20亿元,$\beta$ 系数为1.28,若欲将 $\beta$ 值降为1.00,应:

　　(A)买进350个期货合约　　　　(B)卖出280个期货合约
　　(C)卖出350个期货合约　　　　(D)买进280个期货合约

8. 假设B基金经理人管理的股票投资组合市值为6.5亿元,而该投资组合的 $\beta$ 值为1.5,若该基金经理人因看坏未来一个月股市行情,而欲将投资组合的 $\beta$ 值降为0.8,若当时一个月期大台指期货价格为6 500点,则他应出售多少手一个月期大台指期货?

9. 活牛每月现货价格变动的标准差为 1.2(分/磅)。而其每月期货价格变动的标准差为 1.6。期货价格变动和现货价格变动间的相关系数为 0.8。4 月 15 日时牛肉商承诺在 5 月 15 日时要买进 800 000 磅活牛。此制造商想使用 6 月活牛合约来避险,而每个合约规格表示 40 000 磅活牛,问牛肉商应采用何种策略?

10. 某投资者于 7 月 1 日持有 40 000 股的股票,每股市价为 \$40。而此投资者喜以避险方式来防备市场下个月的逆势走势,因此他决定用 9 月份 Mini S&P 500 的期货合约。现在的指数为 1 600 且一个合约表示金额为 \$50 乘以指数。股票的 $\beta$ 为 1.5,该投资者应采用何种策略?

11. 7 月 16 日某公司有价值 2 亿元、$\beta$ 为 1.4 的股票组合。今想利用 S&P 500 12 月份期货合约使 $\beta$ 在 7 月 16 日到 11 月 16 日的期间降至 0.6。目前指数为 1 000,一手合约为指数乘以 \$250 计算,问:

(1) 此公司应持有什么持仓?

(2) 若公司决定改变 $\beta$,使其由 1.4 提高至 1.7,则公司改持有什么持仓的期货合约?

12. 下表为某商品的现货价格和期货价格每个月的变动情形,利用下列数据求出具有最小方差的避险比率。

| 现货价格改变 | +0.52 | +0.62 | −0.22 | −0.32 | +0.69 |
| 期货价格改变 | +0.54 | +0.63 | −0.18 | −0.44 | +0.60 |
| 现货价格改变 | +0.04 | +0.15 | +0.72 | −0.51 | −0.41 |
| 期货价格改变 | −0.05 | +0.01 | +0.80 | −0.56 | −0.45 |

13. 若某基金经理拥有和台股相同走势的现货持仓 1 亿元新台币,由于担心台股大盘可能会下跌,因此卖空 100 手台股指数期货。过了一星期后,假设台股指数从 7 000 点跌至 6 650 点,请计算此空头避险投资组合的损益(台指期货每点为 200 元,假设目前期货价格亦为 7 000 点)。

14. 请解释完全避险的意义。完全避险是否比不完全避险有较好的结果?请加以解释。

15. 请问在什么情况下,最小方差避险投资组合无法避险?

16. 持有某投资组合,包含德国与其他欧洲股票,市值为 10 000 000 欧元,投资人看坏未来六个月市场行情,利用指数产品来避险,今日为 2009 年 8 月 20 日(1 年为 360 天,1 个月为 30 天),以下为相关资料。

| 股票指数 | 现值 | $\beta$ |
| --- | --- | --- |
| DAX 30 | 5 313.50 | 1.2 |
| DJ EURO STOXX 50 | 4 951.06 | 1.4 |

期货合约

| 合约 | 到期日 | 期货价格 | 合约价值 |
| --- | --- | --- | --- |
| FDAX | 2010 年 3 月 18 日 | 5 400.00 | 每点 25 欧元 |
| FESX | 2010 年 3 月 18 日 | 5 020.37 | 每点 10 欧元 |

（1）利用上述数据求出两种期货隐含的无风险利率(c.c)，在无套利机会下，DJ EURO STOXX 50 的隐含股利为多少？（DAX 30 为总报酬指数，以内含股票股利再投资；DJ EURO STOXX 50 为价格指数，未考虑股利再投资。）

（2）投资人利用 DAX 期货合约来避险，求最适的避险比例以及需要多少期货合约避险。

17．（1）某银行的资产与负债久期皆为 5 年。此银行是否有对利率的变化做避险？请考虑任何避险策略的限制。

（2）请解释以下情况的基差风险：若某公司知道自己在两个月之后必须购买现货，而该公司使用了三个月的期货来避险。

# 第六章 期货交易策略

## 第一节 价差交易

价差交易是指同时在市场上买进及卖出两种或多种不同但相关的期货合约的交易行为,由于这些投资标的彼此的相关性高,其价格也存在一个合理的关系。当市场价格偏离其合理的相对价格时,价差交易者便会利用两期货合约短暂的价格偏离套取利润,其基本原理类似指数套利。指数套利观察指数期货与现货的相对合理价位,一旦实际期货价格超出此合理价位,即产生套利空间。价差交易则观察两个期货合约的相对合理价位,两个期货价差通常应维持在适当稳定的范围内。如果市场发生某些特殊供需失衡,使两期货价格偏离太远,超出此合理价位(价差扩大),即发生价差交易机会。此时,价差交易者会买进相对便宜的合约,卖出相对较贵的合约以赚取价差利润。由于他们同时买进及卖出相近的合约,所以损益常常可互相抵消,使得风险降低。由此可知,价差交易的风险在于两相关期货间相对价格波动的幅度,故风险比买或卖单一期货来得小。因此,虽然价差交易包含两个合约——一买一卖,但其需缴交的保证金比同时买进或卖出两个合约所需缴交的保证金来得少。例 6-1 以台指期货不同到期日的两个合约为例,说明价差交易的过程与结果。

### 例 6-1

如下表所示,6 月 5 日时,6 月份与 7 月份台指期货价格分别为 7 340 和 7 440,两者价差为 100。若投资人认定此价差太大,亦即 7 月份台指期货相对高估,而 6 月份台指期货相对低估,投资人预期价差将会缩小。此时可以放空价差交易,即执行 TX 价差之期货组合式空单(卖空相对高估的 7 月份台指期货,并买进相对低估的 6 月份台指期货)。

|  | 6 月台指期货价格 | 7 月台指期货价格 | 价差 |
| --- | --- | --- | --- |
| 6 月 5 日 | 7 340 | 7 440 | 100 |
| 6 月 10 日 | 7 560 | 7 600 | 40 |
| 价格改变 | +220 | +160 |  |

6 月 10 日,6 月份与 7 月份台指期货价格分别上涨为 7 560 和 7 600,两者价差果然缩小为 40。投资人买进的 6 月份合约获利 220,但卖空的 7 月份合约损失 160,总共净利为 60 点,此利得即为价差变动的部分。

由上述例题可知,当从事交易时,价差交易者最关心的是,合约价差未来将会缩小或扩大,而非整体市场的价格走势。

## 一、价差交易的种类

期货价差交易依买卖两合约的关系可分为以下几种:

1. 商品间的价差交易(Inter-Commodity Spread)

此种价差交易,是指同时在市场上买卖不同但相关的期货商品。许多具有替代性或互补性的商品,因关系密切,价格也存在相当的关联性。在此,将不同商品标的物的期货的价差称为商品间的价差,例如谷物中的大豆和玉米期货、原油和热燃油期货。这些商品间均有相当强的替代性或互补性,有时具有原料与产品的属性,其价格常会保持一定的关系;另外,像是电子类指数期货与金融指数期货的价差交易,也可称为一种跨商品的价差交易。

2. 合约内的价差交易(Intra-Commodity Spread / Calendar Spread)

在同一市场买卖相同商品但不同交割月份的两个期货合约,此种交易称为"跨月价差交易"(Calendar spread)或"期差"。例如买进2月到期的台指期货,并同时卖出3月到期的台指期货。不同到期月份期货合约的价格差异,可用持有成本模式来解释,当价差偏离合理的持有成本时,就会出现价差套利的机会。

### 例 6-2

假设7月、9月到期的CBOT玉米期货价格分别为253美分/蒲式耳、266美分/蒲式耳,若判断两者价差将缩小,则应该采取何种价差策略?一手CBOT玉米期货合约单位为5 000蒲式耳。

解:

可以同时买入7月到期、卖出9月到期的CBOT玉米期货。

假设20天后,7月、9月到期的玉米期货价格分别为255美分/蒲式耳、264美分/蒲式耳,则此价差策略可获利200美元。

7月期货损益 = (255 - 253) × 5 000 × 1手 ÷ 100 = 100(美元)

9月期货损益 = (264 - 266) × 5 000 × (-1)手 ÷ 100 = -100(美元)

3. 跨市场的价差交易(Inter-Market Spread)

跨市场价差交易,是指同时买卖不同交易所提供的期货合约。其交易类型又可分为两种。第一种为标的完全相同的价差交易,意即某些商品会同时在两个或两个以上的期货交易所挂牌交易。例如,日经225股价指数期货在SIMEX、OSE及CME三个交易所均有挂牌交易,投机者可利用其中两个市场间股价指数期货的短暂价格偏离,进行买低卖高的价差交易。第二种跨市场价差交易类型,则是指不同期货合约,但彼此的相关性很高,且具有共整合的特性,例如,买进纽约的热燃油期货,并卖出伦敦的汽油期货。

不同市场间的运输成本、利率、汇率等因素,是影响市场间价差的主因,即使交易标的物相同,跨市场价差仍需比其他价差交易多考虑许多因素,例如两个市场间的交易方式或合约规格可能不尽相同,且交易时间未必一致。这些因素皆有可能影响价差变化,也是进行价差交易时所应注意的。

价差交易的决策法则为：若价差会扩大，则采用多头价差交易（Long Spread Trading）；若价差会缩小，则采用空头价差交易（Short Spread Trading）。以下借由例6-3进行说明：

### 例6-3

设一个月后，两相邻份大台指期货的价差由原来的20点放大至35点，则多头价差交易可获利多少点？

**解：**

采取多头价差交易，$+F_{0,T_2} - F_{0,T_1}$

原先 $F_{0,T_1}$ 为6 480点，$F_{0,T_2}$ 为6 500点，有正价差20点，预测价差将扩大为35点。

1. 若跌

$F_{0,T_2}$ 由6 500点一个月后跌至6 000点，赔500点；

$F_{0,T_1}$ 由6 480点一个月后跌至5 965点，赚515点。

→共赚得15点。

2. 若涨

$F_{0,T_2}$ 由6 500点一个月后涨至6 700点，赚200点；

$F_{0,T_1}$ 由6 480点一个月后涨至6 665点，赔185点。

→共赚得15点。

可知无论涨或跌，皆有15点的利得。此为价差交易策略的共同特点，其Delta约为0，称为Delta中性，即与股市涨跌无关，只要该价差的走向判断正确，则此价差交易策略可产生利得。

## 二、期货定价理论与价差交易

本章以相同现货标的期货合约，并取指数期货为例，以持有成本模式说明价差交易策略的定价逻辑。首先定义价差为两个不同到期日之期货的价格差异；两期货的到期日分别为 $T$ 及 $T+n$。

$$\text{Spread}_t(T+n,T) = F(t,T+n) - F(t,T) \tag{6-1}$$

根据持有成本模型，纳入两期货合约不同到期日效应，两期货的价格可分别表示如下：

$$F(t,T) = S(t) + S(t)(r-d)\frac{T-t}{360}$$

$$F(t,T+n) = S(t) + S(t)(r-d)\frac{(T+n)-t}{360}$$

上两式的后项皆代表持有成本，将上述两式代入式(6-1)中可得：

$$\text{Spread}_t(T+n,T)$$

$$= S(t) + S(t)(r-d)\frac{(T+n)-t}{360} - \left\{S(t) + S(t)(r-d)\frac{T-t}{360}\right\}$$

$$= S(t)(r-d)\frac{n}{360}$$

上述推导中,第一个等号告诉我们,价差就是两个期货合约持有成本的差,而第二个等号更进一步指出,如果资金成本是唯一的持有成本(指数期货即是如此),则价差的变动会贴近远期利率的变化。

### 例 6-4

假设目前台指现货价格为 7 100,回购利率为 4%,年股利率为 2%。6 月份合约在 6 月 19 日到期,而 7 月份合约在 7 月 15 日到期,两者到期日相距 26 天,试求算此两合约的理论价差是多少?

**解:**

$$S(t)(r-d)\frac{n}{360} = 7\,100 \times (4\% - 2\%) \times \frac{26}{360} = 10.26$$

故若两期货的实际价差过度高于或低于 10.26,则可能存在套利机会。

上述公式的应用范围仅限于指数期货的价差,不一定能扩及其他的商品期货。商品期货价格往往牵涉到标的资产的季节性供需循环,以及仓储成本、运输费用等因素,未必能明确计算理论的价差。在实务上,往往需要借助过去资料,以经验法则判断目前的价差是否落在合理区间内。

## 第二节 期货套利

### 一、纯套利和准套利

纯套利(Pure Arbitrage)和准套利(Quasi Arbitrage)的差别在于是否需要起始投资金额。纯套利者起始时处于零持仓,借由正向套利策略(买入标的资产,同时放空期货)或反向套利策略,获得无风险利润。准套利者(例如自营部门、共同基金)已处于长持仓或短持仓,运用反向或正向套利策略以提高获利。

纯套利机会在市场上存在的时间通常很短暂,由于实现套利机会的策略不需要起始投资金额,故套利者将执行大量的交易以实现套利利润。因此,由于现货与期货之间相对价格偏离状态所造成的套利机会,会随着投资者实施套利策略之买卖压力,而使得现货和期货两者价格间的关系很快恢复至正常,套利机会消失;另一方面,若投资者原来持有现货持仓,准套利机会的实现,是将原来持有持仓转换成合成持仓,投资者利用买进期货,将原来持有的债券持仓转换成合成现货持仓;投资者也可利用卖空债券,将现货持仓转换成合成期货持仓。故可知,准套利者需持有原来持仓才可能实现准套利机会,亦即起始投资金额在准套利机会的实现过程中是需要的,因此实施准套利策略无法如纯套利策略一样无限制地扩张,这使得准套利机会在市场上的存在时间,相对长于纯套利机会存在的时间。

纯套利机会的实现不需要起始投资金额,而准套利机会的实现是将原来持有持仓转换成合成持仓,两者差异在于是否有起始投资金额,虽然不完全相同,但在原理上是相通的。由于准套利策略需要起始投资金额,在建立原来持有持仓的过程中,像是市场投资组合的持有,很可能使其出现大量现货同时买卖的现象,这使得基差风险存在。故两种套利机会的差异,不仅是在合成持仓的转换,还有风险的差异,准套利策略存在少许的风险。以下利用正向套利(Cash-and-Carry)来说明。

正向套利策略的主要交易程序为:

(1) 买进现货;

(2) 卖空期货合约;

(3) 融通买进现货的资金。

在准套利机会下,正向套利策略的主要交易程序为:

(1) 买进现货;

(2) 卖空期货合约;

(3) 保留拟购买债券之现金持仓。

由上述可知,其为利用卖空期货合约,买进现货来建构一合成债券的准套利策略。而比较两种正向套利策略,可知两种套利机会的差异为策略中的第三项。在纯套利中,第三项为融通买进现货的资金,其代表套利者的融通成本;而在准套利中,第三项为保留拟购买债券之现金持仓,这些现金可用来买进现货,因此代表准套利者可以此作为买进现货的资金来源,其实是向自己借钱来购买现货,也可视为放弃购买债券(资金放贷)的机会成本。故在准套利机会中,实际融通成本相当于直接购买债券的贷放报酬。

是否要实施准套利策略,取决于持有准套利策略中,由第一、二项组成的合成债券所衍生的贷放报酬,与实际融通成本的高低。当准套利者放弃直接购买债券的机会成本,低于持有合成债券的衍生贷放报酬,准套利者应选择持有合成债券持仓,而非直接购买债券。要发现套利机会是否存在,取决于正向套利策略所衍生贷放报酬与市场融通成本的比较,以此观之,套利机会与准套利机会实为相通。

如上所述,是否持有起始持仓,为准套利与纯套利最主要的差异。而准套利机会的起始持仓可分为两种:一种为即将持有,另一种则为已经持有。在上述准套利策略的第三步,可知准套利者是处于即将持有债券的状态,仍有机会比较合成债券持仓与直接购买债券,何者可提供较高的贷放报酬。在准套利已经持有起始持仓的状态下,在此状况下,需对上述准套利策略做小幅度的修正,过程如下:

(1) 买进现货;

(2) 卖空期货合约;

(3) 卖出已经持有债券。

以上的交易策略,利用卖出已持有的债券所得资金来买进现货,但这种做法在原理上仍为套利者向自己借钱来购买,和先前提到的准套利机会下的正向套利观念相同。基本上这两种策略是大致相同的,皆是利用第一、二步来建立合成持仓,使其可更有效率地降低融通成本或提高贷放报酬,以强化投资报酬率。但值得注意的是交易成本的部分,起始持仓会影响其交易成本,若以 $TC_1$、$TC_2$ 及 $TC_3$ 分别表示在准套利策略中第一、二及三项的交易成本,可知即将持有债券的准套利策略,其总交易成本为:

$$TC = TC_1 + TC_2$$

由于保留拟购买债券的现金持仓,省下债券交易的交易成本。若为已经持有债券的准套利策略,则其总交易成本为:

$$TC = TC_1 + TC_2 + TC_3$$

这是由于原来已持有债券,故应包含处理债券的交易成本。

由此可知,在考虑了交易成本的情况下,起始持仓的状态将会影响准套利机会存在的机会,由上述可知,即将持有起始持仓状态的准套利策略的成本为 $TC_1 + TC_2$,相较于已经持有起始持仓状态准套利策略的成本 $TC_1 + TC_2 + TC_3$,其交易成本较低。故可知,即将持有起始持仓状态的准套利策略,有较大的机会实现利润。

### 例 6-5

考虑香港地区的中国移动的个股期货。该股卖价为 78.50 港元,期货买价为 84.40 港元,香港证券商放款利率为 6.00%,一般借款利率 6.50%,股票加上期货每股总交易成本为 0.012 港元,问有无套利机会?如何操作?(设证券商融资上限为 60%)

**解:**

合成债券回购利率(Synthetic Implied Repo)

$$= \frac{84.10 - 0.012 - 78.50}{78.50}$$

$$= 7.50\%$$

实际借款利率 $= 6\% \times 0.6 + 6.5\% \times 0.4 = 6.20\%$

因合成债券回购利率大于实际借款利率,所以正向纯套利机会存在。此套利策略为融资买入中国移动股票,同时放空中国移动期货。

## 二、准套利机会运用于指数期货

经由上一节针对准套利机会的介绍,可知准套利策略常常可帮助公司、法人机构以较低的成本达到持有投资持仓的目的。若某法人机构将其他多余资金购买短期票据或债券,故法人机构的起始持仓为债券。法人机构为了强化其投资组合的报酬率,尝试利用准套利策略建立合成持仓,以降低其融通成本或提高贷放报酬。

当指数期货市场交易价格相对偏高于股票指数时,法人机构会借由卖空指数期货,建立债券合成持仓,强化资金的贷放报酬。根据上节中提到的两种准套利策略,法人机构向自己融通资金的实际融通成本,通常低于套利者在市场上融通之成本。因此法人可利用正向套利策略来建立合成债券持仓,强化资金贷放报酬率。相反,若法人机构起始持仓为市场投资组合,当指数期货市场交易价格相对低于股票指数时,法人可买进指数期货,建立市场投资组合的合成持仓,借此降低融通成本,强化市场投资组合的报酬率。表 6-1 分别说明了正向套利策略和反向套利策略的过程。

**表 6-1　正向与反向套利策略过程**

| 正向的套利策略与准套利策略 | | 反向的套利策略与准套利策略 | |
| --- | --- | --- | --- |
| 起始持仓:债券 | | 起始持仓:债券 | |
| 套利策略 | 准套利策略 | 套利策略 | 准套利策略 |
| 1. 买进市场投资组合 | 1. 买进市场投资组合 | 1. 融券卖空市场投资组合 | 1. 卖出持有的市场投资组合 |
| 2. 卖空指数期货 | 2. 卖空指数期货 | 2. 买进指数期货 | 2. 买进指数期货 |
| 3. 融通借入资金 | 3. 卖出持有债券 | 3. 在市场贷出资金 | 3. 投资债券 |

注:拟建立的合成持仓为合成债券。

在准套利策略与套利策略的操作上,其主要差异在于第一个步骤,准套利策略为卖出持有的市场投资组合,法人机构可获取所有的资金并投资于债券;相对地,套利策略为融券卖空市场投资组合,而融券卖空股票,通常仅可获取一定成数的金额,其他则需充当融券保证金,因此仅能赚取有限的贷放报酬。因此,法人机构可利用投资组合的合成持仓,提高其持有市场投资组合的报酬率。

除了指数期货的交易成本较低与流通性较高之外,指数期货交易价格与股票指数之间的相对关系,是否存在套利机会,是法人机构建立合成持仓以强化投资报酬率的关键所在。最重要的是,合成持仓与直接持仓的风险水平是相同的,准套利策略只是帮助法人机构善用市场投资工具,以提高投资效率。

## 第三节　套利技巧分析

多空对冲交易其实就是一般所称的配对交易(Pairs Trading),也就是手中持有的投资组合中,针对两个商品分别建立多头及空头持仓,不管市场未来如何动荡,几乎都是站在风险中性的立场。一般来说可以利用同族群的金融商品其价格走势会趋于一致的特性,当我们观察到此族群彼此间走势不一致,有偏离正常轨道的情况时,即可通过一买一卖的多空对冲交易进行套利。因此,为了从市场上找出两种相关性高的商品,一般可通过统计学的相关系数来测试,不过对冲交易仍可运用在相关性低的商品上,只是操作的难度也会相对提高。除此之外,两商品间的强弱情形,亦会影响对冲交易的配置,故仍需借助"相对价格比值"及"收盘价差"来衡量商品价格间之相对强弱势。由于摩台指期与大台指期皆以台股为其标的市场,彼此间相关性高,故在此以这两商品为例,假设 $P_a$ 与 $P_b$ 分别为摩台指期与大台指期的收盘价,则两指标计算方式如下:

(1) 相对价格比值(Ratio): $P_a/P_b$

(2) 价差(Differential): $P_a - P_b$

就数理逻辑而言,这两项指标是有同向性的,意即若相对价格比值越大,价差也会越大。假设求算后发现,某段时期内每日的相对价格比值与价差,都有趋于向上(向下)的形态,则表示这段时期摩台指期的价格较大台指期强势(弱势),故此时便可由买进(放空)摩台指期、放空(买进)大台指期进行套利。

对于多空对冲交易有了初步的概念之后,本节将针对市场投资人在进场时较常使用的技术分析及统计分析方法加以说明。

## 一、技术分析

价格的技术指针主要分为两项:趋势指标与震荡因子技术指标。

### (一) 趋势指标

由于移动平均技术指标主要应用在商品价格趋势方向确立时,故亦称其为趋势指标。一般指的移动平均技术指标,其定义为将一组数据加总,然后除以观察期间内的数据个数。

使用移动平均线时,必须特别注意长短天期移动平均(MA)的选择,因为使用长天期或短天期之MA会形成不同结果。为了找出较敏感且能较早出现信号的均线,一般是在盘整时使用较短天期的均线,而在趋势确立的时候,则使用较长天期的均线。但若商品价格属于转型时期,则趋势指标便较难掌控。以下介绍三种趋势指标较常使用的法则:

1. 单一移动平均线的使用原则

(1)每日商品价格及收盘价都要在移动平均线之上;或者是包括开盘价、当日高点及当日低点,都必须位于均线之上才算。

(2)收盘价要能有效穿过移动平均线1%或是几个跳动单位以上。

(3)移动平均线信号需在技术分析图上达到某种突破,或是以技术线型转变的商品价格走势确认。

(4)信号要能持续一两天穿破价格走势才得以确认,但容易因为进场时机太晚导致其价位不佳。

(5)于移动平均线上下各一定的百分比处,再加上一条线,形成价格波动带,或加上高点的均线及低点的均线,以新的价格线作为确认。

2. 两条移动平均线的使用原则

以较长天期的移动平均线确认价格趋势,而较短天期的移动平均线则用来当作进出场时间点的选择。

(1)短天期移动平均线交叉穿过长天期的移动平均线。

(2)中立区(盘整期)。

3. 三条移动平均线的使用原则

即任意挑选三条均线,作为其进出场的准则。市场投资人较常利用的均线,包括五日(周)、二十日(月)、六十日(季)、一百二十五日(半年)及二百五十日(年)。以下提供两种台湾投资人较常使用的三条均线:

(1)当五日均线向上穿过二十日及六十日均线时,出现买进做多信号。且以二十日均线向上穿过六十日均线时,买进信号得以更加确定。

(2)当五日均线向下穿过二十日及六十日均线时,出现卖出信号。且以二十日均线向下穿过六十日均线时,卖出信号得以更加确定。

### （二）震荡因子技术指标

当商品价格处于盘整时，大部分趋势技术指标都无法有效地作为进出场的准则，因此当商品价格处于盘整阶段，以及波段趋势即将发生止跌反弹或反转时，应使用震荡因子技术指标作为其进出场的准则。

一般较常使用的震荡因子技术指标包含 MACD 及 KD 两种指标，其中 MACD 适合做波段的确认，而 KD 则较适合作为分析短线买卖点的方法。

#### 1. MACD

利用短期快速移动平均线与中期慢速移动平均线所产生的差异情形，根据这个差值的正负变化，作为其分析股票市场行情的基础。MACD 的原理主要是以长天期移动平均线作为判断整体趋势的基准，而短天期移动平均线则用来作为趋势变化的判定，因此当两条线交叉时，则表示趋势已出现反转现象。举例来说，当行情出现上涨情形，短天期的移动平均线应先反应向上，若短天期与长天期的离差（DIF）开始扩大，代表较长趋势的 MACD 仍沿着旧的趋势移动，此时便会出现 DIF 与 MACD 交叉的情形，即出现买卖的信号。

MACD 的应用法则如下：

（1）DIF 与 MACD 交叉时，显示波段趋势形成且波段的走势确立。

（2）当 DIF 由 MACD 下方往上突破时，为买进信号；若 DIF 由 MACD 上方往下跌破时，则为卖出信号。

（3）若要判断买卖点，则还需检视其柱线（OSC = DIF − MACD）。当 OSC 接近零时，为短线买进或卖出的信号；若 OSC 由负转正，为波段买进信号；反之当 OSC 由正转负时，则为波段卖出信号。

（4）当商品价格连续创下新低点，但 OSC 没有同步创下新低点时，则称为正背离（空头背离）的现象，视为买进信号；反之，当商品连续创下新高点，但 OSC 没有同步创下新高时，则出现负背离（多头背离）的现象，为卖出信号。

#### 2. KD

KD 指针是用来辅助移动平均线的不足而采用的技术指针，由于移动平均线是以收盘价来计算，无法充分表现股价的波动情形，亦即移动平均线无法表现当日的最高价及最低价，因此 KD 指针便补足了这个缺点。KD 值是由 K 值与 D 值构成，投资人可根据 K 值与 D 值的交叉与方向，来判定股价的走向。KD 指标通常采"二八法则"，以 20 为买点、80 为卖点。

MACD 的应用法则如下：

（1）K、D 值通常在 80 以上被视为超买区，在 20 以下则视为超卖区。

（2）当 K 值在超卖区向上穿越 D 值，表趋势发生改变，视为买进信号（黄金交叉）；当 K 值在超买区向下跌破 D 值时，则表示卖出信号（死亡交叉）。

（3）当 K 线倾斜角度趋于平缓时，表示行情可能产生反转。

（4）当股价走势创新高或新低，而 KD 线未能创新高或新低时，则股价走势可能将产生反转。

## 二、统计分析

本节将引入统计观念——均值回归(Mean Reversion),这个观念并非以传统价格技术分析的方法来区分何谓发散状态(趋势盘形态)以及何谓收敛状态(震荡盘形态),而是利用统计的分析方法作为投资人交易策略的判断准则。一般对于较为资深的投资人或机构法人而言,可用以规避价格技术分析所无法避免的白噪音(White Noise),进而提高其操作绩效。但是统计分析对于一些突发的价格走势,仍无法避免误差的产生。然而,若能将传统价格技术分析与此统计分析结合,便可帮助投资人大幅提高其对商品价格走势的判断,进而降低人为判断发生错误的概率。

所谓均值回归的概念,就是指任两商品间的关系,是否具有收敛至平均水平状态(Revert Back to Its Long-Run Value)的现象,而本节便是利用统计分析方法,来检验任意两商品之间的关系,到底是属于收敛状态还是发散状态。例如,摩台指期与大台指期的相对价格比值为$\left(\dfrac{P_x}{P_y}\right)$,若其两者有均值回归的关系,则其相对价格比值应有回归至其平均状态的趋势,否则其关系便是发散状态。如图6-1所示,假设摩台指期与大台指期具有均值回归现象,若摩台指期上扬$a\%$时,则两种情况发生,将使其相对价格比值有回归平均状态的趋势,即大台指期也顺势上扬$b\%$,或者摩台指期将下跌$a\%$。

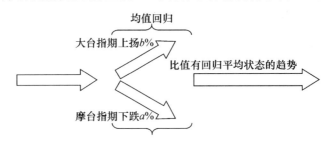

**图6-1 均值回归(Mean reversion)概念图**

然而,要如何测试两者间具有均值回归关系,便涉及另一数理观念——协整(Cointegration)关系。此为一广泛应用在经济学领域的统计分析,主要用于检验两项以上的时间数列彼此之间是否具有相同趋势形态的现象。延续图6-1说明,其原假设为摩台指期与大台指期两商品相对价格比值$\left(\dfrac{P_x}{P_y}\right)$呈现线性趋势形态($H_0$:线性趋势形态),若检定结果为拒绝原假设,则表示摩台指期与大台指期两商品不具备线性趋势形态,因此其相对价格比值$\left(\dfrac{P_x}{P_y}\right)$符合均值回归,表示摩台指期与大台指期两商品,适合作为进行多空对冲交易策略的标的;反之,若无法拒绝原假设,则表示此两商品相对价格比值不具备均值回归,隐含该配对组合不适合作为多空对冲交易策略的标的。

此外,协整检验所使用的统计量称为"迹统计量"(Trace Statistics),为任意两商品间的相对价格比值收敛至均价的概率大小,或者可作为相对价格比值与均价的密合度解释。其值越高表示此两商品的相对价格比值,收敛至均价的概率越大,亦可说相对价格比值与均价的密合度越高,反之概率越小。

综上所述,若任两商品具有协整关系,隐含其具有均值回归的关系,表示该两商品间的相对价格比值具有回归平均水平趋势的现象。这是进行收敛形态的多空对冲交易时,必先测试的过程。换言之,若两商品间的相对价格比值不具备协整关系,即便其相对价格比值走势图呈现盘整形态走势,亦不建议进行多空对冲交易。因此,若要以较为严谨的判断标准,筛选多空对冲交易的两配对商品,要优先考虑协整检验分析,其次可考虑相关性分析,再次才是由两商品的相对价格比值走势图是否呈现震荡整理形态判断。故若投资人能够灵活运用上述分析,便可有效提升进场从事多空对冲交易时的获利。

## ❓ 本章习题

1. 请简述期货价差交易的种类。

2. 若市场处于逆向市场状况,且交易者认为4月份到期之大台指和5月份到期之大台指两者的价差太小,预期两者之价差未来会扩大,那么可以从事下列哪一种交易策略来获利?
   (A) 同时买进4月份及5月份到期之大台指
   (B) 同时卖出4月份及5月份到期之大台指
   (C) 买进4月份到期之大台指,同时卖出5月份到期之大台指
   (D) 卖出4月份到期之大台指,同时买进5月份到期之大台指

3. 请简述价差与基差的差异。

**以下三题为题组**

4. 假设3月份活牛期货的价格为每磅150美分,6月份的活牛期货160美分,若预期未来两者的价差将变大,将进行怎样的价差策略?
   (A) 同时买进3月和6月的活牛期货
   (B) 同时卖出3月和6月的活牛期货
   (C) 买进3月的活牛期货,卖出6月的活牛期货
   (D) 卖进3月的活牛期货,卖出6月的活牛期货

5. 此种价差策略称为什么?
   (A) 买进价差   (B) 卖出价差   (C) 时间价差   (D) 泰德价差

6. 若交易人在3月份活牛期货的价格为每磅165美分、6月份的活牛期货为每磅185美分时,将期货持仓平仓,则其获利为多少?(每交易单位为40 000磅,其原来的持仓各为一单位。)
   (A) 800 000美分   (B) 600 000美分   (C) 400 000美分   (D) 200 000美分

7. 设目前3月份、6月份、9月份和12月份台指期货分别为8 200、8 300、8 450、8 680,小张认为3月份与6月份的价差太大,9月份和12月份的价差太小,故其应
   (A) 各买进一手6月份、9月份,同时各卖出一手3月份、12月份台指期货
   (B) 各买进一手3月份、9月份,同时各卖出一手6月份、12月份台指期货
   (C) 各买进一手9月份、12月份,同时各卖出一手3月份、6月份台指期货
   (D) 各买进一手3月份、12月份,同时各卖出一手6月份、9月份台指期货

# 第七章 期权概论

期权合约为除期货合约之外的最主要且基本的衍生性商品。本章拟探讨期权的基本性质、理论价值的上下限以及无套利空间下发展出的买卖权平价关系，最后初步介绍期权相关的价差交易策略。

## 第一节 期权的基本性质

所谓期权合约(Options)，就是赋予合约买方在到期日(Expiry date)之前，或是到期日当天以特定价格——也就是以所谓的执行价格(Strike price 或 Exercise price)，买进(假如是买权)或卖出(假如是卖权)特定商品的权利；但不必负应买或应卖的义务(Obligations)。如果买方认为市场状况不利于履约时，买方可以解约，而买方所承受的损失，只是已经缴付的权利金(Premium)而已。欧式期权(European options)买方仅可于到期日执行买进或卖出标的物的权利；而美式期权(American options)的买方则可于到期日前的任一时间选择执行买进或卖出标的物的权利。

期权与期货合约其中一个主要的差异，在于期权的买方必须付出期权权利金或期权价格(Option premium)给予期权的卖方，也就是，期权的买方为了拥有未来执行权利(而无履行义务)，必须事先付出一定价格补贴相对义务的履行者(即期权的卖方)。这与期货合约截然不同，期货合约的买、卖双方均仅需存入保证金额度，并没有权利金的问题。本节拟更进一步地厘清期权相关术语及基本性质。

### 一、买权、卖权、买方、卖方

考虑期权的买方及卖方共有四种组合：买权买方、买权卖方、卖权买方及卖权卖方，其到期的损益曲线又称为履约价值(Exercise value)，如图 7-1 和图 7-2 所示，其中，$S_T$ 代表标的物到期日交易价格，$C_0$ 代表买权价格，$P_0$ 代表卖权价格，$K$ 代表该期权的执行价格。

买权(Calls)买方有权(但非义务)在未来的某一特定时间内，以某一特定价格，从期权卖方买进某一数量的标的资产。拥有买权的人，有权利依执行价格向卖方要求买入某种数量的特定品；因此，当商品价格看涨时，执行价格越低的买权权利金越高。

图 7-1 (a)表示买进买权的履约价值。于到期日时，如果标的物价格高于执行价格则应该执行买权，赚取标的物价格与执行价格的价差，若该价差高于买权的买方最初付出的买权价格，则买权买方便为获利状况。相对地，如果标的物价格低于执行价格，则应该放弃该买权的执行权利，买方损失最初付出的买权价格，买权买方拥有"损失有限，获利无穷"的权利。买权买方的履约价值线(或到期损益曲线)在标的物价格小于执行价格

时,为低于横轴的水平直线,高度等于买权价格;在标的物价格大于执行价格后时,为以45°角线向右上方倾斜、交横轴于损益平衡点的折线。

图 7-1(b)表示放空买权的履约价值。放空买权有可能招致极大的损失,当标的物价格高于执行价格,而且放空买权时收到的买权价格无法补贴两价格之间的价差时,买权卖方便为亏损状况。相对地,当标的物价格低于执行价格时,买权买方会放弃执行权利,使得买权的卖方获利,而其获利金额等于买权价格。买权卖方的损益曲线在标的物价格小于执行价格时,为高于横轴的水平直线,高度等于买权价格;在标的物价格大于执行价格后,以45°角线向右下方倾斜,交横轴于损益平衡点。图 7-1(b)为图 7-1(a)的映射,买权的卖方以"获利有限,损失无穷"的义务,换取起初买权价格的现金收入。

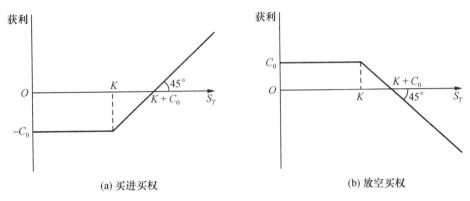

图 7-1　买权之损益曲线

卖权(Puts)买方有权(但非义务)在未来的某一特定时间,以特定的价格将某一数量的标的资产,卖给期权的卖方。拥有卖权的人,有权利依约定价格卖出该特定商品;因此,当后市看空而商品价格下跌时,卖权拥有者如果能立即出售就可获益。

图 7-2(a)表示卖权买方的履约价值。于到期日时,如果标的物价格低于执行价格则应该执行卖权,赚取标的物价格与执行价格的价差;若该价差高于卖权的买方最初付出的卖权价格,则卖权买方便为获利状况。相对地,当标的物价格高于执行价格时,卖权买方可以直接在市场上以标的物交易价格卖出,获取较高的现金收入,而放弃执行卖权的权利,损失卖权价格。因此,卖权买方的损失有限,最大损失为放弃卖权的执行权利而损失卖权价格,最大获利为执行价格与卖权价格之差距,即当标的物交易价格为零时。卖权买方的履约价值线(或到期损益曲线),在标的物价格大于执行价格时,为低于横轴的水平直线,高度等于卖权价格;在标的物价格小于执行价格后,以45°角线向左上方倾斜,交横轴于损益平衡点。

图 7-2(b)表示放空卖权的履约价值,卖权的卖方的最大获利为卖权价格,当标的物价格高于执行价格时,卖权的买方放弃执行权利。当标的物价格低于执行价格,而且放空卖权时收到的卖权价格无法补贴两价格之间的价差时,卖权卖方便为亏损状况。当标的物价格为零时,为最大损失状况。同样地,图 7-2(b)为图 7-2(a)的映射,卖权卖方的损益曲线在标的物价格大于执行价格时,为高于横轴的水平直线,高度等于卖权价格;在标的物价格小于执行价格后,以45°角线向左下方倾斜,交横轴于损益平衡点。

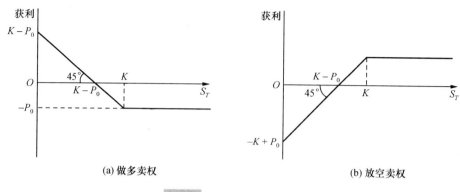

图 7-2　卖权之损益曲线

图 7-3 整合此四种组合的损益曲线,其中忽略买权及卖权的价格,以标的物价格为对称轴,可清楚地了解期权的买卖双方的损益曲线互为映像的曲线,也就是期权买卖双方为一零和游戏。

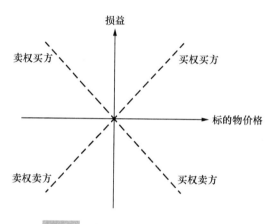

图 7-3　期权买/卖方之权利与义务

### 例 7-1

假设投资者持有台积电股票的买权,此买权合约的履约价为 70 元,若买权合约的买方选择履约,则可以用 70 元一股的价格,向买权合约的卖方买进 2 000 股台积电的股票。若该买权为欧式买权,则只能在到期日履行权利。若在到期日时台积电的市场价格为 55 元,则该买权合约的买方绝不会要求履约,因为他可以在股市以 55 元的市价买进台积电,则该买权的价格对买者而言价值为零。若台积电在到期日当天的市价为 70 元,则买权对买方而言也没有价值,因为他要求履约所支付的价格,与在股市买入的价格相同,因此买权合约并不能给买方带来任何利益。若台积电在到期日的市价为 75 元,高于买权合约的履约价,则买方可以要求履约,用 70 元的价格向买权合约的卖方买进台积电的股票,然后在股市以 75 元的价格卖出股票,则每股获利 5 元,2 000 股获利 10 000 元。

## 二、价内、价平、价外

期权于到期日（或之前）的损益状况，可以依据执行价格与标的物交易价格之间的关系，分为价内（In-the-money）、价平（At-the-money）及价外（Out-of-the-money）。以买权的买方为例，当标的物交易价格高于执行价格时，持有者可以执行该买权，以获取标的物交易价格与执行价格之间的价差，于此状况下的买权我们称为"价内"。相对地，当买权的执行价格高于标的物交易价格时，买权的买方宁愿直接在市场以标的物交易价格购买该商品，放弃该买权的执行权利，也就是买权呈现价值为负的状况，称为"价外"。另一种则为"价平"，为买权的执行价格与标的物交易价格相等，也就是买权呈现价值为零的情况。至于卖权的价内、价平及价外之状况，执行价格与标的物交易价格之关系，与买权呈现相反的方向。表7-1表示买权与卖权，在价内、价平及价外状况下，执行价格与标的物交易价格之间的关系。

表7-1　期权之价内、价平及价外

|  | 买权 | 卖权 |
| --- | --- | --- |
| 价内 | 执行价格 < 标的物价格 | 执行价格 > 标的物价格 |
| 价平 | 执行价格 = 标的物价格 | 执行价格 = 标的物价格 |
| 价外 | 执行价格 > 标的物价格 | 执行价格 < 标的物价格 |

## 三、期权价格/权利金

期权价格是由买方付予卖方的代价，以获取未来执行期权的权利。期权的权利金包含内含价值和时间价值。内含价值（Intrinsic value）是指当时标的物价格与执行价格对期权买方有利的差异，亦即现金价值（Cash value），也就是买方立即行使权利所获得的利益。时间价值（Time value）为期权价格与内含价值之差。

1. 内含价值

当期权的买方在获利状态，即期权在价内的时候，期权被执行时，其净值为正，此一正的净值称为内含价值。以买权而言，只有当标的物价格高于执行价格时，净值为正的内含价值才存在。例如，执行价格为50元的买权，当标的物价格为70元时，该买权的内含价值为70 − 50 = 20元。内含价值为20元代表买权买方可以立即以50元执行买权，并同时在市场以70元卖出标的物商品，获取20元的利润。相对地，执行价为50元的卖权，在标的物交易价格为70元时，该卖权不存在内含价值，因为并不存在执行卖权的条件。

当到期日的标的物交易价格低于执行价格时，买权处于损失状态，买权的内含价值为零，此时买权的买方损失买权权利金；若标的物价格等于执行价格时，买权的内含价值仍为零，买权的买方仍损失权利金。然而，当标的物价格大于执行价格时，买权的内含价值虽然为正值，但并不表示买权的买方一定可以获利，因为内含价值扣掉买权权利金仍可能是负值，此时买方仍然存在亏损，只有当内含价值大于买权权利金时，买权的买方才能获利。故图 7-1 中的损益平衡点为买权的内含价值等于买权权利金的那一点,即为 $S_T = K + C_T$。而图 7-2 中卖权的损益平衡点为 $S_T = K - P_T$。

买权内含价值可写为:

$$\max(S_T - K, 0) = \begin{cases} S_T - K & \text{当 } S_T > K \\ 0 & \text{当 } S_T \leq K \end{cases}$$

而卖权内含价值可写为:

$$\max(K - S_T, 0) = \begin{cases} 0 & \text{当 } S_T > K \\ K - S_T & \text{当 } S_T \leq K \end{cases}$$

有关于期权的内含价值的计算,有两点值得注意:一为内含价值的决定与期权价格无关,仅需比较执行价格与标的物交易价格;二为欧式与美式期权对于内含价值的定义是相同的,虽然欧式期权仅可于到期日当天执行。

2. 时间价值

在到期日之前的任何一天,期权的市场价格通常会大于或等于其内含价值,两者之差称为时间价值。① 时间价值可以视为对于未来的标的物交易价格的赌注,对于买权而言,这个赌注的价值,与买权之标的物的到期价格超过执行价格的概率相关。对于卖权而言,这个赌注的价值,与卖权之执行价格超过标的物的到期价格的概率相关。由于期权的履约价值(如图 7-1 与图 7-2 所示)对于标的物价格的变动呈现不对称的反应(例如,买权买方拥有"损失有限,获利无穷"的权利),因此期权的时间价值,可以视为对于标的资产价格朝着对投资人有利方向变动的持续投机的价值。

当我们考虑这项投机的价值时,当买权之标的物的交易价格低于执行价格的幅度越大时,标的物的到期价格超过执行价格的概率将越趋缩小,因此买权的时间价值将会越来越小。同样地,当买权之标的物的交易价格超越执行价格的幅度越大时,标的物的到期价格超过执行价格的概率,其变动的可能性就会越来越小,因此买权的时间价值亦将会越来越小。根据同样的讨论逻辑,当卖权之标的物的交易价格超过执行价格的幅度,或标的物的交易价格低于执行价格的幅度越大时,卖权的时间价值会越来越小。由此可知,当期权属于价平状况时,其时间价值达到最大点附近。②

此外,决定期权的时间价值(或者赌注价值)的关键之一,在于该期权距离到期日尚有多久时间。假如仅剩下一两天的时间,则标的物的到期价格会较现行价格上涨 10% 的概率就不会太大,对投资人而言,投机的价值就不会有多少;然而,若距到期日尚有两三个月,则该项赌注的价值就会相当大。因此,期权的时间价值随到期日逼近而递减,到期日当天的期权的时间价值为零。

买权的时间价值反映了期权价格超过内含价值的部分,而时间价值与距到期日时间长度有关。据此,买权价值、内含价值与时间价值之间的关系,于到期日前可以表示为:

买权价值 = 内含价值 + 时间价值

---

① 这样定义内含价值与时间价值是业界与理论界最常见的方法,其优点是计算简便,但缺点是并不能保证时间价值总是为正。详细讨论请参阅郑振龙、陈蓉(2008)。

② 同样,这样定义的内含价值与时间价值,也不能保证时间价值在价平状态时刚好最大。详细讨论请参阅郑振龙、陈蓉(2008)。

而随着到期日的迫近,买权的时间价值亦随之递减,当到期日时,买权的时间价值等于零,因此,于到期日时,

$$0 = 买权价值 - 内含价值$$

即
$$买权价值 = 内含价值$$

### 例 7-2

某股票目前的市价为 100 元,其不同买权执行价格对应的买权价值如下:

| 执行价格(元) | 买权价值(元) |
|---|---|
| 100 | 5 |
| 95 | 8 |
| 90 | 12 |

期权价格可以区分为内含价值与时间价值两部分。当买权执行价格为 90 元时,内含价值为 10 元(100-90),而剩余部分 2 元(12-10)为时间价值;当执行价格为 95 元时,内含价值为 5 元(100-95),而时间价值则为 3 元;当执行价格相等于标的物价格,皆为 100 元时,期权价格只反映时间价值 5 元。

### 例 7-3

2009 年 5 月 17 日,台指期权执行价格为 7 200 点,到期日为同年 7 月,该日台指收盘为 7 195 点。若于 2009 年 5 月 30 日,台股指数上涨至 7 295 点,买权买方除了执行买权而获利 95 点×50=4 750 元外,亦可选择反向卖出买权了结持仓。如果该买权价格于 2007 年 5 月 30 日为 110 点,采取卖出买权可获利金额为 110 点×50=5 500 元。与采取执行买权获利金额比较,差额为

$$5\,500 - 4\,750 = 750 \text{ 元}$$

差额 750 元反映期权的时间价值,而采取执行买权只可获取内含价值 4 750 元。

## 第二节 期权价值的上下限

一般情况下,即使不知道买权的理论价格是多少,也可知道它应该在某一个范围之内,若超出此合理范围,则有套利的机会。套利指的是无风险而获取利润的交易动作。买权价值不会高于某一个价格,该价格称为买权价值上限。假设台积电买权价值是 80 元,台积电股价是 70 元,以套利观点来看,便可以卖出台积电买权同时买进股票,即使买权的执行价格为 0,此一交易亦可净赚 10 元。因此,买权价值必须小于标的股票价格,此为买权价格上限,即 $C \leq S$。

买权价值不会低于某一个价格,该价格称为买权价值下限。期权为一种权利,所以

买权价格一定大于0。此外，买权价格也必须大于或等于标的股价减执行价格折现，以公式表示为：

$$c \geq S - Ke^{-rT}$$

上式可以无套利机会来证明，假设有两个投资组合：A 投资组合是买入买权（$c$），到期时买权价格为 $c = \max(S_T - K, 0)$；B 投资组合是买入标的股票（$S$），并向银行融资借入 $Ke^{-rT}$ 元，则到期日时，第二个投资组合价值为 $S_T - K$。A 投资组合比 B 投资组合有利，因为当 $S_T - K > 0$，两个投资组合结果相同；当 $S_T - K < 0$ 时，A 投资组合结果是 0，而 B 投资组合结果为负。因未来 A 投资组合的报酬比 B 投资组合高，所以在无套利机会的前提下，目前 A 投资组合的价值（$c$）必须比 B 投资组合价值（$S - Ke^{-rT}$）高。

在有股利的情况下，发放股利使股价下跌，假设买权还有 $T$ 年到期，在买权存续期间某一时点 $t(t \leq T)$，标的股票发放股利 $D$ 元，将股利折现，并由标的股价减掉，买权下限为：$c \geq S - De^{-rt} - Ke^{-rT}$。

美式买权给持有者提早履约的权利，若在除息日前履约，拿股票便有权可得股利，可将其视为到期日为 $t$ 的短时间欧式买权；如不履约，可将其视为到期期限为 $T$、股利 $D$ 元的长时间欧式买权。因为美式买权的持有者可以选择两种履约策略中较有利者，所以美式买权下限，为期限较短的欧式买权下限和期限较长的欧式买权下限两者中的较大值，以公式表示为：

$$C \geq \max[S - Ke^{-rt}, S - De^{-rt} - Ke^{-rT}]$$

欧式卖权要到到期日才能履约，最好的情况是到期日标的股价为 0，卖权价值为 $K$。将 $K$ 折现，则欧式卖权必须小于等于 $Ke^{-rT}$。此外，欧式卖权的价值必须要大于等于执行价格折现减掉股价，欧式卖权价值的上下限为：

$$Ke^{-rT} - S \leq p \leq Ke^{-rT}$$

在有股利的情况下，欧式卖权价值较高，其下限为执行价格折现减掉股价，再加上股利折现，其公式为：

$$p \geq Ke^{-rT} - S + De^{-rt}$$

美式卖权的持有者，可于到期日前任何一天履约。股价为 0 的情况下，提早履约以 $K$ 价格卖出股票最有利，所以美式卖权小于等于执行价格，即 $P \leq K$。美式卖权可提早履约，所以美式卖权至少要大于等于内含价值（$K - S$），故美式卖权价值的上下限为：

$$K - S \leq P \leq K$$

如同美式买权，美式卖权的持有者也可以选择到期日为今天的短期间欧式卖权（$K - S$），与未提早履约、到期期限为 $T$、股利为 $D$ 元的长期间欧式卖权（$K^{-rT} - S + D^{-rt}$）这两种履约策略中较有利者，因此，美式卖权的下限应为：

$$P \geq \max[K - S, K^{-rT} - S + D^{-rt}]$$

## 第三节 裸持仓与平价关系

本节将以期权裸持仓及其延伸的买权卖权平价关系，作为讨论期权交易策略的起点。首先，单纯的买进或卖出单一买权或卖权策略，称为裸持仓（Naked Position），基本上,区分为买入买权(Long A Call)、卖出买权(Short A Call)、买入卖权(Long A Put)与卖出卖权(Short A Put),图7-4(a)、(b)、(c)、(d)描绘了裸持仓到期日损益曲线。

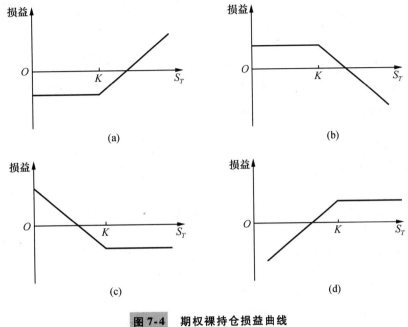

**图 7-4** 期权裸持仓损益曲线

以损益曲线来说明裸持仓策略。取买入买权为例,如图7-5所示,当投资者预期标的物价格将上涨时,买进执行价格($K$)买权。图中虚线为未到期买权价值曲线,该曲线与到期日损益曲线(实线)距离为时间价值,持有买权的时间价值随到期日接近而递减。理论上,可视为买入买权投资者,以时间价值为投资成本,换取其主观预期市况实现带来的获利。表7-2说明了到期日标的物价格变化范围与裸持仓实现损益。

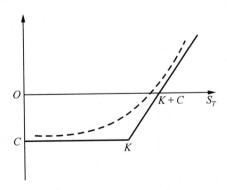

**图 7-5** 买入买权到期日损益

**表 7-2 裸持仓损益情况**

| 标的物价格范围 | 损益状况 |
|---|---|
| $S_T > K + C$ | 获利；随 $S_T$ 增加而递增 |
| $S_T = K + C$ | 损益两平 |
| $S_T < K + C$ | 损失；最大损失额为 $C$ |

其中，$S_T$ = 到期日标的物价格，$C$ = 买权之权利金（价格）。

## 一、买卖权平价关系（Put-call parity）

然而，当市场存在足够交易效率时，套利机会不存在，使得买权价格、卖权价格与标的物间存在一定的关系，而描述买权与卖权价格的关系式称为买卖权平价关系。更明确地说，买卖权平价关系是指相同执行价格（$K$）及合约期间（$T$）的欧式买权和卖权间，具有的某种对等关系。其关系式由卖权价格（$p$）、买权价格（$c$）、股票价格（$S$）、执行价格（$K$）、合约期间（$T$）及无风险利率（$r$）所组成。

假设投资人同时进行下列交易：

（1）以价格 $S$ 买入一股股票（假设不发放股利）；
（2）买入一单位欧式卖权，付出权利金 $p$；
（3）放空一单位欧式买权，收到权利金 $c$；
（4）借入一笔资金，金额为 $Ke^{-rT}$，连续复利利率为 $r$，到期偿还金额为 $K$。

该投资组合的内容如表 7-3 所示。

**表 7-3 买卖权平价投资组合**

| 投资组合内容 | 目前价值 | 合约到期时 | |
|---|---|---|---|
| | | $S_T \leq K$ | $S_T > K$ |
| 股票 | $-S$ | $-S_T$ | $-S_T$ |
| 卖权 | $-p$ | $+(K - S_T)$ | 0 |
| 买权 | $+c$ | 0 | $-(S_T - K)$ |
| 借款 | $+Ke^{-rT}$ | $-K$ | $-K$ |
| 合计 | | 0 | 0 |

由表 7-3 可看出，此投资组合在合约到期时价值为 0，在无套利机会的前提下，此投资组合目前的价值必须为 0。若 $c - p - s + Ke^{-rT} > 0$，表示目前收到一笔钱而未来不必归还，套利机会便存在，市场上必会争相买入该投资组合直到 $c - p - S + Ke^{-rT} = 0$。反之，若 $c - p - s + Ke^{-rT} < 0$，表示目前付出资金而未来没有收到报酬，如此便有套利机会产生，市场上必会卖出该投资组合直到 $c - p - S + Ke^{-rT} = 0$。由此可知，唯有买卖权平价关系存在，市场才能达到均衡而无套利机会。买卖权平价关系即为

$$c(S,T,K) = S + p(S,T,K) - Ke^{-rT} \tag{7-1}$$

或是

$$p(S,T,K) = c(S,T,K) - S + Ke^{-rT}$$

买卖权平价关系的基本条件为:(1) 标的物在权利期间内不发放现金股息;(2) 利率在权利期间内不会变动;(3) 完美的资本市场(Perfect capital market)。若忽略所有手续费、保证金等制度性因素,便可清楚地描述欧式买权价格、卖权价格与标的物价格之间的关系,作为套利机会存在与否的评判依据。当其中某一投资组合价格偏离买卖权平价关系时,套利者可以买进其中价格偏低的投资组合,同时卖出价格偏高的投资组合,以获取套利利润。因此,买卖权平价关系除了描述了相关商品的价格关系外,亦可作为套利机会存在与否的判断准则。

然而套利交易仍可能面临下列风险:(1) 利率风险。若套利交易涉及利息支出或利息收入,那么套利损益就会受到利率变动的影响。(2) 执行风险。此项套利交易涉及 4 项交易,其中,2 项期权交易,1 项标的资产交易,以及 1 项无风险资产交易,实际在执行这些交易时,很难同时完成交易。(3) 股利的风险。买卖权平价关系假设股票并不发放股利,但实际上股票多会发放股利,所以套利交易的现金流入,一部分是来股票的股利收入。如果股利发放的数额发生非预期变动,将会影响最终的获利。

因此,在推导期权定价模型时,仅需推导欧式买权或欧式卖权其中之一即可,另外一个定价模型可从买卖权平价关系推算出来。此外,从买卖权平价关系可以发现,标的物价格的波动度在关系式中未出现,且对 $S$ 及 $Ke^{-rT}$ 无影响,因为在关系式中,欧式买权与欧式卖权分在等号的两边,且符号相同。所以标的物价格的波动度对买权及卖权的影响必须是同向且同幅。另一方面,已知 $e^{-rT}$ 为折现因子,其值必小于 1,因此,当 $K = S$ 时 $p < c$,亦即价平时,买权比卖权的价值还大。又因价平期权的内含价值为零,因此我们也可以说价平买权的时间价值比价平卖权的时间价值要大。

最后,买卖权平价关系亦可以提供合成买权与合成卖权的方法。由买卖权平价关系式,可以发现合成买权为:

$$c = p + S - Ke^{-rT}$$

表示我们可以借由买进卖权、买进标的物,并同时借入执行价格现值的现金,合成欧式买权。同样地,合成卖权为

$$p = c + Ke^{rT} - S$$

表示可借由买进买权、放空标的物,并同时将执行价格的现值投资于无风险利率资产,合成欧式卖权。虽然从市场完整性(Completeness)的观点来说,买权与卖权并非冗余的证券,两种期权同时存在在理论上是多余的,多出的一种期权对建构市场的完整性并无帮助,然而在实务上,因为市场并非无交易成本,交易手续费的存在会造成合成策略的成本总是较高,故两种期权同时存在仍有好处。

## 二、风险移转

接着,我们将利用"风险移转"(Risk transfer)与套利交易的原理,来说明式(7-1)在交易策略中的应用。投资人持有标的物,却担心标的物价格下跌的风险,利用买入卖权,移转持有持仓的损失风险,该交易策略称为保护性卖权(Protected put),依据式(7-1)可表示为(忽略现金股利 $D$)

$$p + S = c + Ke^{-rT}$$

说明保护性卖权策略(上式等号左方)相同于持有买权加上固定现金(执行价格现值)。图 7-7(a)描述了该策略的损益曲线,直观上,投资者牺牲部分标的物上涨获利机会,作为移转损失风险的避险成本。

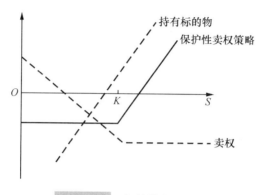

**图 7-7(a)** 保护性卖权策略

另一常见的策略为掩护性买权(Covered call),该策略为卖出买权同时买入标的物,依据式(7-1)可表示为

$$S - c = Ke^{-rT} - p$$

说明掩护性买权策略(上式等号左方)相同于卖出卖权加上固定现金额度(执行价格现值)。图 7-7(b)描述了该策略的损益曲线。

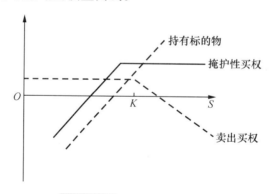

**图 7-7(b)** 掩护性买权策略

有两种直观的方式来解释此策略。其一,投资者持有标的物,为了减少标的物价格下跌招致损失额度,以卖出买权的权利金来补贴;其二,投资者放空买权,同时买进标的物,来规避标的物价格大幅上涨招致的无限损失风险。上述两种解释不同,要看原来投资用意:其一,投资者强烈预期标的物上涨而买进,随后上涨预期信心降低,因此牺牲标的物大涨获利机会(卖出买权),来补贴下跌风险;其二,投资者预期标的物上涨概率甚小,采取卖出买权赚取时间价值,接着因修正市场预期,买进标的物规避标的物上涨的损失风险,但维持赚取买权时间价值的预期。

## 三、套利交易

式(7-1)说明在市场不存在套利机会的情况下,买权、卖权与标的物三者价格应维持特定相对关系,利用此平价关系,其中任一商品可经由另两项商品组合复制其损益特性,例如,前述的保护性卖权策略的损益曲线相同于买权,视为复制性买入买权(Synthetical call);而掩护性买权策略即为复制性卖出卖权(Synthetical put)。依此逻辑可以复制出买入卖权损益,方式如下:

$$p = c - S + Ke^{-rT}$$

复制性买入卖权相等于买入买权同时放空标的物,以图7-8(a)描述其损益曲线;相似地,复制性卖出买权相等于卖出卖权同时放空标的物,以图7-8(b)描述其损益曲线,其方式如下:

$$-c = -p - S + Ke^{-rT}$$

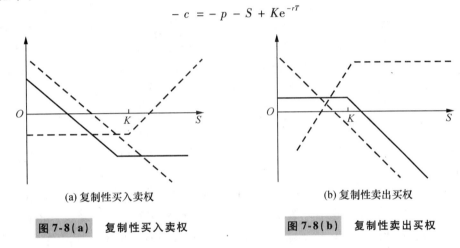

(a) 复制性买入卖权

(b) 复制性卖出买权

**图 7-8(a)　复制性买入卖权**　　　**图 7-8(b)　复制性卖出买权**

因此,买权、卖权与标的物三者的损益特性,可经由平价关系来复制,表达为

$$\hat{c} \leftarrow (p, s), \quad \hat{p} \leftarrow (c, S), \quad \hat{S} \leftarrow (c, p)$$

其中 $\hat{c}$、$\hat{p}$、$\hat{S}$ 是由平价关系得到的复制性资产。当投资者观察市场交易价格 $c_m$ 不符合平价关系时,可以建构复制性资产,执行套利交易。例如,当市场上买权交易价格 $c_m$ 不合理地偏离平价关系,而且 $|c_m - \hat{c}| >$ 交易成本(执行套利交易)时,投资者进行套利交易获取利润。许多人进行相同交易策略,将修正市场上不合理价格行为。

## 第四节　价差交易策略

组合两个以上(包含)同类型期权(买权或卖权)的持仓,称为价差交易策略(Spread trade)。若进一步以执行价格与到期日来解析交易策略,可区分为垂直式价差策略(Vertical spread)、水平式价差策略(Horizontal spread)与对角式价差策略(Diagonal spread),如表7-4所示。

**表 7-4　垂直式、水平式及对角式价差策略示例**

| 到期日<br>履约价格 | 3月 | 4月 | 5月 |
|---|---|---|---|
| 7 000 | | | |
| 7 100 | +1 | +1 | −1 |
| 7 200 | −1 | | |
| 7 300 | | −1 | +1 |

（垂直式价差：3月 +1/−1；水平式价差：4月 +1，5月 −1；对角式价差：4月 −1，5月 +1）

表 7-4 为"执行价格"与"到期日"的二维度表格，其中"+1"表示买进，"−1"表示卖出。固定到期日，同时买进（+1，履约价 = 7 100）与卖出（−1，履约价 = 7 200）同类型期权，称为垂直式价差策略；固定执行价格，同时买进与卖出不同到期日同类型期权，称为水平式价差策略，或称为时间价差策略（Time spread）；而同时买进与卖出不同执行价格/不同到期日的同类型期权，称为对角式价差策略。

## 一、多头价差策略

固定到期日，同时买进执行价格（$K_1$）较低与卖出执行价格（$K_2$）较高的同类型期权（$K_2 > K_1$），属于垂直式价差策略。

以买权建构多头价差策略（Bull Spread），买进相同标的物执行价格 $K_1$ 买权，并卖出执行价格 $K_2$ 买权。图 7-9 描绘了其策略损益曲线。既然买权权利金随执行价格递减，买权 $K_1$ 权利金高于 $K_2$ 权利金，该策略起始成本为二买权权利金差额。标的物到期日价格（$S_T$）与（$K_1, K_2$）关系决定了策略损益，表 7-5 说明了不同市况下策略的损益。

于到期日，若标的物价格下跌至低于 $K_1$，价差策略收益为零；若标的物价格落在 $K_1$ 与 $K_2$ 之间，策略收益为 $S_T - K_1$；若标的物价格上涨高于 $K_2$，则策略收益为执行价格之差，$K_2 - K_1$。

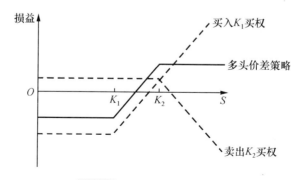

**图 7-9　买权多头价差策略**

表 7-5　买权多头价差策略的收益

| 市场状况 | 买入买权($K_1$)收益 | 卖出买权($K_2$)收益 | 策略收益 |
|---|---|---|---|
| $S_T \leqslant K_1$ | 0 | 0 | 0 |
| $K_1 < S_T < K_2$ | $S_T - K_1$ | 0 | $S_T - K_1$ |
| $S_T \geqslant K_2$ | $S_T - K_1$ | $-(S_T - K_2)$ | $K_2 - K_1$ |

*收益额度未计入策略起始成本。

如果将策略建构成本计入实现损益,不同市况下,策略损益曲线如图 7-10 所示。直观上而言,投资者预期市场上涨(高于 $K_1$),为了降低建构策略成本,牺牲标的物价格上涨高于 $K_2$ 的获利机会,卖出较高执行价格买权($K_2$),收入权利金来补贴策略成本。因此,当标的物价格高于 $K_2$ 或低于 $K_1$ 时,获利与损失不会随标的物价格上涨或下跌而扩大,二者皆存在上下限额度,当标的物价格为 $K_1 + C$ 时为损益平衡点。

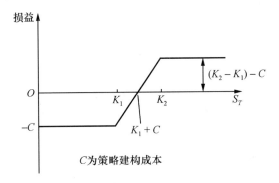

图 7-10　买权多头价差策略损益解析

以相同的架构,可以建构卖权多头价差策略,方式为买入低执行价格($K_1$)卖权,同时卖出高执行价格($K_2$)卖权。图 7-11 为策略损益曲线。与买权多头价差策略的主要差异在于此策略不需起始成本,并可收入权利金。

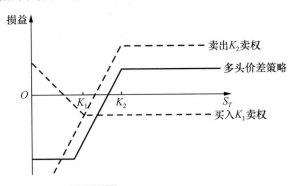

图 7-11　卖权多头价差策略

## 二、空头价差策略

空头价差策略(Bear Spread)亦为垂直式价差策略,适用于预期市场下跌的交易。当投资者预期标的物下跌时,同时卖出 $K_1$ 买权与买入 $K_2$ 买权。相对于前述多头价差策略,策略结构差异在于买入执行价格高于卖出执行价格。图 7-12 说明了买权空头价差策略损益曲线。

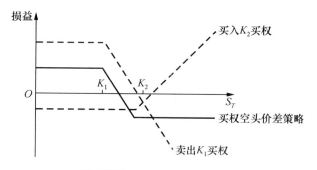

**图 7-12　买权空头价差策略**

既然买入买权执行价格 $K_2$ 高于卖出买权 $K_1$,建构策略不需起始成本,并有现金流入(二买权权利金差额),计入策略建构现金流入。图 7-13 解析了不同市场状况下策略实现损益。

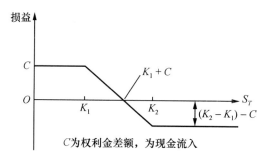

**图 7-13　买权空头价差策略损益解析**

直观上,投资者预期市场下跌而卖出 $K_1$ 买权,希望赚取权利金,却也不愿意暴露于市场上涨趋势中,以招致无限损失风险,因此,付出部分权利金收入来买进 $K_2$ 买权,来限制市场上涨的风险。

相同的,可以用卖权来建构空头价差策略,方式为同时买入 $K_2$ 卖权与卖出 $K_1$ 卖权,图 7-14 为损益曲线。其原理是,投资者卖出 $K_1$ 卖权,以其权利金来补贴策略建构成本,而代价为牺牲部分市场上涨获利机会。

比较多头与空头价差策略,投资者预期市场上涨/下跌而建构价差策略,但不愿意承担市场反向走势招致的较大损失风险,通过牺牲部分获利机会来控制损失风险,因此,多头与空头价差策略的共同点为损失与获利皆有限制额度。

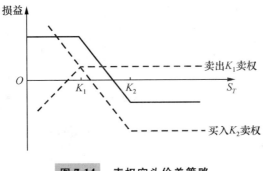

**图 7-14　卖权空头价差策略**

### 三、蝴蝶型价差策略

另一个被使用的策略为蝴蝶型价差策略(Butterfly Spread)。其建构方式为,买进一个执行价格 $K_1$ 之买权,卖出两个执行价格 $K_2$ 之买权,买进一个执行价格 $K_3$ 之买权,其中 $K_1 < K_2 < K_3$,相对应的买权价格为 $C_1 < C_2 < C_3$,图 7-15 说明了蝴蝶价差策略建构方式与损益曲线。考虑策略建构成本,图 7-16 解析了不同市场状况下该策略实现损益。其中卖出执行价格 $K_2$ 买权之收入可被用来补贴另外两个买权之持有成本,适当地调整 $K_1$、$K_2$ 及 $K_3$ 之间的关系,可满足投资者对于持有成本的需求。由图 7-16 可清楚地看出,标的物价格落于 $K_2$ 左右小幅度范围,蝴蝶型价差策略将有获利。因此,如果投资者预期未来标的物价格发生大幅度的波动机会不大,蝴蝶型价差策略是一个可适当满足投资者预期的交易策略。

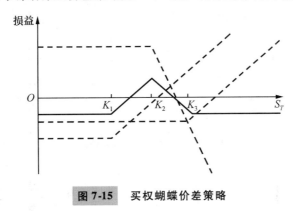

**图 7-15　买权蝴蝶价差策略**

相同的,也可利用卖权来建构图 7-15 损益曲线的蝴蝶价差策略。

### 四、水平式价差策略

固定执行价格,同时买入/卖出不同到期日同类型的期权,称为水平式价差策略(Horizontal Spread)。以买权为例,买入到期日较长买权,并同时卖出到期日较短买权,以短期买权到期日为基础,图 7-17 说明了水平价差策略建构方式与损益曲线,既然长期买权还未到期,其损益曲线为该日买权的价值曲线。比较图 7-17 与图 7-18,明显地,二者结构相仿,当标的物价格落在执行价格附近,才有获利机会;若标的物价格发生大幅度波动

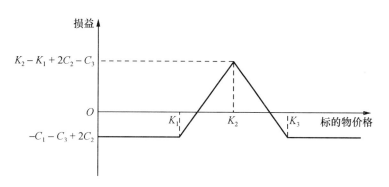

图 7-16　蝴蝶型价差策略损益解析

（上涨/下跌），策略将发生损失。

另外，以时间价值变化来进一步说明水平价差策略损益变化。我们知道，对于期权买方而言，时间价值随到期日接近而减少，而且相同时间变化对于短期期权价值影响较大。如果标的物价格落在执行价格附近，买入长期买权时间价值减少的损失，应该低于卖出短期买权时间价值减少的收入，因此，时间消逝，会提升水平价差策略的价值。图 7-18 说明了时间变化对于水平价差策略的影响。

相同的，也可利用卖权来建构图 7-17 损益曲线的水平价差策略。

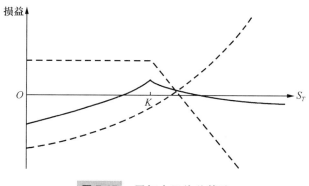

图 7-17　买权水平价差策略

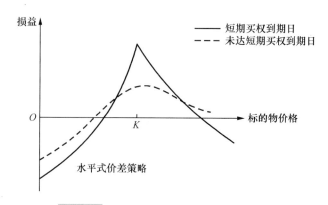

图 7-18　不同时间水平价差策略之损益

## 五、对角式价差策略

前述期权价差策略获利,源自标的物价格大幅度变动与时间价值。垂直式价差策略固定到期日,买卖不同执行价格期权,其损益来自标的物价格发生显著上涨/下跌;水平式价差策略固定执行价格,买卖不同到期日期权,若标的物价格落在执行价格附近,策略获利来自时间价值。对角式价差策略(Diagonal Spread)为垂直与水平价差策略的混合型,建构方式为同时买入与放空执行价格与执行价格皆不同的期权,依此可建构出更多种可能的损益曲线与获利来源。

# 第五节 混合持仓

在交易策略中不需限制于同类型期权,而允许同时买进与卖出买权及卖权的策略,称为混合持仓。常见的有跨式策略(Straddle)与勒式策略(Strangle),混合持仓策略属于一种波动度交易(Volatility trade)。

## 一、跨式策略

跨式策略(Straddle)也称为鞍式策略,其建构方式为同时买进一个买权与一个卖权,其中买权与卖权的执行价格、到期日及标的物皆完全相同。图 7-19 为跨式策略于到期日的损益曲线,其形状为"V"形,其中 $C$ 和 $P$ 分别为买权与卖权的价格,而 $K$ 为执行价格。由两个时间点来讨论跨式策略损益状况,一为到期日,二为到期日之前。于期权到期日时,若标的物价格落在执行价格附近,会发生损失;当标的物价格发生大幅度的变动(上涨或下跌)时,才会有获利机会。由图 7-19 可看出,当标的物变动幅度落在 $K-(C+P)$ 与 $K+(C+P)$ 之间时,跨式策略将招致损失。但如果标的物价格上涨至 $K+(C+P)$ 以上,或下跌至 $K-(C+P)$ 以下时,跨式策略将有获利。

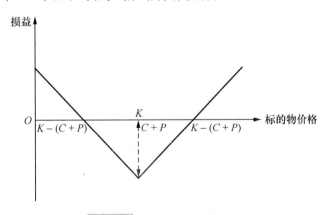

**图 7-19** 跨式策略损益曲线

于到期日前,跨式策略损益曲线如图 7-20 所示,其中虚线表示不同标的物价格波动幅度下之损益曲线,由此可见,跨式策略获利机会随市场(预期)波动加剧而增加。以波动度交易角度来看,跨式策略属于买进波动度策略(Long Volatility),其获利机会随市场波动加剧而增加①;相对地,若投资者预期市场波动度将降低,可以卖出跨式策略,赚取报酬。

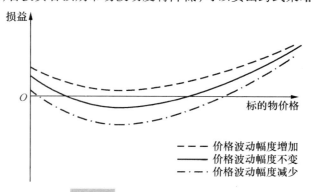

图 7-20　波动幅度与跨式策略

### 例 7-4

以台股指数为基础所发行的台指买卖权目前市价如下:

| | 台股指数现值 | 到期日 | |
|---|---|---|---|
| | | 3 月 | 6 月 |
| 台指 7 500 买权 | 7 550 | $190 | $530 |
| 台指 7 500 卖权 | 7 550 | 120 | 470 |

上表中,台指 7 500 买权代表以台股指数为基础,所发行的买权的执行价格为 7 500 点。3 月到期的买权市价为 \$190,而 6 月到期的卖权市价为 \$470。表中的其他数字可做类似的解释。

某投资者同时购买 3 月到期台指 7 500 买权及台指 7 500 卖权,共支付 (190 + 120) × 50 = \$15 500。该投资者所购买的两个期权,在到期日时的报酬结构须视台股指数的变动幅度而定。我们首先讨论三种台股指数的变动可能性如下:

1. 于到期日前,因台湾经济状况良好,台湾股票市场呈现多头走势,致使台股指数上升。故在到期日时,台股指数上升至 7 900 点。在这种情况下,该投资者的报酬如下:

买权价值 + 卖权价值 − 成本
= (7 900 − 7 500) × \$50 + 0 − \$15 500 = \$4 500

当台股指数上升 400 点时,足以弥补成本 310 点,投资者获利。(因台股指数上升,买权价值上升。)

2. 于到期日前,因台湾经济状况不佳,台湾股票市场呈现空头走势,致使台股指数下跌。故在到期日时,台股指数下跌至 7 100 点。在这种情况下,该投资者的报酬如下:

0 + (7 500 − 7 100) × \$50 − \$15 500 = \$4 500

当台股指数下跌 400 点时,足以弥补成本 310 点,投资者获利。(因台股指数下跌,

---

① 期权到期日时,损益曲线或现金流量相同,是买卖权平价关系成立的主要依据。当期权可以于到期前执行(美式期权),则无法保证买卖权关系一定成立。

卖权价值上升。）

3. 若到期前，台湾经济状况持平，台湾股票市场呈现平稳走势，致使台股指数在到期日时小跌50点，则投资者的损失为$15 500。（因买权及卖权价值皆等于零。）

我们以下表列出在不同的台股指数下，买入跨式的报酬结构：

| 台股指数 | 成本 | 买权价值(点) | 卖权价值(点) | 利润(损失)($) |
|---|---|---|---|---|
| 7 100 | −310 | 0 | 400 | +4 500 |
| 7 300 | −310 | 0 | 200 | −5 500 |
| 7 500 | −310 | 0 | 0 | −15 500 |
| 7 700 | −310 | 200 | 0 | −5 500 |
| 7 900 | −310 | 400 | 0 | +4 500 |

## 例 7-5

前例中，若某投资者因某种原因相信台湾股票市场呈现平稳走势，台股指数日后应不会太远离现值7 700点，他决定同时售出6月到期台指7 700买权及台指7 700卖权，共得$(380+320)×50=\$35 000$的收入。当然，在到期日时，他的报酬须视台股指数的真正点数而定。我们分析三种可能的价格如下：

1. 若在6月到期时，台股指数上升至8 000点。在这种情况下，该投资者的报酬如下：

$$收入 - 买权价值 - 卖权价值$$
$$= \$35 000 - (8 000 - 7 700) × \$50 - 0 = -\$20 000$$

当台股指数上升300点时，小于收入700点，投资者收入$20 000。

2. 若在6月到期时，台股指数下跌至6 800点。在这种情况下，该投资者的报酬如下：

$$收入 - 买权价值 - 卖权价值$$
$$= \$35 000 - 0 - (7 700 - 6 800) × \$50 = -\$10 000$$

当台股指数下跌900点时，大于收入700点，投资者损失$10 000。

3. 若在6月到期时，台股指数小跌50点，则投资者的获利为$50 000。（因买权及卖权价值皆等于零。）

我们以下表列出在不同的台股指数下，卖出跨式的报酬结构：

| 台股指数 | 收入 | 买权价值(点) | 卖权价值(点) | 利润(损失)($) |
|---|---|---|---|---|
| 6 500 | 700 | 0 | −1 200 | −25 000 |
| 7 000 | 700 | 0 | −700 | 0 |
| 7 500 | 700 | 0 | −200 | +25 000 |
| 8 000 | 700 | −300 | 0 | +20 000 |
| 8 500 | 700 | −800 | 0 | −5 000 |

## 二、勒式策略

另一与期权跨式策略相仿的交易策略,为期权勒式策略(Strangle)。其建构方式与跨式策略类似,不同点在于,勒式策略中买权与卖权的执行价格并不相同,其目的在于降低交易策略的建构成本。通常选用价外状况的买权及卖权,以降低勒式策略的持有成本,于到期日之损益曲线亦呈现平底"V"形,如图 7-21 所示。比较图 7-19 与图 7-21,勒式策略处于损失状况的范围较大,也就是标的物价格必须有更大幅度变化,即高于 $K_2 + (C + P)$ 或低于 $K_1 - (C + P)$ 时才会产生获利。

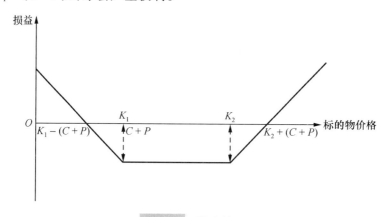

图 7-21　勒式策略

于到期日前,期权勒式策略之损益曲线与图 7-20 类似,当标的物价格波动度增加(减少)时,将提高(降低)获利机会。

如本章讨论,影响期权价值变化的来源,不限于标的物价格涨跌,市场波动与时间消逝皆会影响期权策略损益。基本上,投资者可依据自己的建筑蓝图,架构期权交易策略,以满足特定损益曲线之需求,此一特色是现货与期货交易无法达成的。期权交易策略的高度可塑性,确实能提供更多选择,使得任何损益曲线变成可行。

## 本章习题

1. 下列关于指数期货卖权哪个正确?
(A) 时间价值 = 内含价值
(B) 时间价值 = 权利金
(C) 时间价值 = 内含价值 + 权利金
(D) 时间价值 = 权利金 - 内含价值

2. 下列哪个交易不需缴交保证金?
(A) 同时买进 TX 期货与 TXO 卖权
(B) 同时买进 TXO 买权与买进 TXO 卖权
(C) 同时卖出 TXO 买权与卖出 TXO 卖权

(D) 同时卖出 TX 期货与买进 TXO 买权

3. 李先生放空履约价格 7 500 的 TXO 买权,同时于 7 420 买入 TX 期指,下列叙述哪个有误?

(A) 期货成交时李先生会被指派一手 7 500 的卖单
(B) 李先生风险无限
(C) 李先生获利有限
(D) 李先生需缴保证金

4. 买进 10 月履约价格 1 000 的买权,同时卖出 12 月履约价格 1 100 的买权,此种策略称为:

(A) 水平价差交易(Horizontal Spread)
(B) 垂直价差交易(Vertical Spread)
(C) 对角价差交易(Diagonal Spread)
(D) 买入跨式交易(Long Straddle)

5. 下列叙述哪个错误?

(A) 卖出近月份台指买权,并同时买入同履约价格的远月份台指买权,净权利金支出恒正
(B) 卖出高履约价格的台指买权,同时买进相同到期日、低履约价格的台指买权,须缴保证金
(C) 卖出台指买权,同时买进相同到期日、相同履约价格的台指卖权,须缴保证金
(D) 卖出台指卖权,同时买进相同到期日、相同履约价格的台指买权,须缴保证金

6. 买入一手台指买权并同时卖出一手相同到期日且相同履约价格的台指卖权,其报酬形态如同:

(A) 买入一手相同到期日的台指期货(TX)
(B) 卖出一手相同到期日的台指期货(TX)
(C) 买入一手相同到期日的小型台指期货(MTX)
(D) 卖出一手相同到期日的小型台指期货(MTX)

7. 融券卖出标的资产并同时买入该标的资产的买权,此交易策略称为:

(A) covered call
(B) reverse covered call
(C) protective put
(D) reverse protective put

8. 股票型共同基金经理人预期未来股价指数将会大幅度上涨,下列哪种策略较适合操作?

(A) 买进台指买权,同时卖出相同到期日、相同履约价格的台指卖权
(B) 承做收取固定利率、支付股价指数报酬率的权益互换
(C) 卖出价平的近月份台指买权及台指卖权
(D) 买进高履约价格的台指卖权,同时卖出相同到期日的低履约价格的台指卖权

9. 若预期台湾加权股价指数在 12 月份到期时,将在 7 800 至 8 100 间盘整,下列哪

种策略最不适合操作?

（A）卖出履约价格 7 800 的台指买权,同时卖出履约价格 8 100 的台指卖权

（B）卖出履约价格 7 800 的台指卖权,同时卖出履约价格 8 100 的台指买权

（C）卖出履约价格 7 800 的台指卖权,同时买进履约价格 8 100 的台指卖权

（D）买进履约价格 7 600、8 300 的台指买权,同时卖出履约价格 7 800、8 100 的台指买权各一手

假设在一年后股价变化只有两种情况。在第一种情况下,A 证券价格为 100 元,B 证券价格为 40 元;在第二种情况下,A 证券价格为 40 元,B 证券价格为 60 元。在无套利情况下,A 证券价格售价为 64 元。假设目前无风险利率为 0,依据上述假设回答下列三题：

10. 在无套利机会下,第一种情况发生的概率（风险中性概率）是多少?

（A）40%　　　（B）50%　　　（C）60%　　　（D）70%

11. 在无套利机会下,B 证券价格售价为:

（A）52　　　（B）50　　　（C）48　　　（D）46

12. 一年后到期、履约价格 70 的 A 股票欧式买权目前合理价格为:

（A）12　　　（B）15　　　（C）18　　　（D）21

13. 持有标的资产并同时买入该标的资产的卖权,此交易策略称为:

（A）covered call　　　　　　（B）reverse covered call

（C）protective put　　　　　（D）reverse protective put

14. 持有标的资产并同时放空该标的资产的买权,此交易策略称为:

（A）covered call　　　　　　（B）reverse covered call

（C）protective put　　　　　（D）reverse protective put

15. 某投资者预期未来股市会大变动,但涨跌方向不确定,则他可以采用下列哪一种交易策略来获利?

（A）Long straddle

（B）Short straddle

（C）Bull vertical spread

（D）Short vertical spread

16. 假设某一不支付现金股利的欧式买权履约价格为 $50,目前股价 $52,到期日为 6 个月,无风险利率为 1.5%（年）,请问此买权价格的下限是多少?

17. 假设某一不支付现金股利的欧式卖权履约价格为 $40,目前股价 $37,到期日为 3 个月,无风险利率为 1.5%（年）,请问此卖权价格的下限是多少?

18. 假设某一不支付现金股利的美式买权履约价格为 $20.00,到期日为 5 个月,其价格为 $1.50,假设目前股价 $18.00,无风险利率为 1.5%,若此美式买权价格为 $1.50,请问和美式买权具有相同到期日与履约价格的美式卖权价格的上下限是多少?

19. 假设有一个距到期日尚有 6 个月、履约价格为 30 元的欧式买权,其权利金为 2 元,已知目前标的股票的价格为 29 元,且无风险利率为 2% 下,试求同样 6 个月到期、履约价格为 30 元的欧式卖权价格是多少?

20. 使用买卖权平价关系(put-call parity)证明使用欧式卖权建构的蝴蝶价差,其成本和欧式买权下的结果相同。

21. 假设某无股利支付的股票市价为32元,其波动度为30%,且无风险利率为5%,试分析下列持仓的损益:

(1) 距到期日尚有6个月且履约价为30元及25元的欧式买权,建构一多头价差持仓

(2) 距到期日尚有6个月且履约价为30元及25元的欧式卖权,建构一空头价差持仓

(3) 距到期日尚有1年且履约价为35元、30元及25元的欧式买权,建构一蝴蝶价差持仓

(4) 距到期日尚有1年且履约价为35元、30元及25元的欧式卖权,建构一蝴蝶价差持仓

(5) 距到期日尚有6个月且履约价为30元的期权,建构一跨式策略

(6) 距到期日尚有6个月且履约价为25元及35元的期权,建构一勒式策略

# 第八章 期权定价

一般而言，期权或其他衍生性金融产品的定价，可分为两种不同却相关的方法。第一种方法是利用随机微积分来推导偏微分方程式，以解得期权的价值。第二种方法则是以合成概率系统，将期权的价值表达成某种统计上的期望值。本章将重点放在第一种方法，即几何布朗运动、伊藤定理与偏微分方程式的应用上，第二种方法则待第九章再进行介绍。此外，进一步讨论期权与期货期权的定价模型、股利分配对期权的影响，以及最适美式期权运行时间。配合台湾市场现况，对于期权定价模型的说明将以指数期权与个股期权为例。

## 第一节 马尔科夫随机过程

如果一个变量在任何时点可能出现的值至少有两种，就称之为随机变量（Stochastic Variable），例如股价。随机变量因在任何时点出现的值至少有两种，故具有不确定性，也就是风险。当一个随机过程变量在下一个时点$(t+1)$可能出现的值，只与该变量在时间$t$的值有关，而与其过去变量的路径无关时，则此随机过程称为马尔科夫（Markov）随机过程。例如，假设台积电今天的股价为80元，若股价服从马尔科夫随机过程，其未来股价的预测应与台积电一个星期前、一个月前甚至一年前的历史股价无关，唯一攸关的信息，就是台积电今天的股价。因此，马尔科夫随机过程的重要特性就是，未来特定点股价的概率分布，与股价如何演变到现有价值无关。

若股价的变动拥有此马尔科夫特性（Markov Property），就称其遵守马尔科夫随机过程。从金融学的角度来看，表示股市的效率市场假说（Efficient Market Hypothesis）成立，代表某时点的股价已经反映至该时点的所有信息，所以下个时点可能出现的股价只与该时点股价有关，因此根据过去股价与变动过程所作的技术分析图表，对未来股价的预测是没有用的。

## 第二节 几何布朗运动

几何布朗运动（Geometric Brownian Motion）是一种描述随机变量值的变动模型。为方便说明，首先考虑单期的情况，若期末股价服从均值为$\mu$、方差为$\sigma^2$的正态分布，则期末股价可表达成$N(\mu,\sigma^2)$分布。此股价变量根据马尔科夫特性，在这段期间的中点，亦应服从正态分布，其均值为$\mu/2$，方差为$\sigma^2/2$。应用类似的逻辑，考虑$[0,T]$的期间，期末股价服从正态分布，均值为$\mu T$，方差为$\sigma^2 T$。我们可以在这段期间切分出一连串的随机变量$X_t, t \leq T$，$X_t$为每段子期间$[0,t]$的期末股价变量，$X_t$应服从均值为$\mu t$、方差为$\sigma^2 t$的正态分布。对于任一 $s, s<t, X_t - X_s$ 为一与 $[s,t]$ 子期间相关的正态分布随机变量，其均值为 $\mu(t-s)$，而方差为 $\sigma^2(t-s)$。每段子期间都与所有的其他子期间相互独立，也就是说，累加形成 $X_t - X_s$ 的所有子期间，与累加形成 $X_s$ 的所有子期间是相互独立的，当然也与 $X_s$ 的出现值相互独立。这样的随机变量，便可称为布朗运动。

英国植物学家罗伯特·布朗(Robert Brown)于1827年观察花粉在水里不断地舞动后，称该现象为布朗运动(Brownian motion)；爱因斯坦(Albert Einstein)于1905年以独特的眼光分析出，是微小的水分子在作用，还利用数学方法计算出分子的大小和亚佛加厥常数，证明分子的存在。1908年，法国物理学家佩兰借由实验，印证了爱因斯坦的理论。早在公元1900年，巴歇列(Bachelier)便以数学方法分析巴黎股票交易的价格变化。其后金融研究人员将股票价格的变化，与物理学上布朗运动所描述的微粒子动态轨迹，以数学模型连接。自此以后，以布朗运动来描述股票价格的动态轨迹，便成为金融学上连续时间(Continuous-time finance)研究的重要基础。

布朗运动的路径为具有无限曲折的波动，整条路径虽然连续，但路径上的所有点都不能微分。如上所述，随机变数的方差为 $\sigma^2(t-s)$，代表其出现值的分散程度的扩大速度为时间的开方的函数。若我们将此随机变量路径上的一阶离差加总，将会得到一个无限大的值，也就是说，这条路径所有变化的总和是无限大的。如果我们把路径上所有负向的变动都取绝对值，这条路径将会立即冲到无限大。如果布朗运动的路径触及某一出现值，在未来极短的时间内，这条路径将会再触及同一出现值无限多次。

让我们清楚地给布朗运动(或称为 Wiener process)一个正式的数学定义。若一连串的随机变数，$W_t, t \geq 0$，拥有以下特性，则我们称此随机变量服从布朗运动：

1. 在短期间 $\Delta t$ 的变数变量 $\Delta W$ 为

$$\Delta W = \varepsilon \sqrt{\Delta t}$$

$\varepsilon$ 服从标准正态分布 $N(0,1)$。

2. 任两个不同期间的短期($\Delta t$)变数变量 $\Delta W$ 相互独立

$$\text{Cov}(\Delta W_t, \Delta W_s) = 0; \quad s \neq t$$

从第一个特性可知，变数变量 $\Delta W$ 本身亦服从正态分布 $N(0, \Delta t)$，$\Delta W$ 的标准差为 $\sqrt{\Delta t}$。第二个特性 $W_t$ 代表服从马尔科夫随机过程。

若是我们考虑 $[0, T]$ 较长的期间，随机变量 $W$ 在这段期间的变量为 $W(T) - W(0)$，为 $W$ 在每段极短期间 $\Delta t$ 变数变量的总和。

$$n = T/\Delta t$$

$$W(T) - W(0) = \sum_{i=1}^{n} \varepsilon_i \sqrt{\Delta t}$$

其中，$\varepsilon_i (i=1,2,\cdots,n)$ 为标准正态分布 $N(0,1)$ 的出现值，从布朗运动的第二个特性可知，这些 $\varepsilon_i$ 都是相互独立的。由此我们可得到随机变量 $W$ 在 $[0, T]$ 较长的期间的变量 $W(T) - W(0)$，服从正态分布 $N(0, T)$，其标准差为 $\sqrt{T}$。

在一般微积分中，我们通常把变量缩小到极限 0，以求得一阶微分，因此，$\Delta y/\Delta x$ 便成为 $dy/dx$。在此，我们也可对随机过程做相似的处理，即当 $\Delta t \to dt$，$\Delta W \to dW$，$dW$ 称为随机变量的瞬间变量。dW 的漂移项（Drift term）为 0，而瞬间（每单位时间 dt）标准差为 1，dW 的漂移项代表随机变量 W 每单位时间 dt 的瞬间变量期望值。dW 服从正态分布 $N(0, dt)$，$(dW_t)^2 = Var(dW_t) = dt$。

广义的布朗运动可以将另一个随机变量 X 表达成 dW 的函数，若 a 与 b 为常数，随机变数 X 的变量可表达成 $dX = adt + bdW$，则 dX 服从正态分布 $N(adt, b^2 dt)$，其标准差为 $b\sqrt{dt}$。若是考虑 [0, T] 较长的期间，则随机变量 X 在这段期间的变量为 $X(T) - X(0)$，服从正态分布 $N(aT, b^2 T)$，其标准差为 $b\sqrt{T}$。

广义的布朗运动本身，即为一个实用的随机过程，但是负值出现的概率为正，因此不适合用来描述股价的变动。此外，通常投资者要求的期望报酬率与股票的绝对价值是相互独立的，也就是说，如果投资人对股价为 10 元的股票要求 20% 的必要年报酬，他们同时对股价为 100 元的股票也会要求一样的 20% 的年报酬。

若我们进一步放宽广义布朗运动中的参数 a 与 b，使其成为随机变量 X 与时间 t 的函数，我们将此更完整的随机过程称为伊藤随机过程，其数学方程式如下：

$$dX = a(X,t)dt + b(X,t)dW$$

此时，随机变数 X 的瞬间变量期望值，会随着变量 X 本身及时间的变动而变动。同样地，随机变数 X 的瞬间变量标准差，也会随着变量 X 本身及时间的变动而变动。

若以广义的布朗运动来描述股价报酬率，意即假设股价的对数值服从广义的布朗运动。因此，我们可得到股价变量的随机过程如下：

$$dS_t = \mu S_t dt + \sigma S_t dW_t$$

其中，随机变量 $S_t$ 代表在时间 t 的股价，而 $\mu S_t$ 代表股价变量 $dS_t$ 的瞬间期望值，即 $E(dS_t) = \mu S_t d_t$，$\sigma S_t$ 代表股价变量的瞬间标准差，即 $Var(dS_t) = \sigma^2 S_t^2 dt$。这一随机过程是伊藤随机过程的一种，亦称为几何布朗运动。

几何布朗运动中的参数 $\mu$ 代表股票的期望瞬间报酬率，$E(dS_t/S_t) = \mu dt$，$\sigma$ 代表股票报酬率的瞬间标准差，$Var(dS_t/S_t) = \sigma^2 dt$。如果股价的波动度为 0，意即 $\sigma = 0$，则股价变量的随机过程便为 $dS_t = \mu S_t dt$ 或 $dS_t/S_t = \mu dt$，在等号的两边将时间从 0 到 t 积分，我们可得到 $S_t = S_0 e^{\mu t}$，因此，若现在 (t = 0) 股价为 $S_0$，则未来股价以 $\mu$ 的成长率，随时间连续复利成长；股价的波动度则由随机项 $S\sigma dW$ 表示，代表总体经济及个股本身因素对股价的随机影响。

## 第三节 伊藤定理

当标的资产价格设为随机变量，衍生性产品的价格在数学上就是其标的资产价格与时间的函数，伊藤定理就是在说明衍生性商品价格变动的随机过程。因此，如何将衍生性金融产品价格表达成已知的标的资产价格的随机过程，是衍生性金融产品定价中非常重要的一环。在 1951 年时，日本数学家 Kiyosi Ito 借由泰勒展开式，推导出著名的伊藤定理（Ito's Lemma）。首先，若 F 为随机变数 S 与 t 的函数，则其泰勒展开式可表示如下：

$$F(S + \Delta S, t + \Delta t) = F(S, t) + F_S \Delta S + F_t \Delta t + F_{St} \Delta S \Delta t$$

$$+ [F_{SS}(\Delta S)^2 + F_{tt}(\Delta t)^2 + 2F_{St}\Delta S\Delta t]/2 + \cdots$$

假设变量 $S$ 服从以下随机过程,

$$dS = \mu(S,t)dt + \sigma(S,t)dW$$

其中, $dW$ 与前节定义相同, 服从布朗运动, 而 $\mu$ 与 $\sigma$ 则为 $S$ 和 $t$ 的函数。假设 $S$ 的变动是连续的, 当时间变动非常小时, $\Delta S$ 与 $\Delta t$ 可用 $dS$ 与 $dt$ 取代。

假设只取 $(dt)^m$, $m \leq 1$ 之各项、$m > 1$ 的高阶项忽略不计。此外, 前节已述布朗运动的特性包括 $(dW)^2 = dt$。因此, 若我们忽略 $dt$ 大于一次方的高阶项, 令 $dF = F(S+dS, t+dt) - F(S,t)$, 则上述泰勒展开式可化成下式:

$$dF(S,t) = \left[F_S(S,t)\mu S + F_t(S,t) + \frac{1}{2}F_{SS}\sigma^2 S^2\right]dt + F_S(S,t)\sigma S dW \quad (8-1)$$

式 (8-1) 将 $dF$ 表达成 $F$ 对 $S$ 和 $t$ 的导数所构成的 $dt$ 项与 $dW$ 项, 称为伊藤定理。由该式可知, 函数 $F$ 与变数 $S$ 服从相同的布朗运动, 有一样的随机变动 $dW$, $F$ 的瞬间变量期望值为

$$F_S(S,t)\mu S + F_t(S,t) + \frac{1}{2}F_{SS}\sigma^2 S^2$$

而 $F$ 的瞬间变量标准差为

$$F_S(S,t)\sigma S$$

### 例 8-1

让我们以有价证券的远期合约为例, 来说明伊藤定理的实际应用。假设 $S$ 为不发股利的股票的价格变量 ($S_0$ 是在 $t=0$ 时的股票价格), 而 $F$ 是到期日为 $T$ 的远期合约价格 ($F_0$ 是在 $t=0$ 时的远期合约价格)。首先, 我们知道在 $t=0$ 时,

$$F_0 = S_0 e^{rT}$$

而当 $0 < t < T$ 时,

$$F = Se^{r(T-t)}$$

若 $S$ 服从几何布朗运动, 我们可以应用伊藤定理, 来推导出变量 $F$ 的随机过程。变数 $F$ 对股票价格 $S$ 与时间 $t$ 的导数为

$$\frac{\partial F}{\partial S} = e^{r(T-t)}, \quad \frac{\partial^2 F}{\partial S^2} = 0, \quad \frac{\partial F}{\partial t} = -rSe^{r(T-t)}$$

根据伊藤定理, 变量 $F$ 的随机过程为

$$dF = [e^{r(T-t)}\mu S - rSe^{r(T-t)}]dt + e^{r(T-t)}\sigma S dW$$

将 $F = Se^{r(T-t)}$ 代入上式, 我们可得到 $F$ 的随机过程为

$$dF = (\mu - r)Fdt + \sigma F dW$$

由此可知, 远期合约价格 $F$ 与股票价格 $S$ 同样服从几何布朗运动, 只是其期望瞬间报酬率是 $\mu - r$, 而非 $\mu$。

### 例 8-2

我们也可以利用伊藤定理，进一步了解 $\ln S$ 的特性。定义变量 $G$ 为 $G = \ln S$，则变数 $G$ 对股票价格 $S$ 与时间 $t$ 的导数为

$$\frac{\partial G}{\partial S} = \frac{1}{S}, \quad \frac{\partial^2 G}{\partial S^2} = -\frac{1}{S^2}, \quad \frac{\partial G}{\partial t} = 0$$

根据伊藤定理，变量 $G$ 的随机过程为

$$dG = \left(\mu - \frac{\sigma^2}{2}\right)dt + \sigma dW$$

这代表在 $[0, T]$ 的期间，随机变量 $G$ 的变量为 $\ln S_T - \ln S_0$，服从正态分布 $N\left(\left(\mu - \frac{\sigma^2}{2}\right)T, \sigma^2 T\right)$，其标准差为 $\sigma\sqrt{T}$。

我们也可以将其改写为 $\ln S_T$ 服从正态分布 $N\left(\ln S_0 + \left(\mu - \frac{\sigma^2}{2}\right)T, \sigma^2 T\right)$，由此可知，股票价格 $S$ 服从几何布朗运动的假设，同时隐含 $S$ 必须服从对数正态分布。

## 第四节 衍生性金融产品定价

在了解几何布朗运动及伊藤定理之后，我们可以进一步探讨 B-S 定价模型的推导逻辑，并应用相同的想法，作为其他衍生性金融工具定价的基础。本节亦拟对 B-S 定价模型的参数值的估计做一简单的介绍。

### 一、Black-Scholes 定价模型

假设股票价格服从几何布朗运动，则

$$dS = \mu S dt + \sigma S dW$$

其中，$dS$ 为瞬间股价之变动，$\mu$ 是股票的瞬间期望报酬，$\sigma$ 是股票的瞬间波动度，$W$ 为 Wiener process。假设 $V$ 是一种衍生性金融工具，其价值为股票价格及时间的函数，即 $V = V(S, t)$。根据伊藤定理，

$$dV = \frac{\partial V}{\partial t}dt + \frac{\partial V}{\partial S}dS + \frac{1}{2}\sigma^2 S^2 \frac{\partial^2 V}{\partial S^2}dt$$

购买一单位的 $V$，并卖出（放空）$\theta$ 单位的 $S$，以创造一个新的投资组合 $F$。则

$$F = V(S, t) - \theta S$$

$$dF = \frac{\partial V}{\partial t}dt + \frac{\partial V}{\partial S}dS + \frac{1}{2}\sigma^2 S^2 \frac{\partial^2 V}{\partial S^2}dt - \theta dS$$

选择 $\theta$，使得新的投资组合 $F$ 成为无风险资产，即

$$\theta^* = \frac{\partial V}{\partial S} \Rightarrow dF = \frac{\partial V}{\partial t}dt + \frac{1}{2}\sigma^2 S^2 \frac{\partial^2 V}{\partial S^2}dt$$

此 $\theta^*$ 在金融学上称为完全避险比率（Delta hedging ratio），在此比率下，新的投资组

合 $F$ 的随机不确定性降为零。完全避险亦是金融学上动态避险的一种,避险比率随着 $V$ 对 $S$ 的一次微分在不同时间的变化而改变。

既然新的投资组合 $F$ 是无风险资产,在无套利空间的前题下,投资组合 $F$ 的瞬间期望报酬应该等于无风险资产的瞬间期望报酬(假设为 $r$),即

$$dF = rFdt \Rightarrow \frac{\partial V}{\partial t} + \frac{1}{2}\sigma^2 S^2 \frac{\partial^2 V}{\partial S^2} + rS\frac{\partial V}{\partial S} - rV = 0 \tag{8-2}$$

式(8-2)就是金融学上著名的 Black-Scholes-Merton 偏微分方程式。

此偏微分方程式根据不同的边界条件,可求解出以 $S$ 为标的资产,各式各样衍生性金融工具的价值。这些边界条件通常是针对不同的 $S$ 与 $t$ 的变数值下,各种衍生性金融工具的相对应价值。例如前面章节所讨论的欧式买权,其关键的边界条件为:在到期日,当 $t = T$ 时,$V = \mathrm{Max}(S_T - K, 0)$。

根据此边界条件,求解(8-2)式,可推导出欧式买权的 B-S 定价模型(8-3)为

$$c = SN(d_1) - Ke^{-rT}N(d_2)$$
$$d_1 = \frac{\ln\left(\frac{S}{K}\right) + \left(r + \frac{1}{2}\sigma^2\right)T}{\sigma\sqrt{T}}$$
$$d_2 = d_1 - \sigma\sqrt{T} \tag{8-3}$$

至于欧式卖权,其关键的边界条件为

$$\text{当 } t = T \text{ 时},\quad V = \mathrm{Max}(K - S_T, 0)$$

根据此边界条件,求解式(8-2),可得欧式卖权的 B-S 定价模型(8-4)为

$$p = Ke^{-rT}N(-d_2) - SN(-d_1) \tag{8-4}$$

### 例 8-3

某证券商打算推出台股指数连动债,期限为一年。目前指数 $S_0$ 为 7800 点,波动度 $\sigma$ 每年 25%,股利收益率 $\delta$ 为 3%,定存利率 $r$ 为 2%(连续复利)。连动债报酬率为 $\mathrm{Max}(\mathrm{ROR}, 0) \times m$,其中 $\mathrm{ROR} = \frac{S_T - S_0}{S_0}$,$m$ 为参与率。若令 $m = 0.6$,且中途不得解约,试问此连动债之报酬率,是否优于定存利率?

**解:** $\mathrm{Max}(\mathrm{ROR}, 0) = \mathrm{Max}\left(\frac{S_T - S_0}{S_0}, 0\right)$
$$= \frac{1}{S_0}\mathrm{Max}(S_T - S_0, 0)$$

由于中途不得解约,令 $S_0 = K$,则上式可视为一欧式价平买权,而连动债报酬率为 $m \times \frac{1}{S_0}\mathrm{Max}(S_T - S_0, 0)$。

$$c_0 = S_0 e^{-\delta T} N(d_1) - Ke^{-rT} N(d_2)$$
$$= S_0[e^{-\delta T}N(d_1) - e^{-rT}N(d_2)]$$

$$d_1 = \frac{\ln\left(\frac{S_0}{K}\right) + \left[(r-\delta) + \frac{1}{2}\sigma^2\right]T}{\sigma\sqrt{T}}$$

$$= \frac{\ln\left(\frac{S_0}{S_0}\right) + \left[(0.02 - 0.03) + \frac{0.0625}{2}\right] \times 1}{0.25\sqrt{1}}$$

$$= 0.085$$

$$d_2 = d_1 - \sigma\sqrt{T}$$

$$= 0.085 - 0.25 \times \sqrt{1}$$

$$= -0.165$$

$$N(d_1) = N(0.08) + \frac{1}{2}[N(0.09) - N(0.08)]$$

$$= 0.5319 + \frac{1}{2}(0.5359 - 0.5319)$$

$$= 0.5339$$

$$N(d_2) = N(-0.16) - [N(-0.16) - N(-0.17)]$$

$$= 0.4364 - (0.4364 - 0.4325)$$

$$= 0.4345$$

因此 $C_0 = S_0[e^{-0.03 \times 1} \times 0.5339 - e^{-0.02 \times 1} \times 0.4345]$

报酬率 $R_0 = 0.6 \times \frac{1}{S_0} \times S_0[e^{-\delta T}N(d_1) - e^{-rT}N(d_2)]$

$$= 0.6 \times 0.0922$$

$$= 5.53\% \, (\text{p.a})$$

则 连续复利的报酬率 $Y_{cc} = \ln(1 + 0.0553)$

$$= 5.38\% \, (\text{c.c})$$

$$Y_{cc} > 2\% \, (\text{定存利率})$$

由上述结果可知,$Y_{cc}$ 与 $S_0$ 无关。但由于连动债可视为一欧式买权,若 $S_0$ 处于高点,则站在发行者立场不应推出此商品。然而,站在投资人的立场,虽然此连动债的报酬率高于定存利率,但仍应与市场投资报酬率相比较,以决定是否投资。另一方面,传统100%保本连动债的设计重点之一,为"最小参与率($m$)"的计算,即不考虑风险,对投资人而言,等同定存利率的最小参与率为

$$m^*[e^{-\delta T}N(d_1) - e^{-rT}N(d_2)] = e^{0.02 \times 1} - 1$$

$$m^* = \frac{e^{0.02 \times 1} - 1}{0.0922}$$

$$= 0.2191$$

## 二、标的物价格报酬标准差的估计

影响 B-S 定价模型的五项参数,其中可由期权合约中明确得知的有标的物价格、执行价格以及到期日,而市场无风险利率虽然不能直接观察得知,却可由国库券或债券的收益率求得。因此,只有标的物价格年报酬标准差无法观察得之,需利用统计方法加以估计。其中以历史波动度模型与隐含波动度模型为较常见的两种方法。此二种模型在估计价格波动度上各有其使用上的限制,然而考察文献,普遍认为隐含波动度相对较佳。在台湾的期权市场中,部分商品(如股票期权)或商品交易初期(如 TEO 与 TFO)交易量不足(或交易不活跃)的问题,易造成所估计出的隐含波动度不具代表性。

1. 历史波动度模型

利用标的物过去期间价格波动,作为未来价格波动之估计值,称为历史波动度模型。隐含于该估计法的假设为,标的物过去期间价格波动,应可作为标的物未来价格波动之估计值。标的物价格波动度的估计,一般采用过去六个月或一年标的物价格的报酬率,或与期权期限相同的历史报酬率,再求其报酬的标准差,得到日报酬的标准差,一般称为历史波动度(Historical Volatility)或历史标准差(Historical Standard Deviation)。以日标准差乘以 $\sqrt{250}$(一年有 250 个交易日)[①],即可得到年报酬率的标准差,其公式如下:

$$\sigma_{\text{天}} = \sqrt{\sum_{i=1}^{n} \frac{(R_i - \bar{R})^2}{n}}$$

$$\sigma_{\text{年}} = \sigma_{\text{天}} \times \sqrt{250}$$

$\sigma_{\text{天}}$——每天标的物报酬的标准差;

$\sigma_{\text{年}}$——标的物报酬年化的标准差;

$R_i$——每日标的物报酬率,等于 $\frac{S_i - S_{i-1}}{S_{i-1}}$ 或等于 $\ln \frac{S_i}{S_{i-1}}$,其中 $S_i$ 为第 $i$ 天收盘价;

$\bar{R}$——每日平均标的物报酬率;

$n$——$n$ 天样本。

2. 隐含波动度模型

将标的物价格报酬年标准差视为唯一未知的变量,利用其他四项参数与期权价格将标准差估计值引申出来,称为隐含波动度(Implied Volatility)模型。此法将期权交易价格与其他四项参数直接输入 B-S 定价模型,然后输出标准差估计值。其中隐含假设期权交易价格为期权公平价格,也就是认为期权交易价格等于 B-S 定价模型求得的理论值。

以台指买权为例,其相关资料如下:

$$C_F = 315.96$$
$$S = 6\,750$$
$$K = 6\,600$$
$$r = 3\%$$

---

① 由于节假日不同,各国和地区一年的交易日并不相同。中国内地每年的交易日每年只有 240—242 日。

$$\delta = 2\%$$
$$T = \frac{1}{12}$$

将以上数据代入(8-3)式,可得

$$315.96 = 6750 \times e^{-0.02 \times \frac{1}{12}} \times N(d_1) - 6600 \times e^{-0.03 \times \frac{1}{12}} \times N(d_2)$$

$$d_1 = \frac{\ln\left(\frac{6750}{6600}\right) + (0.03 - 0.02 + 0.5 \times \sigma^2) \times \frac{1}{12}}{\sigma \times \sqrt{\frac{1}{12}}}$$

$$d_2 = d_1 - \sigma \times \sqrt{\frac{1}{12}}$$

上面三个式中,仅标准差($\sigma$)为未知,联立可以求得

$$\sigma = 30\%$$

于期权合约期间,标的物的价格报酬年标准差(30%)为市场预期值。既然隐含波动度模型是利用当时市场交易信息引申而来,表示已充分利用当时市场信息,而市场信息亦有效地反映对未来的预期。这一点与历史波动度模型是不同的。

## 第五节 期权定价模型

期权价值的确定,是以不存在套利机会为基础的。创造出的完美避险投资组合,买进标的资产并同时卖出期权(或是买进期权并同时卖出标的资产),应仅可赚取无风险报酬(即无风险利率)。Fischer Black 及 Myron Scholes 于 1973 年,利用此原理以及复杂的数学工具,推导出著名的 Black-Scholes 期权定价模型(简称为 B-S 定价模型)。B-S 定价模型明确指出,当期权价格被市场高估或低估时,期权价格与标的资产价格之间存在不正常的套利机会;套利者可以利用套利策略,赚取高于无风险利率的超额报酬。套利策略的买卖方力量,终将迫使期权价格回归公平价格。

### 一、Black-Scholes 定价模型的重要假设

B-S 定价模型是一个连续时间(Continuous time)的期权定价模型。在期权的合约期间内,它假定标的资产价格波动度维持不变。在这个假设下,标的资产的到期价值将呈现对数正态分布。所以,如果考虑溢价或折价程度相同的两个期权,执行价格较高的期权将有较高的价值。举例来说,假定标的资产的目前价格是 100 美元,如果不考虑利率,而且假设到期价格是呈现对数正态分布,则对于执行价格为 110 美元的买权与执行价格为 90 美元的卖权,因为两者的溢价都是 10%,两者的理论价值将会完全相同。可是,在 B-S 模型的对数常态配假设下,上档的价格变动将会大于下档的变动,执行价格为 110 美元的买权的价值,会因此而高于执行价格为 90 美元的卖权。

B-S 定价模型中所采用的重要假设条件包括:

- 于期权到期日前,标的物报酬的波动度(标准差)为固定常数,不受标的物价格变

动的影响。
- 于期权到期日前,市场无风险利率为固定常数。
- 标的物价格变动为一连续形态(价格变动的百分比是以连续方式复利)。
- 标的物价格变动为一随机程序,不受人为的操纵,也不能事先预测其变动方向。
- 标的物价格服从对数正态分布(Lognormal distribution)。
- 不存在交易成本(例如,标的物可以自由买卖,没有任何限制;交易没有税赋的考虑;每个人都可以自由借贷资金,适用相同的利率)。
- 于期权到期日前,标的物没有股利分配。

B-S 定价模型中并不假设投资者的风险偏好,仅要求期权价格与其标的物商品价格之间,不存在套利机会,因此大大提高了其应用上的可行性。

在实践中市场运作并非毫无阻碍,标的物商品不能完全自由买卖;交易确实有税赋上的考虑;交易者不能自由借贷资金,所适用的利率也各有不同;交易成本永远存在。此外,还有涨跌停板的限制,造成市场暂停交易标的物商品,直到停板打开为止。如果标的物价格始终锁住停板,则交易必须顺延到次一个营业日。

其中交易者可以自由借贷资金的假设,则是 B-S 定价模型中比较严重的瑕疵。假设资金可以自由借贷,履约保证金绝对不是问题。交易者永远可以借取资金作为履约保证金,而且在理论上也可以获得存入履约保证金的利息。交易者的借贷资金的利率若相同,不但履约保金的取得不是问题,也不会发生任何利息成本。然而,在现实世界里,交易者不能无限制地借取资金。即使每个交易者都有足够的资金建立持仓,且对卖方而言履约保证金稍后可能提高,交易者还是需要额外的资金。如果不能补足保证金,交易者可能被迫在到期之前结束持仓。因无力缴交保证金而被迫结束持仓,将影响期权可以持有至到期日的假设。此外,即使可以无限制地借取资金,大多数交易者的资金借贷都适用不同的利率,这也会影响理论价值的正确性,并扭曲相关的交易策略。

再者,交易成本亦是 B-S 定价模型的假设中较为严重的问题。交易税、经纪商的佣金、清算费用与交易所会员资格,都属于交易成本。许多理论上值得进行的交易策略,一旦考虑交易成本之后,就变得不可行。交易成本不仅发生在开仓与平仓的时候,持仓的每次调整(Rebalance)都免不了这方面的费用,因此,持仓经常需要调整的期权策略,其理论价值的正确性尤其会受到交易成本的严重影响。

简言之,所有的财务相关定价模型皆有其适用的环境假设。虽然这样的市场环境假设并不完全符合真实市场状况,但是只要该假设条件合理,而且财务定价模型于此环境下操作无误,同时对金融商品价格现象解释合理,就可以被接受。

## 二、再论 Black-Scholes 定价模型

在以上市场环境假设下,欧式买权 B-S 定价模型为

$$c = SN(d_1) - Ke^{-rT}N(d_2) \tag{8-5}$$

而

$$d_1 = \frac{\ln\left(\dfrac{S}{K}\right) + \left(r + \dfrac{1}{2}\sigma^2\right)T}{\sigma\sqrt{T}}$$

$$d_2 = d_1 - \sigma\sqrt{T}$$

$C$——欧式买权价格

$S$——标的物商品价格

$K$——买权的执行价格

$r$——市场无风险利率(以连续复利计算为基准)

$T$——现在至到期日的时间长度(以年为单位)

$N(\cdot)$——标准正态分布的累积分布函数

$\sigma$——标的物价格报酬的标准差(以年为单位)

由式(8-5)可以清楚地发现,B-S定价模型中在到期日前,有五个参数影响欧式买权价格。这五个参数分别为标的物价格($S$)、买权执行价格($K$)、市场无风险利率($r$)、距到期日时间长度($T$)与标的物价格报酬的年标准差($\sigma$)。每个参数对期权价格的影响,将在第九章作进一步的探讨。

### 例 8-4

2009年3月19日,台积电股票市价为60元,其33天后到期的欧式买权执行价格为55元,若此时无风险利率为1%,波动度为25%,试求出此2009年4月到期的欧式台积电股票买权的价格。

**解:**

$S = \$60, K = \$55, T = 33\text{ 天} = 0.09\text{ 年}, r = 1\%, \sigma = 25\%$。

1. 首先求出 $d_1$ 和 $d_2$:

$$d_1 = \frac{\ln\left(\frac{S}{K}\right) + \left(r + \frac{1}{2}\sigma^2\right)T}{\sigma\sqrt{T}}$$

$$= \frac{\ln\left(\frac{\$60}{\$55}\right) + \left(0.01 + \frac{1}{2}0.25^2\right) \times 0.09}{0.25\sqrt{0.09}}$$

$$= 1.2097$$

$$d_2 = d_1 - \sigma\sqrt{T}$$

$$= 1.2097 - 0.25\sqrt{0.09}$$

$$= 1.1347$$

2. 计算 $N(d_1)$ 及 $N(d_2)$,查表可得

$$N(d_1) = 0.8868; \quad N(d_2) = 0.8717;$$

3. 计算买权价值为

$$c = SN(d_1) - Ke^{-rT}N(d_2) = 5.31$$

### 例 8-5

台肥股票价格为102元,买权的执行价格为100元,距履约日期为半年,台肥股票年

报酬率标准差为 15%，无风险名义利率为 2%。则台肥股票买权的价格计算如下：

1. 首先求出 $d_1$ 和 $d_2$：

$$d_1 = \frac{\ln\left(\frac{S}{K}\right) + \left(r + \frac{1}{2}\sigma^2\right)T}{\sigma\sqrt{T}}$$

$$= \frac{\ln\left(\frac{\$102}{\$100}\right) + \left(0.02 + \frac{1}{2}0.15^2\right) \times 0.5}{0.15\sqrt{0.5}}$$

$$= 0.334$$

$$d_2 = d_1 - \sigma\sqrt{T}$$

$$= 0.334 - 0.15 \times \sqrt{0.5}$$

$$= 0.2279$$

2. 计算 $N(d_1)$ 及 $N(d_2)$，查表可得

$$N(d_1) = 0.6308; \quad N(d_2) = 0.5901;$$

3. 计算买权价值为

$$c = SN(d_1) - Ke^{-rT}N(d_2)$$

$$= \$102 \times 0.6308 - \$100 \times 0.99 \times 0.5901 = \$5.92$$

### 例 8-6

若台积电股票价格为 60 元，卖权的执行价格为 55 元，距履约日为 33 天，设该股票年报酬率标准差为 25%，无风险利率为 1%，则该股票卖权的价格是多少？

**解：**

$S = \$60, K = \$55, T = 33\text{ 天} = 0.09\text{ 年}, r = 1\%, \sigma = 25\%$。

1. $d_1 = 1.2097$ 和 $d_2 = 1.1347$，与例 8-4 相同。
2. 计算 $N(-d_1)$ 及 $N(-d_2)$，查表可得

$$N(-d_1) = 0.1132; \quad N(-d_2) = 0.1283。$$

3. 计算卖权价值为

$$p = Ke^{-rT}N(-d_2) - SN(-d_1) = 0.26。$$

另一方面，除了以股票作为标的物的期权外，亦可将有举债公司的股东权益引入期权的概念。Merton（1974）所提出的模型中指出，公司的股东权益可作为一个欧式期权，其标的物为其公司资产，在假设公司有举债，且其流通在外的为零息债券，到期日为 $T$ 的情况下，可以定义：

$V_0$——举债当天（期初）的公司资产价值

$V_T$——债券到期当天的公司资产价值

$E_0$——举债当天（期初）的股东权益

$E_T$——债券到期当天的股东权益

$D$——到期日为 $T$ 的零息债券

$\sigma_V$——资产的波动度(假设固定不变)

$\sigma_E$——股东权益的瞬时波动度

到期当天,若公司价值小于负债($V_T < D$),则公司会选择违约,因此当天股东权益为零;反之,若公司价值大于负债($V_T > D$),则公司会选择清偿债务,因此当天股东权益为 $V_T - D$。因此,根据 Merton 的模型,将负债到期当天公司股东权益表示为:

$$E_T = \max(V_T - D, 0)$$

由上式可知,模型隐含股东权益为一欧式买权,其标的物为资产价值,执行价格则为公司的举债,即模型假设之到期日为 $T$ 的零息债券。因此,根据 Black-Scholes 模型可以得知,股东权益在举债当天(期初)的价值为:

$$E_0 = V_0 N(d_1) - De^{-rT} N(d_2) \tag{8.6}$$

$$d_1 = \frac{\ln\left(\dfrac{V_0}{D}\right) + \left(r + \dfrac{\sigma_V^2}{2}\right)T}{\sigma_V \sqrt{T}}$$

且

$$d_2 = d_1 - \sigma_V \sqrt{T}$$

其中

$$D = V_0 - E_0$$

由上式可知,风险中性公司违约概率为 $1 - N(d_2) = N(-d_2)$,为了计算该违约概率,需要 $V_0$ 和 $\sigma_V$ 的信息,然而,两者却是无法直接观察得知的,因此,由前述伊藤定理得知下列关系式:

$$\sigma_E E_0 = \frac{\partial E}{\partial V} \sigma_V V_0 \quad \text{或} \quad \sigma_E E_0 = N(d_1) \sigma_V V_0 \tag{8.7}$$

其中,若公司为上市公司则可直接观察到 $E_0$,也可利用历史数据求得 $\sigma_E$,故利用 (8.6)、(8.7) 两式,便可求得 $V_0$ 和 $\sigma_V$。因此,负债到期前的股东权益,即可以各已知参数代入期权定价公式而得。

### 三、$N(d_1)$ 与 $N(d_2)$ 的经济意义

B-S 公式中称为避险比率(Hedge ratio)或是 Delta:

$$N(d_1) = \frac{\Delta C}{\Delta S} = \text{Delta}$$

此比率表示每单位标的物价格的变动对买权价值的影响。例如,若台积电的 $N(d_1) = 0.75$,表示台积电股价上涨 1 元,买权价值将上涨 0.75 元;台积电股价下跌 1 元,买权价值将下跌 0.75 元。换个角度来看,投资人在市场上每卖出一手台积电买权,必须买入 0.75 张台积电股票,才能规避因台积电股价上涨所面临的损失。

因此,从 B-S 公式可知,买权其实可以借由买入 $N(d_1)$ 单位的标的资产同时卖出 $Ke^{-rT} N(d_2)$ 的债券来复制,也就是说,买权隐含融资 $Ke^{-rT} N(d_2)$ 来买 $N(d_1)$ 单位的标的资产。B-S 公式中 $N(d_1)$ 并非一个定值,$N(d_1)$ 的值会随标的物价格的上升及下跌而改变。标的物价格上涨时,$d_1$ 会上升,故 $N(d_1)$ 也会上升,反之亦然。因此,随着标的物价

格的变动,投资人的避险比率,即买入标的物的数量也会变动。$N(d_1)$介于0和1之间,即$0 \leq N(d_1) \leq 1$,因为$N(d_1)$为累积概率,累积概率最低为0,最高为1。因为$N(d_1)$会随时改变,所以复制买权时,需要随时调整买入的标的物数量,来达到完全复制的效果。

此外,$N(d_1)$的数学意义,即为买权和标的物价格关系图形的切线斜率。随标的物价格上涨,切线斜角增加,最高到45°,此时切线斜率为1;随标的物价格下跌,切线斜角下降,到达水平切线时斜率为0。

$N(d_1)$也可以解释为什么认购权证的发行可能会有助涨助跌的效果。如果标的物价格上涨,$N(d_1)$会上升,发行券商要买入更多标的资产来避险,因此增加市场上对此标的物的需求,使标的物价格更加上涨;反之,如果标的物价格下跌,$N(d_1)$下降,券商要抛售标的资产减少避险数量,因此会增加此标的资产的供给,使标的物价格更加下跌。

第七章第一节提到价内买权的价值,可以表示为内含价值($S-K$)和时间价值(Time Value, TV)之和,即$C = S - K + TV$。对等号两边微分可得:

$$\frac{\Delta C}{\Delta S} = 1 + \frac{\Delta TV}{\Delta S}$$

因为$\frac{\Delta C}{\Delta S} = N(d_1)$,所以$1 + \frac{\Delta TV}{\Delta S} = N(d_1)$。已知$N(d_1) \leq 1$,所以$\frac{\Delta TV}{\Delta S} < 0$,这表示标的物价格和时间价值的变动会是相反方向,也就是当标的物价格上涨(下跌)时,时间价值会下降(上升)。

而对价外买权而言,由于内含价值为0,所以买权价值即为时间价值($C = TV$),对等号两边微分得到$\frac{\Delta C}{\Delta S} = \frac{\Delta TV}{\Delta S} = N(d_1)$。因为$0 \leq N(d_1) \leq 1$,所以$0 \leq \frac{\Delta TV}{\Delta S}$为正,而$\frac{\Delta TV}{\Delta S} > 0$表示标的物价格和时间价值的变动会是相同方向,也就是当标的物价格上涨(下跌)时,时间价值会上升(下降)。

此外,B-S公式中的$N(d_2)$,代表标的物价格在到期日时会大于执行价格的概率。这个比率可以让我们了解,未来标的物价格大于某个定值的概率有多少。而$Ke^{-rT}$表示到期需要支付$K$元的执行价格的现值。$Ke^{-rT}N(d_2)$则表示考虑履约的概率后,预期将支付的金额的现值。因此,期望收益现值$SN(d_1)$减去期望成本现值,便是买权预期价值的现值$Ke^{-rT}N(d_2)$,这就是B-S公式的买权理论价值。

## 第六节 欧式与美式期权

本章讨论至此,皆局限于欧式期权的定价模型,至于美式期权的定价问题,因为美式期权赋予期权的买方于到期日之前(或到期日当天)任何一天执行期权的权利,故远比欧式期权的定价问题更复杂,困难度更高。

考虑两个期权(买权或卖权)有相同的标的物、相同的执行价格,以及相同的到期日,一个为欧式期权,另一个为美式期权。由两种期权的定义可以了解,除了可以运行时间不同外,两种期权的其他特征皆完全相同,因为欧式期权只拥有美式期权部分的权利,也就是说,欧式期权的可执行策略是美式期权的可执行策略的子集合,若美式期权的买方

放弃提前执行期权的权利,则其拥有的价值就等于欧式期权的买方。因此,美式期权的价格应该不会低于欧式期权的价格,也就是

美式期权价格 ≥ 欧式期权价格

至于是否应该提早执行美式期权,我们可以分析提早执行美式期权的优缺点。以标的物为股价指数的美式期权为例,假设股价指数于期权到期日前的股利收益率为 $\delta$,当时的市场无风险利率为 $r$。对于股价指数的买权而言,当买权被要求执行时,买权的买方需付出执行价格结算买权合约。如果不提前执行买权,买方可先将执行价格投资于市场赚取无风险利率。然而提早执行买权,以执行价格持有标的股价指数,可以获取股利收益 $\delta$,但却牺牲了无风险报酬 $r$,以及剩余的期权时间价值。基于以上理由,在到期日前不发放股利的美式股票买权,持有至到期日才执行为最佳的执行策略。

相对地,美式股价指数卖权的买方于卖权执行时,需以执行价格互换标的股价指数,因此,提早执行卖权,买方可以将获得的执行价格投资于市场赚取无风险利率($r$),却失去股利分派 $\delta$ 的机会,同时还要牺牲期权的时间价值。由以上的分析可以知道,标的物股利分派收益率与市场无风险利率,为决定美式期权应否提早执行的关键。

至于 B-S 定价模型在指数期权的应用上,遇到现金股利的问题时,通常以股票指数的股利收益率(Dividend yield)做为调整因子,相对于个别股票价格对于股利发放之离散式的调整,指数期权对股利的发放做连续式的调整,以股利收益率作为折现因子。其调整后的指数为

$$I^d = Ie^{-\sigma T}$$

$I^d$——调整股利收益率后的指数

$I$——标的指数

$\delta$——指数股利收益率

$T$——期权合约期间

相同地,将调整后的指数($I^d$),代入 B-S 定价模型,可以求得指数期权的价格。依此改写式(8-3)与式(8-4),可得欧式指数期权定价公式如下:

买权价格为

$$c = I^d N(d_1) - Ke^{-rT} N(d_2)$$

卖权价格为

$$p = Ke^{-rT} N(-d_2) - I^d N(-d_1)$$

其中

$$d_1 = \frac{\ln\left(\frac{I^d}{K}\right) + \left[(r-\delta) + \frac{1}{2}\sigma^2\right]T}{\sigma\sqrt{T}}, \quad d_2 = d_1 - \sigma\sqrt{T}$$

### 例 8-7

若台指买权的到期期限为一个月,假设其执行价格为 7 600 点,目前台湾加权股价指数为 7 750 点,且年股利率和无风险利率分别为 2% 和 1%,而台湾加权股价指数报酬率

的年化波动度为30%,那么买入一手台指买权所需支付的权利金应为多少新台币?

**解:**

因为台指买权为一欧式期权,所以我们可以利用 B-S 公式来计算其权利金。在本例中 $S_0 = 7\,750$ 点,$K = 7\,600$ 点,且 $r = 1\%$,$\delta = 2\%$,$T = \frac{1}{12}$ 年,$\sigma = 30\%$,将这些数据代入公式,我们可以先计算得

$$d_1 = \frac{\ln\left(\frac{7\,750}{7\,600}\right) + (0.01 - 0.02 + 0.5 \times 0.3^2) \times \frac{1}{12}}{0.3 \times \sqrt{\frac{1}{12}}} = 0.254$$

$$d_2 = 0.254 - 0.3 \times \sqrt{\frac{1}{12}} = 0.1674$$

查标准正态累积概率表,我们可得

$$N(d_1) = 0.6002;\quad N(d_2) = 0.5664$$

最后利用指数期权定价公式,我们可计算得该台指买权的权利金为

$$c = 7\,750 \times e^{-0.02 \times \frac{1}{12}} \times 0.6002 - 7\,600 \times e^{-0.01 \times \frac{1}{12}} \times 0.5664 = 342.75\,(点)$$

故每手台指买权的权利金金额为 $342.75 \times NTD\ 50 = NTD\ 17\,138$。

## 第七节  外汇、商品与期货期权

面对外汇市场上汇率的瞬息万变,外汇持仓的持有者将因此产生兑换损益变化的风险,因此进出口商会有外汇避险的需求,而外汇期权(FX Option)便是满足外汇避险需求的商品之一。其标的物为外汇,如美金、欧元等,且持有外汇现货可获得利息。因此,外汇期权的定价模型应为

$$c_{FX} = Se^{-r_f T} N(d_1) - Ke^{-rT} N(d_2)$$
$$p_{FX} = Ke^{-rT} N(-d_2) - Se^{-r_f T} N(-d_1)$$

而

$$d_1 = \frac{\ln\left(\frac{S}{K}\right) + \left(r - r_f + \frac{\sigma^2}{2}\right)T}{\sigma\sqrt{T}};\quad d_2 = d_1 - \sigma\sqrt{T}$$

$c_{FX}$——外汇买权价格

$p_{FX}$——外汇卖权价格

$S$——外汇现货价格,即外币直接汇率

自 2008 年新台币计价的黄金期货问世后,期交所于 2009 年随即再推出同为台币计价的黄金期权,其交易标的物同为成色 999.9‰ 的黄金,且结算方式为现金结算。此外,黄金期权的合约规模为 5 台两,即 50 台钱,仅为黄金期货的一半,且期权交易价格为权利金,进入门坎相对更低,再加上投资人可因避险需求创造多样性的交易策略组合,灵活度

最高。若忽略持有成本，则同股票期权式(8-3)、式(8-4)所示，其定价模型如下

$$c = SN(d_1) - Ke^{-rT}N(d_2)$$
$$p = Ke^{-rT}N(-d_2) - SN(-d_1)$$

而

$$d_1 = \frac{\ln\left(\frac{S}{K}\right) + \left(r + \frac{\sigma^2}{2}\right)T}{\sigma\sqrt{T}}; \quad d_2 = d_1 - \sigma\sqrt{T}$$

B-S定价模型是利用完全避险投资组合的原理，推导出期权的定价公式。标的物为期货合约与标的物为现货最大的不同，在于期货合约的持有并不需要起始投资金额。当标的物为期货合约时，完全避险投资组合中，包括标的期货合约以及期权。当期货合约的价格与期权的价格之间不存在套利机会时，该避险投资组合仅可以赚取无风险市场利率。据此，期货期权的定价模型应为

$$C_F = e^{-rT}[FN(d_1) - KN(d_2)]$$
$$P_F = e^{-rT}[KN(-d_2) - FN(-d_1)]$$

而

$$d_1 = \frac{\ln\left(\frac{F}{K}\right) + \sigma^2\frac{T}{2}}{\sigma\sqrt{T}}; \quad d_2 = d_1 - \sigma\sqrt{T}$$

$C_F$——期货买权价格

$P_F$——期货卖权价格

$F$——当时标的期货合约价格

期货期权的定价模型与式(8-3)、式(8-4)最大的差异，在于市场无风险利率($r$)的折现，因为当标的物为期货合约时，不需要起始投资金额，所以，期货价格($F$)必须折现代入原本$S$的地方。至于指数期货合约并没有股利发放的问题，因此，以指数期货作为标的物的指数期货期权，可以直接利用上式来定价。

## 第八节　股利效应与个股期权近似解

B-S定价模型，假设其标的物于期权到期日前不发放现金股利。当期权标的物为股票时，必须将到期日前发放的现金股利考虑进来，因此必须对于B-S定价模型做一些修改。国外多数个股期权在发放股票股利时，执行价格按比例调降，但发放现金股利时并不会调整执行价格。因此，现金股利的发放将会降低买权的价格，提高卖权的价格。如果现金股利发放的时间与金额事先可以确定，我们可以直接由股票价格中扣除现金股利金额的现值，并将此调整股利后的股票价格代入B-S定价模型中，便可得到期权价格。调整后的股票价格可以表示为

$$S^d = S - De^{-rt}$$

$S^d$——调整现金股利后的股票价格

$D$——现金股利的金额

$e^{-rt}$——现在至股利发放日期间的折现因子

$t$——现在至股利发放日的期间长度

如果于期权到期日前股利发放次数超过一次,每次皆要以同样的程序调整,最后,以调整后的股价格($S^d$),代入 B-S 定价模型中的标的物价格,便可求得考虑股利发放的期权价格。

然而,国外多数的个股期权多为可提前履约的美式期权,因此在现金股利发放前,投资人有提前履约的诱因。假设某一个股期权在到期前的 $t_1$ 时点为其除息日,发放 $D_1$ 现金股利,则根据第六节内容指出,标的物股利分派收益率与市场无风险利率,为决定美式期权应否提早执行的关键,若投资人决定在除息日前履约,则可获得现金股利 $D_1$,另一方面却损失除息日后的无风险报酬 $Ke^{-r(T-t_1)}$ 和期权时间价值。由此可知,只有当现金股利的收入高于除息日前的无风险报酬时,买权买方才有可能提请执行买权。也就是说,买权买方提前履约的必要条件是:

$$D_1 > K[1 - e^{-r(T-t_1)}]$$

由上式可知,当现金股利相当大,或者距到期日相当接近,使得 $e^{-r(T-t_1)}$ 非常小的时候,投资人才有可能选择提前履约。此外,若在到期前存在两个除息日,则可依上式类推。

此时对美式期权评价最常使用的近似求解方法即为 Black's 近似求解法,下面以例 8-8 说明。

## 例 8-8

若一美式买权距到期日尚有 6 个月,其标的股价目前为 \$40,执行价格为 \$40,无风险利率为 2%,股价波动度为 30%,且在 5 个月后将发放 \$0.5 现金股利,利用 Black's 近似求解法求算该美式个股买权理论价格。

**解:**

因为 $0.5 = D_1 > K[1 - e^{-r(T-t_1)}] = 40[1 - e^{-0.02(0.5 - \frac{5}{12})}] = 0.0666$,投资人有可能在除息前提前履约,此时该期权的到期日将由 6 个月变为 5 个月,因此将 $S_0 = 40, K = 40, r = 0.02, \sigma = 0.3, T = \frac{5}{12}$ 条件,代入 B-S 定价模型求出买权理论价格 $c = 3.7440$。

另一方面,由于买权买方也有可能不提前执行,因此 Black's 近似求解法亦考虑持有到期(欧式)的情况,但因除息日后股价将因现金股利的发放而有所变动,因此 B-S 定价模型中标的股价必须扣除股利现值

$$S_0^* = S_0 - D_1 e^{-r \times t_1} = 40 - 0.5e^{-0.02 \times \frac{5}{12}} = 39.5041$$

因此将 $S_0^* = 39.5041, K = 40, r = 0.02, \sigma = 0.3, T = 0.5$ 条件,代入 B-S 定价模型求出买权理论价格 $c^* = 4.1894$。而 Black's 近似求解法的期权价值即为上述两价格中最高价格,即 $4.1894 = \text{Max}(c, c^*)$。

再者,关于台湾个股期权则因为借券市场的不完备及认购权证的风行,均为欧式期权。虽然欧式期权的买方不能于到期前行使权利,但可于市场反向卖出了结持仓,且因

个股期权合约调整已完整保护交易人权益,如沿袭权证的习惯,发放现金股利或股票股利均调整执行价格,应可降低交易人到期前履约的需求。鉴于中国内地上市公司派息随意性大的特点,为了防止市场操纵,我们建议中国内地在推出期权时也应该借鉴日本、韩国和台湾地区的经验,在发放现金股利或股票股利均应调整执行价格。

此外,台湾履约方式也与美国实物交割不同,自 2008 年 1 月 5 日起由实物交割改为现金结算,且价内合约到期时采用自动履约。以上种种制度方面的调整,均是为了让市场机制更符合交易人的交易习惯,提升交易人资金运用效率及吸引自然人及法人参与,活跃个股期权市场的交易,进而提高市场流动性。

## 本章习题

1. 某欧式买权履约价格等于 50,目前标的资产价格为 50,该欧式买权市价等于 14 元。其他条件不变之下,当履约价格等于 100,目前标的资产价格变为 100,由 Black-Schole 公式可知欧式买权市价变为:

(A) 7  (B) 14  (C) 28  (D) 56

**题组(2—4 题):**

假设某交易日的台指期权成交价如下,请回答下列题目:

| 台指买权成交价 | 履约价格 | 台指卖权成交价 |
| --- | --- | --- |
| 199 | 7 100 | 38 |
| 132 | 7 200 | 69 |
| 81 | 7 300 | 120 |
| 47 | 7 400 | 185 |
| 23 | 7 500 | 260 |

2. 若其他条件不变之下,台指指数上升 100 点,下列报价哪一个错误?

(A) 履约价格 7 200,台指买权价格变成 190

(B) 履约价格 7 300,台指卖权价格变成 65

(C) 履约价格 7 200,台指买权价格变成 233

(D) 履约价格 7 300,台指卖权价格变成 129

3. 经过 3 天后,其他条件不变之下,下列报价哪一个错误?

(A) 履约价格 7 200,台指买权价格变成 112

(B) 履约价格 7 500,台指卖权价格变成 215

(C) 履约价格 7 400,台指买权价格变成 55

(D) 履约价格 7 100,台指卖权价格变成 29

4. 若未来前景不明确,预期未来台指指数变动扩大,其他条件不变下,下列报价哪一个错误?

(A) 履约价格 7 200,台指买权价格变成 154

(B) 履约价格 7 500,台指买权价格变成 27
(C) 履约价格 7 400,台指买权价格变成 52
(D) 履约价格 6 100,台指卖权价格变成 32

5. 下列叙述哪一个错误?
(A) 欧式卖权价格可用 Black-Scholes 的欧式买权价格公式与买卖权平价关系求得
(B) $N(d_2)$ 代表避险比率
(C) 标的资产价格越高,避险比率亦越高
(D) 标的资产价格越高,$N(d_1)$ 与 $N(d_2)$ 越逼近 1

**题组(6—7 题):**
下表的欧式买权与卖权均有相同的标的物与权利期间,若买卖权平价关系成立,且不考虑交易成本与税赋。

| 履约价格 | 权利金 | |
|---|---|---|
| | 看涨期权 | 看跌期权 |
| 7 200 | 190 | 30 |
| 7 300 | 130 | Y |
| 7 400 | X | 130 |
| 7 500 | 10 | 240 |

6. $X+Y$ 应为:
(A) 120 (B) 130 (C) 150 (D) 180

7. $X-Y$ 应为:
(A) −50 (B) −70 (C) 60 (D) 80

8. 假设在没有发放现金股利的情况下,若标的资产为个别股票,所有期权具有相同的到期日和相同的履约价格,则美式期权和欧式期权价值的关系如何?
(A) 美式买权价值 = 欧式买权价值 (B) 美式买权价值 < 欧式买权价值
(C) 美式卖权价值 = 欧式卖权价值 (D) 美式卖权价值 < 欧式卖权价值

9. 在其他条件不变下,假设 A 股票的股价为 $50,则下列哪一个以 A 股票为标的资产的期权价格最低?
(A) 履约价格为 $40 的 A 股买权 (B) 履约价格为 $50 的 A 股买权
(C) 履约价格为 $50 的 A 股卖权 (D) 履约价格为 $55 的 A 股卖权

10. 合约内容一模一样的两档认购权证,一为简单型认购权证,另一为重设型认购权证,则两者的权利金关系如何?
(A) 简单型认购权证的权利金 > 重设型认购权证的权利金
(B) 简单型认购权证的权利金 = 重设型认购权证的权利金
(C) 简单型认购权证的权利金 < 重设型认购权证的权利金
(D) 以上皆非

11. 假设某一股票的期初价格为 $40,预期报酬率为 1%,波动度为 20%(年)。6 个月后该股票的股价 $S_T$ 的 95% 置信区间为何?6 个月后的股价 $S_T$ 的概率分布如何?

12. 假设某一股票目前的股价为 $200,预期报酬率为 2%,波动度为 40%(年)。一

年后的预期股价 $E(S_T)$ 及方差 $\text{Var}(S_T)$ 是多少?

13. 假设澳元兑美元为 \$0.60/澳元,美元的无风险年利率为 5%,且澳大利亚的无风险年利率为 10%。距离到期日为一年,执行价格为 \$0.59 的澳元欧式买权市场价值为 \$0.0217。请问一年到期、执行价格为 \$0.59 的欧式卖权市场价值是多少?

14. 某一股票价格为 90 元,买权的履约价格为 92 元,距履约日期为一年,该股票年报酬率标准差为 30%,无风险名义利率为 2%。请问该股票买权的价格是多少?

15. 某一股票价格为 90 元,卖权的履约价格为 92 元,距履约日期为一年,该股票年报酬率标准差为 30%,无风险名义利率为 1%。请问该股票卖权的价格是多少?

16. 一欧式股票买权 6 个月后到期,在 2 个月及 5 个月后有除息日,预期每股现金股利都是 \$0.50,目前股价为 \$40,波动度为 30%(年),无风险利率为 1.5%(年)。请问该股票买权的价格是多少?

17. 台指买权的到期期限为一个月,假设其履约价格为 8 200 点,目前台湾加权股价指数为 8 000 点,且年股利率和无风险利率分别为 2% 和 2%,而台湾加权股价指数报酬率的年化波动度为 30%,那么买入一手台指买权所需支付的权利金应为多少新台币?

18. 利用 Black-Scholes-Merton 偏微分方程式证明 $S^{-\frac{2r}{\sigma^2}}$ 为一可供交易的证券。

19. 美国 ISE 交易所的美式个股买权,该买权距到期日还有 8 个月,履约价 \$70,假设标的股价目前为 \$70,股价波动度为 30%,且目前无风险利率为 3%,现金股利分别在距今日 3 个月及 6 个月发放,均为 \$0.5,以 Black's 近似求解法求此买权。

20. 伦敦金融时报股价指数 FT100 现为 6 400 点,其波动度 $\sigma$ 为 20%,期望报酬率为 30%,股利率为 4%,无风险利率为 2%(C.C)。

(1) 问 9 个月后执行价格为 6 600 点的 FT100 买权为价内的概率有多少?

(2) FT100 指数连动债,到期日为 9 个月,参与率为 0.6,此连动债的报酬率为参与率乘以指数报酬率或零中较大的一个,问此连动债是否优于 9 个月的国库券?

21. 根据 Black-Scholes 定价模型的基本假设,依序回答下列问题:

(1) $N(d_1)$ 是多少?

(2) 证明 $SN'(d_1) = Ke^{-r(T-t)}N'(d_2)$,其中 $S$ 为 $t$ 时间的股价,

$$d_1 = \frac{\ln\left(\frac{S}{K}\right) + \left(r + \frac{1}{2}\sigma^2\right)(T-t)}{\sigma\sqrt{T-t}},$$

$$d = \frac{\ln\left(\frac{S}{K}\right) + \left(r - \frac{1}{2}\sigma^2\right)(T-t)}{\sigma\sqrt{T-t}} = d_1 - \sigma\sqrt{T-t}$$

(3) 计算 $\frac{\partial C}{\partial t} = -rKe^{-r(T-t)}N(d_2) - SN'(d_1)\frac{\sigma}{2\sqrt{T-t}}$。

(4) 证明 $\frac{\partial C}{\partial S} = N(d_1)$。

# 第九章　期权风险参数与避险

由 B-S 定价模型可知,影响期权价格的变量有五项,即标的物价格、执行价格、市场无风险利率、距到期日时间长度与标的物价格报酬的年标准差。此五项变量如何影响期权价格的变动,如何利用敏感度分析具体控管期权投资组合的风险,以及期权在投资组合保险(Portfolio insurance)投资策略上的应用,本章将分别以静态分析、Delta 与 Gamma 等敏感度参数、可转换公司债与权证等金融商品加以说明并作范例演练。

## 第一节　期权的风险参数

### 一、比较静态分析

当其他状况不变时,考虑两项变量之间正向或反向相关问题,称为比较静态(Comparative statics)。以期权为例,考虑的是五项参数中任一项参数的变动,对期权价格的影响(增加或降低),而其他状况不变,也就是除了被考虑的参数外,其他四项参数固定不变。除了以上五项参数外,如前章所述,我们同时考虑股利发放与期权价格之间的比较静态分析。

1. 标的物价格与执行价格

买权被执行时的损益,完全由当时标的物价格与执行价格决定,其获利金额为标的物价格超过执行价格的部分。当标的物价格下跌时,买权价格下跌;当标的物价格上涨时,买权价格就会增加。期权价格变动与标的物价格变动,也受到"杠杆因素"(Leverage factor)的影响,"杠杆"就是期权价格变动的百分比大于标的物价格变动的百分比。

2. 标的物报酬的波动度

标的物价格波动度(Volatility),用以测度未来标的物价格的可能潜在离差(Dispersion),或表示为随着时间流逝,标的物价格预期变动的程度。当标的物价格变动波动度增加,表示标的物上涨或下跌的幅度将会增加。对于买权而言,买权的持有者会因离差扩大而获益,却不会有损失。当标的物价格上涨时,买权持有者可履约以获利;当标的物价格下跌时,买权持有者只要不履约即可。因此,标的物价格波动度越大,买权的价值越大。同理,卖权的标的物价格波动度越大,则卖权履约获利的可能性越大,故卖权的价值越大。

3. 距到期日时间长度

基本上,距到期时间长度越长,期权(买权或卖权)的价值越高。其主要原因在于,距到期日越久,期权有越大的机会达到价内状况,因此,期权的时间价值越高,因而提高期权价值。对于美式期权而言,距到期日时间长度越长,期权的买方有更多的机会择取有利的情况,要求执行期权。因此,距到期日时间长度与期权价格呈现正向相关。此外,距到期日时间长度与期权价格呈非线性关系。而大部分的时间价值,会在期权到期前最后几周内逐渐消失。

4. 市场无风险利率

买权为一种可在未来购买股票的方式,市场无风险利率越高,期权价格与时间价值越大。当利率上升时,融资来购买股票的成本增加,因此买入买权会比买入标的股票有利,买权价格因而上涨。尽管如此,利率对期权价格的影响相对是很小的。反之,对卖权而言,市场利率上涨使得卖权买方于到期日,预期可获取的执行价格现值下跌,因此市场利率上涨造成执行价格现值下跌,从而降低卖权价值。

5. 股利分派

股利分派将使得标的物股票(指数)价格下跌,而标的物价格变化与买权价值存在正向相关,与卖权价值呈现负向相关。因此,股利分派会使得买权价值下跌,却会增加卖权价值。

由以上分析,可以明确地了解各项参数与期权价值之间的比较静态关系,亦可以表示如下:

$$C = f(\overset{+}{S}, \overset{-}{K}, \overset{+}{\sigma}, \overset{+}{T}, \overset{+}{r}, \overset{-}{d})$$

$$P = g(\overset{-}{S}, \overset{+}{K}, \overset{+}{\sigma}, \overset{+}{T}, \overset{-}{r}, \overset{+}{d})$$

其中函数 $f$ 与 $g$ 表示买权与卖权的价格函数,而 $S$ 为标的物价格,$K$ 为执行价格,$\sigma$ 为标的物价格报酬的年标准差,$T$ 为距到期日时间长度,$r$ 为市场无风险利率,而 $d$ 为标的物股利分派金额。另外,符号"+"表示正向相关,而符号"-"表示负向相关。

以上对于期权价格的比较静态分析,并无法控管期权投资组合的风险,须进一步利用数学模式中的敏感度分析(Sensitivity analysis)加以具体化。

## 二、期权定价的敏感度分析

期权的相关议题中,除了定价问题外,投资者如何监控与管理期权持仓风险,也是不可忽视的。敏感度分析通常用来衡量期权价格对于其相关参数的变化状况。而某些特定的希腊字母(Greeks)常用来表示各参数对于期权价格的敏感度。

1. Delta——标的物价格敏感度

Delta 衡量期权对标的物价格的敏感程度,是最直接也是最容易让投资人感受到的。一般定义为标的物价格每变动一单位,引起期权价格之变动量,通常可以表示为

$$\text{Delta} = \frac{\partial f}{\partial S}$$

其中,$f$ 为期权(买权或卖权)的价值,而 $S$ 为期权的标的物价格。例如,某一股票期权的 Delta 为 0.7,表示当标的物股票价格上涨(下跌)0.1 美元时,则股票期权价值上涨(下跌)0.07 美元。由于期权价格为标的物价格的非线性函数,因此 Delta 值对于标的物价

格的敏感度衡量的精确度,仅局限于当标的物价格产生微量的变化时;当标的物价格的变化较大时,Delta 值会有较大的改变。

买权的 Delta 可由 Black-Scholes 买权定价公式求出,即 Delta = $N(d_1)$,而卖权的 Delta 为 $N(d_1) - 1$。买权 Delta 值介于 0 与 1 之间;价内程度越高,则 Delta 值越接近 1;价平附近,Delta 值接近 0.5;价外程度越高,Delta 值越接近 0。而卖权的 Delta 值介于 0 与 -1 之间;价内程度越高,Delta 值越接近 -1;价平附近,Delta 值接近 -0.5;价外程度越高,Delta 值越接近 0。因此,Delta 绝对值与期权价内的程度成同向关系,亦即期权越偏价内,Delta 绝对值越趋近于 1;而期权越偏价外,Delta 绝对值越趋近于 0。

2. Gamma——Delta 之敏感度

Gamma 是用来衡量 Delta 的敏感程度,亦即当标的物价格变动一单位时 Delta 数值的变动量。其中,因为 Delta 又衡量期权价格对其标的物价格变动的敏感程度,因此,Gamma 可以当成标的物价格对其期权价格变动的二次微分。以台指期权为例,期权的 Gamma 即为当台指现货价格变动一单位时,台指期权价格变动量的变化大小,而此"变动量的变化程度"就是一种"二次微分"的观念。如果标的物价格发生较大变化幅度,则必须引进 Gamma 值加以调整,才足以比较正确地计算出相对应的期权价格变化。①

Gamma 表示为

$$\text{Gamma} = \frac{\partial \text{Delta}}{\partial S} = \frac{\partial^2 f}{\partial S^2}$$

由于股价与 Delta 两者并非呈现直线的线性关系,其中两者的斜率即为 Gamma。而且就买权而言,若股价越上升,买权越向价内靠拢,Delta 值就越接近于 1,所以从深度价外到深度价内,Delta 值就由 0 上升到 1。同理,以卖权而言,若股价越下跌,卖权越向价内靠拢,Delta 值就越接近 -1,所以从深度价外到深度价内,Delta 值就由 0 下降到 -1。也就是说,不管是买权还是卖权,股价与 Delta 皆呈现正向的变动关系,即这两者的斜率始终都保持为大于 0 的状态,因此 Gamma 也就恒为正值。

另外,当期权处于深度价内时,股价变动几乎悉数反映在该期权价格的变动上。由于 Delta 绝对值已趋近于 1,股价变动已不太会造成 Delta 值的变动。而当期权处于深度价外时,股价变动几乎不会反映在该期权价格的变动上。Delta 绝对值已趋近于 0,股价变动也已不太会造成 Delta 值的变动。因此当期权处于深度价内或价外时,Gamma 值几乎为 0;当期权处于价平附近时,Gamma 值才会较大,变化也较剧烈。

---

① 经由泰勒展开式可以得到以下结果:

$$df = \frac{\partial f}{\partial S} dS + \frac{1}{2} \frac{\partial^2 f}{\partial S^2} (dS)^2 + O(dS)$$

其中,$O(dS)$ 为剩余之误差项,假设其值够小可以忽略之。

上式可以改写为:

$$df = (\text{Delta}) dS + \frac{1}{2} (\text{Gamma}) (dS)^2$$

其中,$df$ 为期权价格变化,$dS$ 为股价变化。因此,当 $dS$ 较大时,利用上式可更准确估计出期权价格变化。

### 3. Theta——距到期日时间长度敏感度

期权价值为时间的消耗性商品,意即期权的时间价值随到期时间的逼近而递减。期权价值对于时间的敏感度表示为

$$\text{Theta} = \frac{\partial f}{\partial T}, \quad T \text{ 为到期日}$$

基本上,在到期日前不配发股利或发生现金流量的状况下,期权的 Theta 值为负。价平状况下的 Theta 绝对值,相对高于价内及价外状况时的 Theta 值。也就是价平状况的期权价值,随时间而损失的时间价值最为明显。另一常见且值得买方注意的现象是,于到期日前数周时,期权价值随时间而消耗的速度将加剧,而其损失的时间价值为期权买方的成本。以台指期权为例,大约在离到期日前十天或一周,Theta 值的递减速度最快。此外,当市场的波动率降低到一定程度时,Theta 值所递减的程度会越来越不明显。

### 4. Vega——标的物价格波动敏感度

Vega 反映期权价值对于标的物价格波动度的敏感度,通常 Vega 表示为

$$\text{Vega} = \frac{\partial f}{\partial \sigma}$$

其中,$\sigma$ 为标的物报酬之标准差。由于期权(买权或卖权)能提供获利无穷而损失有限的权利,标的物波动加大会增加获利机会却不会加剧损失幅度,所以期权的 Vega 值通常为正的。而且,对欧式期权而言,买权与卖权的 Vega 值是相同的。

在期权价格的制定上,标的物价格报酬的波动性为最重要的参数,由此,在有关期权风险管理的议题上,Vega 益显其重要性。

### 5. Rho——市场利率敏感度

Rho 衡量期权价格对于市场无风险利率变化的敏感度。Rho 表示为

$$\text{Rho} = \frac{\partial f}{\partial r}$$

其中,$r$ 为市场无风险利率。在诸多期权价格敏感度衡量指标中,Rho 被使用的频率较低。其原因可能是市场利率变化幅度及频率并不高,尤其是当期权到期日少于一年的情况。因此,管理期权价格利率风险的需求并不高。而买权的 Rho 值通常为正的,卖权的 Rho 值为负的。

沿用(8-3)式的 Black-Scholes 定价模型,在假设无股利发放的情况下,期权敏感度的计算公式[①]如下:

---

[①] 由于 B-S 公式假定波动度和利率为常数,当波动度和利率不是常数时,B-S 公式就不再成立,因此严格来讲,Vega 和 Rho 并不能根据 B-S 公式来求。

|  | 买权 | 卖权 |
|---|---|---|
| Delta $= \frac{\partial f}{\partial S}$ | $N(d_1)$ | $N(d_1)-1$ |
| Gamma $= \frac{\partial^2 f}{\partial S^2}$ | $\frac{N'(d_1)}{S\sigma\sqrt{T}}$ | $\frac{N'(d_1)}{S\sigma\sqrt{T}}$ |
| Theta $= \left(-\frac{\partial f}{\partial T}\right)$ | $\frac{-SN'(d_1)\sigma}{2\sqrt{T}} - rKe^{-rT}N(d_2)$ | $\frac{-SN'(d_1)\sigma}{2\sqrt{T}} + rKe^{-rT}N(d_2)$ |
| Vega $= \frac{\partial f}{\partial \sigma}$ | $S\sqrt{T}N'(d_1)$ | $S\sqrt{T}N'(d_1)$ |
| Rho $= \frac{\partial f}{\partial r}$ | $KTe^{-rT}N(d_2)$ | $-KTe^{-rT}N(-d_2)$ |

其中,$N'(d_1) = e^{-0.5(d_1)^2} \frac{1}{\sqrt{2\pi}}$。

Black-Scholes 偏微分方程式可重新表示为

$$\text{Theta} + r_f S\text{delta} + \frac{1}{2}\sigma^2 S^2 \text{Gamma} = r_f C$$

### 例 9-1

假设台积电股价为 \$60,执行价格为 \$60,期权于 90 天后到期(0.25 年),台积电股票报酬标准差为 0.2,即 $\sigma = 0.2$,而且市场无风险利率为 1.5%,即 $r = 1.5\%$(c.c.)。利用 Black-Scholes 定价模型可求得以下数据:

|  | 欧式买权 | 欧式卖权 |
|---|---|---|
| 价格 | \$2.5021 | \$2.2776 |
| Delta | 0.5349 | -0.4651 |
| Gamma | 0.0662 | 0.0662 |
| Theta | -5.2126 | -4.3160 |
| Vega | 11.9225 | 11.9225 |
| Rho | 7.3972 | -7.5466 |

以买权为例说明,Delta 为 0.5349,表示当标的物股票价格上涨(下跌)一单位时,则买权价值上涨(下跌)0.5349 单位;Gamma 为 0.0662,则表示标的物价格变动一单位时,Delta 将增加 0.0662 单位;Theta 为 -5.2126,表示距到期日时间长度减少一单位时,期权的时间价值随之递减进而使权利金减少;Vega 为 11.9225,则表示股价波动度改变一单位时,期权价值将增加 11.9225 单位;最后,Rho 等于 7.3972,表示无风险利率增加一单位时,将使该买权价格增加 7.3972 单位。

### 例 9-2

假设有一投资组合为 Delta 中性(Delta = 0),其 Gamma 为 -5 000,Vega 为 -8 000,而

下表列出两种可供交易的期权特性：

|  | Delta | Gamma | Vega |
|---|---|---|---|
| 投资组合 | 0 | −5 000 | −8 000 |
| 期权 1（$C_1$） | 0.6 | 0.5 | 2.0 |
| 期权 2（$C_2$） | 0.5 | 0.8 | 1.2 |

请问：(1) 若使用 $C_1$ 使投资组合达到 Vega 中性（Vega = 0），使用什么方法？且此新的投资组合的 Delta 及 Gamma 是多少？(2) 若同时使用 $C_1$ 与 $C_2$ 使投资组合为 Gamma 中性及 Vega 中性，使用什么方法？则此新的投资组合的 Delta 是多少？若要利用标的资产使投资组合为 Delta 中性，又将怎样？

解：

(1) 因 $C_1$ 的 Vega 为正值，所以应买入 $n$ 个 $C_1$ 合约达到 Vega 中性，故 Vega 中性 = $-8\,000 + n \times 2 = 0$，可求得 $n = 4\,000$，代表买入 4 000 个 $C_1$，将使该投资组合的损益不会受到标的股价波动度的影响，而此时新的投资组合 Delta = $0 + 4\,000 \times 0.6 = 2\,400$，Gamma = $-5\,000 + 4\,000 \times 0.5 = -3\,000$。

(2) 假设买入 $n_1$ 个 $C_1$ 及买入 $n_2$ 个 $C_2$ 达到 Gamma 中性及 Vega 中性，故 Gamma 中性 = $-5\,000 + n_1 \times 0.5 + n_2 \times 0.8 = 0$，且 Vega 中性 = $-8\,000 + n_1 \times 2 + n_2 \times 1.2 = 0$，两式联立解便可得到 $n_1 = 400$，$n_2 = 6\,000$，故买进 400 个 $C_1$ 及 6 000 个 $C_2$ 后，新的投资组合损益不会受到标的股价波动度的影响，也不会因股价变动而改变 Delta。然而，此时新的投资组合的 Delta = $0 + 400 \times 0.6 + 0.5 \times 6\,000 = 3\,240$，且因期权标的资产的 Delta = 1，故买入 $n$ 股使 $3\,240 + n \times 1 = 0$，求得 $n = -3\,240$，即卖出 3 240 股将使投资组合为 Delta 中性，此时股价变动不仅不会影响 Delta，亦不会改变投资组合内期权价值。

### 例 9-3

假设某一金融机构持有一个以英磅为标的资产的期权投资组合，持有持仓如下表所示：

| 类型 | 持仓 | Delta | Gamma | Vega |
|---|---|---|---|---|
| 看涨期权 | −1 000 | 0.50 | 2.2 | 1.8 |
| 看涨期权 | −500 | 0.80 | 0.6 | 0.2 |
| 看跌期权 | −2 000 | −0.40 | 1.3 | 0.7 |
| 看涨期权 | −500 | 0.70 | 1.8 | 1.4 |

若市场上有一可供交易的期权，其 Delta = 0.6，Gamma = 1.5，Vega = 0.8。则此投资组合的 Delta、Gamma 及 Vega 是多少？且该期权及现货持仓为多少时，将使投资组合同时为 Gamma 中性及 Delta 中性？

解：

此投资组合的 $Delta_p$、$Gamma_p$ 及 $Vega_p$ 分别为：

$$\text{Delta}_p = -1\,000 \times 0.50 - 500 \times 0.80 - 2\,000 \times (-0.40) - 500 \times 0.70 = -450$$
$$\text{Gamma}_p = -1\,000 \times 2.2 - 500 \times 0.6 - 2\,000 \times 1.3 - 500 \times 1.8 = -6\,000$$
$$\text{Vega}_p = -1\,000 \times 1.8 - 500 \times 0.2 - 2\,000 \times 0.7 - 500 \times 1.4 = -4\,000$$

由于投资组合的 $\text{Gamma}_p = -6\,000$,且此可供交易期权的 $\text{Gamma} = 1.5$,故买入 4 000 个期权合约将可使新投资组合达到 Gamma 中性(因为新投资组合 $\text{Gamma}_p' = -6\,000 + 4\,000 \times 1.5 = 0$),此时新投资组合的 $\text{Delta}_p' = -450 + 4\,000 \times 0.6 = 1\,950$,故在标的资产的 Delta = 1 下,应卖出 £ 1950,将使投资组合同时达到 Gamma 中性及 Delta 中性。

## 第二节 期权的应用及其避险

### 一、可转换公司债、权证

(一)可转换公司债

可转换公司债(Convertible bond,以下简称"可转债"),顾名思义本身是一种公司债,但附有一转换的权利(Conversion option)。可视其为嵌入权证期权的固定收益证券,也就是一种复合式的有价证券。就公司债的部分,持有人可以按时收到票面利息,且持有债券到期由发行公司收回;而所谓转换的权利,是在可转债发行一段时间后(约 3—6 个月,称"冻结期"),可转换公司债的持有人有权以事先约定的转换比率,将此债券转换为一定数量的标的公司股票。在转换前可转债兼具债券性质与股票性质,可转债持有人为发行公司"债权人",转换后则债券进行注销,只剩下转换后的股票,持有人变成公司的"普通股股东"。

由此可知,可转债为一种结合普通公司债与权证的金融商品。当发行公司股价低迷时,可转债持有人可以选择保有债券价值,领取债息和利息补偿金为投资收入;当发行公司股价(相对于转换价格)上扬时,可转债持有人便有权利将可转换公司债转换成股票。可转债发行的条件设计如下所示。

1. 转换价格(Conversion price)

未来一段时间后,可以将可转债转换成股票的每股价格。转换价格通常以某转换价格基准日前一段时间内,该股票平均价格乘以某一比率确定。转换价格在发行后遇到特定事件仍有可能会调整,通常是为了保障持有人的权益而往下调整。

2. 转换比率(Conversion ratio)

转换比率为每张可转换公司债可转换为标的股票的股数,一般而言,除了反稀释条款中所规定的调整转换价格会影响转换比率外,转换比率为定值。其公式为

$$\text{转换比率} = \frac{\text{可转债面额}}{\text{转换价格}}$$

3. 转换价值(Conversion value)

可转债转换为普通股后相对应的股票价值,称为转换价值。

$$转换价值 = 目前普通股市价 \times 转换比率$$

### 4. 票面利息（Coupon rate）

指发行公司定期付给债券持有人的票面利率，通常为固定且比普通公司债利率低。台湾近年发行的可转债，以零息为主要趋势。

### 5. 赎回权（Call option）

此权利属于发行公司的权利，意指发行公司有权在特定期间及情况下，对于可转债进行赎回。一般而言，当市场利率低于可转债发行的票面利率，且公司股价低迷至难以引发持有人转换成股票时，发行公司就有诱因将可转债赎回，另发新债以降低利息偿付压力。然而，在台湾地区，发行可转债趋势为零票面利率，大部分发行公司并没有利息偿付压力，因此赎回条款设计目的便不再是为了降低资金成本。而在中国内地，也没有可转债的赎回权是为了降低资金成本而设计的。由于企业发行可转债的好处是，一旦债券被转换成股票，债务就自动消失了，因此许多企业期望可转债发行后股价上涨，让投资人进行转换。然而转换的权利掌握在投资人手上，有时股票已经大涨，但是投资人仍不愿意转换，希望未来会有更高的价格，为此发行公司设计赎回条款。中国内地可转债赎回权的设置都是出于这个目的。在这种情况下，赎回权一般包含下面两项：

a. 尚未转换的债券总额低于发行总额某一比例时，一般而言为10%。

b. 标的股票的市价持续一段时间高于转换价格某一比例时，一般而言为30%—50%。

通常赎回权的执行期间，不得少于30日。由条款设计看来，发行公司动用赎回权的主要目的，是希望投资人能够尽快执行转换权，避免丧失转换利益，同时也减少公司维护在外流通可转债的作业费用。

### 6. 回售权（Put option）

此权利属于投资者的权利。投资者有权在特定时点下，即发行经过某一时日后，提出申请要求发行公司赎回可转债，其价格以债券面额加计利息补偿金及当期应付票面利息。一般可转债的优点，在于股票不具转换价值时，投资人仍可收到固定的票面利息。但近年来可转债票面多为零票面利率，因此持有人若不转换亦无利息收入，故赎回权的设计上会加上"利息补偿金"，投资人要求发行公司赎回时，发行公司必须支付面额及利息补偿金。如此一来，虽然可转债本身的票面利率为零，但实际上投资人卖回时仍可拿到固定收益。特别要注意的是，投资人的卖回权并不是随时可以执行，必须在特定时间点才能提出申请。

在中国内地，回售权的行权条件通常是股价持续一段时间低于转换价格一定比例，这样可以使投资人在没有转股希望时有权提前收回投资本息，迫使公司调低转换价格。

### 7. 转换价格的重设

转换价格调整除了反稀释条款外，还定有价格重设条款，允许公司在符合一定条件下调低转换价格。而重设转换价格的主要目的在于，当股价下跌时将转换价格调低，一方面向投资人提供额外的保护，避免转换价值减少；另一方面也可以避免投资人因股价低迷而行使赎回权，引起发行公司债务偿付的压力。在股市前景不明时，增加重设条款将有助于可转债的发行及销售。

8. 反稀释条款(Anti-dilution clause)

当公司有普通股股份变动的情况发生时,如现金增资、盈余转增资、公司合并、股票分割、以较低转换价发行新可转债、减资等,会造成股价变动,若可转债转换价格固定,则可能损害可转债持有者的权利。为避免此一状况发生,发行公司一般会设有保护条款,以重新计算转换价格。

在介绍可转债的特性与条件设计后,要进一步探讨可转债价格与标的股票价格的关系。由于可转债同时具备债券与股票的特性,因此其价格也与这两种证券有密切的关系。假设一张可转债可以转换一张股票,在假设利率维持不变的前提下,债券价格不会因为发行公司股价变动而随之改变。另一方面,转换价值则随着股价上涨而增加,呈现一条正斜率的直线。可转债价格与股票价格的关系如图9-1所示。

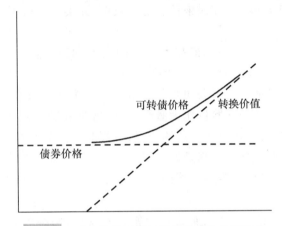

**图9-1** 可转换公司债与标的物股价的相关性

由图9-1可知,可转债因其具有转换成股票的权利,在股价越高的情况下,投资人转换的可能性将变得越高。因此股价越高,可转债价格越贴近股票价格。然而,股价下跌的时候,因为至少会有债券价值,所以可转债价格会趋近债券价格。债券价格形成一个强而有力的支撑(Bond floor),而可转债价格和价格下限之间的差距,便是转换权利的价值。综上所述,可转债的价格,会高于普通公司债和股票价格两者中较高的价格。可转债的价格下限即为

$$可转债价格 \geq \max(债券价格,股票价格)$$

最后,由前述的简介可知,可转债多元的特性适合各种不同类型的投资人。偏好固定收益的债券型投资人,可以选择价外区的可转债,除了固定收益外,还可以享受股票上涨时债券涨价的好处;对股票熟悉的投资人可以选择价内区的可转债,不但跟股票价格联动性高,而且还提供下档保护,是一种很好的防御性投资方式;而对可转债特性熟悉的投资人,则可从中寻找适合标的,从事套利策略操作,从中获取利润。

(二) 权证

1. 权证的概念及分类

权证(Warrants)是发行人与持有者之间的一种合约,其发行人可以是上市公司,也可

以是上市公司股东或投资银行等第三者。权证允许持有人在约定的时间(行权时间)、用约定的价格(行权价格)向发行人购买或卖出一定数量的标的资产。

根据认股权证的权利不同,认股权证可以分为认购权证和认沽权证。认购权证赋予权证持有者在一定期限内按照一定的价格向发行人购买一定数量的标的资产的权利。而认沽权证则赋予权证持有者在一定期限内按照一定的价格向发行人出售一定数量的标的资产的权利。

权证按照发行者不同,一般分为股本权证与备兑权证(香港交易所称为"衍生权证")。

如果权证由上市公司自己发行,就叫做股本权证。它授予持有人一项权利,在到期日或之前按执行价向上市公司买卖该公司股票。如果该权利是买股票,此类权证就被称为"认购权证"(Call Warrant);如果该权利是卖股票,此类权证就被称为"认沽权证"(Put Warrant)。它的两个主要特点是:第一,期限通常较长,可能长达数年;第二,股本权证持有人执行权利时,由于上市公司不能持有自己的股票,必须通过新发行股票或注销公司股票的方式进行,因此会导致公司股本扩张(认购权证)或收缩(认沽权证)。目前大部分股本权证都是认购权证。上市公司发行股本权证的主要情形有二:其一是赋予本公司员工或者经理人一定数量的认股权作为激励机制,这类激励权证通常不可转让且交易期限较长;其二是公司在发行新股或是其他公司证券如债券时,将权证附送给证券购买方,用以增加公司证券的吸引力。尤其是认沽权证,由于赋予持有者按特定价格出售公司股票的权利,具有很强的向市场传达公司经营层信心、保证股价一定会高于执行价格的信息的作用。

如果权证由独立的第三方(通常是投资银行)发行,则称为备兑权证。实际上备兑权证的标的资产除了可以是个股股票外,还可以是股价指数、一揽子股票或其他标的物(如利率、汇率和商品)等。

股本权证与备兑权证的差别主要在于:

(1) 发行目的不同。股本权证的发行通常作为公司员工激励机制的一部分,或是作为促进融资和传达公司信心的手段;而备兑权证则是由投资银行或其他第三方根据市场需求或特殊目的(如中国内地股权分置改革时大股东作为支付对价的手段)而发行的。

(2) 发行人不同。股本权证的发行人为上市公司,而备兑权证的发行人为独立的第三方,一般为投资银行。

(3) 是否影响总股本。股本权证行权后,公司总股本的增减等于行使股本权证时所买卖的股票数量,从而对股票价格有摊薄或提升的作用;备兑权证到期行权时由其发行者,即独立于公司的第三方来进行股票或现金的交割,行权时所需的股票完全从市场上购入,上市公司的总股本并不会增减。

虽然最早的权证是从股本权证开始的,但在如今的全球权证市场中,占绝对主导地位的却是备兑权证,股本权证的市场地位呈衰落的趋势。以我国香港和台湾市场为例,在香港证券交易所交易的几乎全部是备兑权证(在香港被称为衍生权证),而在台湾证交所交易的权证全部都是备兑权证。

股票期权与股本权证看起来很像,但两者还是有明显的区别,主要在于:

(1) 有无发行环节。股本权证在进入交易市场之前,必须由发行股票的公司向市场发行;而期权无须经过发行环节,只要买卖双方同意,就可直接成交。

(2) 数量是否有限。股本权证由于先发行后交易,在发行后,其流通数量是相对固定的;而期权没有发行环节,只要有人愿买愿卖,就可以成交,因此其数量在理论上是无限的。

(3) 是否影响总股本。股本权证行权后,公司总股本的增减等于行使股本权证时所买卖的股票数量,从而对股票价格有摊薄或提升的作用;股票期权的行权时所需的股票完全从市场上购入,上市公司的总股本并不会增减,期权行权对上市公司无任何影响。

备兑权证比股本权证更贴近于股票期权,因为备兑权证的行权也不会影响公司的总股本。因此两者的区别仅在于有无发行环节和数量是否有限。

2. 权证的合约规格

以下简介权证的合约规格,及其对权证价格的影响:

(1) 标的证券

可分为个股型、组合型以及指数型三类。其中,个股型是以单一个股为标的资产,组合型是以数只股票的组合为标的资产,而指数型则是以股价指数为标的资产。目前发行的权证多为单一标的,其标的亦须符合证交所或期交所每季公告的可发行权证标的。标的股价上涨,认购权证可依固定的执行价格买入标的资产,与期权的获利情况相似,因此认购权证价格随之上涨。

(2) 存续期间

指权证的有效期限。权证的存续期间越长,其潜在获利之概率越大,故价格越高。

(3) 履约期间

指权证持有人可以履约的时间点。若上市起每日皆可履约为美式权证,只有到期日可履约则为欧式权证,只能在存续期间的若干特定日期履约的则是百慕大式权证。

(4) 执行价格

券商根据申请发行前一天之收盘价,设定其执行价格。若两者价格相等属于价平,若履约价低于收盘价则为价内,反之,若履约价高于收盘价则为价外。执行价格会因除权息等状况而有所调整。一般而言,权证通常都会以价外发行以降低权证价格。此外,执行价格越低,认购权证获利空间越大,故相对价格越高。

(5) 行使比例

指一单位认购权证所能认购标的股票的数量,可以为 1∶1、1∶0.5、1∶0.2、1∶0.1。一般而言行使比例应该为 1∶1,即一张权证可认购一张标的股票,但市场上有许多高价股,若发行 1∶1 的权证对权证投资人而言成本仍过高,故券商对于这些标的为高价股的权证便以较低的行使比例来降低权证价格,如标的价格为 200 元以上的股票可发行 1∶0.01 的比例,以吸引投资人投资。

(6) 成本杠杆倍数(Gearing)

$$\text{以买进标的股票相同的资金所能购买到权证的数量} = \frac{\text{股价}}{\frac{\text{权证价格}}{\text{行使比例}}}$$

(7) 履约结算方式

权证的履约给付方式可分为：① 证券给付；② 现金结算。通常发行证券商(持有人)可以选择现金结算。投资人在购买时，需注意购买权证三种方式中的哪一种，以免结算时出错。

(8) 除权息价格调整

股票遇到除权息时股价会往下调整，若权证发行条件未能调整，则投资人会平白遭受标的除息的价格损失。因此证交所对权证订有除权息调整一般公式，发行券商也会在上市公告及公开销售说明书上，说明除权息的调整公式，当权证发行期间遇到标的除权息，发行券商会依约定将权证履约价和行使比例一同调整。交易所公告的一般调整公式为：

$$调整后之执行价格\ K' = K \times \frac{S'}{S}$$

$$调整后之行使比例\ N' = N \times \frac{S}{S'}$$

其中，$K$ = 调整前之执行价格　　　$K'$ = 调整后之执行价格
　　　$N$ = 调整前之行使比例　　　$N'$ = 调整后之行使比例
　　　$S$ = 除权息前一营业日收盘价　$S'$ = 除权息参考价

## 二、Delta 避险与 Gamma 利益

可转换套利策略之所以普遍受到欢迎，主要是因为投资人可以通过可转换证券与股票，建立预测性高的避险持仓。此套利策略常被视为相对价值套利，因为可转换套利通常会采用市场中性策略，其绩效与股票市场表现的关系不大。至于这类策略的获利潜能，取决于可转换证券与股票之间价格关系缺乏效率的程度(可预测性)，而使避险操作得以产生的一系列现金流量。然而，除了依赖可转换证券与股票之间的可预测关系，还可运用可转换证券的凸性价格结构等技巧。

Delta 中性避险策略是买进可转换证券，并且按照目前 Delta 值计算的数量放空股票。根据这种操作架构，如果股票的价格变动不大，多空持仓的盈亏可以彼此冲销，但整体持仓仍有可转换证券利息，以及股票空头持仓利息，获得现金流入。Delta 在实务上代表着"避险比例"，Delta 避险即是利用可转换证券中期权与标的资产之间的价格变动关系，进行避险的操作。Delta 代表买进(放空)一单位期权需要多少单位标的物，以规避期权价值变动风险。故 $N(d_1)$ 代表每持有一单位买权，所必须放空标的股票的股数。且股价越高，所应放空标的股票的数量 $N(d_1)$ 也越大。这是因为 $N(d_1)$ 随着股价($S$)的上升而增加。直觉上来看，股价越高，买权被履约的概率也越大，所以避险比例 $N(d_1)$ 也就越大。

避险比例 $N(d_1)$ 代表买权价格线在不同标的股价下的斜率，这个斜率 $N(d_1)$ 有其经济意义。如前述例子，若 $N(d_1) = 0.7$，这代表股价上涨时，持有 10 单位的买权可能产生的利润与放空 7($= 0.7 \times 10$) 单位的标的股票所产生的损失完全相同。也就是，买权价格变动的敏感度是股价变动的 1.43 倍($1/0.7 = 1.43$)。换言之，放空 7 单位标的物股

票,可规避买进 10 单位期权价值变动。

一般手上持有现货持仓亦可用 Delta 来避险。假设 Delta 为 0.7 的情况下,投资人持有 7 张股票,则可以卖 10 张(7÷0.7)买权来避险。股价下跌 1 元,使得股票持仓损失 7 000 元,此时期权应下跌 0.7 元,使卖出买权持仓获利 7 000 元。换言之,避险的结果将使得股票持仓的获利(损失),等于期权持仓的损失(获利)。此例中,期权持仓之 Delta 风险价值为 -7 000 元,而股票之 Delta 风险价值为 7 000 元(因为股票之 Delta 为 1),故以此方式建构的期权避险投资组合其 Delta 风险值为 0,此状况即所谓的 Delta 中性,也是避险者想达到的目标。

此外,在任何 Delta 中性下,都可以取得某种程度的 Gamma 利益,因为标的股票即使只出现很有限的走势,可转换证券价格曲线的曲度,也会让避险持仓在重新调整之前取得 Gamma 利益。如图 9-2 所示,在仅用静态 Delta 避险下,标的股价变动越大,Gamma 利益也越大。此外,由于可转换证券价格曲线存在凸性,使得套利者可以在很有限的风险下,利用静态避险比率结合变动的 Delta 值,获取 Gamma 利益,可显著提升持仓的总报酬。

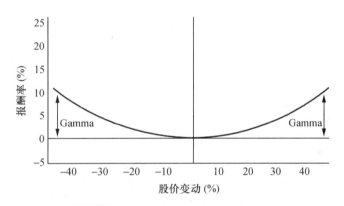

**图 9-2** Delta 中性下的 Gamma 利益

另外,可转换证券的 Gamma 值越大,则当标的股票同幅度变动时,将造成更显著的 Delta 值变动。此时不同于真正的 Delta 中性,Gamma 避险亦可以在非常接近于 Delta 中性架构下建立,只需要更少的重新调整次数,即可取得一些股票市场的超额($\alpha$)利益。在此情况下,如图 9-3 所示,Gamma 避险可以设定些许行情方向偏颇。如投资人看好未来市场,便可建立偏多的 Gamma 避险持仓(避险程度少于 Delta 中性时的持仓),即股票空头持仓的规模小于 Delta 中性下应有的程度;反之则可建立偏空 Gamma 避险持仓。虽然两者避险持仓存在行情方向偏颇,但其避险比率的设定,往往可让持仓在反向走势的情况下,取得损益两平或无风险报酬。然而,标的股票一旦出现预期中的方向走势,则方向偏颇的 Gamma 避险持仓,就能够实现显著的获利,获利情形则如图 9-3 所示。

由前述可知,Greeks(希腊字母)避险,是管理期权风险非常方便的工具。通过各个 Greeks,可以简单地了解在各种情况下期权持仓损益的变化。例如在持有投资组合产生 Gamma 利益下,另一方面却是损失 Delta。正如同时买进一个买权及卖权下,当波动度增加时将使得该组合的获利增加,而另一方面该组合将随着时间的流逝而损失其 Theta。

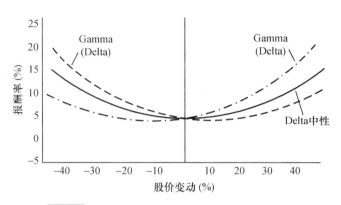

**图9-3** 偏多与偏空 Gamma 避险下的资本利得

因此,投资人在从事期权的交易策略时,必须衡量其中的风险,评估自己的资金状况而操作。

### 三、投资组合保险

近年来全球经济陷入停滞、衰退,为刺激景气复苏,世界各国纷纷采取宽松货币政策,造成市场利率水平不断创新低。金融机构的投资操作策略,纷纷以保障投资人的资产价值为优先,其次才是追求资产增值,"投资组合保险"得到广泛的运用与重视。投资组合价值因相关市场状况的变动而呈现增减现象,为防止投资组合价值跌破某一下限而采取的避险策略,称为投资组合保险(Portfolio insurance)。通常投资组合的本金被设定为投资组合价值的下限。

投资组合保险理论兴起于20世纪80年代的美国,随着美国股市历经90年代的大多头行情,投资人慢慢失去了风险戒心。然而对于无暇关注市场走势、着重长期投资、追求合理报酬,且只愿意承受一定范围内损失风险的投资型保单持有人而言,这是一个良好的投资策略。借由一笔特定保费的支付,牺牲少许价格上涨的上方利益,以锁定投资组合面临价格下跌时的风险;将投资组合的风险控制在可接受的范围内,使下方损失有限。因此,投资大众既可参与上方获利,又可保障本金。

投资组合保险策略的构建可以分为两种。投资者可以直接由市场上购买卖权,将卖权的执行价格设定为投资组合价值下限。当市场变动使得投资组合价值跌破执行价格时,要求执行卖权即可达到投资组合保险的目的,此种策略被归类为静态投资组合保险策略(Static portfolio insurance)。然而市场上往往缺乏适当的期权,可作为投资组合保险工具,因此 Rubinsten and Leland (1981)提出复制期权的概念。经由连续调整投资组合内保留性资产(Reserve Asset,如现金,也就是所谓的无风险资产)与风险性资产(Active asset,如股票)的相对比例,以达到与保护性卖权策略一致的保险效果。此种以合成资产的方式模拟卖权,并随时调整合成资产的策略,称为动态投资组合保险策略(Dynamic portfolio insurance)。以下以股票投资组合为例,对静态与动态投资组合保险策加以阐述。

1. 静态投资组合保险

股票投资组合价格于起始时为 $S$,同时买进卖权,执行价格 $K(K=S)$,卖权价格为 $P$,

该投资组合保险策略于期权到期日的价值列于表9-1。由表9-1可以清楚地发现,无论于到期日时,市场状况为何,该保险策略价值均高于卖权执行价格,因此静态投资组合保险策略确实可以规避投资组合价值跌破下限的风险。

**表9-1　投资组合保险策略**

| 投资持仓 | 起始时 | 到期日 | |
|---|---|---|---|
| | | $S_T \leq K$ | $S_T > K$ |
| 股票投资组合 | $-S$ | $S_T$ | $S_T$ |
| 买进卖权 | $-P$ | $K - S_T$ | 0 |
| 净值 | $-S-P$ | $K$ | $S_T$ |

2. 动态投资组合保险

动态投资组合保险策略,将保护性卖权复制成股票及现金两种持仓,其中,$-S_t \cdot N(-d_1)$为股票持仓,$K \cdot e^{-r(T-t)} N(-d_2)$为现金持仓。至于构成的比重则随时间及当时资产的价值而变,故需不断地调整。一般而言,当股价下跌时,投资人将股票卖出转成现金,以规避股价下跌的损失;当股价上涨时,投资人则将现金转成股票,以享受股价上涨的利益。由此可知,复制性卖权投资组合保险实为一种"追高杀低"的动态调整策略。

### 例 9-4

假设张三拥有台湾证交所上市的一个股票投资组合,市值 NT \$1.44 亿,该投资组合的 $\beta$ 为1,台股指数为8 000,波动度为20%,指数股利收益率为3%,无风险利率为1.5% (c.c.)。请问:(1) 如何以卖权确保该投资组合之避险后价值,在6个月后最大可忍受损失为5%;(2) 承(1),避险成本为多少;(3) 若不购入卖权,改为出售持股,以达到确保该投资组合的避险后价值最大可忍受损失为5%的目的,应如何操作?

**解**:(1) 6个月最大可忍受损失为5%,应购入执行价格为 $8 000 \times (1-5\%) = 7 600$ 的台股指数卖权,期权合约每点为 \$50,故共需购入 $144 000 000 \ast (1-5\%) / (7 600 \times 50) = 360$ 手卖权合约。(2) $d_1 = 0.3804$,$N(-d_1) = 0.3519$,$d_2 = 0.2390$,$N(-d_2) = 0.4056$,卖权 $= \$50 \times 286.2401 = \$14 312$,避险成本 $= \$5 152 320$。(3) 出售持股 $\$144 000 000 \times N(-d_2) = \$58 406 400$,并将所得股款存入利率为6%的定存。

## ❓ 本章习题

假设标的资产为 B 股票的买权相关资料如下:

| 买权 | B01 | B02 | B03 |
|---|---|---|---|
| Delta | 0.15 | 0.3 | 0.45 |
| Gamma | 0.01 | 0.02 | 0.03 |
| Vega | 10 | 5 | 10 |

**假设某投资人卖出 B01 共 100 张,请回答 1—4 题:**

1. Gamma 代表:

(A) 每单位股价变动,导致期权价值变动幅度

(B) 每单位股价变动,导致 Delta 变动幅度

(C) 每单位股价报酬率的波动度变动,导致期权价值变动幅度

(D) 每单位无风险利率变动,导致期权价值变动幅度

2. Vega 代表:

(A) 每单位股价变动,导致期权价值变动幅度

(B) 每单位股价变动,导致 Delta 变动幅度

(C) 每单位股价报酬率的波动度变动,导致期权价值变动幅度

(D) 每单位无风险利率变动,导致期权价值变动幅度

3. 若要建构 Delta 中性避险策略,则该投资人应买入或卖出多少张 B 股票?

(A) 买入 15 张　　(B) 卖出 15 张　　(C) 买入 30 张　　(D) 卖出 30 张

4. 若要建构 Delta-Gamma 中性避险策略,则该投资人应买入或卖出多少张 B02 的买权?

(A) 买入 50 张　　(B) 卖出 50 张　　(C) 买入 100 张　　(D) 卖出 100 张

5. 下列哪种情况下,欧式买权的 Delta 最大?

(A) 深价内　　(B) 价平　　(C) 深价外　　(D) 均一样

6. 下列哪种情况下,欧式卖权的 Delta 最大?

(A) 深价内　　(B) 价平　　(C) 深价外　　(D) 均一样

7. 综合证券商发行认购权证(Warrant),其 Delta 避险持仓为:

(A) 买进标的证券之买权　　　　(B) 买进标的证券

(C) 放空标的证券　　　　　　　(D) 以上皆非

8. Theta 代表:

(A) 每单位股价变动,导致期权价值变动幅度

(B) 每单位股价变动,导致 Delta 变动幅度

(C) 每单位股价报酬率的波动度变动,导致期权价值变动幅度

(D) 每单位距到期日时间变动,导致期权价值变动幅度

9. 下列叙述哪个不正确?

(A) 唯有期权才有 Gamma 和 Vega 值,故期权发行者若要冲销其 Gamma 或 Vega 风险,唯有利用另一个期权才行

(B) 欧式卖权的 Gamma 值大于零,意味着当标的股票价格上涨(下跌)时,卖权的价格会以递增的速度在上涨(下跌)

(C) 二项树期权定价模型所计算出来的值,于切割期数够大时,将会收敛至 Black-Scholes 的模型值

(D) 就投资期权的角度来诠释 Vega 值,若投资者所买入的期权投资组合之 Vega 值为正,则称投资者持有波动度(Long Volatility),亦即买入波动度

10. 假设某一 Delta 中立的期权投资组合的 Gamma 为 −10 000。若在一段很短的期

间内,标的资产价格变化 +2 或 -2,则投资组合价值未预期的变化是多少?

11. 假设某个 4 个月到期的股价指数卖权,目前指数为 7 850,履约价格为 7 800,而股利收益率是 3%,无风险利率为 1.5%,股价指数波动度为 25%。请问此卖权每天的 Theta 是多少?

12. 某经理人管理一个追踪台股指数的投资组合,此投资组合的价值为 180 000 万美元,为了避免市况不好造成损失过大,该经理人打算创造一个组合型卖权,来复制标的资产为此投资组合的欧式卖权,此欧式卖权在 6 个月后到期且履约价格为 174 000 万美元,股利收益率是 3%,无风险利率为 1.5%,指数波动度为 25%,请问为了组合此欧式卖权,该经理人必须出售多少比例的投资组合?若一天后投资组合的价值跌到 176 000 万美元,该经理人应当如何调整投资组合?若一天后投资组合的价值增加为 184 000 万美元,该经理人应当如何调整投资组合?

13. 张三持有台湾证交所上市股票之投资组合市值 40 亿元,台股指数现货为 7 000 点,年利率化之平均月收益率为 4%,年利率化之平均月无风险利率为 1.5%,该投资组合的 $\beta$ 为 1。

(1) 拟购入期限为一个月的期权以确保该投资组合之避险后价值在一个月后不低于 36 亿元,则此期权为买权还是卖权?履约价为何?应购入多少手?

(2) 改以期限为一个月的台股指数期货为之,应做多还是放空避险?多少手?

(3) 若该投资组合的 $\beta$ 为 2,则(1)的期权手数为多少?

14. 投资人持有一充分多元化的投资组合,该组合分散在德国及其他欧洲国家的股票市场,目前所持有的投资组合价值为 £ 10 000 000,投资人预期未来 6 个月市场趋势将会向下,若使用期权进行避险,且目前可供避险的期权标的指数为 DAX,其在 2009 年 8 月 20 日为 5 313.5 点,期权的合约规格如下所示:

| 期权 | 执行价格 | 到期日 | 权利金 | Delta | Gamma |
| --- | --- | --- | --- | --- | --- |
| 买权 05 | 5 400 | 2010.5.18 | £ 238.20 | 0.523 | 0.000646 |
| 买权 05 | 5 300 | 2010.5.18 | £ 296.60 | 0.585 | 0.000606 |
| 卖权 05 | 5 300 | 2010.5.18 | £ 214.60 | -0.415 | 0.000606 |
| 卖权 05 | 5 200 | 2010.5.18 | £ 179.00 | -0.357 | 0.000559 |

以 1 年 360 天,1 个月 30 天为基准,试回答下列问题:

(1) 若欲建构动态组合保险,在 $\beta = 2$,无风险利率为 3.23% 下,参考执行价格为 5 200 的卖权作为保护性卖权策略,则期初应卖出多少股票?(假设无股利发放。)

(2) 若欲建构 Delta-Gamma 中性策略,使用执行价格为 5 200 的卖权,以及执行价格为 5 400 的买权,该如何建构此避险持仓?(提示:3 993 单位的卖权将可以顺利达成目标!)

15. 使用买卖权平价关系,假设标的股票无股利支付下,推导下列两者间的关系:

(1) 欧式买权的 Delta 与欧式卖权的 Delta

(2) 欧式买权的 Gamma 与欧式卖权的 Gamma

(3) 欧式买权的 Vega 与欧式卖权的 Vega

(4) 欧式买权的 Theta 与欧式卖权的 Theta。

16. 某基金经理人持有一充分多元化的投资组合,标的为 S&P 500 且市值 $36 000 万,目前 S&P 500 为 1 100 点,且经理人为了避免投资组合在未来 6 个月损失超过 5%,故欲建构一投资组合保险,假设无风险利率为 2%(c.c.),投资组合及 S&P 500 的股利率为 3%,指数的波动度为 30%,试问:

(1) 若经理人利用欧式卖权建构此投资组合保险,则需花费多少成本?

(2) 详细解释如何利用欧式买权达成与(1)相同的结果。

17. 假设现今 S&P 500 的指数为 1 100 点,某金融机构放空一个 S&P 500 执行价为 $1 100、距到期日尚有一年、无风险利率为 2%、股息收益率为 1%、指数一年的波动度为 20% 的卖权,试问:

(1) 请计算该持仓的 Delta、Gamma 以及 Vega。

(2) 该如何做到 Delta 避险策略?

(3) 假设一星期后指数上升至 1 150 点,Delta 避险策略该如何改变?

# 第十章 期权价格近似求解法

由前述章节讨论可知,Black-Scholes 期权定价,是应用偏微分方程在边界条件下所解出的。但在某些情况下,期权的形式相当复杂,以致其偏微分方程的求解相当困难,有鉴于此,借由偏微分方程近似求解或是模拟可能结果,亦可用来决定期权的平均价格;换言之,这些方法并没有简单的封闭解,它们仅能获得一些近似的数值结果,亦即数值分析方法(Numerical methods)。本章仅就二项式期权定价模型(Binomial option pricing model)及蒙特卡罗模拟(Monte Carlo simulation)两种数值分析方法,作一简要介绍。

## 第一节 二项式期权定价模型

二项式期权定价模型基于以下假设:

(1) 股价为间断(Discrete)的分布,且是一个多期的二项式分布函数(Multiplicative binomial distribution)。

(2) 股价上涨概率 $U$ 和下跌概率 $D$,在期权存续期间都是固定的。

(3) 市场是完美的竞争市场,无交易成本,不用缴付税金,且证券可以无限制地细分。

(4) 市场仅有一种无风险利率,且为固定,个人可依其意愿任意借贷。

先考虑单期的不支付股利(Non-dividends paying)的欧式买权,假设在第 0 期时的证券价格为 $S$。二项式期权定价模型的原理,在于将下一期商品价格概分为上涨及下跌两种状况。在第 1 期时,股价不是上涨至 $uS$,就是下跌至 $dS$,而 $u$ 与 $d$ 为上涨与下跌幅度,同时 $u > d$;同理,在第 0 期时,若该欧式买权的价格为 $C$,则在第 1 期结束时,买权价格不是上涨至 $C_1^+$ 就下跌至 $C_1^-$,其中 $C_1^+ = \max(0, uS - K)$,$C_1^- = \max(0, dS - K)$,而 $K$ 为执行价格。

利用以上二项式结构,可构建一投资组合。在组合中,可以融资方式来持有标的物商品,并随时动态调整持有标的物持仓及融通资金,使得投资组合价值可以完全仿真买权价值的现金流量。根据无套利机会的原理,若两项资产拥有相同的未来现金流量,则此两项资产必须拥有相同的现值,否则便有套利机会的存在。无套利机会在代数上的操作定义,确保二项式期权定价模型具有唯一的解。

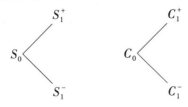

为简化推导过程,我们假设 $S_1^+ = uS_0$;$S_1^- = dS_0$。我们可找到一个 $\Delta$,使 $C_0 = \Delta S_0 + B$($B$ 为贷出或借入现金,视为持有公债或卖出公债)。

$$\Delta S_0 + B \begin{cases} S_1^+ + Be^{rdt} \\ S_1^- + Be^{rdt} \end{cases}$$

在第1期可得以下联立方程式

$$\begin{cases} C_1^+ = \Delta S_1^+ + Be^{rdt} & (10\text{-}1) \\ C_1^- = \Delta S_1^- + Be^{rdt} & (10\text{-}2) \end{cases}$$

解方程(10-1)和方程(10-2),整理得:$\Delta = \dfrac{C_1^+ - C_1^-}{S_1^+ - S_1^-} = \dfrac{\partial C}{\partial S} = \text{Delta}$。

则 $\Delta = \dfrac{C_1^+ - C_1^-}{S_0(u-d)}$ 代回(10-2)解出 $B$,将 $\Delta$ 及 $B$ 代入:

$$C_0 = \Delta S_0 + B = e^{-rdt}\left[\dfrac{e^{rdt}-d}{u-d}\times C_1^+ + \dfrac{u-e^{rdt}}{u-d}\times C_1^-\right] = e^{-rdt}\hat{E}_0(C_1)$$

据此我们可以推导出买权价格为 $C_0 = e^{-rdt}[pC_u + (1-p)C_d]$,其中 $p = \dfrac{e^{rdt}-d}{u-d}$ 为标的股价上涨的概率,而 $r$ 为该期的无风险利率。此式亦隐含在一风险中性的世界中,买权的价值是对于未来值折现的预期值。必须特别强调的是,此处的概率为风险中性(Risk neutral)世界中的概率,并非实际世界中的概率。

### 例 10-2

若标的股价一个月的变动如下,$r = 1.5\%$(c.c.),$K = 100$,试求 $C_0$ 及 $\Delta_0$。

$$\begin{matrix} & & 110 \\ & & 10 \\ 100 & & \\ C_0 & & 90 \\ & & 0 \end{matrix}$$

**解**:$u = 110/100 = 1.1$,$d = 0.9$,$p = \dfrac{e^{\frac{0.015}{12}} - 0.9}{1.1 - 0.9} = 0.5063$

所以 $C_0 = e^{\frac{-0.015}{12}}[0.5063 * 10 + 0.4937 * 0] = 5.0567$,$\Delta_0 = \dfrac{10-0}{110-90} = 0.5$

应注意的是,因为 $S_0$ 已知,所以 $S$ 的判定树须由前往后推演;而因为 $C_T = \text{Max}(S_T - K, 0)$ 为已知,$C$ 的判定树须由后往前推演。

二项式定价模型亦可被推展至多期结构,考虑一个距到期日有 $n$ 期的不支付股利的欧式买权,进一步简化二项式定价模型,我们令 $ud = 1$,则可得股价上涨幅度 $u$ 及下跌幅

度 $d$ 分别为

$$u = e^{\sigma\sqrt{\frac{T}{n}}} \text{ 及 } d = \frac{1}{u} = e^{-\sigma\sqrt{\frac{T}{n}}}$$

其中，$T$ 是距到期日时间。应用回溯法（Recursive procedure），由到期日向前倒推，可得 $n$ 期模型解为

$$C = e^{-rT} \sum_{i=0}^{n} \binom{n}{i} p^i (1-p)^{n-i} \max\{(Su^i d^{n-i} - K), 0\}; \quad p = \frac{e^{rdt} - d}{u - d}$$

当二项式定价模型中的期间被切分得够多够细时，即 $\Delta t \to 0$，多期的二项式定价模型，会收敛至 Black-Scholes 的期权定价模型。

### 例 10-2

台股指数之价平欧式买权价格为 $C_0$，$S_0 = 7\,800$，$\sigma = 0.2$，$T = 3$ 个月，$r = 1.5\%$（c.c.），$q$（股利率）$= 3\%$，以 3 期二项式定价模型计算 $C_0$ 是多少？

**解**：3 期模式，所以 $dt = \dfrac{3\,\text{月}}{3} = \dfrac{1}{12}$ 年

$u = e^{0.2\sqrt{\frac{1}{12}}} = 1.0594, d = \dfrac{1}{u} = 0.9439$

$p = \dfrac{e^{\frac{0.015 - 0.03}{12}} - d}{u - d} = 0.4749$

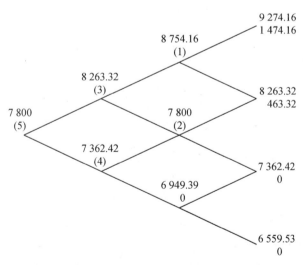

$(1) = e^{-\frac{0.015}{12}}[p * 1\,474.16 + (1-p) * 463.32] = 942.19$

$(2) = e^{-\frac{0.015}{12}}[p * 463.32 + (1-p) * 0] = 219.76$

$(3) = e^{-\frac{0.015}{12}}[p * 942.19 + (1-p) * 219.76] = 562.14$

$(4) = e^{-\frac{0.015}{12}}[p * 219.76 + (1-p) * 0] = 104.23$

$C_0 = (5) = e^{-\frac{0.015}{12}}[p * 562.14 + (1-p) * 104.23] = 321.29$

$C_0 = \$50 * 321.29 = \$16\,064.5$

若以二项式定价模型评价标的物，为支付股利的个股或指数之期权时，如前述章节所言，假设股利收益率为 $\delta$，则

$$C = e^{-(r-\delta)T} \sum_{i=0}^{n} \binom{n}{i} p^i (1-p)^{n-i} \max\{(Su^i d^{n-i} - K), 0\}$$

$$p = \frac{e^{r-\delta dt} - d}{u - d}$$

国际主要交易所——包括芝加哥期权交易所（CBOE）——挂牌的个股期权多为美式，且执行价格不随现金股利调整，即除息前后的执行价格相同。台湾因为借券市场的不完备及认购权证的风行，股票期权为欧式，且执行价格会随股票股利及现金股利调整。如果股利发放的时间与数量（$\delta$）事先可以确定，我们可以在股利发放后，直接在二项式判定树中将股利数额从股票价格中扣除，$S' = S(1-\delta)$，以此计算期权价格。以股票股利来说，若股票股利为 $D\%$，则除权后的执行价格为 $\frac{K}{1+D\%} = K(1-\delta)$，$\delta$ 与 $D\%$ 有一对一的函数关系，例如若 $D\% = 0.25$ 则 $\delta = 0.2$，除权后的二项判定树仍然会合并。

### 例 10-3

某一股票目前的股价 $S_0 = \$100$，期限 $T = 3$ 个月，除权日距今日为一个月，股票股利为每股配 0.25 股，股酬波动度为 30%，无风险利率为 1.5%（c.c.），执行价格为 $100。如果台湾期货交易所的一手买权的标的股票为 2 张，试以 3 期二项式定价模型，求算该欧式买权的价格 $C_0$。

**解**：3 期模式，所以 $dt = \frac{3 \text{月}}{3} = \frac{1}{12}$ 年

涨幅 $u = e^{\sigma\sqrt{dt}} = e^{0.3\sqrt{\frac{1}{12}}} = 1.09$，跌幅 $d = \frac{1}{u} = 0.917$

上涨概率 $p = \frac{e^{\frac{0.015}{12}} - d}{u - d} = 0.487$

$100u = \$109$，$100d = \$91.7$，除权后，$109$ 减为 $87.2$，$91.7$ 减为 $73.36$。在除权后的下个时点，$t = 2$ 个月，二项式判定树仍然会合并。因为在 $t = 1$ 个月的 $87.2$，若在 $t = 2$ 个月的时点该股仍继续下跌，则下跌后的新股价 $S_2 = [100 \times u \times (1-\delta)]d$；而在 $t = 1$ 个月的 $73.36$，若在 $t = 2$ 个月的时点该股反转上涨，则上涨后的新股价 $S_2' = [100 \times d \times (1-\delta)]u$，由于 $S_2$ 及 $S_2'$ 均为 $100 \times u \times d \times (1-\delta)$，故除权后虽然二项式判定树在除权日 $t = 1$ 个月出现"断层"，但在 $t = 2$ 个月仍将合并。

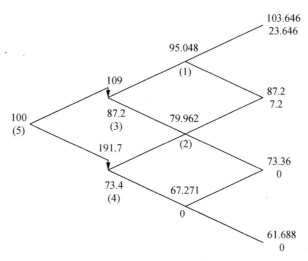

除权后,执行价格 $K' = 100 \times (1 - 0.2) = 80$。在 $T = 3$ 个月,$C_3 = \text{Max}(S_3 - K', 0)$。在 $t = 2$ 个月,因台湾的个股买权为欧式,故 $C_2 = e^{\frac{-0.015}{12}} [p \cdot C_3^+ + (1-p) C_3^-]$,所以状态(1)的买权价格为

$$C_2 = e^{\frac{-0.015}{12}} [p \cdot 23.646 + (1-p) 7.2] = 15.1902$$

同理,状态(2)的买权为 \$3.502。而在 $t = 1$ 个月,状态(3)的买权价格为

$$C_1 = e^{\frac{-0.015}{12}} [p \cdot 15.1902 + (1-p) \cdot 3.502] = 9.1827$$

同理,状态(4)的买权价格为 \$1.7033。所以目前买权价格为

$$C_0 = e^{\frac{-0.015}{12}} [p \cdot 9.1827 + (1-p) \cdot 1.7033] = \$5.3390$$

所以一手买权的价格 $= C_0 \times 2\,000 = \$10\,678$。

## 例 10-4

如例 10-3,改为 CBOE 美式买权,一手买权的标的股票为 100 股,求 CBOE 的一手买权股价。

**解**:美式买权最佳履约时点,发生在除权前夕或到期日,故与上题求解过程的主要不同处在除权日。$t = 1$ 个月的时点应先求出状态(3)与(4)的除权前夕的履约价值 $\text{Max}(S_2 - k, 0)$,并与继续持有买权的价值比较,取较大者作为状态(3)、状态(4)的买权价格。状态(3),除权前提前履约价值为 $\text{Max}(109 - 100, 0) = 9$,小于上题欧式(即不提前履约,继续持有买权)的值 \$9.1827,故状态(3)的买权价格为 \$9.1827。而在状态(4)提前履约的价值为 0,故应取不提前履约的值 \$1.7033,所以目前买权价格为 $C_0 = e^{\frac{-0.015}{12}} [p \cdot 9.1827 + (1-p) \cdot 1.7033] = \$5.3390$,故一手 CBOE 美式买权的价值为 $C_0 \times 100 = \$533.9$。

相对地，发放现金股利时，台湾的个股期权的执行价格会随股息调整，即 $K' = K -$ 股息 $\$D$，但 CBOE 的美式个股期权则不调整即 $K' = K$，除息后的股价 $S' = S - \$D$，$\$D$ 不像股票股利 $D\%$ 为股价的一个比率，因此除息后的二项判定树不再合并。例如，在 $t = 1$ 时除息，则除息后股价 $S_1' = S_1 - \$D$，设 $S_1 = S_0 u$，则 $S_1' = S_0 U - \$D$。在 $t = 2$ 时，若股价下跌，则 $S_2 = S_1' d$ 为 $(S_0 u - \$D)d$，即 $S_0 ud - \$Dd$。在 $t = 1$ 时，另一可能股价 $S_1 = S_0 d$，除息后为 $S_1' = S_0 d - \$D$。在 $t = 2$ 时，若股价上涨，则 $S_2 = S_1' u$ 为 $(S_0 d - \$D)u$，即 $S_0 ud - \$Du$。这两个可能的 $S_2$ 值并不相同（其减项分别为 $\$Dd$ 与 $\$Du$），故会产生不合并的现象。为使除息后，股价二项判定树仍能合并，我们改用股息调整后之股价 $S_0^*$ 取代 $S_0$，并以 $S^*$ 判定树取代 $S$ 判定树，$S_0^* = S_0 - \$D \cdot e^{-r\tau}$，$\tau$ 为除息日。同理，除息前各时点股价为 $S_t^* = S_t - \$De^{-r(\tau - t)}$，除息后的各时点的股价为 $S_t^* = S_t$。

## 例 10-5

CBOE 美式买权，一手可依履约价买进标的股票 100 股，设 $S_0 = \$100$，$K = \$100$，$\sigma = 0.3$，无风险利率为 $1.5\%$（c.c.），$T = 3$ 个月，股息为 $\$6$ 现金，除息日 $\tau$ 距今为一个月。以 3 期二项判定树求算买权价格。

**解**：3 期模式，所以 $dt = \dfrac{3 \text{月}}{3} = \dfrac{1}{12}$ 年

涨幅 $u = e^{0.3\sqrt{\frac{1}{12}}} = 1.09$，涨幅 $d = \dfrac{1}{u} = 0.917$，上涨概率 $p = \dfrac{e^{\frac{0.015}{12}} - d}{u - d} = 0.487$

$$S_0^* = S_0 - 6e^{\frac{0.015}{12}} = \$94.0075 \, ; \, K' = K = \$100$$

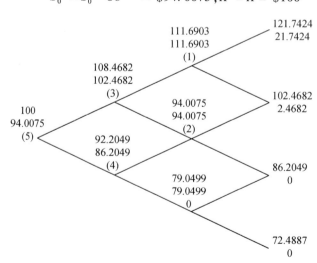

（上图各点的最上面值为 $S_t$，依次为 $S_t^*$ 及 $C_t$）

$S_1^* = S_0^* \cdot u$ 或 $S_0^* \cdot d$，$S_2^* = S_1^* \cdot u$ 或 $S_1^* \cdot d$，但 $S_2$ 不会等于 $S_1 u$ 或 $S_1 d$

$(S_1^* = S_1 - \$D, S_2^* = S_2, S_3^* = S_3)$

因为美式买权最佳履约时点发生在除息前夕或在到期日，所以只有在状态(3)及(4)

需检验提前履约或继续持有买权至到期日何者较佳,状态(1)的买权价格 $C_2 = e^{\frac{-0.015}{12}}[p \cdot 21.7424 + (1-p) \cdot 2.4682]$ 得 \$11.8399;同理可得状态(2)的买权为 \$1.2005。状态(3),在除息日前夕提前履约的买权价值 $= \text{Max}(109-100, 0) = \$9$,若不提前履约,则价值为 $e^{\frac{-0.015}{12}}[p \cdot 11.8399 + (1-p) \cdot 1.2005] = \$6.3739$,状态(3)的买权价值为取前两值中的较大者,即 \$9。状态(4)为价外,不可能提前履约,其买权价值为 $e^{\frac{-0.015}{12}}[p \cdot 1.2005 + 0] = \$0.5839$,所以目前买权价格为 $C_0 = e^{\frac{-0.015}{12}}[p \cdot 9 + (1-p) \cdot 0.5839] = \$4.6767$,一手买权之价格为 $C_0 \times 100 = \$467.67$。

二项式定价模型应用简单直觉式数学来求解期权的价值,其概念简明易懂,容易为实务界人士所接受。其使用范围比 B-S 定价模型来得广泛,因为许多期权的标的物价格,并不完全服从 Lognomal 分布。况且其他新奇期权(Exotics),都可以利用二项式定价模型来评估其期权价格。但是,二项式定价模型却面临计算上复杂性的难题,通常需耗用大量的计算机仿真计算过程,才可得到较准确的价格,这一点是 B-S 定价模型所不需要的。

二项式期权定价公式有两项特质,是值得注意的:

(1)投资者的风险偏好与期权价格无关。市场不存在套利机会为二项式定价模型的主要依据。

(2)期权价格与标的物上涨或下跌概率无关。

## 第二节 蒙特卡罗模拟

相对二项式期权的定价模型,蒙特卡罗为另一种衍生性商品评价的近似求解法。其理论基础建立在风险中性的假设下,先仿真标的物价格的路径,再计算其对应衍生性商品各期现金流量,最后依无风险利率折现求算商品理论价格。由于其概念简单易懂,且可以延伸运用到路径相依,甚至标的联结多资产的商品,因此亦广受实务界人士使用。本节将依序介绍蒙特卡罗在欧式及美式期权近似求解法中的应用。

### 一、欧式期权近似求解

我们以标的为股价的衍生性商品为例,假设商品的理论价值由到期日($T$)当天现金流量决定,期间的无风险利率($r$)维持固定。商品理论价格的求算步骤如下:

(1)风险中性假设下,仿真各期股价路径。

(2)计算商品到期日当天现金流量。

(3)重复步骤1、2共 $P$ 次,即可产生 $P$ 个商品到期现金流量。

(4)将到期现金流量平均,计算商品到期的期望现金流量。

(5)将到期期望现金流量以无风险利率折现,求出该衍生性商品的现值。

首先,假设该股票无股利支付且其股价路径服从几何布朗运动:

$$dS = \mu S dt + \sigma S dz$$

其中，$S$ 为股价，$dz$ 为布朗运动过程，$\mu$ 为风险中性下预期报酬率，一般以无风险利率 $r$ 代替，$\sigma$ 为波动度。若将时间切割为 $N$ 期，则每一期间隔为 $\Delta t$，则上式可改写为：

$$S(t+\Delta t) - S(t) = \mu S(t)\Delta t + \sigma S(t)\varepsilon\sqrt{\Delta t}$$

其中，$S(t)$ 为 $t$ 时点下的股价，$\varepsilon$ 则为符合标准正态分布的随机变量。依据此式只需运用前期历史股价数据，就可以算出下一期的预期股价，即 $\Delta t$ 期的股票价值由期初股价求得，再依序求出 $2\Delta t$，$3\Delta t$……不同时间下各期的股价。但由于股价符合对数正态分布，因此实务上多模拟 $\ln S$ 而非 $S$，因此利用 Itô's lemma 可求出 $\ln S$ 的随机过程：

$$d\ln S = \left(\mu - \frac{\sigma^2}{2}\right)dt + \sigma dz$$

故其股价路径为：

$$\ln S(t+\Delta t) - \ln S(t) = \left(\mu - \frac{\sigma^2}{2}\right)\Delta t + \sigma\varepsilon\sqrt{\Delta t}$$

或改写成

$$S(t+\Delta t) = S(t)e^{\left(\mu - \frac{\sigma^2}{2}\right)\Delta t + \sigma\varepsilon\sqrt{\Delta T}}$$

虽然蒙特卡罗模拟的优点，在于处理报酬和标的资产路径相依的衍生性商品价格，然而若衍生性商品价格只与标的资产的到期价值有关，则不需要仿真整条股价路径，只要直接计算标的资产到期价值就可以，资产到期价值为：

$$S(T) = S(0)e^{\left(\mu - \frac{\sigma^2}{2}\right)T + \sigma\varepsilon\sqrt{T}}$$

以下利用蒙特卡罗模拟估算一欧式买权价格。假设有一个为期三个月的买权，且期间内标的物没有股利的发放，此外标的期初股价为 50，执行价格为 50，波动率为 20%，无风险利率为 2%（c.c.）。首先，抽取 10 个符合标准正态分布的随机变量（$\varepsilon$），依照上述公式算出到期股价 $S(T)$，再依 $C_T = \max(S_T - K, 0)$ 估算出买权到期价值，如表 10-1 所示。

表 10-1　仿真买权到期价值

| 路径 | 期初价格（$S(0)$） | 随机变数（$\varepsilon$） | 期末价格（$S(T)$） | 买权到期价值（$C$） |
|---|---|---|---|---|
| 1 | 50 | −0.4326 | 48.4643 | 0 |
| 2 | 50 | −1.6656 | 44.1836 | 0 |
| 3 | 50 | 0.1253 | 50.5352 | 0.5352 |
| 4 | 50 | 0.2877 | 51.1545 | 1.1545 |
| 5 | 50 | −1.1465 | 45.9377 | 0 |
| 6 | 50 | 1.1909 | 54.7398 | 4.7398 |
| 7 | 50 | 1.1892 | 54.7328 | 4.7328 |
| 8 | 50 | −0.0376 | 49.9216 | 0 |
| 9 | 50 | 0.3273 | 51.3067 | 1.3067 |
| 10 | 50 | 0.1746 | 50.7224 | 0.7224 |

最后，求出买权到期价值的期望值为 1.3191，再依无风险利率折现即可得到该欧式买权的价格为 1.3027。以上范例为蒙特卡罗于联结单一资产衍生性商品上的应用，除此之外亦可延伸至两个资产，甚至多个资产的商品。届时必须再纳入资产间相关性的考虑，进行商品定价的求解。

## 二、美式期权近似求解

美式期权因涉及提前履约,使得到期日不确定而增加计算理论价格的困难度,因此便有学者提出最小平方法(Least-squares approach),解决蒙特卡罗模拟美式期权提前履约产生的问题。

最小平方法同样先仿真出各期股价路径的样本,接着利用最小平方法,分别计算各期期权继续存续的价值,再与提前履约的理论价值比较,逐期判断履约与否,最终再将各期现金流量折现即可算出该美式期权的理论价值。以下根据 Longstaff 和 Schwartz(2001)的简例,做一初步的介绍。

假设有一个为期三年的美式卖权,在第一年、第二年及第三年底可以选择是否履约,且期间内标的物没有股利的发放。此外,标的物期初股价为 1,执行价格为 1.1,无风险利率为 3%。表 10-2 就仿真 9 条股价路径来做说明。

**表 10-2  仿真股价路径**

| 路径 | $t=0$ | $t=1$ | $t=2$ | $t=3$ |
|---|---|---|---|---|
| 1 | 1.00 | **1.09** | **1.08** | 1.34 |
| 2 | 1.00 | 1.16 | 1.26 | 1.54 |
| 3 | 1.00 | 1.22 | **1.07** | **1.03** |
| 4 | 1.00 | **0.93** | **0.97** | **0.92** |
| 5 | 1.00 | 1.11 | 1.56 | 1.52 |
| 6 | 1.00 | **0.76** | **0.77** | **0.90** |
| 7 | 1.00 | **0.92** | **0.84** | **1.01** |
| 8 | 1.00 | **0.88** | 1.22 | 1.34 |
| 9 | 1.00 | **0.78** | **0.84** | **0.91** |

注:黑体表示为价内。

假设期权在第三年底到期前不会履约,则期权在第三年的价值即为其内含价值($1.1 - S_3$),得到现金流量如表 10-3 所示。

**表 10-3  第三年到期现金流量**

| 路径 | $t=0$ | $t=1$ | $t=2$ | $t=3$ |
|---|---|---|---|---|
| 1 | — | — | — | — |
| 2 | — | — | — | — |
| 3 | — | — | — | 0.07 |
| 4 | — | — | — | 0.18 |
| 5 | — | — | — | — |
| 6 | — | — | — | 0.20 |
| 7 | — | — | — | 0.09 |
| 8 | — | — | — | — |
| 9 | — | — | — | 0.19 |

接着,考虑第二年是否履约的情况,即第二年卖权若为价内时,投资人则必须决定提前履约,或是继续持有至下一期。从表 10-2 的股价路径表中可看出第二年时,第 1、3、4、6、7、9 条路径均有履约价值,因此在这些路径上需要决定是否提前履约。假设这几条路径满足下列近似关系式:

$$V = \alpha + \beta S + \gamma S^2$$

其中，$S$ 为第二年价内期权的标的价格，$V$ 为第二年继续持有期权的价值，即第三年期权价值的折现值。由表10-4可知此五条路径的标的价格分别为 1.08、1.07、0.97、0.77、0.84 和 0.84，而表10-4亦可求得相同路径上期权的折现值（$V$）为 $0.07e^{-0.03 \times 1}$、$0.18e^{-0.03 \times 1}$、$0.2e^{-0.03 \times 1}$、$0.09e^{-0.03 \times 1}$ 和 $0.19e^{-0.03 \times 1}$。

表10-4  第二年回归式变数

| 路径 | $S$ | $S^2$ | $V$ | $t=3$ |
|---|---|---|---|---|
| 1 | 1.08 | 1.17 | — | — |
| 2 | — | — | — | — |
| 3 | 1.07 | 1.14 | 0.07 | 0.07 |
| 4 | 0.97 | 0.94 | 0.17 | 0.18 |
| 5 | — | — | — | — |
| 6 | 0.77 | 0.59 | 0.19 | 0.20 |
| 7 | 0.84 | 0.71 | 0.09 | 0.09 |
| 8 | — | — | — | — |
| 9 | 0.84 | 0.71 | 0.18 | 0.19 |

利用这五条路径估计出使 $\sum_{i=1}^{5}(V_i - \alpha - \beta S_i - \gamma S_i^2)^2$ 最小的 $\alpha$、$\beta$、$\gamma$ 参数，得到 $\alpha = -1.662$，$\beta = 4.2661$ 和 $\gamma = -2.4804$，因此得到继续持有的期望价值如下：

$$E(V \mid S) = -1.662 + 4.2661S - 2.4804S^2$$

接着，分别将五条路径上的股价代入 $S$ 与 $S^2$ 中，即可求得期权继续持有的期望价值，再与提前履约价值做比较，结果如表10-5所示。

表10-5  第二年最适决策

| 路径 | 提前履约（$1.1 - S_2$） | 继续持有（$E(V \mid S)$） | 履约与否 |
|---|---|---|---|
| 1 | 0.02 | 0.0522 | 继续持有 |
| 2 | — | — | — |
| 3 | 0.03 | 0.0629 | 继续持有 |
| 4 | 0.13 | 0.1423 | 继续持有 |
| 5 | — | — | — |
| 6 | 0.33 | 0.1523 | 提前履约 |
| 7 | 0.26 | 0.1714 | 提前履约 |
| 8 | — | — | — |
| 9 | 0.26 | 0.1714 | 提前履约 |

结果显示第6、7和9条路径的决策为提前履约，因此将使该路径原第三年的现金流量变为零，故可得到第二、三年的现金流量如表10-6所示。

表 10-6　第二年现金流量

| 路径 | $t=0$ | $t=1$ | $t=2$ | $t=3$ |
|---|---|---|---|---|
| 1 | — | — | — | — |
| 2 | — | — | — | — |
| 3 | — | — | — | 0.07 |
| 4 | — | — | — | 0.18 |
| 5 | — | — | — | — |
| 6 | — | — | 0.33 | — |
| 7 | — | — | 0.26 | — |
| 8 | — | — | — | — |
| 9 | — | — | 0.26 | — |

接下来则往前考虑第一年的情况，以同样的方式先找出第一年时卖权为价内的路径，分别为第 1、4、6、7、8 和 9 条路径。找出这几条路径上的股价 $S$ 和 $S^2$ 以及从第二年现金流量的折现值（$V$），如表 10-7 所示。

表 10-7　第一年回归式变数

| 路径 | $S$ | $S^2$ | $V$ | $t=2$ |
|---|---|---|---|---|
| 1 | 1.09 | 1.19 | — | — |
| 2 | — | — | — | — |
| 3 | — | — | — | — |
| 4 | 0.93 | 0.86 | — | — |
| 5 | — | — | — | — |
| 6 | 0.76 | 0.58 | 0.32 | 0.33 |
| 7 | 0.92 | 0.85 | 0.25 | 0.26 |
| 8 | 0.88 | 0.77 | — | — |
| 9 | 0.78 | 0.61 | 0.25 | 0.26 |

故求得继续持有的期望价值，以及第一年的最适决策如下：

$$E(V \mid S) = 12.1367 - 28S + 16.3333S^2$$

表 10-8　第一年最适决策

| 路径 | 提前履约（$1.1-S_1$） | 继续持有（$E(V\mid S)$） | 履约与否 |
|---|---|---|---|
| 1 | 0.01 | 1.0223 | 继续持有 |
| 2 | — | — | — |
| 3 | — | — | — |
| 4 | 0.17 | 0.2234 | 继续持有 |
| 5 | — | — | — |
| 6 | 0.34 | 0.2908 | 提前履约 |
| 7 | 0.18 | 0.2012 | 继续持有 |
| 8 | 0.22 | 0.1452 | 提前履约 |
| 9 | 0.32 | 0.2339 | 提前履约 |

结果显示第 6、8 和 9 条路径的决策为提前履约,因此将使该路径原第二年的现金流量变为零,故可得到第一到第三年的现金流量如表 10-9 所示。

表 10-9  第一年现金流量

| 路径 | $t=0$ | $t=1$ | $t=2$ | $t=3$ |
|---|---|---|---|---|
| 1 | — | — | — | — |
| 2 | — | — | — | — |
| 3 | — | — | — | 0.07 |
| 4 | — | — | — | 0.18 |
| 5 | — | — | — | — |
| 6 | — | 0.34 | — | — |
| 7 | — | — | 0.26 | — |
| 8 | — | 0.22 | — | — |
| 9 | — | 0.32 | — | — |

最后,将各条路径每期现金流量的折现值平均,得到期权期初时价格为 0.1659,由于其价值高于现在立即执行的现金流量 0.1( =1.1-1),因此不会选择立即执行。

$$\frac{1}{8}(0.07e^{-0.03\times 3}) + 0.18e^{-0.03\times 3} + 0.26e^{-0.03\times 2}$$
$$+ 0.34e^{-0.03\times 1} + 0.22e^{-0.03\times 1} + 0.32e^{-0.03\times 1}) = 0.1659$$

上面的例子仅为简单的范例,除此之外,还可将此概念扩展应用。如增加决策的时点或仿真的路径、将不同商品的各项条件纳入考虑,甚至将回归式做适当的修正,如可以使用 $S$ 的三次方来代替 $S$ 的平方,只需要将变量和持有价值 $V$ 的关系式用最小平方法来求解即可。

## 本章习题

1. 假设两年后到期的欧式卖权执行价格为 $52,目前股价 $50,每一期的长度为一年,且每期股价可能上涨或下跌 20%,无风险利率为 1.5%(c.c.),请问此卖权的价值是多少?

2. 台股指数现在为 7 800 点,未来三个月每个月指数可能上涨为前月指数的 1.1 倍,也可能下跌为 0.9 倍,年利率化之平均月收益率为 2.4%,年利率化平均月无风险利率为 1.5%(c.c.),以 3 阶段二项判定树求距到期尚有 3 个月的价平买权值新台币多少元?

3. 假设一年到期的美式卖权执行价格为 $18,目前股价为 $20,且无股利发放,无风险利率为 2%(c.c.),股价报酬的波动度为 30%,试以 3 个月为一阶段,共计 4 阶段的二项判定树,求解该美式卖权价格。

4. 假设某外汇目前价格为 0.8,其波动度为 15%,且国内及国外的无风险利率分别为 2% 及 4%,试用两期的二项判定树分析距到期日尚有 4 个月到期、履约价为 0.79 的欧式及美式买权价值。

5. 假设距到期日尚有 3 个月的美式买权，其执行价格为 $20，目前股价为 $20，无风险利率为 1.5%，且股价报酬的波动度为 30%，在距到期日 1 个月时将发放现金股利 $2，利用 3 阶段二项判定树求解该买权价格。

# 第三篇

# 利率衍生品

第十一章　利率及利率期货
第十二章　互换
第十三章　利率期权

# 第十一章　利率及利率期货

债券已成为资本市场中不可或缺的角色,利率相关的衍生性商品更是近年来企业常用的避险工具。为进一步了解利率衍生性商品,本章先简介债券市场的基础,包括贴现率与一般存款利率的差异、一般复利与连续复利的转换、基础债券评价公式、久期及凸性、收益率曲线的估计方法;然后介绍常见的利率衍生性商品,包含远期利率协议、公债期货、欧洲美元期货等。

## 第一节　债券评价

债券评价先估计未来各期现金流量,并以适当的折现率,将各期现金流量折现后加总,成为该债券的价值。以简单的固定票面利率的债券来说,假设票面利息为 $C$,每年付息一次,面额为 $M$,到期期限为 $n$ 年,到期收益率为 $y$,在一般复利下,则该债券的价值 $B$ 为:

$$B = \frac{C}{(1+y)^1} + \frac{C}{(1+y)^2} + \cdots + \frac{C+M}{(1+y)^n} \tag{11-1}$$

若一般复利下,债券每年付息 $m$ 次,假设票面利息每年为 $C$,面额为 $M$,到期期限为 $n$ 年,到期收益率每年为 $y$,则该债券的价值为:

$$B = \frac{\frac{C}{m}}{\left(1+\frac{y}{m}\right)^1} + \frac{\frac{C}{m}}{\left(1+\frac{y}{m}\right)^2} + \cdots + \frac{\frac{C}{m}+M}{\left(1+\frac{y}{m}\right)^{n \times m}} \tag{11-2}$$

在连续复利下,债券的评价公式就成为:

$$B = \sum_{t=1}^{n} c_i e^{-y t_i}$$

其中,$c_i$ 为时间点 $t_i$ 的现金流量,$y$ 为到期收益率。

### 例 11-1

某债券票面利率为 2%,10 年期,面额 $1000,其收益率为 3%(连续利率),在连续复利下,则其价值是多少?

**解:**

$$B = \sum_{t=1}^{9} \$20 e^{-0.03t} + \$1\,020 e^{-0.03 \times 10} = \$911.0272$$

金融工程：理论与实务

## 第二节　收益率曲线

收益率曲线(Yield curve)是由零息公债的收益率所组成,用来描述即期利率(Spot Rates)与到期日(Time to Maturity)之间的关系,又称为即期利率期限结构(Term Structure of Spot Rates)。由于公债通常代表着无风险性资产,故收益率曲线常被当成无风险的利率因子,为固定收益证券及相关利率衍生性商品评价的基础。本节介绍两种常见的收益率曲线估计方法。

### 一、拔靴法(Bootstrapping Method)

理论上,只要以市场上所有不同到期日的零息债券收益率作为组合,再运用插补法就可描绘出收益率曲线。但市场上往往找不到足够数量的零息债券,因此,在收益率曲线的配适上,欧美国家常采用拔靴法(Bootstrapping Method)。拔靴法利用市场上存在的1年期零息债券,以及为数较多的付息债券,将1年期零息债券的收益率用以当作付息债券第1年的"1年期即期利率",代入2年到期的债券评价公式中,求出2年期的即期利率,再以此类推求出各年期的即期利率,举例如下。

假设市场可观察到三期付息债券,分别为：

| 到期期限(年) | 票面利率 | 价格 |
| --- | --- | --- |
| 1 | 8% | 99.86 |
| 2 | 8.5% | 100.12 |
| 3 | 9% | 100.83 |

首先利用1年期公债推估1年期的即期利率 $r_1$：

$$99.86 = 108 e^{-r_1 \times 1}$$

$$r_1 = 7.8362\%$$

再利用2年期公债,及上式推算出的1年期即期利率,推算出2年期的即期利率 $r_2$：

$$100.12 = 8.5 e^{-0.078362} + 108.5 e^{-r_2 \times 2}$$

$$r_2 = 8.1066\%$$

最后利用3年期公债,及1年期、2年期即期利率,推算出3年期的即期利率 $r_3$：

$$100.83 = 9 e^{-0.078362} + 9 e^{-0.081066 \times 2} + 109 e^{-r_3 \times 3}$$

$$r_3 = 8.3467\%$$

如此一来,就可得出每年的即期利率。但从上面的推导过程中也可发现,拔靴法推算出的零息收益率是离散的形态。若要得到一条完整的收益率曲线,则要再对各样本点间进行插补法运算。拔靴法的缺点是必须要有完整的市场数据,也就是每一年期的债券价格都必须能取得,方可绘出完整的收益率曲线。

## 二、数值分析方法

为提供正确的收益率曲线,欧美各国的中央银行常采用数值分析方法,以求取收益率曲线的未知函数近似解。此种方法,就是利用市场上为数较多的付息公债,将付息公债的一连串现金流量视为零息公债的组合,再以债券评价公式配合数值方法推估收益率曲线,因为是以最适参数解来配适(Fitting)收益率曲线,故亦称此方法为曲线配适法(Curve Fitting Method)。

在债券评价公式中,债券价格可以从市场上所得知,债券的现金流量也可以从债券的基本数据中计算出,因此若能得知折现函数,就可以导出即期利率函数,进而利用即期利率函数与远期利率函数的关系,推导出远期利率函数。在推导折现函数过程中,比较常见的方法是利用一组函数来近似折现函数,再推估出函数的参数。举例来说,我们可以假设折现函数是单纯的三次多项式(Cubic polynomial):

$$D(t) = 1 + a_0 t + a_1 t^2 + a_2 t^3$$

限制式
$$D(0) = 1$$

将以上近似的折现函数代入债券评价公式,利用最小平方法求出参数解 $a_0$、$a_1$、$a_2$ 后,即可估计出折现函数。

另外,为使配适出的折现函数较能符合数据点,可以选取参数较多的近似函数,但函数的格式若太过复杂,也可能会导致过度配适数据的问题。所谓过度配适,是指所推估的折现函数,不仅会反映真正的价格,也会反映误差。而且函数形式太复杂,也会导致在求取参数值时,产生无效率的情况。因此,实务上比较偏爱较单纯的函数格式,只要数据点吻合情况相对理想即可,不见得需要完全符合。

下列几种函数为实务中常见的近似函数。

1. 分段三次方多项式(Piecewise Cubic Splines)

将配适的期间分为数段,在每段的期间中都用一个三次方多项式,代表该期间的折现函数。例如,以三个三次方多项式来代表第 0 年到第 30 年的折现函数,其中第一个三次方多项式,代表第 0 年至第 10 年的折现函数,第二个三次方多项式代表第 10 年至第 20 年的折现函数,第三个三次方多项式代表第 20 年至第 30 年的折现函数。分别将这三个多项式定义为 $D_1(t)$、$D_2(t)$、$D_3(t)$,$D_i(t)$ 为:

$$D_i(t) = a_{i0} + a_{i1}t + a_{i2}t^2 + a_{i3}t^3 \quad i = 1,2,3$$

为了避免折现函数在第 10 年及第 20 年时,发生多项式不能衔接的问题,必须加入限制式

$$D_1(10) = D_2(10)$$
$$D_2(20) = D_3(20)$$

及
$$D(0) = 1$$

2. 指数多项式

$$D(t) = \alpha_0 + \alpha_1 e^{-\alpha t} + \alpha_2 e^{-2\alpha t} + \alpha_3 e^{-3\alpha t} \quad \alpha = 常数$$

3. Basis-Spline 函数

$$D(t) = \sum_{j=1}^{k} b_j g_j(t)$$

$$g_j^p(t) = \sum_{h=j}^{j+p+1} \left[ \left( \prod_{l=j, l \neq h}^{j+p+1} \frac{1}{(t_1 - t_h)} \right) \right] [\max(t - t_h, 0)]^p \quad -\infty < t < \infty$$

其中，$b_j$ 为 $k$ 个近似函数中的估计系数。$g_j^p(t)$ 称第 $j$ 个 $p$ 阶 B-spline 函数，$t$ 若在 $[t_j, t_{j+p+1}]$ 中，$g_j^p$ 则不为 0，否则即为 0。

## 第三节 久期及凸性

从式(11-1)的债券评价公式可知，债券价格与收益率成反比，但并不是完全的线性关系，为了衡量收益率改变对债券价格的影响程度，一般以久期(Duration)及债券的凸性(Convexity)，来衡量债券价格与收益率间的关系。

### 一、久期(Duration)

债券价格变动的风险，一般以久期来测度。最早提出久期概念的学者为麦考利(F. Macaulay)，其推导过程如下，以式(11-1)为例，假设面额为 $M$，债券价格为 $B$，到期期限为 $n$ 年，到期收益率每年为 $y$，票面利率为 $K$，$C$ 为每期支付的利息，$m$ 为一年中现金流量的次数。

$$B = \frac{C}{(1+y)^1} + \frac{C}{(1+y)^2} + \cdots + \frac{C+M}{(1+y)^n}$$

取债券价格对收益率 $y$ 的一次微分，则

$$\frac{dB}{dy} = \frac{(-1)C}{(1+y)^2} + \frac{(-2)C}{(1+y)^3} + \cdots + \frac{(-n)(C+M)}{(1+y)^{n+1}}$$

将等式左右各乘以 $\frac{1}{B}$ 可得

$$\frac{dB}{dy} \cdot \frac{1}{B} = -\frac{1}{(1+y)} \cdot \frac{1}{B} \left[ \frac{1C}{(1+y)^1} + \frac{2C}{(1+y)^2} + \cdots + \frac{n(C+M)}{(1+y)^n} \right] \quad (11\text{-}3)$$

令

$$D = \frac{\frac{1C}{(1+y)^1} + \frac{2C}{(1+y)^2} + \cdots + \frac{n(C+M)}{(1+y)^n}}{B}$$

$D$ 即为麦考利久期(Macaulay duration)，或简称久期。

投资人一般将 $\dfrac{D}{\left(1+\dfrac{y}{m}\right)}$ 称为修正久期(Modified duration)，假设修正久期为 $D^*$，且一年付息一次，则(11-3)式可写成：

$$\frac{dB}{dy} = -B \times D^* \quad (11\text{-}4)$$

或
$$D^* = -\frac{dB}{dy} \times \frac{1}{B} \tag{11-5}$$

当利率变动很小时，切线的斜率$\left(\frac{dB}{dy}\right)$与割线的斜率$\left(\frac{\Delta B}{\Delta y}\right)$很接近，因此可看出修正久期大约等于当收益率变动时，债券价格变动的百分比，即

$$D^* = -\frac{\Delta B}{\Delta y} \times \frac{1}{B}$$

$$\frac{\Delta B}{B} = -D^* \times \Delta y \tag{11-6}$$

因此当久期越大，债券价格对利率的变动就越敏感。所有到期期限相同的债券，零息债券的久期最大，恰等于到期期限，所以对利率的变动最敏感。

### 例 11-2

若某债券的修正久期为 8.23，若收益率上升 11bp，则债券价格将变动多少？

**解：**

$$\frac{\Delta B}{B} = -8.23 \times (0.11\%) = -0.9053\%$$

承上，假使收益率下降 8bp，则债券价格将变动多少？

**解：**

$$\frac{\Delta B}{B} = -8.23 \times (-0.08\%) = +0.6584\%$$

### 例 11-3

计算一已发行半年的 5 年期债券，若面额为 $100，票面利率 5%，到期收益率为 2%，半年复利一次的久期是多少？

**解：**

| 期间 | 现金流量 | 现值（以1%折现） | 现值×期间 |
|---|---|---|---|
| 1 | 2.5 | 2.4752 | 2.4752 |
| 2 | 2.5 | 2.4507 | 4.9014 |
| 3 | 2.5 | 2.4265 | 7.2795 |
| 4 | 2.5 | 2.4025 | 9.6100 |
| 5 | 2.5 | 2.3787 | 11.8935 |
| 6 | 2.5 | 2.3551 | 14.1306 |
| 7 | 2.5 | 2.3318 | 16.3226 |
| 8 | 2.5 | 2.3087 | 18.4696 |
| 9 | 102.5 | 93.7198 | 843.4782 |
| 合计 | 122.5 | 112.8490 | 928.5606 |

$$麦考利久期(半年一期) = \frac{928.5606}{112.8490} = 8.2283$$

$$麦考利久期(年) = \frac{8.2283}{2} = 4.1142$$

$$修正久期(年) = \frac{4.1142}{1.01} = 4.0735$$

一般来说,当一年发生 $m$ 次现金流量,则年化久期等于一年 $m$ 次的久期除以 $m$,修正后久期为年化久期除以 $\left(1+\frac{y}{m}\right)$。

综上所述,在计算久期时须求出各期的现金流量,过程较为复杂。实务上可借由收益率与债券价格的上下变化,求解近似的久期,其步骤如下:

(1) 当收益率小幅增加至 $y_+$ 时,债券价格 $B_+$。
(2) 当收益率小幅减少至 $y_-$ 时,债券价格 $B_-$。
(3) 设 $B_0$ 为初始的价券价格,计算近似久期:

$$近似久期 = \frac{B_- - B_+}{B_0(y_+ - y_-)} \tag{11-7}$$

运用上述计算出的近似久期与修正久期的差距,可以例 11-4 说明。

### 例 11-4

假设有一 20 年期的债券,票面利率为 5%,到期收益率为 2%。当收益率增加 10 个基本点时,债券价格由 149.0543 降至 146.9647,当收益率下降 10 个基本点时,债券价格由 149.0543 升至 151.1820,请问修正后久期是多少?

**解:**
$$近似久期 = \frac{151.1820 - 146.9647}{149.0543 \times (0.021 - 0.019)} = 14.1469$$

若欲得知债券投资组合的久期,应以加权平均的方式求算,假设 $D_{portf}^*$ 为债券投资组合的久期,$B_{portf}$ 为投资组合的价格,且投资组合中存在 $n$ 个债券,各债券价格为 $B_i$,$W_i$ 为各债券在此投资组合中的权重 $\left(\frac{B_i}{B_{portf}}\right)$,则

$$D_{portf}^* = \sum_{i=1}^{n} W_i \times D_i^*$$

### 例 11-5

假设目前一投资组合存在两种公债,市值分别为 2 亿元及 5 亿元,两者修正久期分别为 3.75 年及 6.25 年,请问此投资组合的久期是多少?

解：
$$D^*_{\text{portf}} = \frac{2}{2+5} \times 3.75 + \frac{5}{2+5} \times 6.25 = 5.5357 \text{ (年)}$$

债券的久期为现金流量发生时点的加权平均,在这个加权均值中,每一期间的权数,是该期现金流量现值占总现金流现值的比率。久期越小,表示该债券再投资的期间越短,再投资风险也越大。由于零息债券只在最后一期才发生现金流量,再投资风险只在到期日才会发生,久期即为到期日,所以零息债券的久期大于任何相同到期期间的付息债券。另外,到期期间相同的多个债券中,票面利率越小者,久期越大,反之则越小;票面利率相同者,债券到期期限越大者,久期越大,反之则越小。

## 二、DV01(PVBP)

久期及修正久期,可衡量利率微幅变动下债券价格的变化率,但对投资人而言,了解债券价格之增减幅度,比知道变化率要来得贴切。因此债券市场中常以 DV01(Dollar Value of A Basis Point)或称为 PVBP(Price Value of A Basis Point),来衡量当收益率变动一个基点(Basis Point,0.01%)时,债券价格的变动幅度。

由式(11-4)可知,$\dfrac{\mathrm{d}B}{\mathrm{d}y} = -B \times D^*$

换成以1个基点作为变动单位时,相当于等式左右两边各乘以 0.01%（即除以 10 000）,因此

$$\text{DV01(PVBP)} = \frac{-\dfrac{\mathrm{d}B}{\mathrm{d}y}}{10\ 000} = \frac{B \times D^*}{10\ 000} \tag{11-8}$$

式(11-4)等号右边的 $B \times D^*$ 亦称作价格久期(Dollar Duration),由式(11-4),债券价格变动亦可写成 $\Delta B = -$ 价格久期 $\times \Delta y$,式(11-8)式亦可写成：

$$\text{DV01(PVBP)} = \frac{\text{价格久期}}{10\ 000}$$

## 三、凸性(Convexity)

当债券收益率小幅波动时,可以利用久期估算出价格上涨或下跌的幅度。但在收益率大幅波动时,利用久期估计得到的价格,会与实际价格有极大的差异。主要是因为久期的估算,仅考虑了线性的影响,却没有考虑到债券的另一项特质——"凸性"。

在图11-1中,从 $A$ 点移到 $B$ 点时,收益率从 $Y$ 小幅下跌到 $Y'$,由切线所求得的价格 $P'$,与 $B$ 点对应的实际价格相差无几。而由 $A$ 点移到 $C$ 点时,收益率从 $Y$ 大幅下跌至 $Y''$,由切线所求得的价格 $P''$,会远小于实际价格 $P^*$。所以当利率大幅波动时,必须另外考虑曲度变化对债券价格的影响。

为说明债券价格受收益率变动的影响,我们可由泰勒展开式(Taylor series)来表示：

$$\Delta B = \frac{\partial B}{\partial y}\Delta y + \frac{1}{2}\frac{\partial^2 B}{\partial y^2}(\Delta y)^2 + \text{error}$$

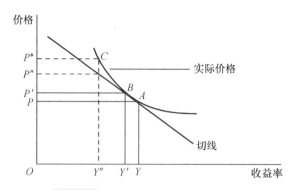

图 11-1　债券价格与收益率的关系

在等式左右各乘以 $\frac{1}{B}$ 可得

$$\frac{\Delta B}{B} = \frac{\partial B}{\partial y}\frac{1}{B}\Delta y + \frac{1}{2}\frac{\partial^2 B}{\partial y^2}\frac{1}{B}(\Delta y)^2 + \frac{\text{error}}{B} \tag{11-9}$$

式(11-9)中等式右边第一项,代表债券价格对收益率的一阶偏微分,即久期的影响。第二项代表债券价格对收益率的二阶偏微分,即凸性对债券价格变化的影响。令

$$凸性\ C = \frac{\partial^2 B}{\partial y^2}\frac{1}{B} \tag{11-10}$$

则

$$\frac{\Delta B}{B} \cong -D^*\Delta y + \frac{1}{2}C(\Delta y)^2\ (误差项很小,几可忽略)$$

若只考虑凸性对债券价格变化率的影响,则

$$\frac{1}{2}C(\Delta y)^2 > 0$$

所以当计入凸性项时,收益率下跌会使债券价格上涨幅度大于只考虑久期项;但是当收益率上升时,债券价格下跌幅度小于只考虑久期项。将式(11-1)代入式(11-10)中,则

$$C = \frac{1}{(1+y)^2}\frac{1}{B}\left[\frac{1(2)C}{(1+y)^1} + \frac{2(3)C}{(1+y)^2} + \cdots + \frac{n(n+1)(C+M)}{(1+y)^n}\right]$$

由式中可看出,债券凸性的大小取决于债券久期的长短,及其所产生的现金流量分散程度。久期越长,凸性就越大。因此,长期债券的凸性比短期高。债券现金流量越分散,凸性也越大。因此,在存续期间相同的债券中,零息债券的凸率最小。无论市场利率涨或跌,债券凸性均有提升债券价格的功能。且利率变动的幅度越大,债券凸性所产生的价值就越高,即债券凸性的存在有利于降低债券的利率风险,其价值在利率波动率大时更为显著。因此,投资人可通过换券操作,在维持原有的久期条件下,将债券投资组合中的低凸性债券换成高凸性债券,以获取更高的投资报酬。

参考债券久期之近似求解法,我们亦可利用与例 11-3 相同的数据,求出凸性近似公式:

$$\frac{B_+ + B_- - 2B_0}{B_0[0.5(y_+ - y_-)]^2}$$

## 例 11-6

有一 5 年期债券,若票面利率 5%,到期收益率为 2%,半年复利一次,则其凸性是多少?

**解:**

| 期间 | 现金流量 | 现值(以 1% 折现) | $n \times (n+1) \times$ 现值 |
|---|---|---|---|
| 1 | 2.5 | 2.4752 | 4.9504 |
| 2 | 2.5 | 2.4507 | 14.7042 |
| 3 | 2.5 | 2.4265 | 29.118 |
| 4 | 2.5 | 2.4025 | 48.05 |
| 5 | 2.5 | 2.3787 | 71.361 |
| 6 | 2.5 | 2.3551 | 98.9142 |
| 7 | 2.5 | 2.3318 | 130.5808 |
| 8 | 2.5 | 2.3087 | 166.2264 |
| 9 | 2.5 | 2.2858 | 205.722 |
| 10 | 102.5 | 92.1919 | 10 141.109 |
| 合计 | 125 | 113.6069 | 10 910.736 |

$$凸性(半年一期) = \frac{10\,910.736}{(1.01)^2 113.6069} = 94.147$$

$$凸性(一年一期) = \frac{94.147}{4} = 23.5368$$

当一年发生 $m$ 次现金流量,则凸性年化时由于平方项的关系,需要除以 $m^2$。

## 例 11-7

有一 20 年期的债券,票面利率 9%,到期收益率为 6%,当收益率增加 20 个基本点时,债券价格由 134.6722 降至 131.8439,当收益率下降 20 个基本点时,债券价格由 134.6722 上升至 137.5888,请问其近似凸性是多少?

**解:**

$$\frac{137.5888 + 131.8439 - 2 \times 134.6722}{134.6722[0.5(0.062-0.058)^2]} = 163.9165$$

## 第四节 欧洲美元期货

从字面上看来,欧洲美元期货(Euro-dollar futures)很容易令人以为是外汇期货,其实它是一种受欢迎的短天期利率期货，实务上常以欧洲美元期货操作利率互换的避险。欧洲美元期货合约于 1981 年 12 月在芝加哥期货交易所（CME）的 IMM 分部开始挂牌交易，标的资产为三个月期（90 天）的欧洲美元定期存款利率。欧洲美元是存在美国境外银行的美元，所产生的利率就称为欧洲美元利率。目前在 CME 的交易量中，欧洲美元期货位居各种利率期货之冠。表 11-1 为芝加哥 CME 交易所中各种利率期货商品的合约规格，其中也包含了欧洲美元期货。

表 11-1　CME 利率期货商品合约规格

| 商品种类/代号 | 合约规模 | 最小跳动值 | 交易月份 |
| --- | --- | --- | --- |
| 美国三个月国库券（T-Bill） | 1 000 000 美元 | 0.01 点 = 25 美元 | 3，6，9，12 |
| 三个月欧洲美元（ED） | 1 000 000 美元 | 0.01 点 = 25 美元 | 3，6，9，12 |
| 一个月 LIBOR（EM） | 3 000 000 美元 | 0.01 点 = 25 美元 | 连续 6 个月 |

欧洲美元利率为一般存款利率（不是贴现率，参考第三章），但报价方式为贴现方式，例如在 2003 年 8 月 21 日当天，"2003 年 11 月到期的美元 LIBOR 利率期货"开盘价为 98.87（报价不出现"%"），其隐含的一般存款利率（远期）即为

$$100\% - 98.87\% = 1.13\%$$

因该期货合约的借贷期间，为 11 月到期起算的三个月，因此是一种远期利率，其隐含的远期 LIBOR 为 1.13%。

欧洲美元利率期货采用现金交割，在无风险套利机会假设下，欧洲美元利率期货所隐含的远期利率，应该等于市场上的远期利率，可得

$$\left(1 + f_{t,t_2} \times \frac{t-t_2}{360}\right) = \left(1 + f_{t,t_1} \times \frac{t_1-t}{360}\right)\left(1 + f_{t_1,t_2} \times \frac{t_2-t_1}{360}\right) \tag{11-10}$$

$t$——目前时点；

$t_1$——欧洲美元利率期货的到期日；

$t_2$——欧洲美元利率期货到期日加上 90 天。

### 例 11-8

2008 年元月 22 日，2008 年 3 月份之欧洲美元利率期货合约到期日为 3 月 8 日，到期日加上 90 天为 6 月 7 日，若现在市场上 56 天期（元月 22 日至 3 月 8 日之天数）的欧洲美元定期存款利率为 3%，而 146 天期（元月 22 日至 6 月 7 日之天数）的欧洲美元定期存款利率为 3.5%，那么该张 3 月份之欧洲美元利率期货合约的理论价格是多少？

**解**：利用式（11-10），可以求得欧洲美元利率期货所隐含的远期利率为

$$\left(1 + 0.035 \times \frac{146}{360}\right) = \left(1 + 0.03 \times \frac{56}{360}\right) \times \left(1 + f_{56,146} \times \frac{90}{360}\right)$$

$$f_{56,146} = 0.0409$$

所以,3月份的欧洲美元利率期货报价(quote price)的理论价格应为 $100 - 4.09 = 95.91$。

### 例 11-9

假设某一6月份到期的欧洲美元期货合约,其市场报价为96.13,若投资人于5月17日购买一手6月份到期的欧洲美元期货合约,交割时其必须支付的金额是多少?

**解:** 贴现率 $= 100\% - 96.13\% = 3.87\%$

$$交割金额 = \$1\,000\,000 \times \left(1 - \frac{0.0387}{4}\right)$$
$$= \$990\,325$$

## 一、凸性调整

远期利率的到期日只有数周时,利率可不视作随机变量,相当于假设利率波动度为零,期货利率与远期利率可视为相等。但当远期利率的到期日超过一年以上时,利率可不视为常数。此时期货利率会略高于远期利率。两者之差被称为凸性调整(Convexity adjustment)。这里的凸性调整不同于上节利率变动大时的凸性项调整。此类调整常见于互换以长远到期日欧洲美元期货作利率之避险,因互换的利率由不同到期日的远期利率所构成,故以欧洲美元期货避险时须做凸性调整。其公式如下:

$$远期利率 = 欧洲美元期货利率 - \frac{1}{2}\sigma^2 t_1 t_2$$

其中,$t_1$ 是期货合约的到期日时间,$t_2$ 是期货合约标的物(欧洲美元定存)的到期时间,$\sigma$ 是一年内短期利率变动的标准差,其中远期利率与欧洲美元期货利率均以连续复利表示。

### 例 11-10

若有一8年期欧洲美元期货合约,报价为95,在 $\sigma$ 为0.015的情况下,其远期利率是多少?

**解:** 在此 $t_1 = 8, t_2 = 8.25$

$$凸性调整 = \frac{1}{2} \times 0.015^2 \times 8 \times 8.25 = 0.007425$$

因欧洲美元期货报价是以实际天数/360天为基础,在以实际天数/365为基础下,利率为 $5 \times \frac{365}{360} = 5.0694\%$(每季复利),或转换连续复利为 $5.0375\%$。

$$远期利率 = 0.050375 - 0.007425 = 4.295\%$$

由上例可知,远期利率小于期货利率,凸性调整的幅度大约与期货合约到期期间的平方成正比。因此 8 年期合约的凸性调整,大约是 1 年期合约的 64 倍;换成利率比较,两者相差近 73 个基本点,所以时间的影响不可谓不大。

由前述章节可知,利率变动大与利率为随机变数所作的凸性调整是不同的,在利率变动较大时的调整,考虑的是利率变动对债券价格的影响,另一个凸性调整是在对时间的影响作调整,考虑的是利率期货与远期利率的差异。

## 二、TED 利差

TED 利差是指欧洲美元利率与国库券利率的差距。由于国库券的价格通常反映了无风险利率,欧洲美元则反映定存利率,故欧洲美元期货与国库券期货之间,存在因信用等级不同而产生的价差。投资人可借由预期市场中信用风险的变化,操作投机性的价差交易,市场上即称为 TED 价差交易。亦即,若预期市场风险增加,TED 利差将会扩大,则可买进国库券期货卖出欧洲美元期货来获利;相反地,若预期市场风险降低,TED 利差将缩小,则可买进欧洲美元期货并卖出国库券期货。

### 例 11-11

假设目前市场上 6 月份国库券期货收益率为 3.4%,欧洲美元期货收益率为 3.6%。A 投资人认为未来两者利差将会扩大,应采取什么样的投资策略?又假设两个月后国库券期货收益率为 3.5%,欧洲美元期货收益率变成 4.5%,则 A 投资人平仓期货持仓后的整体获利如何?(不考虑交易成本)

**解**:若预期欧洲美元利率上升,且国库券期货的利差扩大时,应卖出欧洲美元期货、买进国库券期货,并于两个月后将期货持仓平仓。

国库券期货持仓损益:$96.5 - 96.6 = -0.1$

欧洲美元期货持仓损益:$96.4 - 95.5 = 0.9$

整体获利:$(0.9 - 0.1) \times 2\,500 = 2\,000$(美元)

## 三、台湾的利率期货

台湾短期利率自 2001 年起,从 4.8% 大幅下滑至 2003 年年底的 1.0%,台湾的货币市场年度交易总金额达新台币 49 兆,日平均成交约新台币 2 000 亿元,却无相关衍生性商品可供避险。因此,台湾期货交易所参酌货币市场现况,并参考国外短期利率期货的经验,以市场上交易最活跃、最能反映资金供需实际状况的融资性商业本票为标的,于 2004 年 5 月推出利率期货,除希望能提供完整及精确的避险途径外,更期望据以建立短期的利率期限结构。表 11-2 为台湾期货交易所 30 天期利率期货的合约规格。

表 11-2　台湾期货交易所 30 天期商业本票利率期货合约规格

| 项目 | 内容 |
| --- | --- |
| 中文简称 | 30 天期利率期货 |
| 英文代码 | CPF |
| 交易标的 | 面额新台币一亿元的 30 天期融资性商业本票 |
| 合约到期交割月份 | 交易当月起连续的十二个月份 |
| 报价方式及最小升降单位 | 本合约交易以百分比为报价单位,报价方式采用一百减利率 |
| | 最小升降单位为 0.005,每一最小升降单位价值以 411 元计算 |
| 交易时间 | 银行业营业日上午八时四十五分至十二时 |
| 每日结算价 | 每日结算价原则上采用当日收盘前 1 分钟内所有交易的成交量加权平均价,若无成交价时,则依"台湾期货交易所股份有限公司 30 天期商业本票利率期货合约交易规则"确定 |
| 每日涨跌幅 | 以前一交易日结算价上下各 0.5 为限 |
| 最后交易日 | 到期月份的第三个星期三 |
| 交割方式 | 现金交割 |
| 最后结算日 | 最后结算日同最后交易日 |
| 最后结算价 | 以一百减最后交易日中午十二时本公司选定机构所提供的一月期成交累计利率指标,向下取至最接近最小升降单位整数倍之数值 |
| 持仓限制 | 交易人持有本合约的未了结持仓同一方单一月份不超过 500 手;各月份合计不超过 2 000 手 |
| | 期货自营商以交易人持仓限制数三倍为限 |
| | 法人机构基于避险需求得向本公司申请放宽持仓限制 |
| 保证金 | 期货商向交易人收取的交易保证金及保证金追缴标准,不得低于期交所公告的原始保证金及维持保证金水平 |
| | 期交所公告的原始保证金及维持保证金,以"台湾期货交易所结算保证金收取方式及标准"计算的结算保证金为基准,按本公司确定的成数加成计算 |

资料来源:台湾期货交易所。

## 第五节　债　券　期　货

通常对持有公债的投资人而言,在市场利率下跌时,可能因债券价格上涨而获得资本利得;但在市场利率走高时,却只能选择继续持券到期或是认赔出场。因此一旦遇到空头市场,公债市场交易就异常冷清,因此适当的避险工具对于公债的参与者相当重要。1977 年美国芝加哥期货交易所(CBOT)推出美国长期政府公债期货(U.S Treasury bond futures contract),交易量迅速超越指数期货及商品期货,成为各类期货合约中最活跃的商品,可见公债期货对市场交易的重要性。

目前在 CBOT 交易的公债期货,有美国长期政府公债期货、10 年期美国政府公债期货、5 年期美国政府公债期货、2 年期美国政府公债期货等。各种公债期货虽然都有一个对应年期的政府公债作为标的(名义债券,Notional bond),但在实际交割时,却很难从市场上找到与标的一样的公债。即使市场上有相同条件的公债,也会因其数量有限,容易被操控。因此,为考虑市场交易的正常性,CBOT 规定,只要能符合一定年期的公债,卖方都可以拿来作为公债期货的交割现货。以下是各种年期公债期货可交割券的条件。

(1) 长期美国政府公债期货:自交割月份第一天起算,距到期日或可提前赎回日至少 15 年的长期公债。

(2) 10 年期美国政府公债期货:自交割月份第一天起算,距到期日至少 6.5 年,最长不超过 10 年的中期债券。

(3) 5 年期美国政府公债期货:自交割月份第一天起算,距到期日至少 4 年零 3 个月,且发行时的到期期限不超过 5 年零 3 个月的中期债券。

(4) 2 年期美国政府公债期货:自交割月份第一天起算,距到期日至少 1 年零 9 个月,以及自交割月份最后一天起算,距到期日不超过 2 年,且发行时的到期期限不超过 5 年零 3 个月的中期债券。

## 一、台湾的债券期货

台湾债券市场自 1991 年开始明显成长,当时债券买卖金额合计为 37 000 多亿,至 2001 年则已高达 1 069 000 多亿,成长超过 28 倍,日平均成交金额达 4 300 亿,远高于股票市场。但因债券市场缺乏适当的避险工具,当利率波动剧烈或空头市场时,交易量便急速萎缩,使得市场流动性大幅下降。银行、保险、证券商、票券商等金融机构是债券市场中主要的交易商,其持有数量庞大的债券持仓,却无途径规避利率风险,成为台湾资本市场中相当大的缺陷。

台湾期货交易所于 2004 年起,正式推出十年期"政府"债券期货,对台湾金融市场的发展,产生正面且长远的影响,表 11-3 列出了债券期货主要合约规格并与 CBOT 美国政府债券期货合约进行了比较。

**表 11-3　台湾"政府"债券期货与 CBOT 债券期货主要合约规格**

| 合约名称 | 10 年期台湾"政府"公债期货 | 30 年期美国政府债券期货 | 10 年期美国中期债券期货 | 5 年期美国中期债券期货 | 2 年期美国中期债券期货 |
| --- | --- | --- | --- | --- | --- |
| 交易标的 | 面额新台币 500 万元,票面利率 3% 的 10 年期政府债券 | 面额 10 万美元,票面利息 6% 的长期公债 | 面额 10 万美元,票面利息 6% 的 10 年期公债 | 面额 10 万美元,票面利息 6% 的 5 年期公债 | 面额 20 万美元,票面利息 6% 的 2 年期公债 |
| 可交割债券 | 到期日距交割日在 8 年零 6 个月以上 10 年以下,一年付息一次,到期一次还本发行时偿还期限为 10 年,或增额发行时原始公债偿还期限为 10 年的长期公债 | 自交割月份第一天起算,距到期日或可提前还本日(callable)至少 15 年的长期公债 | 自交割月份第一天起算,距到期日至少 6.5 年,最长不超过 10 年的中期债券 | 自交割月份第一天起算,距到期日至少 4 年零 3 个月,且发行时的到期期限不超过 5 年零 3 个月的中期债券 | 自交割月份第一天起算,距到期日至少 1 年零 9 个月,以及自交割月份最后一天起算,距到期日不超过 2 年,且发行时的到期期限不超过 5 年零 3 个月的中期债券 |

(续表)

| 报价方式 | 百元报价 | 百元报价 | 百元报价 | 百元报价 | 百元报价 |
|---|---|---|---|---|---|
| 最小升降点 | 每百元0.005元（新台币250元） | 1/32点（31.25美元） | 1/64点（15.625美元） | 1/64点（15.625美元） | 1/128点（15.625美元） |
| 交割月份 | 3、6、9、12 | 3、6、9、12 | 3、6、9、12 | 3、6、9、12 | 3、6、9、12 |
| 最后交易日 | 交割月份第二个星期三 | 交割月份倒数第七个营业日 | 交割月份倒数第七个营业日 | 交割月份倒数第七个营业日 | 交割月份倒数第七个营业日 |
| 最后交割日 | 最后交易日后之第二个营业日 | 交割月份最后一个营业日 | 交割月份最后一个营业日 | 交割月份最后一个营业日 | 最后交易日后之第三个营业日 |
| 交割方式 | 实物交割 | 实物交割 | 实物交割 | 实物交割 | 实物交割 |

资料来源：台湾期货交易所。

由于可交割公债的种类繁多，各种公债的票面利率、到期期限不尽相同。为了计算期货到期时，交割标的物的市场价值，必须订出可交割现货债券市场价值与期货"最终结算价格"间的兑换比率，这个比率就是"转换因子"（Conversion factor）。

## 二、转换因子计算方式

转换因子的功能，是要算出每一元期货合约与现货间的转换比率。在不考虑应计利息时，其计算公式为

$$CF = \sum_{t=1}^{n} \frac{c_t}{\left(1 + \frac{i\%}{2}\right)^t}$$

以上利率若换成以连续复利表示，则为

$$CF = \sum_{t=1}^{n} c_t \times e^{-\frac{i\%}{2} \times t}$$

其中，CF为转换因子，$c_i$为1元交割债券未来各期现金流量，$n$为到期前领息次数，$i\%$为虚拟债券的票面利率（在此为半年领息一次）。

由式中可知，当交割债券的票面利率大于虚拟债券票面利率时，转换因子会大于1；反之，当交割债券的票面利率小于虚拟债券票面利率时，转换因子会小于1。

应注意的是，上式是不含应计利息下的计算公式；若交割日不为计息日时，转换因子的计算就必须考虑应计利息。CBOT为了计算转换因子方便起见，将债券到期期限与计息日，都调为最近三个月的倍数。也就是说，CBOT对于到期期限的计算，是采用"3以上取3，不足3去除的方式"，使其等于3个月的尾数期间。例如，若公债的到期期限为20年零2个月，则以20年计算，分为40期；若公债的到期期限为20年零4个月，则取40期零3个月。

### 例 11-12

若公债期货之标的债券的票面利率为4%，某可交割公债之票面利率为6%，到期期限为20年零2个月，那么此公债的转换因子为多少？

解：

$$CF = \sum_{t=1}^{40} 0.03 \times e^{-0.02 \times t} + 1 \times e^{-0.02 \times 40} = 1.2671$$

若到期期限为 20 年零 4 个月,那么此公债的转换因子为多少?

**解**:因期限为 20 年零 4 个月,故应取 40 期零 3 个月。40 期的转换因子为 1.2671,要再折现 3 个月,故转换因子折现值为:

$$1.2671 \times e^{-0.02 \times 0.5} = 1.2545$$

3 个月每一元面额之应计利息:$0.06 \div 4 = 0.015$

故该公债转换因子:$1.2545 - 0.015 = 1.2395$

转换因子得出后,可以很简单地算出,公债期货合约买方在交割时,支付给卖方的金额应为

公债期货合约价款 = 期货合约之最终结算价格 × 转换因子 + 应计利息(AI)

在此加上交割公债之应计利息,是因为市场成交的"百元价格"是以除息价表示,此做法与现货市场相同,且报价的最小变动单位通常为 $\frac{1}{32}$ 美元或是 $\frac{1}{64}$ 美元。

### 例 11-13

假设在 2009 年 1 月 17 日,某个 1 月份长期美国公债期货的卖方,通知交付票面利率为 6%、到期期限为 18 年零 2 个月的公债,且转换因子为 1.4623。该期货合约的结算价格为 97-6,则买方对每一手期货合约,应支付多少金额给卖方?

**解**:结算价格为 97-6,代表成交价为面额的 $97\frac{6}{32}\%$。

故买方应支付:$100\,000 \times 97.1875\% \times 1.4623 + 100\,000 \times 6\% \times \frac{4}{12} = 144\,117$

## 三、最便宜可交割债券(Cheapest to delivery,CTD)

美国长期公债期货合约到期时,因为可交割公债的种类很多,所以卖方可以选择对其最有利(成本最低或收益最高)的公债来交割,称为"最便宜可交割债券",其计算公式如下:

CTD = 交割时卖方的收入 − 交割时卖方的成本
　　= (期货合约最终结算价格 × 转换因子 + 应计利息) − (交割债券价格 + 应计利息)
　　= 期货合约最终结算价格 × 转换因子 − 交割债券价格

### 例 11-14

假设卖方可以供交割选择的公债之市场数据如下表:

| 债券 | 市场报价 | 转换因子 |
|---|---|---|
| 1 | 98.50 | 1.0382 |
| 2 | 141.50 | 1.5188 |
| 3 | 117.75 | 1.2615 |

目前长天期美国公债期货合约的市场报价为93-05(93.15625),那么对卖方而言1、2、3三种债券,那一种才是最便宜的可交割债券?

**解**:债券1:净收益 = 93.15625 × 1.0382 − 98.50 = − \$1.78518

债券2:净收益 = 93.15625 × 1.5188 − 141.50 = − \$0.01429

债券3:净收益 = 93.15625 × 1.2615 − 117.75 = − \$0.23339

故对卖方而言,最便宜的交割债券为债券2。

在市场中,期货卖方会设法找出可产生最大效益的CTD来作交割,因此债券期货的市场价格变化所反映的,其实就是CTD的价格变化。对债券期货参与者而言,掌握及追踪CTD的价格变化,是相当重要的工作。

### 四、债券期货合约的理论价格

假设最便宜可交割债券及交割日均为已知,债券期货合约的理论价格(含息的债券期货理论价格),可表达如下:

$$F_0 = (S_0 - I) \times \left(1 + r \times \frac{T}{360}\right) \tag{11-11}$$

或

$$F_0 = (S_0 - I) \times e^{rT} \text{(连续复利下)} \tag{11-12}$$

$S_0$——为最便宜可交割债券之现货价格

$I$——期货有效期间内所产生的应计利息的现值

$r$——期间0至$T$的年化融资利率

$T$——期货合约的到期日

若要计算不含息的债券期货市场价格,则计算过程如下:

Step1:计算最便宜可交割债券的含息价格

　　 = 最便宜可交割债券的市场报价 + 上次付息日至目前的应计利息

Step2:计算含息的债券期货理论价格

Step3:计算不含息的债券期货理论价格

　　 = 含息的债券期货理论价格 − 下次付息日至期货交割日的应计利息

Step4:债券期货合约的市场价格

　　 = 不含息的债券期货理论价格 ÷ 最便宜交割债券的转换因子

### 例11-15

假设有一长期美国政府公债期货合约,卖方所选定的最便宜可交割公债票息为3%,半年付息一次,转换因子等于1.4,该期货合约将于240天后交割。若目前该张最便宜可

交割公债的价格为 $110,市场收益率曲线为水平曲线,且利率等于 2%,那么该公债期货合约和市场报价一致的理论价格应为多少?

(注:(1) 上次付息日→60 天前;(2) 下次付息日→122 天;(3) 转换因子→305 天。)

**解:**

Step1:最便宜可交割债券的市场报价 = $110

应计利息 = $1.5 \times 60 \div (60 + 122) = 0.4945$

最便宜可交割债券的含息价格 = $110 + $0.4945 = $110.4945

Step2:$I = 1.5 \times e^{-0.02 \times 0.3342} = 1.4900$

含息的债券期货理论价格 = $(110.4945 - 1.49) \times e^{0.02 \times 0.6575}$ = $110.4475

Step3:含息的债券期货理论价格 = $110.4475

应计利息 = $1.5 \times (118 \div (305 - 122)) = $0.9672

不含息的债券期货理论价格 = $110.4475 - $0.9672 = $109.4803

Step4:债券期货合约的市场价格 = $109.4803 \div 1.4 = $78.2002

### 五、避险交易

为避免利率上升时债券价格下跌造成损失,公债持有人可卖出公债期货,建立与现货相反的持仓来避险;相反地,对于未来将购买公债的投资人而言,因担心利率下跌,可买入公债期货进行避险操作。利用公债期货来避险,其与现货持仓的避险比例可利用前面介绍的转换因子,与本节所介绍的 CTD 计算出。避险比率的计算如下:

$$H = \frac{\text{现货 DV01}}{\text{期货 DV01}} = \frac{\text{现货 DV01}}{\text{CTD DV01}} \times \text{CTD 转换因子}$$

由于公债期货的价格反映 CTD,故期货 DV01 为 CTD 的 DV01 除以 CTD 的转换因子。

### 例 11-16

若某债券基金经理人有 2 000 万元的公债现货持仓,其 DV01 为 $0.0819,该基金经理人欲以公债期货来规避利率风险,目前 CTD 公债的 DV01 为 0.0937,转换因子为 1.1514,若目前公债期货每手为 500 万元,则此次避险所需的持仓是多少?

**解:**

$$\text{现货的 DV01} = \frac{20\,000\,000 \times 0.0819}{100} = \$16\,380$$

$$\text{公债期货的 DV01} = \frac{5\,000\,000 \times 0.0937}{100 \times 1.1514} = \$4\,068.96$$

$$\text{避险持仓} = \frac{\$16\,380}{\$4\,068.96} = 4(\text{手})$$

## 第六节 远期利率协定

利率衍生性商品因具有锁住企业筹资成本及投机、套利的功能，其交易量一直以惊人的速度成长。市场上常见的利率衍生性商品，有远期利率协议、利率互换、公债（或利率）期货及债券（或利率）期权等。本节将介绍远期利率协定，并先对远期利率作介绍。

### 一、远期利率（Forward rates）

远期利率代表的是未来的某个时间点的即期利率，与预期未来的利率是不同的概念，并可借由目前的即期利率推导出。譬如说某位投资者想要投资两年的存款，他可选择直接投资 2 年期定存（设利率为 $r_2$），或是先投资 1 年期定存（设利率为 $r_1$），再约定 1 年后继续投资 1 年期的定存，这个 1 年后的 1 年期的定存就是远期利率，设为 $_1f_1$，在无套利的情形下应符合：

$$(1+r_2)^2 = (1+r_1)(1+{_1f_1})$$

如果 1 年后的 1 年期的定存利率不是这个利率，就会有套利机会。同样地，若投资者欲作 3 年期存款，则投资者可选择直接投资 3 年期定存（设利率为 $r_3$）；或是先投资 1 年期定存，1 年后继续投资 2 年期的定存（设利率为 $_1f_2$）；或是先投资 2 年期定存，2 年后继续投资 1 年期的定存（设利率为 $_2f_1$）；或选择先投资 1 年期定存，1 年后继续投资 1 年期的定存，2 年后再投资 1 年期定存。在无套利的情况，各种情形均应符合

$$(1+r_3)^3 = (1+r_1)(1+{_1f_2})^2$$
$$= (1+r_2)^2(1+{_2f_1})$$
$$= (1+r_1)(1+{_1f_1})(1+{_2f_1})$$

由上可知，远期利率与即期利率之间维持着以下关系：

$$(1+r_b)^{t_b} = (1+r_a)^{t_a}(1+{_af_{b-a}})^{t_{b-a}} \tag{11-13}$$

$r_a$、$r_b$ 为时间 $t_a$、$t_b$ 的即期利率，$_af_{b-a}$ 为时间 $a$、$b$ 间的远期利率。式（11-13）说明，由目前的即期利率期限结构，可得出远期利率期限结构。将式（11-13）稍做整理，可得出

$$_af_{b-a} = \left[\frac{(1+r_b)^{t_b}}{(1+r_a)^{t_a}}\right]^{\frac{1}{t_{b-a}}} - 1$$

以上利率若换成以连续复利表示，则可得

$$e^{r_b \times t_b} = e^{r_a \times t_a} \times e^{_af_{b-a} \times t_{b-a}}$$

$$\Rightarrow {_af_{b-a}} = \frac{r_b t_b - r_a t_a}{t_{b-a}} \tag{11-14}$$

式（11-14）亦可写成

$$_af_{b-a} = r_b + (r_b - r_a)\frac{t_a}{t_{b-a}}$$

当时间 $t_{b-a}$ 的差距很短时，则可令 $t_a$、$t_b$ 为 $t$，因此我们可以得到

$$f = r + t\frac{\partial r}{\partial t}$$

$r$ 为时间点 $t$ 的即期利率，$f$ 称时间点 $t$ 的瞬间远期利率（Instantaneous forward rate）。

## 二、远期利率协定（Forward rate agreement，FRA）

远期利率协定由买卖双方约定，适用于未来开始并于某一段期间内固定的利率，与名义本金之间的合约。譬如一位融资者在 3 个月后需要金额 1 000 万元、期限 6 个月的资金，但其担心利率上涨而造成融资成本增加，此时可以买进一个 3 个月后开始、期间为 6 个月的远期利率协定，来锁定借款利率。在远期利率协定中，买方通常指的是付利息的那一方。但预期市场利率走高时，买方可借由远期利率协定来固定未来的借款利率。同理，若存款人或贷款机构担心未来的利率走跌而影响利息收入，则可以卖出远期利率协定，以锁住利率规避风险。

要注意的是，虽然买卖双方在合约中有约定本金，但结算时实际上并不交换本金，仅在结算日时，针对即期利率与约定利率之间的利息差额做结算，故其本金又称为名义本金。

## 三、远期利率协定的评价

在讨论远期利率协定评价之前，先说明远期利率协定的现金流量情形，举例如下。

金华公司预计 3 个月后将有一笔 5 000 万元的资金需求，借款期间 9 个月。因担心市场利率走高，故向来宝银行买进一只 3 个月后开始、为期 9 个月的 FRA。名义本金为 5 000 万元，约定利率为 2%，并假设 3 个月后的 9 个月即期利率为 3%，如图 11-2 所示。

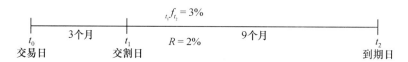

**图 11-2** 远期利率协议各种交易日期及利率

此例中，交割日为 3 个月后，结算的金额为交割日到合约到期日的即期利率与约定利率差乘以名义本金，再换算成在交割日的现值。此例中，发生现金流量的日期在交割日。交割日的结算金额，为名义本金 5 000 万元，乘以 3 个月后的 9 个月即期利率 3% 减去约定利率 2%。理论上这笔利息收入是在到期日才拿，因现在交割日为合约的起始日，故交割日应得的利息收入，要换成在交割日的现值。故结算金额在连续复利计算下将为

$$\$50\,000\,000 \times 0.01 \times \frac{9}{12} \times e^{-0.03 \times 0.75} = \$366\,657$$

值得注意的是，3 个月后的 9 个月即期利率，就是远期利率 $_{0.25}f_{0.75}$。因此交割日的结算金额 $\pi$，可以公式表示为

$$\pi = A(_{t_i}f_{t_j} - R)(t_j)e^{-_{t_i}f_{t_j} \times t_j}$$

$A$——名义本金

$_{t_i}f_{t_j}$——远期利率

$R$——约定利率

$t_i$——交易日至交割日间的年化时间

$t_j$——$t_1$ 至 $t_2$ 间的年化时间(合约期间)

同理,若在交割日前 $a$ 天为评价日,设评价日为 $t_3$,则评价日时的远期利率协议的价值(设为 $V_{FRA}$),就是将原本的现金流量算到评价日的现值。在连续复利下,可以公式表示如下:

$$V_{FRA} = A(_af_{t_j} - R)(t_j)e^{-r_k \times t_k}$$

$A$——名义本金

$_af_{t_j}$——评价日 $a$ 天后距到期日的远期利率

$R$——约定利率

$t_k$——评价日至到期日间的年化时间

$r_k$——评价日对到期日的即期利率

$t_j$——$t_1$ 至 $t_2$ 间的年化时间(合约期间)

### 例 11-17

假设在连续复利下,3 个月的 LIBOR 利率为 2%,6 个月 LIBOR 为 2.5%。如果我们在第 3 个月底到第 6 个月底间,可收到以每季复利衡量的利率为 3%,若远期利率每季复利是 2.7082%,在本金为 200 万美元时,FRA 的价值为

$$\$2\,000\,000 \times (3\% - 2.7082\%) \times \frac{3}{12} \times e^{-2.5\% \times 0.5} = \$1\,440.8760$$

## 本章习题

1. 下列叙述哪个正确?
   (A) 放空长天期的公债期货将增加债券投资组合的久期
   (B) 买进长天期的公债期货将减少债券投资组合的久期
   (C) 买进长天期的公债期货将增加债券投资组合的久期
   (D) 以上皆对

2. 如果预期收益曲线将由负斜率变成正斜率,则应:
   (A) 买入长期公债(T-Bond)　　　(B) 卖出国库券期货
   (C) 卖出欧洲美元期货　　　　　(D) 卖出长期公债期货

3. 下列关于 TAIFEX 30 天期利率期货(CPF)的陈述哪个正确?
   I. 交易标的为面额新台币 1 亿元之 30 天期融资性商业本票;II. 报价方式及以百分比为报价单位,报价方式采用一百减利率;III. 最小升降单位为 0.005,每一最小升降单位价值以 411 元计算;IV. 每日涨跌幅为前一交易日结算价上下各 0.5 为限;V. 最后交易日为到期月份的第二个星期三;VI. 合约到期交割月份为交易当月起连续的 12 个月份。
   (A) I、II、III、IV、VI　　　　　(B) I、III、IV、V、VI

（C）Ⅰ、Ⅱ、Ⅲ、Ⅴ、Ⅵ　　　　　　　（D）Ⅰ、Ⅱ、Ⅳ、Ⅴ、Ⅵ

4．欧洲美元期货与国库券期货间必然存在代表信用差距的利差，此种利差市场惯称为：

（A）Crush Spread　　　　　　　（B）Crack Spread

（C）Ted Spread　　　　　　　　（D）Tandem Spread

5．ABC资产管理公司管理一债券投资组合。目前资产价值约为100 000 000美元，修正久期为5年，资产管理者预期利率将走跌，欲利用长期公债期货以提高修正久期至8年。现有一2009年12月到期之长期公债期货，交割标的确定为Z公债，Z公债的价格久期为500 000美元，转换因子为1.15，请问资产管理者该怎么做？

（A）放空600手公债期货　　　　（B）放空690手公债期货

（C）买进600手公债期货　　　　（D）买进690手公债期货

6．下列哪个利率期货合约规格面额不是US $100 000？

（A）30年期美国长期公债期货　　（B）5年期美国中期公债期货

（C）2年期美国中期公债期货　　　（D）10年期利率互换期货

7．假设长天期公债期货合约的结算价格为96-16（96.50），卖方可以供交割选择的公债的市场数据如下表：

| 合格可交割债券 | 市场报价 | 转换因子 |
| --- | --- | --- |
| X | 98.75 | 1.0310 |
| Y | 117.25 | 1.2195 |
| Z | 138.5 | 1.4533 |

对卖方而言，X、Y、Z三种债券，哪一张才是最便宜的可交割债券（CTD）？

（A）X　　　　（B）Y　　　　（C）Z　　　　（D）以上皆是

8．交易员做了一笔日内交易，按98.000买进3个月国库券期货，然后按98.875平仓。这笔交易的损益为：

（A）-$2 187.5　（B）$2 187.5　（C）-$2 387.5　（D）$2 387.5

9．假设有一美国长期公债期货已经到期，到期日期货价格为95。卖方决定以S公债作为交割标的，S公债的转换因子为1.1000，且买方需支付给卖方的应计利息为$4 000，则买方实际付出的价格应为多少？

（A）$1 049 000　（B）$1 041 000　（C）$100 500　（D）$108 500

10．某银行推出两年期定存，利率为2%，请问在以下各种复利条件下，一笔$100 000的定存在两年后的终值是多少？

（A）每年复利一次　（B）半年复利一次　（C）每季复利一次　（D）连续复利

11．在市场利率走跌时，以下三种债券，哪种债券的获利会较大？请说明。

| 券种 | A | B | C |
| --- | --- | --- | --- |
| 到期期限 | 3年 | 4年 | 4年 |
| 票面利率 | 2.25% | 3.25% | 3.75% |

12. 博士博公司为了规避利率上涨的风险,向宝侨银行买进一个远期利率,名义本金为 100 万美金,3 个月后开始为期 6 个月。在交易日时签订约定利率为 2%,过了 1 个月,若 2 个月及 8 个月的即期利率分别为 2.2% 及 2.6%,则此时 FRA 价值是多少?

13. 假设有两个不同期次,但有相同久期的政府公债,两者市场收益率也正好相同,投资人对这两张债券是否应有不同的偏好(请以凸性考虑)?

14. 某债券目前市价 \$107 985 420 元,收益率为 2%,修正后久期为 3.8923,凸性系数为 20.31,则利率由 2% 变动到 3% 时,该债券价格变动金额是多少?

15. 收益率为 3%(c.c)的五年期债券票息利率为 2%,面额 \$1 000,试求算:
(1) 债券价格。
(2) 债券久期。
(3) 当收益率下降 0.2% 时,对债券价格的影响是多少?
(4) 若将收益率改为每年 2.8%,请重新计算此债券价格,证明其结果与(3)的答案一致。

16. A 投资组合包含一个 1 年期、面额为 \$2 000 的零息债券,及一个 10 年期、面额为 \$6 000 的零息债券。B 投资组合包含一个 5.95 年期、面额为 \$5 000 的零息债券。对所有债券而言当期收益率皆为 3%。请问:
a. 请证明 A、B 两投资组合有相同的久期。
b. 试证明当期收益率增加 0.1% 时,A、B 两投资组合的价值改变比率相同。
c. 当期收益率增加 0.1% 时,A、B 两投资组合的价值改变比率各为多少?

17. 假设 9 个月期的 LIBOR 利率为每年 3%,6 个月期的 LIBOR 利率为每年 2.5%,且两者皆为连续复利。试问 6 个月内到期的 3 个月期欧洲美元期货价格是多少?(以一年 365 天且合约天数以实际天数为计算基准。)

18. 若你为一个只投资固定收益产品的退休基金经理人,下表为政府公债市场常见的变数,试回答下列问题(以一年 360 天、一个月 30 天为计算基准):

|  | 第一年 | 第二年 | 第三年 | 第四年 |
| --- | --- | --- | --- | --- |
| 到期收益率 | 3.50% | 4.10% | 4.85% | 5.20% |
| 即期利率 | (a) | 4.11% | (b) | 5.27% |
| 折现因子 | 0.96618 | 0.92260 | 0.86638 | (c) |
| 一年的远期利率 | 3.50% | (d) | 6.48% | 6.40% |
| 零息债券的修正久期 | 0.97 | 1.92 | (e) | 3.80 |

(1) 求算上表中(a)至(e)的数值。
(2) 在纯粹预期理论下,试求一年后之 3 年期即期利率。
(3) 假设上表中第三年的到期收益率,是以一票面利率为 10% 的政府公债的市场价格为基准,试问若以到期收益率来计算,此政府公债的价格是多少?若以折现因子来计算,则此债券的价格又是多少?
(4) 若现在 2 年期的到期收益率为 4%,试求持有票面利率 10% 的 3 年期政府公债一年后的报酬是多少?

19. 假设你是一位退休基金顾问,由于近期金融市场持续的动荡不安,某公司的管理层希望你针对其退休基金发展出一个能降低风险的策略。相关资料如下表所示(以一年360天、一个月30天为计算基准):

| 退休金资产(Assets) | 退休金负债(Liabilities) |
| --- | --- |
| —EUR 20亿的普通股(Equities)<br>—EUR 15亿、10年期浮动利率票(FRA)<br>(收益率为4.5%,债券评价为BB) | —EUR 35亿、15年零息债券(收益率为5.0%,债券评价为AA) |

注:表中的数值为各商品之市场价格,且浮动利率票据固定每半年附息一次。

(1) 假设权益的久期为零,试求算所有退休基金的净久期(即资产的久期扣除负债的久期)。

(2) 当利率下降1%,利用修正久期求出新的资产状况(Funded Status)(即退休金资产价值除以退休金负债价值)。

(3) 欲发展一降低退休基金风险的策略,你认为应卖出所有普通股、买入新的20年期零息债券(收益率为5.0%,债券评价为AA)、调整投资在FRA的持仓,使得资产及负债的久期能互相配合。假设上述所有商品的价格不变,此时,你应该分别投资多少于20年期零息债券及FRA这两项金融商品?

# 第十二章 互 换

互换(Swaps)是指交易双方现金流量交换的协议,亦即交易双方约定在未来一定期间内,依据某些指标所计算、交换的一连串不同的现金流量。互换合约依标的资产的类别,大致上可分为利率互换、货币互换、权益互换、商品互换及其他形态的互换合约等,本章将依序介绍上述各种互换合约及其相关评价。

## 第一节 互换合约简介

早期的互换合约,系针对个别客户的不同需求而量身订做(Tailor-made)。由于此项业务日趋盛行,国际间为避免交易纠纷,遂于1985年在纽约成立国际互换暨衍生性商品协会(International Swap and Derivatives Association, ISDA),并公布ISDA标准化互换合约供其他互换合约参考与遵循。目前此机构已经提出许多主合约书,包含了定义互换合约所用的专有名词,以及任一方违约时的处理等。互换合约的内容通常可自由修改,成为非标准型(Non-standard)的合约,以符合交易双方的需求。

### 一、合约内容

互换交易于成交后,交易商会依据双方议定的交易条件,制作成交易确认书(Transaction Confirmation)。以基本型的利率互换为例,其主要内容大致如下:

(1) 名义本金(Notional Principle):用以计算利息的本金金额。
(2) 成交日(Trade Date):双方敲定的交易日期。通常与第一次浮动利率重设日或其前两个营业日相同。
(3) 起息日(Effective Date):双方约定开始计算利率之日。
(4) 到期日(Maturity Date):利率互换合约到期之日期。
(5) 交割日(Settlement Date):各计息周期的最后一个营业日,在当天清算并交割利息差额。
(6) 固定利率支付方(Fixed Rate Payer):指于该利率互换期间内,于每一交割日须支付固定利率款项的一方。
(7) 浮动利率支付方(Floating Rate Payer):指于该利率互换期间内,于每一交割日须支付浮动利率款项的一方。
(8) 计息日期惯例(Day Count Fraction):指计算利息所依据之天期,目前新台币利率互换大都采用 Act/365。
(9) 合约固定利率(Fixed Rate):指于各计算期间内,计算固定利率款项的利率计算依据。

（10）浮动利率指标（Floating Rate Index）：指于各计算期间内，计算浮动利率款项的利率计算依据。新台币市场大都以德励财富（Moneyline telerate）、路透社或货币市场 90 天期商业本票（CP）次级市场买卖中价为计算基础。

（11）浮动利率重设日（Floating rate Resetting Date）：通常为各计息周期开始前两个营业日，在当天决定下一个计息周期的浮动利率。

（12）计算代理人（Calculation Agency）：交易双方同意的负责利息计算的一方，通常为具交易商资格的一方。

一般企业在承做互换交易前，除基本的开户动作及交易商核给信用额度外，应先完成 ISDA 主合约及 Schedule（附约），才能与交易商进行议价与交易。互换交易双方通过签订互换协议，以保障双方的权利，规范彼此的义务。通常交易商会提供客户风险预告书以告知相关风险，企业在承做交易前需充分了解利率互换的特性、可能的风险与自身的承担能力，以避免日后不必要的纠纷。

## 二、比较优势

互换合约的动机及广受欢迎的理由，可以比较优势来说明。以利率互换为例，高信用评级机构，不论是在固定利率还是浮动利率市场上，均较低评级机构容易取得较便宜的资金，拥有绝对利益。但由于信用评级或与金融机构往来关系等条件的不同，有些公司在固定利率市场举债相对有利，而有些公司在浮动利率市场借款相对有利。理性的公司会先在自己具有比较优势的市场从事借款，但有时公司想借浮动利率时却以固定利率举债，或想借固定利率却得到浮动利率的融资。针对这种情况，通过利率互换可将固定利率的借款转换成浮动利率的借款，又能降低双方的资金成本，实为有效可行的解决方法。至于如何降低双方的资金成本，将在下一节中举例说明。

## 三、互换合约的设计

通常互换合约期初价值设计为零，在期初时假设参与互换合约的现金流量等值，然后进行未来一系列现金流量之交换。由于金融环境日趋复杂，除了基本形态的各式互换合约，亦结合其他金融工具，衍生出许多不同条件、标的的金融商品，以满足投资人多样化的需求。为求交易的公平性，大部分互换合约皆利用收益率曲线、远期利率与价格的衡量以及金融工程、计量、数值分析等方法或技术，使互换合约在期初对交易双方的价值相等。

在交易实务上，互换利率（Swap rate）会再经由互换利差（Swap spread）来调整，主要包括交易对手的信用风险、避险成本、目标利润、流动性等因素的考虑。

# 第二节 利率互换

## 一、利率互换介绍

### （一）定义

利率互换（Interest Rate Swap，IRS）基本上可视为一连串远期合约，定期互相交换利息流量。交易双方签约议定在未来一段期间,就相同货币及名义本金为基础下,以不同的利率(浮动或固定利率)作为互换的标的,定期(季、半年或一年)结算彼此依不同计息方式,产生一连串在利息流量上的差额。而付息较多的一方,只需将差额交付另一方即可。亦即当事人约定,依其交易条件及利率指针,于未来特定期间,就同货币不同计息方式的利息现金流量,定期结算收付差价的合约。

实际上,利率互换多不涉及本金上的交换,而仅就"利息差额给付"进行结算交付。结算利差净额的做法多于每期期初比价,期末结算交付。但亦可依交易双方的偏好议定,而其利息的交换方式、利率、清算日及交割日等,均需在合约内规定。利率互换为多期的合约,以现金流量观之,可视为一连串远期利率协议(Forward Rate Agreement, FRA)的组合。

(二) 种类

基本型(Plain Vanilla 或 Fixed-for-Floating)利率互换,是指将固定利率或浮动利率计算的利息相互交换,并采用净额交割的利率互换合约。例如约定每隔一段时间,固定利率端的一方,支付固定利率给浮动利率端的一方,并向其收取浮动利率,双方以现金流量互抵后的净额收付。

除了基本形态的固定利率/浮动利率的利率互换外,利率互换的形态还可依据投资人的需求做调整,包含名义本金及付息方式的修改,成为非标准型的利率互换。非标准型利率互换主要有以下四种:

(1) 名义本金变动型

此类利率互换的名义本金并非固定,会在互换期间内依预定的金额变动。依名义本金的变化方式可分为:随时间由小至大变动的递增型利率互换(Accreting Swap)、随时间由大至小变动的递减型利率互换(Amortizing Swap)以及呈不规则起伏变动之不规则型利率互换(Roller-Coaster Swap)等三种类型。

(2) 浮动/浮动利率互换

以两种不同的浮动利率指标为计息基准,即所谓基差互换(Basis Swap)或差异互换,例如一方采用货币市场商业本票(Commercial Paper, CP)次级市场利率,另一方则采用其他浮动利率指标,如银行定存利率。此外,不同利率指数间(如3个月的LIBOR对6个月的LIBOR)的互换也是如此。

(3) 零息利率互换(Zero Coupon Swap)

固定利率端以单笔付款取代一连串固定付款,而浮动利率端维持基本形式。固定利率端的单笔付款时点可为互换期间中的任一天,依双方合约而定。如于期初便一次支付,固定利率端的支付者,将承担另一方较多的信用风险;如于到期日才一次支付,则浮动利率端的支付者,将承担另一方较多的信用风险。

(4) 阶梯式利率互换

固定利率端依利率互换合约所定,所支付的固定利率会随时间的不同而变化,主要分为固定利率随时间而逐渐增加的阶梯式上升利率互换(Step Up Swap)以及固定利率随时间而逐渐降低的阶梯式下降利率互换(Step Down Swap)等两种类型。

(三) 交易动机

承做利率互换就交易的动机而言,首先就是上一节中提到的比较优势。交易双方可先在各自有比较优势的市场中贷得资金后,将取得的利益分享,而将双方之总资金成本降低,减少个别的融资成本。

此外,交易双方对于未来利率走势的看法不同,亦为承做利率互换的动机。为规避利率大幅波动时所产生的利率波动风险,或是欲借利息支付方式的变更来改变债权或债务的结构,均属于此类。例如企业有一笔固定利率借款,但预期利率将持续下跌时,可与交易商确定利率互换合约,收取固定利率并支付浮动利率,将固定利率负债转换成浮动利率负债,以减少资金成本。又如基金经理人判断利率将上扬,可能希望避免投资组合中的固定利率债券价格下跌,或者想增加利息收益。这时可与交易商确定利率互换合约,收取浮动利率并支付固定利率,将固定利率资产转换成浮动利率资产。

利率互换系属长期资本性交易,有助于企业取得特定成本的资金,协助企业锁定利率水平;投资人亦可调整其资产负债结构,通过利率互换锁住既有利益,或使较高的潜在损失减至最小。因此利率互换已被普遍当作国际间长期性资本交易的避险工具,以实现比较优势、利率风险管理及资产负债管理等目的。

### 例 12-1

A 公司为一信用评级为 AAA 级的知名企业,B 公司为一信用评级为 A 级的中型企业,目前双方皆有 1 亿美元的资金需求,可选择向金融机构借款或发行公司债。双方的借款与发债的成本如下:

|     | A 公司 | B 公司 | 利差 |
| --- | --- | --- | --- |
| 借款 | 6 个月 LIBOR | 6 个月 LIBOR + 0.5% | 0.5% |
| 发债 | 2% | 3.5% | 1.5% |

**解**:由上表可知,A 公司无论向金融机构借款还是自行发债,其融资成本都较 B 公司为低,具有绝对优势(绝对利益);B 公司虽然两种筹资成本都较高,但以比较优势来看,B 公司借款(浮动利率)只比 A 公司高出 0.5%,发行公司债(固定利率)则须较 A 公司多付 1.5%。如果 A 公司偏好浮动利率,而 B 公司欲以固定利率筹资,若不考虑信用违约风险,则双方可通过利率互换,达成各自想要的计息方式,并可降低彼此的资金成本。

首先,A 公司以 2% 的固定利率发行公司债,而 B 公司则以 6 个月 LIBOR + 0.5% 的浮动利率向金融机构借款。然后再约定由 A 公司支付 LIBOR 的浮动利息给 B 公司,B 公司则支付 2.5% 的固定利息给 A 公司,如下图所示:

|     | 利率互换前 | 利率互换后 | 利差 |
| --- | --- | --- | --- |
| A 公司 | 6 个月 LIBOR | 6 个月 LIBOR - 0.5% | 0.5% |
| B 公司 | 3.5% | 3% | 0.5% |

由上表可看出,基于比较优势取得资金并通过利率互换后,A公司与B公司的融资成本各自降低0.5%,并且在计息方式上各取所需。

### 例12-2

假设甲公司持有1亿美元的固定利率债券,因为担心未来利率上涨的风险,而与A银行签订两年期的利率互换合约(名义本金1亿美元)。该互换约定以每季付出2.75%的固定利息,交换3个月LIBOR的利息收入。假设第一期的3个月LIBOR利率为2%,因此甲公司应收到2%的利息收入,并付出2.75%的利息费用,冲抵后须支付净额187 500美元给A银行。其计算式如下:

$$\$100\,000\,000 \times (2\% - 2.75\%) \times \frac{90}{360}$$
$$= -\$187\,500\,(\text{美元})$$

利率假设及收付结果归纳则列示如下:

|  | 2009:Q1 | 2009:Q2 | 2009:Q3 | 2009:Q4 | 2010:Q1 | 2010:Q2 | 2010:Q3 | 2010:Q4 |
|---|---|---|---|---|---|---|---|---|
| 收:浮动利率 | 2.00% | 2.25% | 2.50% | 2.75% | 3.00% | 3.25% | 3.75% | 4.00% |
| 付:固定利率 | 2.75% | 2.75% | 2.75% | 2.75% | 2.75% | 2.75% | 2.75% | 2.75% |
| 现金结算 | -187 500 | -125 000 | -62 500 | 0 | 62 500 | 125 000 | 187 500 | 312 500 |

### (四)中介机构

利率互换市场的参与者包括交易商、专业投资机构及一般企业。在实践中,有互换需求的一方,往往较难直接找到交易的另一方,因此目前互换多通过中介经纪商居间撮合,或经由银行、交易商等机构中介完成。互换交易的蓬勃发展,中介机构的积极造市及双向报价功不可没。

以银行为例,由于其参与众多投资与借贷活动,长期接近供需双方,较容易找到潜在的互换需求者,并撮合双方完成交易。在无法立即替一方寻找到交易对手时,中介银行可能由自己承担该互换持仓,并担任另一方的互换者先行完成交易,之后再继续寻找互换对手将持仓轧平,当然也可直接持有并买卖这些互换持仓。银行可利用一些高流动性的市场工具,例如期货和国库券等,对冲其净风险持仓。只要一笔交易能被另一笔交易全部或局部抵消,银行的风险即可降低。

目前的风险管理技术及避险的计量模式,已使银行等互换提供者能有效地管理互换和衍生性商品,使其能分批汇集成为相同性质的现金流量组合,在提供客户互换商品时,能保有较大的空间。此外,运用现代金融理论计价和避险,不仅增加了互换架构的弹性,也提升了市场本身的流动性。通过中介机构完成利率互换的架构如图12-1所示。

利率互换交易商主要的任务,为撮和市场上的最低收取方(Receive Fixed)及最高支付方(Pay Fixed),成为一配对交易。如此既可创造市场的流动性,又能从中赚取一定的

**图 12-1  通过中介机构的利率互换流程图**

利差（Spread）作为佣金。当交易商成为任一方的交易对手时，部分佣金可视为交易商承担双方信用风险的补偿。

## 例 12-3

甲银行经理发现 A、B 两公司客户皆有资金需求，A 公司拟扩充销售据点，需要周转金 2 亿美元，并打算发行 CP 筹资；B 公司计划扩充产能，亦需集资 2 亿美元，购买机器及建新厂房，但打算发行公司债。此两公司在市场上直接筹资的利率如下：

|      | CP2         | 债券   |
| ---- | ----------- | ------ |
| A 公司 | LIBOR − 0.5% | 2%     |
| B 公司 | LIBOR       | 3.50%  |

银行经理建议 A 公司改发公司债，B 公司改发 CP2，然后承做 IRS 交易。银行从此 IRS 的安排可赚 30bps，试问此 IRS 如何安排？A 公司及 B 公司如依银行建议，可节省多少利息支出？

**解：**

$$
\begin{array}{rl}
1.5\% & \text{固定利差} \\
-0.5\% & \text{浮动利差} \\
\hline
1.0\% & \\
-0.3\% & \text{银行利润} \\
\hline
0.7\% & \\
\div 2 & \\
\hline
0.35\% & \text{A 及 B 各可节省之利息支出}
\end{array}
$$

A 公司净成本 = (2% + LIBOR) − 2.85% = LIBOR − 0.85%
B 公司净成本 = (3.15% + LIBOR) − LIBOR = 3.15%
节省成本验算：
A 公司：(LIBOR − 0.5%) − (LIBOR − 0.85%) = 0.35%
B 公司：(3.5% − 3.15%) = 0.35%

### （五）利率互换的特色

（1）利用各自的比较优势，为供需双赢的交易。

(2) 名义本金为计算基础,并不交换,双方只收付利息差额,风险较低。
(3) 适合时间长、金额大的资金借贷或投资交易进行利率避险。
(4) 为资产负债表外交易。
(5) 约定项目具有弹性。

(六) 利率互换的功能

(1) 降低资金成本:交易双方利用其信用差异(Credit differential),以其个别之比较优势进行套利,以降低双方资金成本。

(2) 规避利率风险:企业可以利用利率互换交易,重组其债务组合与负债结构,例如预期利率下跌时,可将固定利率形态的债务转换成浮动利率负债;若预期利率上涨时,则可反向操作,将浮动利率负债转换为固定利率负债,以规避利率上扬时,筹资成本增加的风险。利率互换合约对时间长、金额大的资金借贷交易而言,可以说是个绝佳的利率避险工具。

(3) 增加资产收益:若公司资产中持有浮动利率债券,如预期未来利率会下跌,公司可进行利率互换,将资产的收益由浮动利率转变为固定收益,或在预期利率上涨时,将固定收益资产转换为浮动利率形态。

(4) 改变长短期资金筹措方式:企业可通过利率互换,将短天期浮动利率融资,转换为具有资本市场功能的筹资方式。目前企业常以发行 CP2 等短天期的货币市场工具,来支持长期的资金需求,但此种筹资方式常使财务调度暴露于浮动利率风险中。因此可选择于利率低档时,将企业的浮动利息支出转换成较稳定的长期资金成本,不失为一较佳的财务操作手法。亦可通过利率互换,将长期而固定的筹资方式转换为短期浮动利率融资结构。

(5) 灵活资产负债管理:可以利用利率互换交易,调整资产或债务类型的组合,以配合投资组织者,或锁定未来利率的变化,无须立即卖出资产或偿还债务。借由改变资产或负债的利息流量形态,使浮动利率资产与浮动利率负债相配合;固定利率资产则与固定利率负债相配合。此外,利率互换交易有利于未来现金流量的管理(Cash Flow Management),使流入与流出相吻合。金融机构或是保险公司,亦可以借由利率互换缩小利率敏感性资产和利率敏感性负债的差距(Gap),或利用利率互换作为风险管理的工具。

(6) 利率互换曲线:互换市场在全球拥有相当大的交易额,影响力之大使得利率互换曲线(IRS Curve)的重要性被公认为仅次于公债收益率曲线。该曲线不但提供各种利率衍生性商品定价之参考,当投资人在进行长中短期利率区间操作时,使用 IRS 曲线也较符合效益。互换市场促进了全球金融资源的交互影响,使许多机构在做资金决策时,改变了原有的分析方法。其主因是利率互换提供了崭新而有效的方式,促进了资产及负债的管理。

(七) 利率互换的风险

利率互换并非没有风险,因承做利率互换而可能衍生的风险如下:

(1) 利率风险

利率互换交易一开始时,双方的价值是互等的。但随着时间的推移,因市场利率上升或是下跌，所承做的合约将有损益变化的风险。

（2）信用风险

主要指交易对手对于现在或未来的现金流量，无法履行交割义务所产生的风险。此风险主要取决于合约损益金额，以及交易对手的履约能力。

（3）流动性风险

利率互换合约在承做一段时间后，双方因利率的变化而互有损益，损失的一方若因交易目的有所改变，欲承做一新的反向交易以轧平原合约持仓。如此将不易找到与剩余年期相同的反向交易，而且可能增加新的信用风险；即便与获益的一方达成协议提前终止合约，也将提前实现其未实现损益。

（八）互换利率的报价

利率互换是以指标利率（例如 LIBOR、90 天期的商业本票利率）作为浮动利率，故仅需决定固定利率即可进行互换，因此实践中中介机构只需报出固定利率的买卖价格。某特定年期的互换利率（Swap Rate），即为该年期利率互换中固定利率端的利率水平，即指收取浮动利率利息的一方，所支付给另一方的固定利率。因此，如何确定合理的固定利率，使互换合约在期初的价值为零，才是参与者所关心的问题。换言之，互换利率即指在利率互换中，可使浮动利息现金流量现值总和，等于固定利息现金流量现值总和的固定利率，此亦为利率互换评价的重心。

目前新台币利率互换的各主要交易商报价信息，可在德励财富报价系统或路透社报价系统等处取得参考报价。亦有部分经纪商将各交易商的交易需求报价予以汇总后，公布出各年期的最佳双向报价，然而实际成交仍以电话询问交易商的报价为主。其年期通常为 1、2、3、4、5、7、10 年等，而报价形式则如表 12-1 所示。

**表 12-1　交易商各年期利率互换之互换利率报价**

| 年期 | 1 年 | 2 年 | 3 年 | 4 年 | 5 年 | 7 年 | 10 年 |
|---|---|---|---|---|---|---|---|
| 报价 | 1.80/1.82 | 2.04/2.07 | 2.25/2.28 | 2.35/2.40 | 2.46/2.50 | 2.60/2.65 | 2.75/2.82 |

以 5 年期报价 2.46/2.50 为例，表示相对于浮动利率指标（目前新台币利率互换最常见为 90 天 CP 次级市场中价），交易商为收取浮动利率而愿意支付的固定利率为 2.46%；愿意支付浮动利率而须收取的固定利率水平为 2.50%。

## 二、利率互换评价

利率互换合约的评价可从两个角度来探讨：

（1）合约签订时，其价值为零，此时固定利率应如何决定？

（2）合约经过一段时间后，利率有了变化，合约的价值应该如何计算？

（一）决定互换利率

关于互换利率的定价与利率互换的评价，我们将以利率互换的基本形态，亦即固定利率互换浮动利率来作说明。

基本型的利率互换可分解成"浮动利率债券与固定利率债券的组合"，或看成是"一系列的远期利率协议"。利率互换的交易双方，一方支付固定利息，另一方支付浮动利息。为求交易的公平，在互换合约期初（签订合约时），通常双方收支净额是相等的。

在平价的前提下，由于浮动利息由参考指标利率所决定（例如 LIBOR），因此固定利率水平（及该互换的互换利率）的决定，是让此条件成立的关键。互换利率即指在利率互换期初，可使浮动利息现金流量现值总和，等于固定利息现金流量现值总和的固定利率。此时，对交易双方而言，期初互换合约的价值皆为零。其平价关系如式(12-1)。

$$B_{\text{fix}} = B_{\text{float}} \tag{12-1}$$

参考前述各基本形态的利率互换，以期初的观点来看，若我们于到期时在固定利率端及浮动利率端，各加入面额 100 的现金流量，则固定利率端的现金流量，可视为票面利率为 $\bar{R}$（每期支付的固定利率）、到期日为 $T$（到期时收回面额 100）的固定利率债券；而浮动利率端的现金流量，则可视为票面利率为浮动、到期日为 $T$（到期时收回面额 100）的浮动利率债券。如假设浮动利率即为连续复利下的市场即期利率，则在此假设下，此浮动利率债券在 $t=0$（期初）时的价格，恰为其面额，其原理与平价发行的固定利率债券类似。

假设有一利率互换合约，其互换周期为每半年一次，互换利率为 $(\bar{R})$，在合约期间共交换 $n$ 次，则合约到期日可视为 $\frac{n}{2}$ 年，固定利率债券的价值 $B_{fix}$ 在 $t=0$ 时为

$$B_{\text{fix}} = 100(\bar{R}/2)(e^{-R_1 \times \frac{1}{2}} + e^{-R_2 \times \frac{2}{2}} + e^{-R_3 \times \frac{3}{2}} + \cdots + e^{-R_n \times \frac{n}{2}}) + 100 e^{-R_n \times \frac{n}{2}} \tag{12-2}$$

一般利率互换仅交换利息流量，本处为方便说明，假设在期末亦交换本金。由于是相同面额的交换，并不会对求算结果与实际交易造成影响。

由式(12-1)与式(12-2)计算，过程中面额 100 将消去，则可求得互换利率 $(\bar{R})$ 为

$$\bar{R} = \frac{2(1 - e^{-R_n \times \frac{n}{2}})}{\sum_{t=1}^{n} e^{-R_t \times \frac{t}{2}}} \tag{12-3}$$

当一年有 $m$ 交换周期，以通式表达如下

$$\bar{R} = \frac{m(1 - e^{-R_n \times \frac{n}{m}})}{\sum_{t=1}^{n} e^{-R_t \times \frac{t}{m}}} \tag{12-4}$$

上述计算过程中，不同到期日的即期利率是以连续复利为基础。当交换周期为每半年一次时，即期利率是以半年复利一次计算，则互换利率 $(\bar{R})$ 为

$$\bar{R} = \frac{2\left(1 - \dfrac{1}{\left(1 + \dfrac{y_n}{2}\right)^n}\right)}{\sum_{t=1}^{n} \dfrac{1}{\left(1 + \dfrac{y_t}{2}\right)^t}} \tag{12-5}$$

其中，$y_t$ 及 $y_n$ 各自代表第 $t$ 次及第 $n$ 次的半年即期利率。

## 例 12-4

假设有一利率互换的期限为 2 年,每半年交换一次,即期利率数据如下:

| 年 | 0.5 | 1 | 1.5 | 2 |
|---|---|---|---|---|
| 利率(%) | 2.21 | 2.223 | 2.231 | 2.238 |

$\bar{R}$ 应为多少?

**解**:利用(12-5)式,我们可求得 $\bar{R}$ 为 2.2378%,计算式如下:

$$\bar{R} = \frac{2\left[1 - \dfrac{1}{\left(1 + \dfrac{y_n}{2}\right)^n}\right]}{\left[\dfrac{1}{\left(1 + \dfrac{y_1}{2}\right)^1} + \dfrac{1}{\left(1 + \dfrac{y_2}{2}\right)^2} + \dfrac{1}{\left(1 + \dfrac{y_3}{2}\right)^3} + \dfrac{1}{\left(1 + \dfrac{y_4}{2}\right)^4}\right]}$$

$$= \frac{2\left[1 - \dfrac{1}{\left(1 + \dfrac{0.02238}{2}\right)^4}\right]}{\left[\dfrac{1}{\left(1 + \dfrac{0.0221}{2}\right)^1} + \dfrac{1}{\left(1 + \dfrac{0.02223}{2}\right)^2} + \dfrac{1}{\left(1 + \dfrac{0.02231}{2}\right)^3} + \dfrac{1}{\left(1 + \dfrac{0.02238}{2}\right)^4}\right]} = 2.2378\%$$

## 例 12-5

一年付息一次的三个公债资料如下:

| | 票面利率(p.a.) | 债券价格 |
|---|---|---|
| 债券 1 | 3% | $99 |
| 债券 2 | 4% | $102 |
| 债券 3 | 4% | $101 |

试求:(1) 以拔靴法求收益率曲线。

(2) 3 年期利率互换(IRS),一年交换一次现金流,求互换利率。

**解**:(1) $\dfrac{3 + 100}{(1 + y_1)} = 99$, $\quad y_1 = 4.0404\%$ (p.a.)

$\dfrac{4}{(1 + 0.040404)} + \dfrac{104}{(1 + y_2)^2} = 102$, $\quad y_2 = 2.9342\%$

$\dfrac{4}{(1 + 0.040404)} + \dfrac{4}{(1 + 0.029342)^2} + \dfrac{104}{(1 + y_3)^3} = 101$, $\quad y_3 = 3.6556\%$

(2) $\overline{R} = \dfrac{1 - \dfrac{1}{(1+0.036556)^3}}{\sum\limits_{t=1}^{3} \dfrac{1}{(1+y_t)^t}} = 3.6432\%$

### (二) 利率互换合约的评价

由于互换合约期初的互换价值为 0,一般称为平价互换合约。互换合约成立以后,利率互换的价值会随着浮动利率变动而改变。"支付固定利率,取得浮动利率"的交易端,若浮动利率上升,则其互换价值上升;而"取得固定利率,支付浮动利率"的交易端,其互换价值下降。此时该互换合约称为离价互换合约。

若交易一方欲终止合约,则必须由损失的一方补偿获利的一方,其金额为浮动利率与固定利率总现值间的差价,此差价称为利率互换的合约价值。

在利率互换中,付固定收浮动(亦称利率互换的买方),可视为买入一浮动利率债券并卖出一固定利率债券。对买方而言,利率互换合约的价值可表示为 $V_{swap} = B_{float} - B_{fix}$。至于收固定付浮动(亦称利率互换的卖方),可视为买入一固定利率债券,并卖出一浮动利率债券。则对卖方而言,利率互换合约的价值可表示为 $V_{swap} = B_{fix} - B_{float}$。

基于平价原则,在期初时 $B_{fix} = B_{float}$。因此对双方而言,其互换合约价值 $V_{swap}$ 皆为零。但随着时间推移,交易双方的 $V_{swap}$ 将因浮动利率的变动而互有损益。至于双方 $V_{swap}$ 的评价,则类同于两种债券(固定与浮动)各自评价再相减,较为不同的是在利率互换中,浮动利率端在下一期需收付的利息,其利率在当期期初即已决定。

### 例 12-6

利率互换,尚有 9 个月到期,每半年交换一次现金流,名义本金为 $2 亿,互换利率为 4%(s.a),3 个月前之半年期浮动利率为 3%(s.a),目前收益率曲线为 3.2%(s.a)且固定不变,求此利率互换的价值。

解:$t = 9$,两边各加上名义本金 $2 亿,得

固定利率的现金流量现值:

$$B_1 = \dfrac{200 \times \dfrac{0.04}{2}}{\left(1 + \dfrac{0.032}{2}\right)^{\frac{3}{6}}} + \dfrac{200\left(1 + \dfrac{0.04}{2}\right)}{\left(1 + \dfrac{0.032}{2}\right)^{\frac{9}{6}}} = \$203.1685(百万)$$

浮动利率的现金流量净值:

$$B_2 = \dfrac{200 \times \dfrac{0.03}{2} + 200}{\left(1 + \dfrac{0.032}{2}\right)^{\frac{3}{6}}} = \$201.3953(百万)$$

支付浮动利率者的利率互换价值 = $203.1685 - $201.3953 = $1.7732(百万)

### 例 12-7

之前甲公司因预期利率将下跌,为将浮动利率债务转为固定利率,而与乙交易商承做一名义本金为 1 000 000 美元的利率互换合约,该合约每半年交换一次,甲公司每次收取 6 个月 LIBOR 及支付每年 4%(s.a.) 的固定利率,乙交易商则为反向的收付。随着时间的推移,目前互换合约尚余 16 个月到期,设连续复利下 4 个月、10 个月及 16 个月的即期利率分别为 2%、3% 及 4%,在 2 个月前(本期期初) 6 个月期 LIBOR 为 4.5%(s.a.),则此互换合约的价值为多少?

**解**:固定利率端每期收付为 20 000 美元,而浮动利率端下一次的收付为 22 500 美元。计算如下:

$$B_{\text{float}} = 22\,500 e^{-0.02 \times \frac{4}{12}} + 1\,000\,000 e^{-0.02 \times \frac{4}{12}} = \$1\,015\,706$$

$$B_{\text{fix}} = 20\,000(e^{-0.02 \times \frac{4}{12}} + e^{-0.03 \times \frac{10}{12}} + e^{-0.04 \times \frac{16}{12}}) + 1\,000\,000 e^{-0.04 \times \frac{16}{12}} = \$1\,006\,399$$

因此对甲公司而言,互换合约的价值 $V_{\text{swap}} = B_{\text{float}} - B_{\text{fix}}$

$$\$1\,015\,706 - \$1\,006\,399 = \$9\,307.48$$

相对地,收固定付浮动的乙交易商之 $V_{\text{swap}}$,则为 $-\$9\,307.48$。

在计算时须注意,$B_{\text{float}}$ 与 $B_{\text{fix}}$ 对名义本金的处理并不相同。主要在于对 $B_{\text{float}}$ 而言,在下一个付息交换日时,后续的现金流量会恰好等于其名义本金,可不用考虑。此外,本例隐含有一重要假设,亦即 LIBOR 的零息收益率曲线能充分代表市场即期利率。最后,在决定正确的现金流量及时点时,应该还要将日数计算规定及例假日调整列入考虑,以求更精确的计算结果。

## 第三节 货币互换

### 一、定义

货币互换(Currency Swap)又称通货互换,是指交易双方约定互换合约期初交换两种不同币别货币(例如美元与欧元),期中定期交换在期初所换得货币的利息支付,到期末再换回两种不同币别货币。货币互换可用以减少汇率风险、规避外汇管制以及降低融资成本。

货币互换与上一节所述的利率互换,最大的不同之处,在于同时涉及两种不同币别本金的交换,亦即本金不仅为计息基础,也会作实质的交换,因此信用风险也较大。

计息的利率若为固定利率交换固定利率,称为狭义的货币互换。若同时交换不同币别的本金及不同计息方式,例如浮动利率交换固定利率、固定利率交换固定利率,或者浮动利率交换浮动利率,则可称为换汇换利(Cross Currency Swap,CCS)。由于同时涉及两种通货本金与不同利息现金流量的交换,也称为广义的货币互换。

货币互换中双方借由两种不同货币的债权或债务,在合约规定的期间内互相交换付息。一方定期支付某一币别的利息流量,并于到期日支付以该币别表示的本金,互换另一方则定期支付另一币别的利息流量,并于到期日支付以该币别表示的本金。期初及期末的本金交换,皆适用相同的固定汇率,因此可避免因交换本金而带来汇率的风险,因此货币互换亦为管理汇率与利率风险的金融工具。

换汇换利交易不仅牵涉到利息的交换,也牵涉到本金的交换。换汇换利可用来管理企业资产负债持仓的汇率及利率风险。特定企业是否要承做换汇换利,取决于该企业对未来利率与汇率的预期;但因换汇换利合约牵涉到本金的交换,且有较多的信用风险,市场流动性亦不佳,因此较不适合投机操作。

## 二、平行贷款与背对背贷款

过去许多主要工业国家实行外汇管制,使跨国企业为取得外汇而困扰。由于信用评级的关系,跨国机构的海外子公司,往往无法从当地资本市场或金融机构取得较有利的融资成本或足够的外币。企业为突破各国对资金外流的限制,以便安全地进行国际贸易及投资,平行贷款(Parallel Loan)与背对背贷款(Back-to-Back Loan)便应运而生。

平行贷款是指本国的母公司 A,对特定外国母公司 B 在本国的子公司,给予一定数量的本国货币贷款;而 B 也对 A 在外国的子公司给予等值的该外国货币贷款。两笔贷款为单独存在的两个合约,却不需要通过外汇市场来进行,解决了外汇管制造成的跨国融资问题。但是平行贷款的方式也衍生了新的风险。由于平行贷款是由两个独立的贷款合约组成,当其中一个合约的交易对手因故无法支付利息而造成违约时,另外一个合约却仍必须履行,造成相当大的信用风险。为降低此违约风险,在平行贷款的合约中,往往明订当一方违约时,另一方可在贷款中抵消其所负的债务,这种合约即称为背对背贷款。不论是平行贷款或背对背贷款,皆属于借贷行为,将使企业的资产、负债同时增加,影响资产负债表的真实性,不利于财务报表分析。

相较于上述两种早期盛行的贷款形式,货币互换属于资产负债表外的金融工具,不会膨胀资产负债表。它除了具有与平行贷款相同的功能外,还在市场上具有流动性,因此在日后的发展过程中,逐渐取代了平行贷款与背对背贷款。虽然英国在 1979 年取消了外汇管制,其他国家也纷纷跟进采取外汇自由化措施,均无碍货币互换的茁壮与成长。

货币互换合约是最早发展的互换合约,早期最著名的金融互换案例,是 IBM 公司经所罗门兄弟公司安排,于 1981 年 8 月与世界银行(The World Bank)完成的货币互换。货币互换虽源自不同货币借贷市场中的比较优势,但互换交易也使企业经营者认识到,如果对资产负债表的负债面做有效的管理或交易,既可改变或摆脱既有负债的本质,也不会受限于过去的借款决策。

## 三、货币互换的功能

(1) 降低资金成本:若交易双方各自在本国信用良好,可以各自先以较低利率借款,再通过货币互换,取得双方所需要的货币资金,并享有较低的外币借款利率。

(2) 资金调度:货币互换可作为投资人资金调度的工具。

(3) 提供避险途径:当公司进行海外融资(如发行以欧元或美元计价的海外公司债)

时,虽然利息成本可能较低,又能增加公司在海外市场的知名度,但却须面临汇率变动的风险。在此情况下,若为预防未来汇率改变而进行货币互换,即可适时规避付息及到期还本时的汇率风险。

(4) 套利工具:跨国投资机构的触角遍及全球资本市场,可利用货币互换在整合不足的市场之间进行套利,降低资金的融通成本,并提升投资报酬。

(5) 融资决策与管理:货币互换让借款人将资金融通决策(流动性管理),与汇率及利率风险决策(风险管理)分离。因此,借款人可以先在规模大又有效率的美元市场上进行融资,再通过货币互换,转换为最终需要的货币。

### 四、货币互换的评价

如同利率互换一样,在不考虑违约风险时,货币互换合约也可拆成两种债券,可以例12-8来作说明。

**例 12-8**

假设在日本和美国的收益率曲线皆为平坦,在连续复利下,日本与美国每年的利率分别是1%及3%。若甲公司与乙银行确定为期5年的货币互换合约,甲公司将所持有的美金在期初交换为日元,并在到期时将日元换回美金。日元与美金的本金各为 1 200 000 000 日元与 10 000 000 美元,依合约规定,利息每年期末交换一次,甲公司每年支付1.5%的日元固定利率,并收取3.5%的美金固定利率,乙银行则有反向的收付。经过2年以后,汇率变成1美元等于89.765日元,那么双方合约价值应如何评价?

**解:**

首先,每期收取美元并支付日元,到期时收回美元本金并付出日元本金,有如买入一固定利率为3.5%的美元债券,并放空一固定利率为1.5%的日元债券。合约开始时所付出的美元本金及换入的日元本金,可视为投资的成本及放空的收入。

就每期收取美元并支付日元的货币互换而言,以美元所表示的合约价值应为

$$V_{swap} = B_D - S_0 B_F \tag{12-6}$$

其中,$B_D$ 是美元债券的价值;$S_0$ 为代表1日元等于多少美元的即期汇率;$B_F$ 则为以日元计价的日元债券之价值,因此 $S_0 B_F$ 即代表以美元计价的日元债券之价值。至于每期收取日元并支付美元的合约,其价值则应为

$$V_{swap} = S_0 B_F - B_D$$

因此可得出

$$B_D = 0.35 e^{-0.03 \times 1} + 0.35 e^{-0.03 \times 2} + 10.35 e^{-0.03 \times 3} = 10.128461 (百万美元)$$

$$B_F = 18 e^{-0.01 \times 1} + 18 e^{-0.01 \times 2} + 1218 e^{-0.01 \times 3} = 1 217.467133 (百万日元)$$

则甲公司的互换合约的美元价值为

$$10\ 128\ 461 - \frac{1\ 217\ 467\ 133}{89.765} = -3\ 434\ 366 (美元)$$

相对地,乙银行的互换合约的美元价值则为 +3 434 366 美元。

上例中应用了一个可能与真实情况不符的假设,亦即两国的即期利率不因长短期别而有所差异,以便简单介绍货币互换的评价,有兴趣的读者可加入各年期不同即期利率的条件,以及固定/浮动的情况,加以演算。

## 第四节 权益互换

### 一、定义

权益互换(Equity Swap)又称证券互换或股权互换,因其交换的标的资产报酬为股票报酬,故也可称为股酬互换。权益互换通常指证券的投资报酬,与固定或浮动的利息收益交换。双方约定在未来的一段时间内,依名义本金由一方支付对方股价指数的变化百分率,或股票的报酬,并向对方收取特定的短期利率(可为固定利率或浮动利率)。双方清算时依据相同的名义本金来计算,但本金并不作交换。

权益互换亦可交换所持有的部分投资组合的报酬,称为双向(Two Way)权益互换。例如,约定在未来的一段时间内,一方交付对方某一股价指数、某公司个别股票的股价或数公司股票的股价等,在某段期间的变动率,再乘以合约名义本金所得的报酬金额;同时自对方收取另一个股价指数、另一公司个别股票的股价或另几家公司股票的股价,在同段期间内的变动率,乘以合约名义本金后的报酬金额。借由权益互换,交易双方互换某种计息方式与某种股价指数,打破债券市场与股票市场的疆界,将利率与股票报酬率相结合。

权益互换主要用以规避权益证券(股票)投资组合风险,权益互换合约方便基金经理人调整投资组合对指数的风险暴露程度,却无须大幅买卖股票,因此减少了交易成本。机构投资人亦可通过权益互换锁住报酬率,或降低股票价格或指数波动对投资绩效的影响。权益互换属于资产负债表外(Off-Balance Sheet)交易,使投资者得以在单一交易中即达到投资整个股市的目的,是有效的资产配置方式。投资者并不需要实际买入或售出股票等金融工具,即达到移转资产的目的,省却了交易税的问题,尤其对于投资海外资产而言,通过权益互换可以降低偏高的交易成本,及投资海外资产所牵涉的税率及法律限制等问题。

### 二、特色与标的

权益互换合约在合约有效期间,一方支付股票相关报酬率,交换另一方所支付的特定参考利率。权益互换的特色如下:

(1)股票报酬可以是持有期间的总报酬(Total Return),或是价格报酬(Price Return)。

(2)权益报酬可以包含股利或只交换资本利得,而其标的资产可以是单一股票、一篮子股票、产业指数或市场加权股价指数。

(3)名义本金(Notional Principal)可以股数或总投资金额来表示,以股数来表示时,权益互换等同直接投资于股票。

(4)参考利率可以是固定的或浮动的。

(5) 股票报酬率和利率的支付,可以使用不同货币。

### 三、权益互换的种类

依照交易双方所签定的合约规范,可组合成各式不同的现金流量,分述如下。

1. 基本型(Plain Vanilla)

由供给者支付一系列的权益相关报酬,且收到需求者所支付的固定利息或浮动利息。合约的一方同意支付权益报酬,以换取固定利息者,称为固定权益互换;若换取浮动利息(如 LIBOR),则称为浮动权益互换。基本型的权益互换流程如图 12-2 所示。

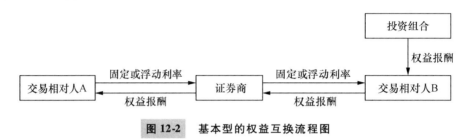

**图 12-2** 基本型的权益互换流程图

2. 双向(Two-Way)权益互换

前述股票报酬和利率的互换合约,称为单向(One-Way)股酬互换。若双方互换标的物,分别为两种股价(如 S&P 500 和 Nasdaq)的报酬率,则称为双向权益互换。

3. 单一货币(One-Currency)与跨国货币(Cross-Currency)权益互换

如互换合约中的权益报酬及支付利率以同一货币收付,则为单一货币权益互换(例如 S&P 500 指数与 LIBOR 互换),否则为跨国货币权益互换(例如日经 225 指数与 LIBOR 互换)。

4. 名义本金变动型(Variable Notional Principal)

此种形式之权益互换,是指交易双方于每一交换日,并不直接交换权益报酬及利息收入,而是以结算净额当作名义本金之加减项,逐期调整名义本金,使得参与互换的投资人,可将每期获得的现金收入进行再投资。例如,投资人与证券商议定,每年投资人支付 2% 的固定利率,并收取台股指数报酬率。假设期初约定之名义本金为 10 000 000 元,第 1 年台股指数报酬率为 5%,则投资人有 300 000 元的收益[10 000 000 × (5% - 2%)]。将其加入名义本金内,则下一期的名义本金为 10 300 000 元;若第 2 年台股指数报酬率为 -2.5%,则投资人有 463 500 元的损失[10 300 000 × (-2.5% - 2%)],由名义本金内扣除,下一期的名义本金变成 9 836 500 元。

5. 上(下)限型(Cap,Floor)

上(下)限型权益互换,为原始权益互换附加(Embedded)一个期权,所支付的权益报酬,将受到利率上(下)限的影响,但可降低支付权益报酬一方的风险。上限利率可设定为固定或浮动利率,当权益报酬大幅增长,并超过其上限利率时,互换支付权益报酬的一方,仍能保有超出部分的报酬,每期所须支付之权益报酬维持在上限利率之下;同理,下限型权益互换限制权益报酬的最低下限,可降低收取权益报酬一方的风险,将其最大损失限制在下限利率之上。其流程如图 12-3 所示。

**图 12-3　上（下）限型权益互换**

### 6. 混合报酬型

混合报酬型权益互换，是指收到一个以上的加权股价指数报酬（通常为两市场指数之加权平均报酬），并付出固定或浮动利率。混合权益互换实际上是由多个基本型权益互换所组合而成，其比例可由交易双方议定，如图 12-4 所示。

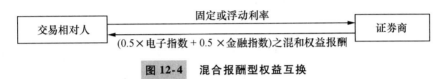

**图 12-4　混合报酬型权益互换**

### 7. 绩效差异型（最佳绩效型）

绩效差异型权益互换，是指所联结的股价指数，为两特定指数或更多种指数间表现较佳者。此形态的互换，较联结单一指数者能得到更高的预期报酬。其报酬关系如图 12-5 所示。

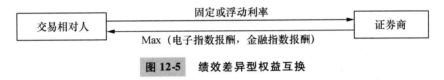

**图 12-5　绩效差异型权益互换**

## 四、权益互换的优点

权益互换合约使得投资者有更多的投资机会，其优点包括：

（1）减少直接投资股票所产生的手续费和交易税。
（2）分散投资于外国股票市场，而无税率与法规管制的风险。
（3）获得外国股票市场的报酬率，却无汇兑风险。
（4）消除仿真指数的投资组合的复制误差。

由于股酬互换合约具有上述优点，因此吸引了越来越多投资人的参与，其市场规模也与日俱增。

## 五、权益互换评价

现在以例 12-9 说明权益互换的评价。

### 例 12-9

假设权益互换的标的物为指数报酬率与固定利率，名义本金为 100 美元，合约期为 1 年，每半年结算 1 次，共交换 2 次。如果目前 S&P 500 指数为 1 173.27，6 个月的 S&P 500

指数期货价格为1 180.39,股利年收益率为1.5%,则固定端的互换利率应如何确定?

**解**:首先,将股价指数之现货与期货的关系表示如下:

$$_Tf_0 = I_0 \times \{1 + E[R(I)] - d\} \tag{12-7}$$

在式(12-7)中,$_Tf_0$代表目前尚有$T$日到期的股价指数期货价格,$I_0$是目前的股价指数,$d$为股利收益率,$E[R(I)]$则是预期的股价指数报酬率。

利用式(12-7)可导出未来6个月的股价指数报酬率,为2.1556%,若转换为年报酬率,则为4.31%(2.1556%×2)。其计算过程如下:

$$1\,180.39 = 1\,173.27 \times \left\{1 + E[R(I)] - \frac{0.015}{2}\right\}$$

$$E[R(I)] = 1.3569\%$$

$$1.3569\% - 0.75\% = 0.6069\%$$

第2次交换的时间,为距目前第7个月至第12个月间的S&P 500指数报酬率,但并无1年后的S&P 500指数期货价格可供参考,因此利用持有成本理论的公式推算。

$$_1f_0 = I_0(1 + r - d) \tag{12-8}$$

式(12-8)中的$r$代表持有现货的资金成本,将先前资料代入后,求得净持有成本($r-d$)为0.6069%(半年期间)。

求出净持有成本后,可再利用式(12-8),计算1年后预期的S&P 500指数期货价格为1 187.51。其计算过程如下:

$$1\,173.27 \times (1 + 0.6069\% \times 2) = 1\,187.51$$

将1年后的S&P 500指数期货价格代回式(12-7),计算出1年的预期的股价指数报酬率为2.7137%。其计算过程如下:

$$1\,187.51 = 1\,173.27 \times \{1 + E[R(I)] - 1.5\%\}$$

$$E[R(I)] = 2.7137\%$$

经过上述步骤,且半年及1年的预期报酬率皆已知时,即可计算第7个月至第12个月间的预期报酬率,应为2.6774%。其计算过程如下:

$$(1 + 2.7137\%) = (1 + 2.7137\% \times 0.5) \times (1 + {}_6r_{12} \times 0.5)$$

$${}_6r_{12} = 2.6774\%$$

由半年及1年的预期报酬率可知,股权端第1次及第2次预期支付的金额分别为:

第1次预期支付　　　$100 \times 2.7137\% \times 0.5 = 1.3569$(元)

第2次预期支付　　　$100 \times 2.6774\% = 0.5 = 1.3387$(元)

假设此权益互换为平价形式,则互换金额差异的现值总和应为零,若$F$为固定端每半年应支付的固定金额,可求算出$F$为2.1327元,且互换利率为4.2655%(换算为年利率)。其计算过程如下:

$$\frac{1.3569 - F}{1 + \dfrac{0.027137}{2}} + \frac{1.3387 - F}{1 + 0.027137} \quad F = 1.3479(元)$$

$$\frac{1.3479}{100} \times 2 = 2.6958\% \text{(s.a)}$$

以上为权益互换基本形态的评价过程，其他较为复杂的权益互换评价，可依相同原则推导。

## 第五节 商品互换

### 一、定义

商品互换（Commodity Swap）指商品价格的互换（Commodity Price Swap），交易双方以固定数量的某商品为标的。交易的一方支付另一方的金额，为事先约定的固定商品价格，乘以名义数量。向对方收取的金额，为商品的浮动价格，乘以名义数量。此种交易通常不涉及商品的实质交换，仅依收付净额以现金结算。商品互换合约的主要目的，在于移转或规避特定商品的价格风险。

### 二、种类

商品互换有两种主要形式：

（1）同一商品或指数，以固定价格交换浮动价格。

（2）商品市场指数与货币市场的利率互换，一方是商品指数，另一方为货币市场利率。

商品互换的流程如图12-6所示。

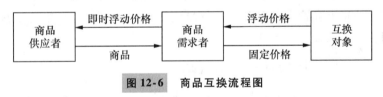

**图12-6** 商品互换流程图

### 例12-10

假设在原油市场上，中石油每季以浮动油价进口100万桶原油。因油价有飙涨之虞，为了锁住将来购油成本，和银行承做2年期油价互换。该互换约定支付每桶固定为80美元的价格，换取A银行支付浮动油价，数量为100万桶，每季交换一次，则2年内中石油可锁定购油成本每桶80美元。

假设在2009年第一季，原油价格为每桶70美元，中石油除了购油成本外，每桶尚需支付给A银行10美元的价差，因此中石油的每桶购油成本固定为80美元。商品互换合约为100万桶，因此中石油共支付A银行1 000万美元的价差，其计算过程如下：

$$1\,000\,000 \times (70 - 80) = -\$10\,000\,000\,(美元)$$

油价假设及收付结果归纳如下表：

单位:美元

|  | 2009Q1 | 2009Q2 | 2009Q3 | 2009Q4 | 2010Q1 | 2010Q2 | 2010Q3 | 2010Q4 |
|---|---|---|---|---|---|---|---|---|
| 收:浮动油价 | 70 | 75 | 85 | 80 | 90 | 85 | 85 | 75 |
| 付:固定油价 | 80 | 80 | 80 | 80 | 80 | 80 | 80 | 80 |
| 现金结算 | -1 000 万 | -500 万 | 500 万 | 0 | 1 000 万 | 500 万 | 500 万 | -500 万 |

承做商品互换交易后,2年内中石油皆可规避掉原油价格波动的风险,不论原油价格如何变化(上涨或下跌),购油成本皆固定为每桶80美元。

至于A银行则承担了油价变动的风险,可能利用原油期货或其他衍生性工具(例如商品互换期权)来进行避险,或基于对油价的预期而持有部分持仓。中石油亦可直接选择原油期货避险,不过不同天期的原油期货合约价格可能不同,无法像商品互换那样可在合约期间固定购油成本,另外尚须考虑避险交易成本。

商品互换可视为多期的远期商品合约,例如中石油可以直接与石油输出国确定多期的远期原油合约,不过每期的远期原油价格可能不同。

## 第六节 其他形态的互换合约

为迎合市场多元化及投资人的需求,在传统的金融互换产品中,又衍生出新式而复杂的互换合约,使得互换商品的种类更加繁复而多样。以下简单介绍几种常见的结合期权,或其他衍生性金融商品的形态。

### 一、Quanto Swaps(跨币别变量互换)

Quanto主要是指标的物的计价与结算,分别采用不同的货币。跨币别变量互换为利率互换的新型商品,是指交易的一方支付A货币的浮动利率,另一方则支付B货币的浮动利率,但名义本金及利息之收付,皆约定以同一货币来结算。跨币别变量互换自推出以来,市场的接受度相当高,也不断地翻新与衍生不同形态的商品。

假设A公司与甲银行签订跨币别变量互换合约,名义本金为2亿元人民币,期间为3年。A公司每期自甲银行收取3个月SHIBOR利率,并须支付甲银行美金3个月LIBOR减1%,利息间差异采用净额以人民币交割。假设订约时两种利率水平相近,则对A公司而言,其诱因除互换期初利息成本较低外,若利率上扬且3个月SHIBOR上扬幅度大于3个月LIBOR,或利率下跌且3个月LIBOR下跌幅度大于3个月SHIBOR,A公司皆能因此降低利息成本。但若日后情况相反,3个月LIBOR远高于3个月SHIBOR时,A公司即可能面临极大的利率风险。

### 二、可转换证券资产互换

可转换证券资产互换交易,与前述的利率互换相关,是将可转换证券分为固定收益与嵌入期权两个部分(如图12-7所示):

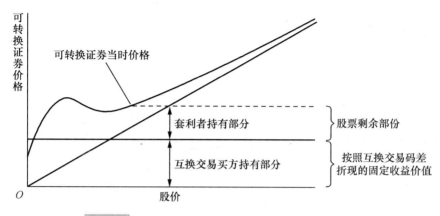

**图 12-7** 可转换证券通过资产互换交易分解的成分

图 12-8 简单说明了此种互换交易典型的交易形态：

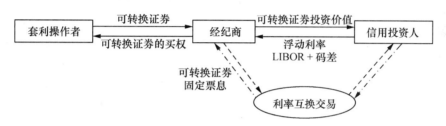

**图 12-8** 可转换证券资产互换交易的典型结构

如图 12-8 所示，套利操作者会先买进价格低廉的可转换证券，然后把可转换证券转卖给经纪商，取得重新买回可转换证券的期权。套利操作者承担的损失风险，只局限于股票期权部分的投入资金，经纪人则会寻找有兴趣的投资人。套利者持有期权，却暴露于股价风险下，而债券买方则持有固定收益部分。一般情况下，债券买方都希望取得浮动利率现金流量，所以互换交易可以达到其目的。债券投资人购买固定收益部分或信用价值，其价格则是按照 LIBOR 加上码差进行折现。前述码差让债券投资人取得浮动利率现金流量，而经纪商则保留固定票息部分。

信用买方取得的码差通常大于其他公司债，主要是因为这种证券的市场流动性较差。在证券到期或提前清偿之前，信用买方必须承担信用风险。股票期权部分的持有者，虽然不需承担信用码差扩大的风险，但如果信用码差缩小的话，他可以重新买回资产互换交易，然后按照当时的信用码差重新卖出，并赚取差价。

### 三、利率互换期权（Swaption）

利率互换期权（Swaption）是以利率互换合约为履约标的的期权，期权的买方支付卖方权利金，取得于未来某一时点、以特定的价格与卖方承做利率交换的权利。换言之，利率交换合约的固定利率，即为期权的履约价格。期权的买方可视到期时的利率水平，决定是否行使承做利率互换的权利。

### 四、权益互换期权(Equity Swaps)

权益互换期权是一种期权合约。期权的持有者有权在未来特定时点开始进行权益互换,一般市场交易多数以欧式期权为主。期权买方有权利在每期付出事先约定的利率,以互换期间的权益报酬。若未来参与互换所须付出的市场固定利率,高于原先的约定利率,投资人可选择参与该互换;反之,若未来市场利率低于约定利率,则投资人可放弃此权利。

### 五、信用违约互换(Credit Default Swap, CDS)

信用违约互换属于信用衍生性商品。在信用违约互换中,交易对手可担任信用保护买方(Protection Buyer)或信用保护卖方(Protection Seller),与另一方进行信用违约互换交易。信用保护买方以定期性或一次性方式,付出信用违约互换权利金,取得其对信用参考实体,或一篮子信用参考实体发生信用事件时之保护。

## 本章习题

1. 不考虑违约风险的情况下,利率互换可以看成:
(A) 一个远期外汇合约   (B) 一个远期利率协议合约
(C) 同时买进与卖出债券  (D) 多个远期外汇合约

2. 何谓基差互换或差异互换?
(A) 本金与本金差额的交换  (B) 固定利率与浮动利率差的交换
(C) 两个浮动利率之间的交换 (D) 两个固定利率间的交换

3. 大方公司发行一笔2亿美元的5年期浮动利率债券,票面利率为3个月LIBOR+1%,每季重设一次,若大方公司与银行承做一笔支付固定利率4.5%、收浮动利率3个月LIBOR的利率互换,试问互换后大方公司的利息负担是多少?
(A) 5.5%         (B) 3个月LIBOR
(C) 6个月LIBOR    (D) 3.5%

4. 通常在订约日时互换合约的价值
(A) 大于零       (B) 等于零
(C) 小于零       (D) 大于零或小于零

5. 下列哪个不是从事利率互换的动机?
(A) 绝对利益     (B) 降低资金成本
(C) 利率风险管理 (D) 比较优势

6. A公司欲承做3年期"收固定、付浮动"的利率互换,假设银行3年期利率互换报价为"2.24/2.28",请问A公司每期必须支付给银行的固定利率是多少?
(A) 2.24%       (B) 2.28%
(C) 2.26%       (D) 无法判断

7. 在订约日后的任一交易日,互换合约的价值
  (A) 大于零  (B) 等于零
  (C) 小于零  (D) 皆有可能

8. 某投资人认为未来一年美国股市将比台湾股市更有上涨空间,若其欲以权益互换合约来获利,则其可能
  (A) 收台指报酬率,付 S&P 500 指数报酬率
  (B) 付台指报酬率,收 S&P 500 指数报酬率
  (C) 收台指报酬率,也收 S&P 500 指数报酬率
  (D) 皆有可能

9. 在利率互换中,互换利率(Swap Rate)通常指?
  (A) 浮动端利率  (B) 固定端利率
  (C) 取两者较大者  (D) 取两者较小者

10. 原为 5 年期的货币互换,本金为 1 250 万美元及 1 000 万欧元,每半年交换一次美元与欧元利息。互换利率为固定,分别为美元利率 3%(s.a.)及欧元利率 1.5%(s.a.)。经过两年后,现在欧元兑美元汇率为 1.30,美元及欧元收益率曲线分别为 2%(s.a.)flat,及 2.5%(s.a.)flat,请问目前该货币互换合约价值是多少?

11. 假设日元及美元各年期的 LIBOR 皆为 1% 及 3%(c.c.),大新公司想要进行一项货币互换交易,条件是每年以年利率 2.5% 的美元,交换年利率 1.5% 的日元。美元的期初本金为 1 000 万美元,而日元的期初本金为 12 亿日元。现在这个互换合约的久期仅剩两年,且目前的即期汇率为 95 日元兑 1 美元,请问对大新公司来说,目前该货币互换合约的价值是多少?

12. 假设甲公司欲规避利率风险,与乙银行承做一笔本金为 1 亿美元的利率互换。甲公司同意支付 6 个月 LIBOR,用以交换 3% 的固定利率,半年结算一次。现假设该利率互换的久期仅余 1.25 年,且 3 个月期、9 个月期及 15 个月期的 LIBOR 利率为 2%、2.5% 及 3.5%;此外,前次交换时的 6 个月 LIBOR 利率为 2.2%(s.a.)。试问对甲公司来说,目前该利率互换合约的价值是多少?

13. 小毛与证券商承做一笔权益互换交易,名义本金为 100 万元,每季小毛须根据深发展股票的季报酬率支付给证券商,而证券商则须支付固定利率 6%(年利率,每季 1.5%)给小毛。假设承做时深发展股价为 50 元,三个月后深发展股价涨至 60 元,请问该季的结算情形如何?

14. A 公司及 B 公司已分别取得 200 万美元的贷款,所获报价如下:

|  | 固定利率 | 浮动利率 |
| --- | --- | --- |
| A 公司 | 2% | LIBOR + 0.1% |
| B 公司 | 3.3% | LIBOR + 0.7% |

但 A 公司需要浮动利率贷款,B 公司需要固定利率贷款。请设计一个由银行中介的互换合约,银行每年从中净赚 0.1%,其余利益由 A 公司及 B 公司均分(假设其中两公司与银行间浮动利率之收付皆为 LIBOR)。

15. X 公司及 Y 公司各自借款利率如下(已调整过不同税率的效果)。

|  | X 公司 | Y 公司 |
| --- | --- | --- |
| 美元(浮动利率) | LIBOR + 1% | LIBOR + 0.5% |
| 英镑(固定利率) | 3% | 2% |

假设 X 公司想以固定利率借入英镑,而 Y 公司想以浮动利率借入美元。若通过银行中介承做货币互换,银行每年从中净赚 0.1%,其余利益由 X 公司及 Y 公司均分(假设其中两公司与银行间美元浮动利率之收付皆为 LIBOR)。

16. 某金融机构和 A 公司进行利率互换。约定本金 1000 万元,期间为 5 年。金融机构可收到每年 3.5% 的利率,并且每半年支付 6 个月 LIBOR 利率。假设 A 公司在第 6 次支付时违约,当时对于所有到期日的合约利率(半年复利)为 1.5%,并假设 6 个月的 LIBOR 到第 3 年为每年 2%,请问此金融机构损失多少?

17. 某金融机构和 B 公司进行 10 年期的货币互换。金融机构收到每年 1.5% 的欧元利率,并支付 3% 的美元利息。约定每年支付利息一次,本金为美金 700 万元、欧元 500 万元。假设 B 公司在第 6 年年底宣布破产,当时汇率为 1 欧元 = 1.2 美元。假设所有的利率都是以每年复利的方式计价,且在第 6 年年底时,欧元年利率为 1.5%,美元年利率为 2%。请问,此金融机构的成本是多少?

18. 一个本金为 1 亿元的利率互换合约,为年利率 3% 固定利率(半年复利)兑换半年期的伦敦隔夜拆款利率(LIBOR)。如今尚剩余 14 个月。利率每半年交换一次。第 2 个月、第 8 个月、第 14 个月的连续复利利率分别是 2.5%、3% 及 3.4%。四个月前的半年期伦敦隔夜拆款利率为 3.5%。此互换合约的价值是多少?

19. 一年前,一间瑞士的软件公司 Microbel 为了对其接下来 4 年会收到 USCorp 的美金费用进行避险,而与 Bank Vanden Hoek 进行了一笔货币互换。如今,这项合约还剩下 3 年,下次付款在一年后。这牵涉到一年 350 万美金的现金流出及 900 万瑞士法郎的现金流入。两边的利率的期间结构都为固定的水平,瑞士法郎为 4%,美金为 6%,利率皆为年复利。现在的汇率为 1 美元 = 1.14 法郎。

　　a. 请解释此互换合约如何拆解成两个债券。
　　b. 请由这两个持仓去计算此互换合约的价值。
　　c. 请解释如何将此互换合约拆解成远期合约。

20. 一家公司三年前买了一个 5 年的利率互换合约。根据此合约,每年的 6 月 13 日会收到浮动利率,并支付固定利率。此合约的名义本金为瑞士法郎 1 亿,换汇率为 5.75%。最后一次支付为去年,并且此合约还剩两年。利率的期间结构如下(连续复利):

| 到期日<br>(年) | 零息债券利率<br>(连续复利) |
| --- | --- |
| 1 | 3.00% |
| 2 | 3.50% |

a. 请计算此互换合约拆解成两个债券的价值。
b. 将此互换合约拆解成远期合约,并计算每个合约的价值。
c. 证明如何使用现在的远期利率去计算价值。
d. 计算当前的两年换汇率,并表明如何使用此利率去评价旧的互换合约价值。

# 第十三章 利率期权

延续第11章对于债券市场及一些常见的利率衍生商品的简介,本章将进一步针对结合期权的利率衍生性商品进行说明。首先,简单介绍 Black 模型的推导过程,再以 Black 的评价模型导出前述各种利率期权的公式,并加以说明。

## 第一节 利率期权近似公式解之布莱克近似法

Fischer Black 于 1976 年对 Black-Scholes 模型加以修正,用来评价期货期权,后来这个修正后的模型,也用在债券期货及利率期权等商品的评价。修正后的模型通称为 Black 模型,说明如下。

考虑一个以 $V$ 变量作为标的的欧式买权,定义

$T$——期权到期期间

$F$——到期日 $T$ 时,$V$ 的远期合约价格

$F_0$——时间点为 0 时,$F$ 的价格

$K$——期权的执行价格

$P(t,T)$——一个于时间 $T$ 支付 \$1 的零息债券于时间 $t$ 的价格

$V_T$——$V$ 于时间 $T$ 的价值

$\sigma$——$F$ 的波动度

Black 模型假设:

(1) $V_T$ 符合对数正态分布,且 $\ln V_T$ 的标准差等于 $\sigma\sqrt{T}$

(2) $V_T$ 的期望值为 $F_0$

由于期权在时间 $T$ 的报酬为 $\max(V_T - K, 0)$,根据对数正态分布的假设可知

$$E[\max(V_T - K, 0)] = E(V_T)N(d_1) - KN(d_2)$$

其中

$$d_1 = \frac{\ln\left[\frac{E(V_T)}{K}\right] + \frac{\sigma^2 T}{2}}{\sigma\sqrt{T}}$$

$$d_2 = \frac{\ln\left[\frac{E(V_T)}{K}\right] - \frac{\sigma^2 T}{2}}{\sigma\sqrt{T}} = d_1 - \sigma\sqrt{T}$$

因为 $E(V_T) = F_0$,且以无风险利率折现,故期权价值为

$$c = P(0,T)[F_0 N(d_1) - KN(d_2)]$$

其中

$$d_1 = \frac{\ln\left[\frac{F_0}{K}\right] + \frac{\sigma^2 T}{2}}{\sigma\sqrt{T}}$$

$$d_2 = \frac{\ln\left[\frac{F_0}{K}\right] - \frac{\sigma^2 T}{2}}{\sigma\sqrt{T}} = d_1 - \sigma\sqrt{T}$$

同理，卖权价值 $p$ 为

$$p = P(0,T)[KN(-d_2) - F_0 N(-d_1)]$$

由上可知 Black 模型与 Black-Scholes 模型的不同之处，仅在于 $F_0$ 代表的是期权标的的远期价格，其余变量与 Black-Scholes 模型相同。

## 第二节 利率衍生性商品

本节介绍在规避利率风险及金融创新上，常见到的三种结合期权的利率衍生性商品，分别为债券期权、利率期权及利率互换期权，并运用第一节介绍的 Black 模型，导出这三种商品的评价公式。

### 一、债券期权

债券期权，是指交易双方约定，由期权买方支付权利金，取得买入或卖出标的债券的权利。债券期权联结标的，包含公债、金融债、公司债与国外债券等。就避险交易而言，金融机构通过债券期权的操作，可有效降低持有债券的风险。如为避免债券价格下跌，可买进卖权。就投资交易而言，金融机构可根据对后势看法，以债券期权参与市场交易，或建构策略进行套利。

（一）债券期权的评价

在市场上结合债券期权的商品，大多属于欧式期权，因此在评价期权的价值上，可以使用上一节所介绍的 Black 模型。使用 Black 模型时，首先假设债券价格到期时呈对数正态分布，$F_0$ 为远期债券价格。由于债券具有面额及票面利率等特定条件，是一种已知现金收入的有价证券，所以 $F_0$ 可用下列算式求出：

$$F_0 = \frac{B_0 - I}{P(0,T)}$$

其中，$B_0$ 指债券在时间为零的价值，$I$ 为期权期间内支付的债息现值。因此期权的价值为

$$c = P(0,T)[F_0 N(d_1) - KN(d_2)]$$
$$p = P(0,T)[KN(-d_2) - F_0 N(-d_1)]$$

其中

$$d_1 = \frac{\ln\left[\frac{F_0}{K}\right] + \frac{\sigma^2 T}{2}}{\sigma\sqrt{T}}$$

$$d_2 = \frac{\ln\left[\frac{F_0}{K}\right] - \frac{\sigma^2 T}{2}}{\sigma \sqrt{T}} = d_1 - \sigma \sqrt{T}$$

$K$ 为现金执行价格。若执行价格是指期权执行时的市场报价，则此时的报价并不含应计利息，一般称为净价（Clean Price），则 $K$ 为应计利息加上报价的执行价格；若执行价格已定义为现金价格，一般称为全价（Dirty Price），此时便不需考虑应计利息，$K$ 即为报价的执行价格。

**例 13-1**

考虑一个面额 \$1 000、票面利率 2%、距离到期期限还有 9 年零 4 个月的债券。该债券每年年底付息一次，目前现金价格为 \$990。现有一个以此债券作为标的的 10 个月欧式买权，执行价格（现金价格，不考虑应计利息）为 \$960。假设 4 个月及 10 个月无风险利率分别为 1.5%、1.6%，该债券 10 个月后的远期价格波动度为 25%，则此债券买权价值是多少？

**解：**

首先计算此债券在期权到期期间内，所支付的债息现值。由于距离下次付息日为 4 个月，债息金额为 \$1 000×2% = \$20，因此债息现值为

$$\$20 e^{-0.015 \times \left(\frac{4}{12}\right)} = \$19.9003$$

算出标的债券在 10 个月后的远期价格：

$$F_0 = (\$990 - \$19.9003) e^{0.016 \times \left(\frac{10}{12}\right)} = \$983.121$$

考虑执行价格，在此因不考虑应计利息，故执行价格为 \$960。

运用 Black 模型，计算债券买权评价公式中的 $d_1$ 及 $d_2$：

$$d_1 = \frac{\ln\left(\frac{F_0}{K}\right) + \frac{\sigma^2 T}{2}}{\sigma \sqrt{T}} = \frac{\ln\left(\frac{\$983.121}{\$960}\right) + \frac{0.25^2 \times \frac{10}{12}}{2}}{0.25 \times \sqrt{\frac{10}{12}}} = 0.2184$$

$$d_2 = \frac{\ln\left(\frac{F_0}{K}\right) - \frac{\sigma^2 T}{2}}{\sigma \sqrt{T}} = d_1 - \sigma \sqrt{T} = -0.0098$$

利用买权公式算出此欧式债券买权的价值：

$$c = P(0, T)[F_0 N(d_1) - K N(d_2)]$$
$$= e^{-0.016 \times 0.8333}[\$983.121 \times N(0.2184) - \$960 \times N(-0.0098)]$$
$$= \$98.9185$$

**（二）收益率波动度**

市场对债券期权的波动度报价，通常针对收益率波动度，而非价格波动度。若要将

收益率波动度转换为价格波动度,需要利用久期的观念。假设标的债券在期权到期日的修正久期为 $D$,债券远期价格 $F$ 的变化与其远期收益率 $y_F$ 的关系应为

$$\frac{\partial F}{F} \approx -D \partial y_F$$

即

$$\frac{\partial F}{F} \approx -D y_F \frac{\partial y_F}{y_F}$$

借由上式可导出,远期价格的波动度与远期债券的波动度的关系式如下:

$$\sigma = D y_0 \sigma_y$$

其中,$y_0$ 代表远期利率 $y_F$ 的期初值。当收益率波动度为已知时,可利用上式算出债券价格波动度,代入 Black 模型,算出利率期权的价格。

## 二、利率上下限

利率期权是以利率为标的的期权。市场上常见的利率期权为利率上限(Interest Rate Cap)、利率下限(Interest Rate Floor)及由利率上、下限所组合成的利率区间(Interest Rate Collar)。就概念上而言,利率上限就是买权,利率下限就是卖权。实践中由于利率避险的期限通常较长,因此利率上限或下限,常为一组买权或卖权的投资组合。对买方而言,利率期权固定买方的利率成本(或收益),避免利率不利于买方时所产生的损失,但是买方必须支付权利金。对卖方而言,卖方可收到权利金,当利率落在有利于卖方的区间时,卖方的利益就是其所收取的权利金;相对地,利率落点不利于卖方时,则将产生损失。

举例来说,假设某一企业决定一个月后发行 90 天期的商业本票,该企业估算其发票成本为 6.5%,但是财务人员担心未来利率上涨,此时可运用利率期权避险。该企业应买入一利率上限,并将履约利率设定在 3.5%,其操作过程包括:

——企业将付出权利金
——到期日时,如果 90 天的市场利率低于 3.5%,期权将失效,企业可以较低的市场利率来发行本票
——到期日时,如果 90 天期的市场利率高于 3.5%,则企业可收到市场利率减去 3.5% 的差额

又假设某一企业一个月后将会进来一笔资金,依财务规划应为闲置的短期资金,因此财务人员决定购买 30 天期的银行承兑汇票,可是又担心短期利率下跌。因此该企业可买入一个月期的利率下限,并将履约利率设定在 3.5%,以确保利息收入,其操作过程包括:

——企业将付出权利金
——到期日时,如果 90 天的市场利率高于 3.5%,期权将失效,企业可以在市场上直接买票
——到期日时,如果 90 天期的市场利率低于 3.5%,则企业可以收到 6.5% 减去市场利率的差额

利率上限可视为一组 $n$ 个利率买权的投资组合,上述每个组成的利率买权称为 caplet。现考虑一个发行期间为 $T$ 的利率上限,名义本金为 $L$,上限水平 $\bar{R}$。假设重设日期为 $t_1 \cdots t_n, t_{n+1} = T$,定义 $R_k$ 为在时间 $t_k$ 所观察到的 $t_k$ 到 $t_{k+1}$ 之间的利率水平($1 \leqslant k \leqslant n$)。则此利率上限于时间 $t_{k+1}$ 所应支付的报酬为

$$L\delta_k \max(R_k - \bar{R}, 0)$$

其中

$$\delta_k = t_{k+1} - t_k$$

若 $R_k$ 符合对数正态分布,且波动度为 $\sigma_k$,由 Black 模型可知此上限买权的价值为

$$L\delta_k P(0, t_{k+1})[F_k N(d_1) - \bar{R} N(d_2)]$$

其中

$$d_1 = \frac{\ln\left(\dfrac{F_k}{\bar{R}}\right) + \dfrac{\sigma_k^2 t_k}{2}}{\sigma_k \sqrt{t_k}}$$

$$d_2 = \frac{\ln\left(\dfrac{F_k}{\bar{R}}\right) - \dfrac{\sigma_k^2 t_k}{2}}{\sigma_k \sqrt{t_k}} = d_1 - \sigma_k \sqrt{t_k}$$

$F_k$ 为 $t_k$ 到 $t_{k+1}$ 之间的远期利率。相同的,利率下限可视为一利率卖权,其利率下限的履约利率为 $\underline{R}$,故该利率卖权价值为

$$L\delta_k P(0, t_{k+1})[\bar{R} N(-d_2) - F_k N(-d_1)]$$

## 例 13-2

目前有一利率上限买权,名义本金为 5 000,利率上限为年利率 3%,一年后生效,合约期间为三个月。假设零息债券殖利曲线为水平,且年利率为 2%。如果每季复利一次,且一年后远期利率的波动度为 20%,在此情况下,该利率上限买权价值是多少?

**解:**

$$F_k = 0.02, \quad \bar{R} = 0.03, \quad t_k = 1, \quad t_{k+1} = 1.25, \quad \sigma_k = 0.2,$$

连续复利下零息债券利率为

$$R_c = 4 \times \ln\left(1 + \frac{2\%}{4}\right) = 1.9950\%$$

故

$$P(0, t_{k+1}) = e^{-0.01995 \times 1.25} = 0.9754$$

$$d_1 = \frac{\ln\left(\dfrac{0.02}{0.03}\right) + 0.2^2 \times \dfrac{1}{2}}{0.20 \times 1} = -1.9273$$

$$d_2 = d_1 - \sigma_k \sqrt{t_k} = -1.9273 - 0.2 = -2.273$$

$L = 5\,000$,因此上限买权的价值为

$$c = 5\,000 \times 0.25 \times 0.9754 \times [0.02 \times N(-1.9273) - 0.03 \times N(-2.1273)] = 0.0469$$

### 三、利率互换期权

利率互换期权(Swaption)的标的资产为利率互换,期权的买方支付权利金后,有权在未来某特定时点,执行一个利率互换合约。利率互换期权通常可分为以下两类:

(1) 付固定利率的利率互换期权(Payer's swaption)。此合约赋予买方进入一个"支付固定利率、收取浮动利率"的利率互换合约的权利,一旦未来互换利率高于执行价格时,买方可选择执行合约,便可以支付较低的互换利率。

(2) 收固定利率之利率互换期权(Receiver's swaption)。此合约赋予买方进入一个"收取固定利率、支付浮动利率"的利率互换合约的权利,一旦未来互换利率低于执行价格时,买方将可选择执行合约,便可以收取较高的互换利率。

举例来说,如果一企业在6个月后将取得一笔5年期的浮动利率借款,但打算将该浮动的付息条件,换成固定的付息条件。同时该企业也想确保,固定利息支付条件不超过3%。此时该企业可购买一个付固定利率的互换期权,在6个月后的未来五年之间,付出年化3%的固定利息以取代浮动利息。假如在6个月后,5年期的固定付息互换超过3%的话,该企业可执行互换期权,获得3%的低成本;如果当时固定付息互换低于3%,该企业则选择当时的利率,对其较为有利。

假设欧式互换期权的名义本金为$L$,年期为$T$,买方可在到期时买进一互换合约,付出固定利率并收取浮动利率。假设互换合约期限为$n$年,互换频率为每年$m$次,互换利率订为$S_k$。期权到期时,市场同期限的互换利率为$S_0$(即远期互换利率为$S_0$),在$S_0 > S_k$时,期权持有者将执行权利,因此买方在未来$n$年可节省$S_0 - S_k$的资金成本。由于每年有$m$次的交换,这就相当于在每一次的交换时,买方可获得$\frac{L}{m} \times (S_0 - S_k)$的价值,$n$年下来,共可获得$n \times m$次。

在Black模型下,利率互换期权的评价是以远期互换利率作为标的,并假设到期时的远期互换利率符合对数正态分布,标准差为$\sigma\sqrt{T}$。因此,每一次支付固定利率互换期权的现金报酬为

$$\frac{L}{m} P(0, T_i) [S_0 N(d_1) - S_k N(d_2)]$$

其中

$$d_1 = \frac{\ln\left[\frac{S_0}{S_k}\right] + \frac{\sigma^2 T}{2}}{\sigma\sqrt{T}}$$

$$d_2 = \frac{\ln\left(\frac{S_0}{S_k}\right) - \frac{\sigma^2 T}{2}}{\sigma\sqrt{T}} = d_1 - \sigma\sqrt{T}$$

如果$T_i$为利率互换的支付日,$i = 1 \cdots n \times m$,整个支付固定利率的互换期权价值,为将每一次的获利价值加总。该值等于

$$\sum_{i=1}^{n \times m} \frac{L}{m} P(0, T_i) [S_0 N(d_1) - S_k N(d_2)]$$

反之，收取固定利率的互换期权的价值可表示为

$$\sum_{i=1}^{n \times m} \frac{L}{m} P(0, T_i) [-S_0 N(-d_1) + S_k N(-d_2)]$$

### 例 13-3

假设有一两年到期的付固定利率互换期权，其互换期间为三年，每年交换一次，互换利率为 2%。若该期权名义本金为 $100，互换利率的波动度为 25%，且市场的收益率曲线为固定在 2.5% 的水平线，并采用连续复利，则此利率互换期权的价值是多少？

**解：**

因收益率曲线为水平，各期远期利率与即期利率相同，且每年付息一次，则两年后的远期互换利率 $S_0 = 2.5\%$。若期权到期时为价内，买方自到期后每年收取一次互换获利，共 3 次。

$$d_1 = \frac{\ln\left[\frac{S_0}{S_k}\right] + \frac{\sigma^2 T}{2}}{\sigma \sqrt{T}} = \frac{\ln\left[\frac{0.025}{0.02}\right] + \frac{0.25^2 \times 2}{2}}{0.25 \times \sqrt{2}} = 0.8079$$

$$d_2 = d_1 - \sigma\sqrt{T} = 0.4543$$

每次的互换期权报酬，可由下列式中算出：

第三年：$\frac{\$100}{1} e^{-0.025 * 3} [0.025 \times N(0.8079) - 0.02 \times N(0.4543)] = \$0.5805$

第四年：$\frac{\$100}{1} e^{-0.025 * 4} [0.025 \times N(0.8079) - 0.02 \times N(0.4543)] = \$0.5661$

第五年：$\frac{\$100}{1} e^{-0.025 * 5} [0.025 \times N(0.8079) - 0.02 \times N(0.4543)] = \$0.5522$

所以，此互换期权的价值为

$$\$0.5805 + \$0.5661 + \$0.5522 = \$1.6988$$

## 本章习题

1. 使用 Black 模型，计算 10 年期债券的 1 年期欧式卖权价格。假设目前债券价格为 $115，执行价格为 $105，一年期年利率为 2.5%，债券价格波动度为 8%，且在期权期间内票息的现值为 $10。

2. 假设远期利率的波动度随时间推移而增加，若计算 9 个月期的欧洲美元期货期权的隐含波动度时使用 Black 模型，并以此波动度评价 18 个月的欧洲美元期货期权。请问预期计算出的价格会太高还是太低？

3. 假设 LIBOR 的收益率曲线为水平，固定在每年 2.5% 的水平。利率互换期权的买方，在 4 年后可有一个 3 年期的互换合约，且其互换利率为 2.2%。如果每年付息一次，互换利率的波动度是每年 25%，本金为 1 000 万元，请以 Black 模型评价此利率互换

期权。

4. 下列期权的权利金哪个最低？请说明。

(A) 利率上限期权，上限利率为 5.0%；(B) 利率下限期权，下限利率为 5.0%；(C) 利率区间期权，上、下限利率都为 5.0%。

5. 15 个月后的 3 个月期利率上限，其上限为 3.5%，每季复利一次，本金为 \$1 000。而期间内的远期年利率为 3%（每季复利一次），18 个月期无风险年利率为 2.5%，远期利率波动度为 12%。请计算此期权的价值。

# 习题解答

## 第一章

1．（D） 2．（D） 3．（C） 4．（D） 5．（D） 6．（C） 7．（C） 8．（C）

## 第二章

1．（D） 2．（A） 3．（A） 4．（A） 5．（D） 6．（C） 7．（C） 8．（B） 9．（A） 10．（C）
11．（D）
12．未平仓合约量为5手，交易者B、C、D的净持仓分别为 -2手、2手、-3手。
13．（B） 14．（A） 15．（D） 16．（D） 17．（A） 18．（D） 19．（D） 20．（B） 21．（D）
22．（B）

## 第三章

1．若为连续复利

$$4 \times \ln\left(1 + \frac{0.1}{4}\right) = 0.0988$$

若为每年复利

$$\left(1 + \frac{0.1}{4}\right)^4 - 1 = 0.1038$$

2．（1）每年复利一次

$$\frac{1\,000}{900} - 1 = 0.1111$$

（2）半年复利一次

$$900 \times \left(1 + \frac{R}{2}\right)^2 = 1\,000$$

$$1 + \frac{R}{2} = \sqrt{1.1111} = 1.0541$$

$$R = 0.1082$$

（3）每月复利一次

$$900 \times \left(1 + \frac{R}{12}\right)^{12} = 1\,000$$

$$1 + \frac{R}{12} = \sqrt[12]{1.1111} = 1.0088$$

$$R = 0.1058$$

（4）连续复利

$$900e^R = 1\,000$$
$$e^R = 1.1111$$
$$R = \ln(1.1111) = 0.1054$$

3.
$$e^R = \left(1 + \frac{0.1}{12}\right)^{12}$$
$$R = 12\ln\left(1 + \frac{0.1}{12}\right) = 0.0996$$

4.
$$e^{0.16} = \left(1 + \frac{R}{4}\right)^4$$
$$R = 4(e^{0.04} - 1) = 0.1632$$

故每季要支付利息：
$$20\,000 \times \frac{0.1632}{4} = 816.22$$

5.
2001年1月10日到3月5日为54天

2001年1月10日到7月10日为181天

1月10日和7月10日的利息为$5.5

在3月5日的应计利息为 $5.5 \times \frac{54}{181} = \$1.64$

故债券每百元面额的现金价为 $95.5 + \$1.64 = \$97.14$

面额 $100\,000 的债券现金价为 $97\,140

6. 其报价为 $\frac{360}{91} \times (100 - 98) = 7.91$

7. （1）以间断复利为基础

每期利息为 $1\,000 \times 0.1 \times 0.5 = 50$

所有利息折现值为：
$$50 \times \left\{\frac{1 - \left[\frac{1}{(1.06)^{20}}\right]}{0.06}\right\} = 573.50$$

而本金折现值为：
$$\frac{1\,000}{(1.06)^{20}} = 311.80$$

故债券价值为：$573.5 + 311.8 = 885.30$

（2）以连续复利为基础

所有利息折现值为：
$$50 \times e^{-0.06 \times 1} + 50 \times e^{-0.06 \times 2} + \cdots + 50 \times e^{-0.06 \times 19} + 50 \times e^{-0.06 \times 20} = 565.04$$

而本金折现值为：
$$1\,000 e^{-0.06 \times 20} = 301.79$$

故债券价值为：$565.04 + 301.79 = 866.23$

## 第四章

1. 远期合约价值为

$$40 \times e^{0.1 \times 0.5} = 42.0508$$

2. 期货价格为
$$7700 \times e^{(0.08-0.03) \times 0.3333} = 7829.3957$$

3. (1) $F_0 = 40 \times e^{0.5 \times 1} = 42.05$

远期价格为 42.05,远期合约价值为 0

(2) $f = 45 - 42.05 \times e^{-0.05 \times 0.5} = 3.99$

合约价值为 3.99

远期价格为 $45 \times e^{0.05 \times 0.5} = 46.14$

4. ( C )  5. ( C )

6. 求出平均股利收益率
$$\frac{1}{5} \times (2 \times 4\% + 3 \times 2\%) = 2.8\%$$

期货价格为
$$8000 \times e^{(0.08-0.028) \times 0.4167} = 8175.24$$

7. 期货价格为
$$8000 \times e^{(0.08-0.04) \times \frac{3}{12}} = 8080.40$$

高于实际期货价格 \$8 045,故应买进期货合约,卖空现货标的。

8. ( D )  9. ( B )  10. ( D )  11. ( A )  12. ( C )

13. 实质商品对于部分交易人(例如,产品制造商)存在不可替代的方便性,无法由期货合约提供的,即称为方便收益。而投资人欲在未来某时点拥有一标的物,可现在以现货价格购买并持有至未来某时点,付出的成本除了当时的买价外,还需加上时间 $t$ 到 $T$ 期间的"持有成本",包括利息成本和仓储运输等费用。或是买一未来时点到期的合约,故期货价格 = 现货价格 + 持有成本。商品期货的期货价格为 $F(0,T) = S(0)e^{(r+SC-CY)(T-t)}$,其中 CY 为方便收益率。

14. $F_0 = S_0 e^{(r-q)T}$——期货价格

$E(S_T) = S_0 e^{(\mu-q)T}$——标的资产的未来价格

$r$ 为无风险利率

$\mu$ 为投资人对标的资产的必要报酬率

若投资标的物与市场存在关联性,则市场的报酬率也会影响到标的物的预期报酬率,以资产定价模型来看,就是 $\beta$ 系数值不为零,系统性风险会影响标的物的预期报酬率(即投资人的必要报酬率),若 $\beta$ 系数为正,则从上述公式可以看出期货价格会低于标的资产的未来价格;若 $\beta$ 系数为负,则期货价格会高于标的资产的未来价格。而在题目中,因为指数变动与市场存在正向关系,也就是系统风险与指数的预期报酬率为正向关系,所以指数期货的价格会低于指数未来的期望价格。

15. 持有成本模型为 $F(0,T) = S(0)e^{(TC-D)(T-t)}$。现货持有期间发生的收益($D$)为成本的减项,例如,股票股利发放,须随标的现货商品特性,对其所衍生之持有成本做适当调整。例如,股价指数期货的持有成本模型 $F(0,T) = S(0)e^{(r-d)(T-t)}$,其净持有成本为融资成本扣除现金股利率;外汇期货的持有成本模型 $F(0,T) = S(0)e^{(r-r_f)(T-t)}$,其净持有成本为融资成本扣除持有外币产生的存款利率;商品期货持有成本模式可写 $F(0,T) = S(0)e^{(r+SC-CY)(T-t)}$,其净持有成本为融资成本加上仓储成本后,再扣除潜在的方便收益。

16. 该瑞士法郎期货的理论期货价格为:
$$0.6500 \times e^{(0.08-0.03) \times \frac{2}{12}} = 0.6554, 低于实际期货价格 0.6600$$

故应买进瑞士法郎现货,卖空瑞士法郎期货。

17. 仓储成本为每盎司 \$0.32,每年预付一季,每季为 \$0.08

$$0.08 + 0.08 \times e^{-0.12 \times 0.25} + 0.08 \times e^{-0.12 \times 0.5} = 0.233$$

期货价格为 $F_0 = (9 + 0.233) \times e^{0.12 \times \frac{3}{4}} = 10.10$

18. 期货理论价格为:

$$F_{7,10} = 90 \times (1 + 2\%)^{\frac{3}{12}} = 90.45$$

可知期货价格相对偏高,其差距为

$$90.5 - 90.45 = 0.05$$

10 月时股价为 \$104,故投资者利用合成 A 股可提供的价值为

$$\$104 + 0.05 = \$104.05$$

此价格高于直接买进 A 股并持有至 10 月所能提供的价值 \$104。

19. 理论价差为:

$$7\,900 \times (0.05 - 0.02) \times \frac{28}{360} = 18.43$$

因此,若两期货的实际价差过度高于或低于 18.43,则可能存在套利机会

20. 目前距到期日尚有 28 天

$$7\,000 \times (0.05 - 0) \times \frac{28}{360} \cong 27$$

因此,9 月 1 日以 7 200 买进一手 9 月份台指期货,卖空一手 10 月份台指期货,签约预定以 5% 附买回利率借入 \$1 440 000

接着,9 月 16 日将借入的 \$1 440 000,偿付 9 月份到期期货 $7\,000 \times \$200 = \$1\,440\,000$

而 10 月 15 日将收取 10 月份到期期货 $7\,400 \times \$200 = \$1\,480\,000$,用以偿还 9 月 1 日的贷款本利和共计:

$$1.440000 \times \left(1 + 0.05 \times \frac{28}{360}\right) = 1\,445\,600$$

故,套利利润为 $\$1\,480\,000 - \$1\,445\,600 = \$34\,400$。

21.

| 交易 | 现金流量 | | |
|---|---|---|---|
| | 时间 $t$ | $(t, T)$ 期间 | 到期日 $T$ |
| 买进市场投资组合 | −220 | +2.2 | $+P_t^*$ |
| 融通资金 | +220 | | $-220 \times (1 + 0.09)^{\frac{95}{365}}$ |
| 卖空指数期货 | 0 | | $225 - P_T$ |
| 总金额 | 0 | +2.2 | $225 - 220 \times (1 + 0.09)^{\frac{95}{365}}$ |
| 到期日 $T$ 时现金流量 | | $225 - 220 \times (1 + 0.09)^{\frac{95}{365}} + 2.2 = 2.21$ | |

可知套利利润为 2.21 点。

法人机构卖出持有债券其中实际融通成本为:

$$\frac{100 - 95}{95} = 5.5\%$$

$$225 - 220 \times (1 + 0.055)^{\frac{95}{365}} + 2.2 = 4.11$$

故可有准套利利润:$4.11 \times \$250 = \$1\,027.5$

22. 套利和准套利的差别在于是否需要起始投资金额。纯套利机会的实现不需要起始投资金额,而准套利机会的实现是将原来持有持仓转换成合成持仓,起始投资金额在准套利机会的实现过程是需要的,因此实施准套利策略无法如纯套利策略一样无限制地扩张,使准套利机会在市场上的存在时间,相对长于纯套利机会存在的时间。准套利在建立原来持有持仓的过程中,像是市场投资组合的持有,很有可能使其有大量现货同时买卖的现象,这使得基差风险存在。两种套利机会的差异还包括了风险差异。

## 第五章

1. 空头避险与多头避险是以持有标的资产的投资人卖出或买入期货来区分,若此投资人因持有标的资产或预期未来将出售标的资产,而担心未来现货价格下跌,则会考虑卖出期货进行避险,假设现货价格下跌亦使期货价格下跌,则放空期货之获利可弥补现货的损失,即称为空头避险。若投资人预期将于未来特定时点购买标的资产,因担心现货价格上涨则可先买入期货进行避险,倘若现货价格果真上涨亦带动期货价格上涨,则其期货多方持仓之获利将可弥补部分标的资产购入成本上涨之损失,此即多头避险。基差转强对于空头避险者有利,反之,若现货价格上涨幅度小于期货价格上涨幅度,即基差转弱,其不利于空头避险者。

2. $HE = \dfrac{\text{cov}^2(\Delta \tilde{S}, \Delta \tilde{F})}{\text{var}(\Delta \tilde{S})\text{var}(\Delta \tilde{F})} = \rho^2_{\Delta S, \Delta F}$ 为可被规避风险的百分比,

$$\rho^2_{\Delta S, \Delta F} = 1 - \dfrac{\text{var}(\tilde{\varepsilon})}{\text{var}(\Delta \tilde{S})}$$

当随机误差项方差为零($\text{var}(\tilde{\varepsilon}) = 0$)时,表示现货价格变动可完全被期货价格变动解释,其 $HE = 1$,为完全避险。然而,当避险的标的资产与期货合约的标的资产不相同时,称为交叉避险,此时会存在资产标的不一致的风险,且因为不同合约存在不同到期月份,而到期日必须进行转仓的操作,故存在到期日不一致的风险。

3. 市场上,避险期限和到期日两个时点往往不同,所以从事避险必须考虑基差风险,而基差风险由两个部分构成:第一部分称为资产不一致风险,此风险是来自避险标的和期货的标的不相同所造成;第二部分则是称为到期日不一致风险,此风险则是由于避险期间与期货到期日的不相同。为消除此两项风险以解决避险效率不佳的问题,可采用避险比例解决标的资产不一致的问题,另以调整避险解决到期日不一致的风险。

4. 最适避险比例为

$$0.6 \times \dfrac{0.67}{0.88} = 0.457$$

其代表要避险所需要期货持仓的比例。

5. $1.2 \times \dfrac{20\,000\,000}{1\,080 \times 250} = 88.9$

需卖空 89 手期货合约。

若 $\beta$ 要减少至 0.6,则需卖空 44 手 S&P 500 期货。

6. (1) 7月 (2) 9月 (3) 3月

7. (C) $\dfrac{(1.28 - 1) \times 2\,000\,000\,000}{8\,000 \times 200} = 350$

8. $\dfrac{(1.5 - 0.8) \times 650\,000\,000}{6\,500 \times 200} = 350$

应卖空 350 手大台指期货。

9. 避险比率为
$$0.8 \times \frac{1.2}{1.6} = 0.6$$
$$800\,000 \times 0.6 = 480\,000$$

又每单位合约规格为40 000磅，故应买入12手6月活牛合约。

10. $1.5 \times \dfrac{40\,000 \times 40}{50 \times 1\,600} = 30$

应卖空30手 Mini S&P 500 期货。

11. （1）$\dfrac{(1.4-0.6) \times 200\,000\,000}{1\,000 \times 250} = 640$

应卖空640手 S&P 500 期货

（2）$\dfrac{(1.7-1.4) \times 200\,000\,000}{1\,000 \times 250} = 240$

应买入240手 S&P 500 期货。

12. $x_i$ 为期货价格变动，$y_i$ 为现货价格变动

$$\sum x_i = 0.9 \quad \sum x_i^2 = 2.4332$$
$$\sum y_i = 1.28 \quad \sum y_i^2 = 2.2524 \quad \sum x_i y_i = 2.3114$$

$$\sigma_F = \sqrt{\frac{2.4332}{9} - \frac{0.9^2}{10 \times 9}} = 0.5112$$

$$\sigma_F = \sqrt{\frac{2.2524}{9} - \frac{1.28^2}{10 \times 9}} = 0.4818$$

$$\frac{10 \times 2.3114 - 0.9 \times 1.28}{\sqrt{(10 \times 2.4332 - 0.9^2)(10 \times 2.2524 - 1.28^2)}} = 0.991$$

最小变异避险比率为

$$\rho \times \frac{\sigma_S}{\sigma_F} = 0.991 \times \frac{0.4818}{0.5112} = 0.934$$

13. 现货共跌350点，即5%，故现货损失1亿×5% = 500万(元)。

卖出期货每手可获利350点×200 = 7万，因此100手获利700万元。

整个空头避险损益为：700万 – 500万 = 200万(元)。

14. 完全避险可完全消除避险者的风险，即当随机误差项方差为零（$\text{var}(\tilde{\varepsilon}) = 0$），表示现货价格变动可完全被期货价格变动解释，其 $HE = 1$，属于完美避险状况，但在实际市场中达成完美避险状况的机会并不多。但其结果未必总是较不完全避险来的好，如某一公司欲进行避险，而价格变动方向对于公司是有利的，则完美避险会抵消这些来自有利价格变动的利得。

15. 当期货价格变动与资产价格变动的相关系数为零时，最小变异避险投资组合无法避险。

16. （1）
$$F = S \times e^{(r-y)(T-t)}$$

从上式可得：

$$r - y = \frac{1}{T-t}(\ln F - \ln S)$$

DAX 30 的股利率 $y = 0$，

$$r = \frac{360}{208}(\ln 5\,400 - \ln 5\,313.5) = 2.79\%$$

DJ EURO STOXX 50，

$$r - y = \frac{360}{208}(\ln 5\,020.37 - \ln 4\,951.06) = 2.41\%$$

隐含股利收益率为 0.38%,不存在套利机会。

(2) $HR = \frac{\Delta S}{\Delta F} = \beta \times \frac{S}{F} = 1.2 \times \frac{5\,313.15}{5\,400} = 1.1807$

$N_F = -HR \times \frac{N_S}{k} = -\beta \times \frac{S \times N_S}{F \times k} = -1.2 \times \frac{10\,000\,000}{5\,400 \times 25} \cong 89$

17. (1) 此避险策略的限制可能与非平行移动的期间结构有关,也可能来自大幅度的移动。

(2) 基差风险来自两个月之后现货与期货价格的不同。

## 第六章

1. 期货价差交易分为商品间的价差交易,其指同时在市场上买卖不同但相关的期货商品。许多具有替代性或互补性的商品,因关系密切,价格也存在相当的关联性。例如,谷物中的大豆和玉米期货、原油和热燃油期货或电子类指数期货与金融指数期货的价差交易。还有合约内的价差交易,指在同一市场买卖相同商品但不同交割月份的两个期货合约,此种交易称为"跨月价差交易"或"期差"。第三种为跨市场价差交易,是指同时买卖不同交易所提供的期货合约。

2. D

3. 基差 = 现货价格 − 期货价格。通常基差指现货价格与其最近月份期货合约价格的差异。由于期货价格等于现货价格加上持有成本,持有成本为期货价格与现货价格的差异,此差额亦常被称为基差。而价差则为期货价格之间的差异。

4. D  5. A  6. C  $(150-165) \times 40\,000 + (185-160) \times 40\,000 = 400\,000$

7. D

## 第七章

1. (D)  2. (B)  3. (A)  4. (C)

5. (A) 买进的远月份权利金高于近月份权利金,故净权利金支出为负。

6. (C)  7. (B)  8. (A)  9. (C)

10. (A) 假设风险中性概率为 $p$,则 $100 \times p + 40 \times (1-p) = 64$,故 $p = 40\%$

11. (A) $B = 40 \times 0.4 + 60 \times 0.6 = 52$

12. (A) $c = e^{-rT}[MAX(100-70,0) \times p + MAX(40-70,0) \times (1-p)] = 30 \times 0.4 = 12$

13. (C)  14. (A)  15. (A)

16. $S_0 = 52, K = 50, T = 0.5, r = 0.015$

欧式买权价格的下限公式为 $S_0 - Ke^{-rT}$

即 $52 - 50e^{-0.015 \times 0.5} = 2.37$

17. $S_0 = 37, K = 40, T = 0.25, r = 0.015$

欧式卖权价格的下限公式为 $Ke^{-rT} - S$

即 $40e^{-0.015 \times 0.25} - 37 = 2.85$

18. $18 - 20 \le C - P \le 18 - 20e^{-0.015 \times \frac{5}{12}}$ 或 $2 \ge P - C \ge 1.88$

$P - C$ 介于 2.00 和 1.88 之间,当 $C$ 为 1.50 时,$P$ 一定介于 3.38 和 3.50 之间。换言之,和美式买权具有相同到期日与履约价格的美式卖权价格上下限介于 3.50 与 3.38 之间。

19. 由买卖权平价关系可知:$c + Ke^{-rT} = p + S_0$

因此 $p = c + Ke^{-rT} - S_0 = 2 + 30e^{-0.02 \times 0.5} - 29 = 2.70$

故此卖权价格为 2.70。

20. 假设买权 $c1$、$c2$ 和 $c3$ 的履约价格分别为 $K1$、$K2$ 和 $K3$，而卖权 $p1$、$p2$ 和 $p3$ 的履约价格分别为 $K1$、$K2$ 和 $K3$，因此根据买卖权平价关系，可以得到下列关系式：

$$c_1 + K_1 e^{-rT} = p_1 + S_0$$
$$c_2 + K_2 e^{-rT} = p_2 + S_0$$
$$c_3 + K_3 e^{-rT} = p_3 + S_0$$

因此，$c_1 + c_3 - 2c_2 + (K_1 + K_3 - 2K_2)e^{-rT} = p_1 + p_3 - 2p_2$

又 $K_2 - K_1 = K_3 - K_2$，使得 $K_1 + K_3 - 2K_2 = 0$

故 $c_1 + c_3 - 2c_2 = p_1 + p_3 - 2p_2$ 得证。

21.（1）距到期日尚有 6 个月、履约价格为 25 元及 30 元的买权权利金分别为 7.90 及 4.18，因此多头价差持仓的成本：$7.90 - 4.18 = 3.72$，到期损益如下表所示：

| 股价 | 损益 |
| --- | --- |
| $S_T \leq 25$ | $-3.72$ |
| $25 < S_T < 30$ | $S_T - 28.72$ |
| $S_T \geq 30$ | $1.28$ |

（2）距到期日尚有 6 个月、履约价格为 25 元及 30 元的卖权权利金分别为 0.28 及 1.44，因此空头价差持仓的成本：$1.44 - 0.28 = 1.16$，到期损益如下表所示：

| 股价 | 损益 |
| --- | --- |
| $S_T \leq 25$ | $3.84$ |
| $25 < S_T < 30$ | $28.84 - S_T$ |
| $S_T \geq 30$ | $-1.16$ |

（3）距到期日尚有 1 年、履约价格为 25 元、30 元及 35 元的买权权利金分别为 8.92、5.60 及 3.28，因此蝴蝶价差持仓的成本：$8.92 + 3.28 - 2 \times 5.60 = 1$，到期损益如下表所示：

| 股价 | 损益 |
| --- | --- |
| $S_T \leq 25$ | $-1$ |
| $25 < S_T < 30$ | $S_T - 26$ |
| $30 \leq S_T < 35$ | $34 - S_T$ |
| $S_T \geq 35$ | $-1$ |

（4）距到期日尚有 1 年、履约价格为 25 元、30 元及 35 元的卖权权利金分别为 0.70、2.14 及 4.57，因此蝴蝶价差持仓的成本：$0.70 + 4.57 - 2 \times 2.14 = 0.99 \approx 1$，在允许误差的情况下，到期损益如同买权：

| 股价 | 损益 |
| --- | --- |
| $S_T \leq 25$ | $-1$ |
| $25 < S_T < 30$ | $S_T - 26$ |
| $30 \leq S_T < 35$ | $34 - S_T$ |
| $S_T \geq 35$ | $-1$ |

(5) 距到期日尚有 6 个月、履约价格为 30 元的买权及卖权权利金分别为 4.18 及 1.44，因此跨式持仓的成本:4.18 + 1.44 = 5.62，到期损益如下表所示：

| 股价 | 损益 |
| --- | --- |
| $S_T \leq 30$ | $24.38 - S_T$ |
| $S_T > 30$ | $S_T - 35.62$ |

(6) 距到期日尚有 6 个月、履约价格为 35 元的买权权利金为 1.85，履约价格为 25 元的卖权权利金为 0.28，因此勒式持仓的成本:1.85 + 0.28 = 2.13，到期损益如下表所示：

| 股价 | 损益 |
| --- | --- |
| $S_T < 25$ | $22.87 - S_T$ |
| $25 \leq S_T < 35$ | $-2.13$ |
| $S_T \geq 35$ | $S_T - 37.13$ |

## 第八章

1. (C) 由 $c = SN(d_1) - Ke^{-rT}N(d_2)$ 可知:$S$ 及 $K$ 均放大 2 倍，因此权利金 $c$ 也放大 2 倍
2. (C)  3. (C)  4. (D)  5. (B)
6. (B) 将执行价格 7 200 及 7 500 之买卖权价格代入买卖权平价关系中可得:$e^{-rT} = 1.3, S = 9\,520$，因此，由买卖权平价关系可知：

$$X = 130 - 7\,400 \times 1.3 + 9\,520 = 30, \quad Y = 130 + 7\,300 \times 1.3 - 9\,520 = 100$$

故 $X + Y = 130$

7. (B) $X - Y = -70$  8. (A)  9. (C)  10. (C)

11. 6 个月后的股价 $S_T$ 的概率分布为

$$\ln S_T \sim \phi\left[\ln 40 + \left(0.01 - \frac{0.2^2}{2}\right) \times 0.5, 0.2^2 \times 0.5\right]$$

$$\ln S_T \sim \phi(3.6839, 0.2), \text{其标准差为} 0.1414$$

因此 $S_T$ 的 95% 置信区间为

$$3.6839 - 1.96 \times 0.1414 < \ln S_T < 3.6839 + 1.96 \times 0.1414$$

$$e^{3.6839 - 1.96 \times 0.1414} < S_T < e^{3.6839 + 1.96 \times 0.1414} \quad \text{或} \quad 30.1672 < S_T < 52.5121$$

12. 
$$E(S_T) = 200 \times e^{0.02 \times 1} = 204.0403$$

$$\text{Var}(S_T) = 200^2 \times e^{2 \times 0.02 \times 1}(e^{0.4^2 \times 1} - 1) = 7\,223.7$$

一年后的股价的标准差为 $\sqrt{7\,223.7}$（或 84.99）。

13. 在无风险套利的情况下，买卖权平价关系必定成立，将 $\delta$（指数股利收益率）视为外国（澳大利亚）的无风险利率代回平价关系式。因此，一年到期、执行价格为 0.59 的欧式卖权必定能满足

$$p + 0.60e^{-0.10 \times 1} = 0.0217 + 0.59e^{-0.05 \times 1}$$

因此卖权价格 $p = 0.04$。

14. $S_0 = 90, K = 92, T = 1, \sigma = 0.3, r = 0.02$

买权的价格计算如下：

$$d_1 = \frac{\ln\frac{S}{K} + (r + 0.5\sigma^2)T}{\sigma\sqrt{t}}$$

$$= \frac{\ln\frac{90}{92} + (0.02 + 0.5 \times 0.3^2) \times 1}{0.3 \times \sqrt{1}}$$

$$= 0.1434$$

$$d_2 = d_1 - \sigma\sqrt{T}$$

$$= 0.1434 - 0.3 \times \sqrt{1}$$

$$= -0.1566$$

$$N(d_1) = 0.5570; \quad N(d_2) = 0.4378;$$

$$C = S \times N(d_1) - Ke^{-rt} \times N(d_2)$$

$$= 10.6499$$

15. $S_0 = 90, K = 92, T = 1, \sigma = 03, r = 0.01$

卖权的价格计算如下:

$$d_1 = \frac{\ln\frac{S}{K} + (r + 0.5\sigma^2)T}{\sigma\sqrt{t}}$$

$$= \frac{\ln\frac{90}{92} + (0.01 + 0.5 \times 0.3^2) \times 1}{0.3 \times \sqrt{1}}$$

$$= 0.1101$$

$$d_2 = d_1 - \sigma\sqrt{T}$$

$$= 0.1101 - 0.3 \times \sqrt{1}$$

$$= -0.1899$$

$$N(-d_1) = 0.5438; \quad N(-d_2) = 0.4247; \quad p = 11.3467$$

16. 股利的现值为

$$0.5e^{-\frac{2}{12} \times 0.015} + 0.5e^{-\frac{5}{12} \times 0.015} = 0.9956$$

利用 Black-Scholes 公式计算期权价格,其中

$$S_0 = 39.0044, \quad K = 40, \quad r = 0.015, \quad \sigma = 0.3, \quad T = 0.5$$

$$d_1 = \frac{\ln(39.0044/40) + (0.015 + 0.3^2/2) \times 0.5}{0.3\sqrt{0.5}} = 0.0226$$

$$d_2 = d_1 - 0.3 \times \sqrt{0.5} = -0.1895$$

$$N(d_1) = 0.5090, \quad N(d_2) = 0.4249$$

买权价格为 $39.0044 \times 0.5090 - 40e^{-0.015 \times 0.5} \times 0.4249 = 2.98$。

17. $S_0 = 8\,000$ 点,$K = 8\,200$ 点,且 $r = 2\%$、$\delta = 2\%$,$T = $ 年,$\sigma = 30\%$,将这些数据代入公式,我们可以先计算得

$$d_1 = \frac{\ln\left(\frac{8\,000}{8\,200}\right) + (0.02 - 0.02 + 0.5 \times 0.3^2) \times \frac{1}{12}}{0.3 \times \sqrt{\frac{1}{12}}} = -0.2418$$

$$d_2 = -0.2418 - 0.3 \times \sqrt{\frac{1}{12}} = -0.3284$$

$$N(d_1) = 0.4045, \quad N(d_2) = 0.3713$$

$c = 191.02$ 点,故每一手台指买权之权利金金额为 $191.02 \times NTD50 = NTD9\,551$。

18. 若
$$f = S^{-\frac{2r}{\sigma^2}}$$

则
$$\frac{\partial f}{\partial S} = -\frac{2r}{\sigma^2} S^{-\frac{2r}{\sigma^2}-1}$$

$$\frac{\partial^2 f}{\partial S^2} = \left(\frac{2r}{\sigma^2}\right)\left(\frac{2r}{\sigma^2}+1\right) S^{-\frac{2r}{\sigma^2}-2}$$

$$\frac{\partial f}{\partial t} = 0$$

因此
$$\frac{\partial f}{\partial t} + rS\frac{\partial f}{\partial S} + \frac{1}{2}\sigma^2 S^2 \frac{\partial^2 f}{\partial S^2} = rS^{-\frac{2r}{\sigma^2}} = rf$$

故该证券满足 Black-Scholes-Merton 偏微分方程式,为一可供交易证券。

19. 已知 $S_0 = 70, K = 70, D_1 = D_2 = 0.5, T = \frac{8}{12}, t_1 = \frac{3}{12}, t_2 = \frac{6}{12}, \sigma = 03, r = 0.03$

因为 $\qquad 0.5 = D_1 < K[1 - e^{-r(t_2-t_1)}] = 70[1 - e^{-0.03\left(\frac{6}{12}-\frac{3}{12}\right)}] = 0.5230$

此时投资人将不会提前履约

然而, $\qquad 0.5 = D_2 > K[1 - e^{-r(T-t_2)}] = 70[1 - e^{-0.03\left(\frac{8}{12}-\frac{6}{12}\right)}] = 0.3491$

此时投资人将会提前履约

因此计算 $S = 70, K = 70, T = \frac{6}{12}, \sigma = 0.3, r = 0.03$ 的买权价值 $c = 6.4046$

又考虑到期履约的情况下,

计算扣除股利现值后的标的价格 $S_0^* = 70 - 0.5e^{-0.03 \times \frac{3}{12}} - 0.5e^{-0.03\frac{6}{12}} = 69.0112$

因此计算 $S_0 = 69.0112, K = 70, T = \frac{8}{12}, \sigma = 0.3, r = 0.03$ 的买权价值 $c^* = 6.9081$

故,经由 Black's approximation 求得该美式买权价值:
$$C = MAX(c, c^*) = MAX(6.4046, 6.9081) = 6.9081$$

20. (1) $S_0 = 6\,400, K = 6\,600, r = 0.02, \delta = 0.04, \sigma = 0.2, T = \frac{9}{12}$

价内的概率即为 $N(d_2) = 0.3628$

(2) $Max(ROR, 0) = Max\left(\frac{S_T - S_0}{S_0}, 0\right)$

$$= \frac{1}{S_0} Max(S_T - S_0, 0)$$

由于中途不得解约,令 $S_0 = K$,则上式可视为一欧式价平买权,而连动债报酬率为 $m \times \frac{1}{S_0} Max(S_T - S_0, 0)$。

因为 $d_1 = -0.1777, N(d_1) = 0.4295$

$d_1 = -0.3509, N(d_1) = 0.3628$

因此 $c_0 = S_0 e^{-\delta T} N(d_1) - Ke^{-rT} N(d_2)$

$= S_0 [e^{-\delta T} N(d_1) - e^{-rT} N(d_2)]$

$= 6\,400 [e^{-0.04 \times \frac{9}{12}} \times 0.4295 - e^{-0.02 \times \frac{9}{12}} \times 0.3628]$

报酬率 $R_0 = 0.6 \times \frac{1}{S_0} \times S_0 [e^{-\delta T} N(d_1) - e^{-rT} N(d_2)]$

$$= 0.6 \times 0.0594$$
$$= 3.56\% \,(\text{p.a})$$

则连续复利的报酬率 $Y_{c.c} = \ln(1 + 0.0356) = 3.50\% \,(c.c)$

$Y_{c.c} > 2\%$（国库券无风险利率）

由此可知,此连动债优于 9 个月国库券利率。

21.（1）已知 $N(x)$ 为标准正态分布的累积分布函数,故 $N'(d_1) = \dfrac{1}{\sqrt{2\pi}} e^{-\frac{d_1^2}{2}}$

（2）已知 $N'(d_1) = N'(d_2 + \sigma\sqrt{T-t})$，根据（1）可知：

$$N'(d_1) = \frac{1}{\sqrt{2\pi}} \exp\left[-d_2^2 - \sigma d_2\sqrt{T-t} - \frac{1}{2}\sigma^2(T-t)\right]$$

$$= N'(d_2) \exp\left[-\sigma d_2\sqrt{T-t} - \frac{1}{2}\sigma^2(T-t)\right]$$

又 $d_2 = \dfrac{\ln\left(\dfrac{S}{K}\right) + \left(r - \dfrac{1}{2}\sigma^2\right)(T-t)}{\sigma\sqrt{T-t}}$

且 $\exp\left[-\sigma d_2\sqrt{T-t} - \dfrac{1}{2}\sigma^2(T-t)\right] = \dfrac{Ke^{-r(T-t)}}{S}$

因此 $SN'(d_1) = Ke^{-r(T-t)} N'(d_2)$，故得证。

（3）$C = SN(d_1) - Ke^{-r(T-t)} N(d_2)$

$$\frac{\partial C}{\partial t} = SN'(d_1) \frac{\partial d_1}{\partial t} - rKe^{-r(T-t)} N(d_2) - Ke^{-r(T-t)} N'(d_2) \frac{\partial d_2}{\partial t}$$

由（2）知 $SN'(d_1) = Ke^{-r(T-t)} N'(d_2)$

$\therefore \dfrac{\partial C}{\partial t} = SN'(d_1)\left(\dfrac{\partial d_1}{\partial t} - \dfrac{\partial d_2}{\partial t}\right) - rKe^{-r(T-t)} N(d_2)$

已知 $d_2 = d_1 - \sigma\sqrt{T-t} \Rightarrow d_1 - d_2 = \sigma\sqrt{T-t}$

$\dfrac{\partial d_1}{\partial t} - \dfrac{\partial d_2}{\partial t} = -\dfrac{\sigma}{2\sqrt{T-t}}$ 代入上式

故 $\dfrac{\partial C}{\partial t} = -rKe^{-r(T-t)} N(d_2) - SN'(d_1) \dfrac{\sigma}{2\sqrt{T-t}}$

（4）$C = SN(d_1) - Ke^{-r(T-t)} N(d_2)$

$$\frac{\partial C}{\partial S} = N(d_1) + SN'(d_1) \frac{\partial d_1}{\partial S} - Ke^{-r(T-t)} N'(d_2) \frac{\partial d_2}{\partial S}$$

由（1）知 $SN'(d_1) = Ke^{-r(T-t)} N'(d_2)$

又 $d_1 - d_2 = \sigma\sqrt{T-t}$

$\dfrac{\partial d_1}{\partial S} - \dfrac{\partial d_2}{\partial S} = 0$，即 $\dfrac{\partial d_1}{\partial S} = \dfrac{\partial d_2}{\partial S}$，故 $\dfrac{\partial C}{\partial S} = N(d_1)$

## 第九章

1.（B） 2.（C） 3.（A） 4.（A）$-100 \times 0.01 + N_2 \times 0.02 = 0, N_2 = 50$

5.（A） 6.（C） 7.（B） 8.（D） 9.（B）

10. 在一段很短的期间内,标的资产价格变化 $+2$ 或 $-2$,则投资组合价值将有未预期到的减少约 $0.5 \times 10\,000 \times 2^2 = 20\,000$。

11. $S_0 = 7\,850, K = 7\,800, r = 0.015, \delta = 0.03, \sigma = 0.25, T = \dfrac{4}{12}$

而期权的 Theta 为

$$-\dfrac{S_0 N'(d_1)\sigma e^{-\delta T}}{2\sqrt{T}} - qS_0 N(-d_1)e^{-\delta T} + rKe^{-rT}N(-d_2) = -716.9112$$

因此,该卖权每天的 Theta 是 $-716.9112/365 = -1.9641$(该卖权每个交易日的 Theta 则为 $-716.9112/252 = -2.8449$)。

12. $d_1 = \dfrac{\ln\left(\dfrac{1\,800}{1\,740}\right) + (0.015 - 0.03 + 0.25^2/2)0.5}{0.25\sqrt{0.5}} = 0.2377$

因此,所创造的组合型卖权的 Delta 应为

$$e^{-qT}[N(d_1) - 1] = -0.4001$$

所以为了配合复制此欧式卖权,该经理人必须出售 40.01% 的投资组合。若一天后投资组合的价值跌到 176 000 万美元,期权的 Delta 变为 $-0.4492$,则该经理人必须再出售 4.91% 的原投资组合;反之,若投资组合的价值增加为 184 000 万美元,期权的 Delta 变为 $-0.3533$,则该经理人必须购回 4.68% 的原投资组合。

13. (1) (40 亿 $-$ 36 亿) $\div$ 40 亿 $= 10\%$

7 000 $\times$ (1 $-$ 10%) $= 6\,300$(点)……履约价格

40 亿 $\div$ (7 000 $\times$ 50) $= 11\,428.57$

应购入履约价为 6 300 点之卖权 11 429 手。

(2) 期货价 $= 7\,000 \times \left[1 + (1.5\% - 4\%) \times \dfrac{1}{12}\right] = 6\,985$

40 亿 $\div$ (6 985 $\times$ 200) $= 2\,863.28$

应放空期货 2 863 手。

(3) 11 428.57 $\times$ 2 $= 22\,857.14$

应购入卖权 22 857 手。

14. (1) $\left(\dfrac{\text{投资组合价值}}{1\text{单位选择权合约价值}}\right) \times \beta \times N(-d_1) = \left(\dfrac{10\,000\,000}{5\,313.5}\right) \times 2 \times (-0.357) = -134.37 \approx -135$

因此,应卖出 135 单位的股票。

(2) 在买进 3 993 单位的卖权下,

$N_p \times \text{Gamma}_p + N_c \times \text{Gamma}_c = 3\,993 \times 0.000559 + N_c \times 0.000646 = 0$

因此可求得买进 $N_c = -3\,455$,即卖出 3 455 单位买权,可达 Gamma 中性;

此时投资组合的 $\text{Delta}_p = 3\,993 \times (-0.357) - 3\,455 \times (0.523) = -3\,232.466$

因此,在标的资产 Delta $= 1$ 下,应买进 £3 232,则可达 Delta-Gamma 中性。

15. 已知买卖权平价关系: $p + S = c + Ke^{-r(T-t)}$

(1) $\dfrac{\partial p}{\partial S} + 1 = \dfrac{\partial c}{\partial S}$,可知欧式买权的 Delta 等于欧式卖权的 Delta 加 1。

(2) $\dfrac{\partial^2 p}{\partial S^2} = \dfrac{\partial^2 c}{\partial S^2}$,可知欧式买权的 Gamma 等于欧式卖权的 Gamma。

(3) $\dfrac{\partial p}{\partial \sigma} = \dfrac{\partial c}{\partial \sigma}$,可知欧式买权的 Vega 等于欧式卖权的 Vega。

(4) $\dfrac{\partial p}{\partial t} = \dfrac{\partial c}{\partial t} + rKe^{-r(T-t)}$,可知欧式买权的 Theta 等于欧式卖权的 Theta 加 $rKe^{-r(T-t)}$。

16. (1) $S_0 = 1\,100, K = 1\,100 \times (1 - 5\%) = 1\,045, r = 0.02, \sigma = 0.3, T = 0.5, \delta = 0.03$

求得欧式卖权价值 67.066 2

因此,投资组合保险需花费成本为 $\dfrac{360\,000\,000}{1\,100} \times 67.066\,2 = 21\,948\,938.18$。

(2)由买卖权平价关系可知:
$$p = c - S_0 e^{-qT} + K e^{-rT}$$

故,买进 1 单位买权,卖出 $e^{-qT}$ 单位股票,同时将剩余的钱投资于无风险利率,其损益如下:

i. 买进 $\dfrac{360\,000\,000}{1\,100}$ 单位距到期日尚有半年,且履约价格为 1 045 的买权。

ii. 卖出 $36\,000 e^{-0.03 \times 0.5} = 35\,464.03$ 万元的股票。

iii. 将上述剩余的钱投资于 2% 无风险利率。

17.(1) $S_0 = 1,100, K = 1,100, r = 0.02, \sigma = 0.2, T = 1, \delta = 0.01$

可求得 Delta、Gamma 以及 Vega 分别为: $-0.436\,0, 0.001\,8, 429.609\,6$。

(2)每卖出 1 单位卖权,则必须卖出 0.436 0 单位标的股票。

(3)当 Delta 变化至 $-0.351\,3$,所以必须买回 0.084 7 单位标的股票。

# 第十章

1. 2 期模式,所以 $dt = 1$ 年

$u = e^{0.2\sqrt{1}} = 1.221\,4, d = \dfrac{1}{u} = 0.818\,7$

$p = \dfrac{e^{0.015} - d}{u - d} = 0.487\,7$

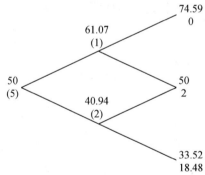

(1) $= e^{-0.015} [p \times 0 + (1-p) \times 2] = 1.01$

(2) $= e^{-0.015} [p \times 2 + (1-p) \times 18.48] = 10.29$

$c_0 = (3) e^{-0.015} [p \times 1.01 + (1-p) \times 10.29] = 5.68$

2. 3 期模式,所以 $dt = \dfrac{3\,月}{3} = \dfrac{1}{12}$ 年

$u = 1.1, d = 0.9$

$p = \dfrac{e^{\frac{0.015 - 0.024}{12}} - d}{u - d} = 0.496\,3$

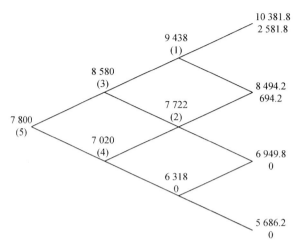

$(1)=e^{-\frac{0.015}{12}}[p\times 2\,581.8+(1-p)\times 694.2]=1\,628.98$

$(2)=e^{-\frac{0.015}{12}}[p\times 694.2+(1-p)\times 0]=344.10$

$(3)=e^{-\frac{0.015}{12}}[p\times 1\,628.98+(1-p)\times 344.10]=980.56$

$(4)=e^{-\frac{0.015}{12}}[p\times 344.10+(1-p)\times 0]=170.56$

$c_0=(5)=e^{-\frac{0.015}{12}}[p\times 980.56+(1-p)*170.56]=571.85$

$c_0=\$50\times 571.85=\$285\,592$

3. 因无股利发放,故该美式卖权最佳决策为持有到期,等同欧式卖权。

4 期模式,所以 $\mathrm{d}t=\frac{3}{12}$ 年

$u=e^{0.3\sqrt{\frac{3}{12}}}=1.1618,d=\frac{1}{u}=0.8607$

$p=\frac{e^{\frac{0.02}{4}}-d}{u-d}=0.4793$

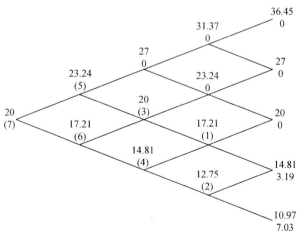

$(1)=e^{-\frac{0.02}{4}}[p\times 0+(1-p)\times 3.19]=1.65$

$(2) = e^{-\frac{0.02}{4}}[p \times 3.19 + (1-p) \times 7.03] = 5.16$

$(3) = e^{-\frac{0.02}{4}}[p \times 0 + (1-p) \times 1.65] = 0.85$

$(4) = e^{-\frac{0.02}{4}}[p \times 1.65 + (1-p) \times 5.16] = 3.46$

$(5) = e^{-\frac{0.02}{4}}[p \times 0 + (1-p) \times 0.85] = 0.44$

$(6) = e^{-\frac{0.02}{4}}[p \times 0.85 + (1-p) \times 3.46] = 2.2$

$c_0 = (7) = e^{-\frac{0.02}{4}}[p \times 0.44 + (1-p) \times 2.2] = 1.35$

4. 2期模式，所以 $dt = \frac{2}{12}$ 年

$$u = e^{0.15\sqrt{\frac{2}{12}}} = 1.0632, d = \frac{1}{u} = 0.9406$$

$$p = \frac{e^{\frac{0.02-0.04}{6}} - d}{u - d} = 0.4574$$

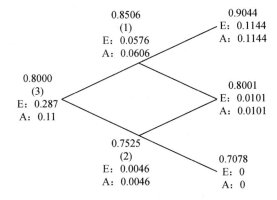

E:欧式 A:美式

$(1.E) = e^{-\frac{0.02}{6}}[p \times 0.1144 + (1-p) \times 0.0101] = 0.0576$

$(1.A) = \text{MAX}(0.0576, 0.8506 - 0.79) = 0.0606$

$(2.E) = e^{-\frac{0.02}{6}}[p \times 0.0101 + (1-p) \times 0] = 0.0046$

$(2.A) = \text{MAX}(0.0046, 0) = 0.0046$

$c_0 = (3.E) = e^{-\frac{0.02}{6}}[p \times 0.0576 + (1-p) \times 0.0046] = 0.0287$

$C_0 = (3.A) = e^{-\frac{0.02}{6}}[p \times 0.0606 + (1-p) \times 0.0046] = 0.0301$

5. 3期模式，所以 $dt = \frac{1}{12}$ 年

$$u = e^{0.3\sqrt{\frac{1}{12}}} = 1.0905, d = \frac{1}{u} = 0.9170,$$

$$p = \frac{e^{\frac{0.015}{12}} - d}{u - d} = 0.4856$$

$$S_0^* = S_0 - 2e^{-\frac{0.015}{12}} = 18.0025; \quad K' = K = 20$$

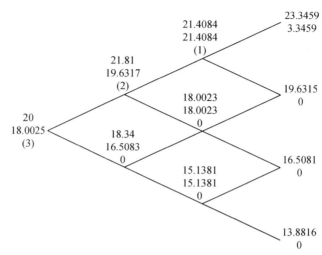

(上图各点的最上面值为 $S_t$,依次为 $S_t^*$ 及 $C_t$)

$S_1^* = S_0^* \cdot u$ 或 $S_0^* \cdot d$, $S_2^* = S_1^* \cdot u$ 或 $S_1^* \cdot d$, 但 $S_2$ 不会等于 $S_1 u$ 或 $S_1 d$

($S_1^* = S_1 - \$D$, $S_2^* = S_2$, $S_3^* = S_3$)

(1) $= e^{-\frac{0.015}{12}}[p \times 3.3459 + (1-p) \times 0] = 1.6227$

(2. E) $= e^{-\frac{0.015}{12}}[p \times 1.6227 + (1-p) \times 0] = 0.7870$

(2. A) $= MAX(0.7870, 21.81 - 20) = 1.81$

$C_0 = (3) = e^{-\frac{0.015}{12}}[p \times 1.81 + (1-p) \times 0] = 0.88$

# 第十一章

1. (C) 买进长期公债期货可增加久期,放空长期公债期货可减少久期。

2. (D) 长期利率上升,故可卖出长期公债期货避险。

3. (A)   4. (C)   5. (D) 买进 $\frac{100\,000\,000 \times 3 + 1\,000}{50\,000 + 10\,000} \times 1.15 = 690$   6. (C)

7. (C)   $X = 96.5 \times 1.031 - 98.75 = 0.7415$
$Y = 96.5 \times 1.2195 - 117.25 = 0.4318$
$Z = 96.5 \times 1.4533 - 138.5 = 1.7435$

8. (B) $100\,000 \times (98.875 - 98)\% \times 3 \div 12 = 2\,187.5$

9. (D) $100\,000 \times 95\% \times 1.1 + 4\,000 = 108\,500$

10. (1) $100\,000 \times (1.02)^2 = 104.040$

(2) $100\,000 \times (1.01)^4 = 104.060$

(3) $100\,000 \times (1.005)^8 = 104.070$

(4) $100\,000 \times e^{0.02 \times 2} = 104.081$

11. 票面利率相同下,久期 $C > A$;到期期限相同下,久期 $C > B$,故 $C$ 最大。

12. 评价日后之 2 个月后的 6 个月远期利率

$$\frac{0.026 \times \frac{8}{12} - 0.022 \times \frac{2}{12}}{\frac{6}{12}} = 2.74\%$$

$$V_{\text{FRA}} = 1\,000\,000/(0.0274 - 0.02) \times 0.5 \times e^{-0.026 \times \frac{8}{12}} = 3\,636.10$$

13. 理性投资人会偏好债券凸性较高的公债,也就是高凸性的债券价格应该比低凸性的债券高,因此高凸性的债券收益率会比低凸性的债券低。

14. $\Delta B = -107\,985\,420 \times 1\% + 3.8923 + 0.5 \times 20.31 \times (1\%)^2 \times 107\,985\,420$
     $= 4\,312\,776$

15. (1) $B = \sum_{t=1}^{4} 20e^{-0.03 \times t} + 1\,020e^{-0.03 \times 5} = 952.18$

(2) $D = \dfrac{[20e^{-0.03 \times 1} + 20 \times 2 \times e^{-0.03 \times 2} + 20 \times 3 \times e^{-0.03 \times 3} + 20 \times 4 \times e^{-0.03 \times 4} + 1\,020 \times 5 \times e^{-0.03 \times 5}]}{952.18} = 4.80$

(3) $\Delta B = -4.81 \times (-0.002) \times 952.18 = 9.16$

(4) $B = \sum_{t=1}^{4} 20e^{-0.028 \times t} + 1\,020e^{-0.028 \times 5} = 961.37$
    $\cong 952.18 + 9.16 = 961.34$

16. (1) $D_A = \dfrac{1 \times 2\,000 \times e^{-0.03} + 10 \times 6\,000 \times e^{-0.03 \times 10}}{2\,000 \times e^{-0.03} + 6\,000 \times e^{-0.03 \times 10}} = 7.26$

(2) $A$ 投资组合原始价值 $2\,000 \times e^{-0.03 \times 1} + 6\,000 \times e^{-0.03 \times 10} = 6\,385.80$
$B$ 投资组合原始价值 $5\,000 \times e^{-0.03 \times 7.26} = 4\,021.43$
当收益率上升 $0.1\%$,
$A$ 的价值为 $2\,000 \times e^{-0.031 \times 1} + 6\,000 \times e^{-0.031 \times 10} = 6\,339.63$
$B$ 的价值为 $5\,000 \times e^{-0.031 \times 7.26} = 3\,992.34$
$A$ 投资组合价值改变比率 $\dfrac{(6\,339.63 - 6\,385.80)}{6\,385.80} = -0.72\%$
$B$ 投资组合价值改变比率 $\dfrac{(3\,992.34 - 4\,021.43)}{4\,021.43} = -0.72\%$

(3) 当收益率上升 $1\%$,
$A$ 的价值为 $2\,000 \times e^{-0.04 \times 1} + 6\,000 \times e^{-0.04 \times 10} = 5\,943.50$
$B$ 的价值为 $5\,000 \times e^{-0.04 \times 7.26} = 3\,739.82$
$A$ 投资组合价值改变比率 $\dfrac{(5\,943.50 - 6\,385.80)}{6\,385.80} = -6.93\%$
$B$ 投资组合价值改变比率 $\dfrac{(3\,739.82 - 4\,021.43)}{4\,021.43} = -7.00\%$

由此可知,当利率上升时,$A$ 投资组合价值下降的程度较 $B$ 投资组合小,表示 $A$ 投资组合具有较好的凸性。

17. $\dfrac{e^{0.03 \times \frac{3}{4}}}{e^{0.025 \times \frac{1}{2}}} - 1 = 0.01005 \quad 0.01005 \times 4 = 0.04$

每季复利的远期利率为 $4 \times (e^{\frac{0.04}{4}} - 1) = 0.040201$
故欧洲美元期货价格为 $100 - 4.0201 = 95.9799$。

18. (1) (a) 即期利率与到期收益率同为 $3.50\%$
(b) $\dfrac{1}{(1+X)^3} = 0.86638$
$X = \sqrt[3]{\dfrac{1}{0.86638}} - 1 = 4.90\%$

(c) $\dfrac{1}{(1+0.0527)^4} = 0.81429$

(d) $\left[\dfrac{(1.0411)^2}{1.035}\right] - 1 = 4.72\%$ 或 $\left(\dfrac{0.96618}{0.92260}\right) - 1 = 4.72\%$

(e) $\dfrac{3}{1.049} = 2.86$ 或 $\dfrac{3}{1.0485} = 2.86$

(2) $\sqrt[3]{\dfrac{(1.0527)^4}{1.035}} - 1 = 5.87\%$

(3) $P = \dfrac{10}{1.0485} + \dfrac{10}{(1.0485)^2} + \dfrac{110}{(1.0485)^3} = 114.06$

$P' = 10 \times (0.96618 + 0.92260 + 0.86638) + 86.638 = 114.19$

(4) 一年后的债券价格为:$P = \dfrac{10}{(1.04)} + \dfrac{110}{(1.04)^2} = 111.32$

持有该债券一年的报酬:$P = \dfrac{(111.32 + 10 - 114.06)}{114.06} = 6.37\%$

19. (1) 资产 $D_A = \left(\dfrac{15}{35}\right) \times 0.5 + \left(\dfrac{20}{35}\right) \times 0 = 0.2143$

负债 $D_L = 15$

净久期 $0.2143 - 15 = -14.7857$

(2) $\Delta P_{FRN} = -15 \times \left(\dfrac{0.5}{1.045}\right) \times (-0.01) = 0.07177(亿)$

$\Delta P_L = -35 \times \left(\dfrac{15}{1.05}\right) \times (-0.01) = 5(亿)$

资产状况 $= \dfrac{(20+15+0.07177)}{(35+5)} = 87.68\%$

(3) $D_A^{mod} = D_L^{mod}$

$W \times \left(\dfrac{0.5}{1.045}\right) + (1-w) \times \left(\dfrac{20}{1.05}\right) = \dfrac{15}{1.05}$

$w = 25.64\%$

应投资 $35 \times 25.64\% = 8.9755$ 亿元于 FRA,投资 $35 \times (1-25.64\%) = 26.0245$ 亿元于 20 年期的零息债券。

## 第十二章

1. (C) 2. (C) 3. (A) 4. (B) 5. (A) 6. (B) 7. (D) 8. (B) 9. (B)

10. 美元支付为 $12.5 \times 0.5 \times 0.03 = 0.1875(百万)$

$\left(\dfrac{0.1875}{(1+0.02)^{0.5}}\right) + \left(\dfrac{0.1875}{(1+0.02)^1}\right) + \left(\dfrac{0.1875}{(1+0.02)^{1.5}}\right) + \left(\dfrac{0.1875}{(1+0.02)^2}\right)$

$+ \left(\dfrac{0.1875}{(1+0.02)^{2.5}}\right) + \left(\dfrac{12.6875}{(1+0.02)^3}\right)$

$= 0.185653 + 0.183824 + 0.182012 + 0.180219 + 0.178444 + 11.955715$

$= 12.865867(百万)$

欧元支付为 $10 \times 0.5 \times 0.015 = 0.075(百万)$

$\left(\dfrac{0.075}{(1+0.025)^{0.5}}\right) + \left(\dfrac{0.075}{(1+0.025)^1}\right) + \left(\dfrac{0.075}{(1+0.025)^{1.5}}\right) + \left(\dfrac{0.075}{(1+0.025)^2}\right)$

$$+ \left(\frac{0.075}{(1+0.025)^{2.5}}\right) + \left(\frac{10.075}{(1+0.025)^3}\right)$$

$$= 0.07408 + 0.073171 + 0.072273 + 0.071386 + 0.070510 + 9.355639$$

$$= 9.717059(百万)$$

故可知此互换合约价值为：$12\,865\,867 - (9\,717\,059 \times 1.3) = 233\,690$(美元)。

11. 美元每年支付为 $10 \times 0.025$(百万美元) $= 0.25$(百万美元)

日元每年支付为 $1\,200 \times 0.015$(百万日元) $= 18$(百万日元)

$$B_D = 0.25e^{-0.03 \times 1} + 10.25e^{-0.03 \times 2} = 9.895697(百万美元)$$

$$B_F = 18e^{-0.01 \times 1} + 1218e^{-0.01 \times 2} = 1\,211.702881(百万日元)$$

$$V_{swap} = \frac{1\,211.702881}{95} - 9.895697 = 2.859070(百万美元)$$

12. 固定利率部分每半年支付为 $100 \times 0.5 \times 0.03$(百万美元) $= 1.5$(百万美元)

浮动利率部分每半年支付为 $100 \times 0.5 \times 0.022$(百万日元) $= 1.1$(百万日元)

$$B_{fix} = 1.5e^{-0.02 \times 0.25} + 1.5e^{-0.025 \times 0.75} + 101.5e^{-0.035 \times 1.25} = 100.119768(百万美元)$$

$$B_{float} = (100 + 1.1)e^{-0.02 \times 0.25} = 100.595762(百万美元)$$

$$V_{swap} = 100.119768 - 100.595762 = -0.475994(百万美元)$$

13. 深发展的季报酬率为 $\frac{60-50}{50} = 20\%$，高于固定利率 $1.5\%$，因此小毛须支付净额 $1\,000\,000 \times (20\% - 1.5\%) = 18.5$ 万元给券商。

14.

15.

16. 第三年可收到 $0.5 \times 3.5\% \times 10\,000\,000 = 175\,000$ 元，并支付 $0.5 \times 2\% \times 10\,000\,000 = 100\,000$ 元，故损失 $75\,000$ 元。

剩余的每期现金流量为 $175\,000 - (0.5 \times 0.015 \times 10\,000\,000) = 100\,000$ 元

各期现金流量如下：第 3 年　　　　　75 000　　　第 4.5 年　　　100 000

　　　　　　　　　第 3.5 年　　　　100 000　　　第 5 年　　　　100 000

　　　　　　　　　第 4 年　　　　　100 000

将上述各期现金流量以 $1.5\%$(s.a)折现至第三年加总后可得 $442\,611$ 元。

17. 付美金 $7\,000\,000 \times 3\% = 210\,000$，收欧元 $5\,000\,000 \times 1.5\% = 75\,000$

| 年 | 付美金 | 收欧元 | 远期汇率 | 将所收欧元换算为美元 | 损失的现金流量 |
|---|---|---|---|---|---|
| 6 | 210 000 | 75 000 | 1.2000 | 90 000 | (120 000) |
| 7 | 210 000 | 75 000 | 1.2059 | 90 443 | (119 557) |
| 8 | 210 000 | 75 000 | 1.2119 | 90 893 | (119 107) |
| 9 | 210 000 | 75 000 | 1.2178 | 91 335 | (118 665) |
| 10 | 7 210 000 | 5 075 000 | 1.2238 | 6 210 785 | (999 215) |

如上表,将每年损失的现金流量以2%折现至第六年可得(1 386 636)。

18. $B_{\text{fix}} = 1.5e^{-0.025 \times \frac{2}{12}} + 1.5e^{-0.03 \times \frac{8}{12}} + 101.5e^{-0.034 \times \frac{14}{12}} = 100.516701(百万)$

$B_{\text{float}} = (100 + 1.75)e^{-0.025 \times \frac{2}{12}} = 101.326924(百万)$

$V_{\text{swap}} = 101.326923 - 100.516701 = 0.810222(百万)$

19. (1) 拆解持仓:买入法郎债券 + 放空美金债券

(2) 债券价值 = 每年现金流量 × 年化因子

买入债券 = 9 × 2.775091 = 24.98(百万法郎)

放空债券 = (3.5 × 2.673012) × 1.14 = 10.67(百万法郎)

互换合约价值 = 14.31(百万)

(3) 互换合约可以被拆成三个远期合约,以汇率 9/3.5 = 2.57

| 到期日 | 1 | 2 | 3 |
|---|---|---|---|
| 换汇率 | 2.57 | 2.57 | 2.57 |
| 远期汇率 | 1.12 | 1.10 | 1.08 |
| 损益 | -5.08 | -5.15 | -5.22 |
| 现值 | -4.88 | -4.76 | -4.64 |

互换合约价值 = -14.28(百万)

20. (1) 浮动利率债券价值 = 100

固定利率债券价值 = 104.18

互换合约价值 = -4.18

(2) 互换合约可以被拆解成两个远期利率协议,交割日期分别为 0 和 1。

远期利率协议 1 价值 = 100 - 102.62 = -2.62

远期利率协议 2 价值 = 97.04 - 98.60 = -1.56

互换合约价值 = -2.62 - 1.56 = -4.18

(3) 以远期利率合约评价

| | 1 | 2 |
|---|---|---|
| 1 年远期利率(年复利) | 3.05% | 4.08% |
| 互换利率 | 5.75% | 5.75% |
| 损益 | -2.70 | -1.67 |
| 现值 | -2.62 | -1.56 |

互换合约价值 = -4.18

(4) 新互换利率 = 3.55%

| | 1 | 2 |
|---|---|---|
| 新互换合约(放空,收取固定) | 3.55 | 3.55 |
| 旧互换合约(买入,付固定) | -5.75 | -5.75 |
| 现值 | -2.13 | -2.05 |

互换合约价值 = -4.18

## 第十三章

1. $F_0 = (115-10)e^{0.025 \times 1} = 107.66, K = 105, \sigma = 0.08, T = 1$

$$d_1 = \frac{\ln\left[\frac{107.66}{105}\right] + \frac{0.08^2 \times 1}{2}}{0.08 \times \sqrt{1}} = 0.3527$$

$d_2 = 0.3527 - 0.08 = 0.2727$

$p = p(0,T)[KN(-d_2) - F_0 N(-d_1)]$

$= e^{0.025 \times 1} \times [105 \times N(-0.2727) - 107.66 \times N(-0.3527)] = 2.2835$

2. 低。因低估 18 个月的欧洲美元期货期权的波动度，且期权价格与波动度成正比。

3. 因收益率曲线为水平，各期远期利率与即期利率相同，故 4 年后的远期互换利率 $S_0 = 2.5\%$，且 $S_K = 2.2\%, \sigma = 0.25, T = 4$

$$d_1 = \frac{\ln\left[\frac{S_0}{S_k}\right] + \frac{\sigma^2 T}{2}}{\sigma\sqrt{T}} = \frac{\ln\left[\frac{0.025}{0.022}\right] + \frac{0.25^2 \times 4}{2}}{0.25 \times \sqrt{4}} = 0.5056$$

$d_2 = d_1 - \sigma\sqrt{T} = 0.5056 - 0.25 \times \sqrt{4} = 0.0056$

算出每次的互换期权报酬：

第 5 年：$\frac{10\,000\,000}{1}e^{-0.02 \times 5}[0.025 \times N(0.5056) - 0.022 \times N(0.0056)] = 55\,479.05$

第 6 年：$\frac{10\,000\,000}{1}e^{-0.025 \times 6}[0.025 \times N(0.5056) - 0.022 \times N(0.0056)] = 54\,109.27$

第 7 年：$\frac{10\,000\,000}{1}e^{-0.025 \times 7}[0.025 \times N(0.5056) - 0.022 \times N(0.0056)] = 52\,773.31$

此互换期权的价值为：

$$55\,479.05 + 54\,109.27 + 52\,773.31 = 162\,361.63$$

4. Cap 买进买权；Floor 买进卖权；Collar 同时买进买权及卖出卖权，因有收一部分的权利金，故比前两者便宜。所以 C 的权利金最低。

5. $R_c = 4 \times \ln\left(1 + \frac{0.025}{4}\right) = 2.4922\%$

$P(0, t_{k+1}) = e^{-0.024922 \times 1.5} = 0.9633$

$$d_1 = \frac{\ln\left[\frac{0.025}{0.035}\right] + \frac{0.12^2}{2}}{0.12 \times \sqrt{1.25}} = -2.4538$$

$d_2 = 2.4538 - 0.12 \times \sqrt{1.25} = -2.5880$

$c = 1\,000 \times 0.12 \times 0.9633 \times [0.025 \times N(-2.4538) - 0.35 \times N(-2.5880)] = 0.000897$

## 教师反馈及教辅申请表

北京大学出版社以"教材优先、学术为本、创建一流"为目标,主要为广大高等院校师生服务。为更有针对性地为广大教师服务,提升教学质量,在您确认将本书作为指定教材后,请您填好以下表格并经系主任签字盖章后寄回,我们将免费向您提供相应教辅资料。

| 书号/书名/作者 | | | | | |
|---|---|---|---|---|---|
| 您的姓名 | | | | | |
| 校/院/系 | | | | | |
| 您所讲授的课程名称 | | | | | |
| 每学期学生人数 | _____ 人 | | _____ 年级 | 学时 | |
| 您准备何时用此书授课 | | | | | |
| 您的联系地址 | | | | | |
| 邮政编码 | | 联系电话(必填) | | | |
| E-mail(必填) | | QQ | | | |
| 您对本书的建议: | | | | 系主任签字<br><br>盖章 | |

**我们的联系方式:**

北京大学出版社经济与管理图书事业部
北京市海淀区成府路 205 号,100871
联 系 人: 徐 冰
电　　话: 010-62767312 / 62757146
传　　真: 010-62556201
电子邮件: em@pup.cn　xubingjn@yahoo.com.cn
网　　址: http://www.pup.cn
微　　博: 北大出版社经管图书,http://weibo.com/pupem